汽车电工与电子技术

主　编　黄　鹏

副主编　邓妹纯　曾光辉　段春艳

参　编　杨志红　黄　威　朱　勇

主　审　马云贵

中南大学出版社
www.csupress.com.cn
·长沙·

图书在版编目（ＣＩＰ）数据

汽车电工与电子技术／黄鹏主编. --长沙：中南大学
出版社，2011.8

ISBN 978 - 7 - 5487 - 0258 - 0

Ⅰ.①汽… Ⅱ.①黄… Ⅲ.①汽车－电工 ②汽车－电子
技术 Ⅳ.①U463.6

中国版本图书馆 CIP 数据核字(2011)第 082762 号

汽车电工与电子技术

主编 黄 鹏

□责任编辑 邓立荣

□责任印制 易红卫

□出版发行 中南大学出版社

　　　　　社址：长沙市麓山南路　　　　邮编：410083

　　　　　发行科电话：0731 - 88876770　　传真：0731 - 88710482

□印　　装 长沙印通印刷有限公司

□开　　本 787×1092　1/16　□印张 19.5　□字数 498 千字

□版　　次 2018 年 11 月第 2 版　□印次 2018 年 11 月第 1 次印刷

□书　　号 ISBN 978 - 7 - 5487 - 0258 - 0

□定　　价 45.00 元

内 容 简 介

本书根据职业教育的特点，用项目任务训练职业岗位能力，对教学内容进行知识理论实践一体化的课程设计。

本书结合了大量的汽车实例，重点介绍了包括与现代汽车电工电子技术相关的汽车直流电路的认知与检测、汽车交流电路的认知与检测、汽车磁路及电磁元件的认知与检测、汽车电动机的认知与检测、汽车模拟电路的认知与检测、汽车数字电路的认知与检测、汽车单片机控制电路的认知与检测和汽车总线系统的认知与检测等内容。

本书可作为高等职业院校、高等专科院校、成人高校及本科院校举办的二级职业技术学院汽车及相关专业的教学用书，也适用于五年制高职、中职相关专业使用，并可作为社会从业人员的业务参考书及培训用书。

前　言

为了适应汽车电工电子技术的飞速发展，更好地把现代汽车新技术与电工电子技术整合起来，结合高职汽车相关专业的教学，以够用为度，以项目为载体，按照汽车维修实际工作任务编写该教材。本书从项目入手，针对汽车直流电路的认知与检测、汽车交流电路的认知与检测、汽车磁路及电磁元件的认知与检测、汽车电动机的认知与检测、汽车模拟电路的认知与检测、汽车数字电路的认知与检测、汽车单片机控制电路的认知与检测和汽车总线系统的认知与检测作了详细的介绍，使初学者能尽快进入到汽车电工与电子技术学习领域中。然后在此基础上，为了加强实用性，还讲述了汽车的大灯照明、发电机、传统点火系统、起动机、晶体管调压器、转向闪光继电器、小功率车灯单片机控制电路以及凯美瑞轿车的多路通信系统的检测与维修等实践应用知识。

本书以电工、电子基础知识与专业实际相结合为出发点，同时按照汽车专业的特点，所涉及内容尽可能地与汽车电器及现代汽车电控方面的实例相结合，为汽车电器和电控的学习打下一定的基础，并对从事现代汽车电工电子装置的使用与维修起到很好的帮助作用。

本书由湖南交通职业技术学院黄鹏担任主编。由湖南交通职业技术学院黄鹏编写项目一、三、四、五、七和八，湖南交通职业技术学院邓妹纯编写项目二，湖南交通职业技术学院段春艳编写项目六。

此外，参与本书提纲讨论、审定和部分内容编写的人员有湖南交通职业技术学院黄威、杨志红、朱勇。本书由湖南交通职业技术学院黄鹏统稿，湖南交通职业技术学院马云贵主审。

由于编者水平有限，编写时间仓促，书中难免有不足和疏漏之处，恳请广大读者批评指正。

编　者

2018 年 10 月

目 录

项目一　汽车直流电路的认知与检测 ……………………………………………… (1)

能力目标 ………………………………………………………………………… (1)

第一部分　项目描述 …………………………………………………………… (1)

第二部分　项目内容 …………………………………………………………… (2)

第一节　汽车电路的基本物理量 ……………………………………………… (2)

一、电路和电路模型 ………………………………………………………… (2)

二、电路的基本物理量 ……………………………………………………… (4)

第二节　汽车电路基本元件 …………………………………………………… (8)

一、电阻元件 ………………………………………………………………… (8)

二、电压源 …………………………………………………………………… (11)

三、电流源 …………………………………………………………………… (12)

四、电感元件 ………………………………………………………………… (12)

五、电容元件 ………………………………………………………………… (12)

第三节　汽车电路的工作状态 ………………………………………………… (13)

一、额定工作状态 …………………………………………………………… (13)

二、空载状态 ………………………………………………………………… (13)

三、短路状态 ………………………………………………………………… (14)

四、汽车电路的特点 ………………………………………………………… (14)

五、汽车电路中的短路、断路与高电阻 …………………………………… (14)

第四节　汽车串、并联电路的分析 …………………………………………… (16)

一、电阻的串联 ……………………………………………………………… (16)

二、电阻的并联 ……………………………………………………………… (17)

三、串、并联电路的应用 …………………………………………………… (17)

第五节　基尔霍夫定律 ………………………………………………………… (19)

一、电路结构的基本名词 …………………………………………………… (19)

二、基尔霍夫电流定律(KCL) …………………………………………… (19)

三、基尔霍夫电压定律(KVL) …………………………………………… (20)

第六节　复杂电路的分析方法 ………………………………………………… (20)

一、支路电流法 ……………………………………………………………… (20)

二、戴维南定理 ……………………………………………………………… (21)

第七节　电路的暂态分析 ……………………………………………………… (22)

一、电路暂态分析的基本概念与换路定律 ………………………………… (22)

二、RC 串联电路的过渡过程 ……………………………………………（25）

　第八节　汽车万用表的使用 ………………………………………………（26）

　第三部分　项目实施 ……………………………………………………（30）

　第四部分　项目拓展：惠斯通电桥电路 ………………………………（31）

　第五部分　项目小结 ……………………………………………………（32）

　习　题 ………………………………………………………………………（34）

项目二　汽车交流电路的认知与检测 ……………………………………（35）

　能力目标 …………………………………………………………………（35）

　第一部分　项目描述 ……………………………………………………（35）

　第二部分　项目内容 ……………………………………………………（36）

　第一节　正弦交流电概述 …………………………………………………（36）

　　一、正弦交流电的产生 …………………………………………………（36）

　　二、正弦交流电的数学表达式 …………………………………………（37）

　第二节　正弦交流电的三要素 ……………………………………………（37）

　　一、正弦交流电的瞬时值、最大值与有效值 …………………………（38）

　　二、正弦交流电的周期、频率与角频率 ………………………………（38）

　　三、正弦交流电的相位、初相位和相位差 ……………………………（39）

　　四、正弦量的相量表示法 ………………………………………………（39）

　第三节　电阻、电感、电容在交流电路中的基本性质 …………………（41）

　　一、电阻元件的交流电路 ………………………………………………（41）

　　二、电容元件的交流电路 ………………………………………………（43）

　　三、电感元件的交流电路 ………………………………………………（45）

　第四节　三相交流电 ………………………………………………………（47）

　　一、三相交流电源 ………………………………………………………（47）

　　二、三相负载的连接 ……………………………………………………（49）

　第五节　认知汽车交流发电机 ……………………………………………（50）

　　一、汽车交流发电机的构造 ……………………………………………（51）

　　二、汽车交流发电机的工作原理 ………………………………………（52）

　　三、汽车交流发电机的型号 ……………………………………………（52）

　第六节　安全用电 …………………………………………………………（53）

　　一、触电的类型 …………………………………………………………（53）

　　二、安全用电技术措施 …………………………………………………（55）

　　三、电流对人体的危害 …………………………………………………（58）

　　四、电气起火 ……………………………………………………………（60）

　　五、急救 …………………………………………………………………（61）

　第三部分　项目实施 ……………………………………………………（62）

　第四部分　项目拓展：电动汽车的安全用电 …………………………（65）

　　一、电动汽车的高压安全防护措施 ……………………………………（65）

　　二、电动汽车人员触电防护 ……………………………………………… (67)

第五部分 项目小结 …………………………………………………………… (68)

习 题 ………………………………………………………………………… (69)

项目三 汽车磁路及电磁元件的认知与检测 …………………………………… (70)

能力目标 ……………………………………………………………………… (70)

第一部分 项目描述 …………………………………………………………… (70)

第二部分 项目内容 …………………………………………………………… (71)

第一节 磁路的基本概念 ……………………………………………………… (71)

第二节 磁路的基本定律 ……………………………………………………… (72)

　　一、电流的磁场——安培定则 ……………………………………………… (72)

　　二、磁场对电流的作用——左手定则 …………………………………… (73)

　　三、电磁感应 ……………………………………………………………… (75)

　　四、磁路的欧姆定律 ……………………………………………………… (78)

第三节 变压器及其在汽车上的应用 ………………………………………… (79)

　　一、变压器的基本结构和工作原理 ……………………………………… (79)

　　二、变压器在汽车上的应用 ……………………………………………… (81)

第四节 电磁铁在汽车上的应用 ……………………………………………… (84)

第五节 继电器在汽车上的应用 ……………………………………………… (85)

　　一、汽车继电器的类型 …………………………………………………… (85)

　　二、汽车继电器应用电路分析 …………………………………………… (87)

第三部分 项目实施 …………………………………………………………… (89)

第四部分 项目拓展：汽车发电机触点式电压调节器 ……………………… (90)

第五部分 项目小结 …………………………………………………………… (92)

习 题 ………………………………………………………………………… (94)

项目四 汽车电动机的认知与检测 …………………………………………… (95)

能力目标 ……………………………………………………………………… (95)

第一部分 项目描述 …………………………………………………………… (95)

第二部分 项目内容 …………………………………………………………… (96)

第一节 直流电动机的工作原理和特性 ……………………………………… (96)

　　一、直流电动机的工作原理 ……………………………………………… (96)

　　二、直流电动机的电磁转矩与反电动势 ………………………………… (97)

　　三、直流电动机转矩自动调节过程 ……………………………………… (97)

第二节 直流电动机的结构 …………………………………………………… (98)

第三节 直流电动机的励磁方式 ……………………………………………… (100)

第四节 直流电动机的机械特性 ……………………………………………… (102)

　　一、他励或并励直流电动机的机械特性 ………………………………… (102)

　　二、串励直流电动机的机械特性 ………………………………………… (103)

第五节 直流电动机的启动、制动、反转和调速控制 ······················ （104）

　　一、直流电动机的启动控制 ································· （104）

　　二、直流电动机的制动控制 ································· （105）

　　三、直流电动机的反转控制 ································· （106）

　　四、直流电动机的调速控制 ································· （106）

第六节 永磁电动机在汽车上的应用 ························· （107）

　　一、汽车刮水电动机 ···································· （107）

　　二、汽车电动车窗电动机 ································· （109）

第七节 三相交流驱动电动机 ······························· （110）

　　一、三相交流异步电动机 ································· （110）

　　二、交流永磁同步电动机 ································· （121）

　　三、开关磁阻式电动机 ·································· （124）

第八节 控制电动机 ······································· （126）

　　一、伺服电动机 ······································· （126）

　　二、步进电动机 ······································· （130）

第三部分 项目实施 ······································· （136）

第四部分 项目拓展：旋转变压器 ··························· （140）

第五部分 项目小结 ······································· （142）

习　题 ··· （143）

项目五 汽车模拟电路的认知与检测 ······················ （145）

能力目标 ··· （145）

第一部分 项目描述 ······································· （145）

第二部分 项目内容 ······································· （146）

第一节 半导体与 PN 结 ··································· （146）

　　一、半导体 ··· （146）

　　二、PN 结 ·· （149）

第二节 晶体二极管 ······································· （150）

　　一、二极管的基本结构 ·································· （150）

　　二、二极管的伏安特性 ·································· （151）

　　三、二极管的主要参数 ·································· （152）

　　四、二极管的命名与测量 ································ （153）

　　五、特殊二极管 ······································· （154）

第三节 单相整流电路及滤波电路 ··························· （160）

　　一、单相整流电路 ····································· （160）

　　二、电容滤波电路 ····································· （162）

第四节 汽车二极管控制电路 ······························· （163）

　　一、汽车二极管三相整流电路 ····························· （163）

　　二、汽车二极管续流电路 ································ （165）

第五节　汽车稳压管控制电路 ……………………………………（165）

一、稳压管并联稳压电路 ……………………………………（165）

二、晶体管稳压电路 …………………………………………（166）

三、集成稳压电路 ……………………………………………（167）

四、汽车稳压管基本控制电路 ………………………………（168）

第六节　晶体三极管 ………………………………………………（168）

一、基本结构 …………………………………………………（168）

二、电流放大原理 ……………………………………………（169）

三、特性曲线 …………………………………………………（171）

四、主要参数 …………………………………………………（173）

五、三极管的分类与命名 ……………………………………（174）

六、三极管的测量 ……………………………………………（175）

七、光电三极管 ………………………………………………（175）

八、达林顿管 …………………………………………………（176）

第七节　汽车晶体三极管控制电路 ………………………………（177）

一、汽车晶体三极管放大电路 ………………………………（177）

二、汽车晶体三极管开关电路 ………………………………（179）

第八节　场效应管 …………………………………………………（182）

一、结型场效应管 ……………………………………………（182）

二、绝缘栅场效应管 …………………………………………（184）

三、功率场效应管 ……………………………………………（187）

第九节　绝缘栅双极型晶体管 ……………………………………（188）

一、IGBT 管的基本结构 ……………………………………（188）

二、基本工作原理 ……………………………………………（189）

三、IGBT 管的特性曲线 ……………………………………（189）

四、IGBT 管的测量 …………………………………………（190）

第十节　集成运算放大器 …………………………………………（191）

一、集成运算放大器的基本概念 ……………………………（191）

二、线性应用情况下理想运算放大器的特征 ………………（191）

三、基本运算电路 ……………………………………………（191）

四、集成运算放大器在汽车电子电路中的应用 ……………（193）

第三部分　项目实施 ………………………………………………（193）

一、JFT106 型晶体管电压调节器电路原理 ………………（193）

二、JFT106 型晶体管电压调节器类型的判别 ……………（194）

三、晶体管调节器的性能检测 ………………………………（194）

四、晶体管调节器的故障检测 ………………………………（195）

第四部分　项目拓展：光电耦合器件 ……………………………（195）

第五部分　项目小结 ………………………………………………（196）

习　题 ………………………………………………………………（197）

项目六 汽车数字电路的认知与检测 ·· （199）

能力目标 ·· （199）

第一部分 项目描述 ··· （199）

第二部分 项目内容 ··· （200）

第一节 逻辑代数及基本逻辑门电路 ··· （200）

一、逻辑代数 ··· （200）

二、逻辑门电路 ·· （203）

三、逻辑函数及其化简 ·· （206）

四、集成门电路举例 ·· （208）

第二节 基本组合逻辑电路 ·· （209）

一、组合逻辑电路的分析与设计 ·· （209）

二、常见组合逻辑电路 ·· （211）

三、组合逻辑电路在汽车上的应用举例 ·· （218）

第三节 基本时序逻辑电路 ·· （219）

一、RS 触发器 ··· （219）

二、JK 触发器 ··· （222）

三、D 触发器 ·· （223）

四、集成电路应用举例——555 定时器 ·· （223）

第四节 模拟量与数字量的转换 ·· （225）

一、数 – 模转换器 ·· （225）

二、模 – 数转换器 ·· （226）

第三部分 项目实施 ··· （228）

第四部分 项目拓展：微机控制电控点火系统 ·································· （229）

第五部分 项目小结 ··· （230）

习 题 ··· （231）

项目七 汽车单片机控制电路的认知与检测 ·································· （232）

能力目标 ·· （232）

第一部分 项目描述 ··· （232）

第二部分 项目内容 ··· （233）

第一节 单片机基本概念 ·· （233）

一、ECU 的工作原理 ·· （233）

二、微型计算机及微型计算机系统 ··· （234）

三、单片微型计算机 ·· （236）

第二节 MCS – 51 单片机的内部组成及信号引脚 ···························· （236）

一、8051 单片机的基本组成 ··· （236）

二、MCS – 51 的信号引脚 ·· （238）

第三节 MCS – 51 单片机的数据存储器 ··· （238）

一、内部数据存储器低 128 单元 ……………………………………………… (239)

二、内部数据存储器高 128 单元 ……………………………………………… (241)

第四节 MCS‐51 单片机的程序存储器 ……………………………………… (243)

第五节 时钟电路与复位电路 ………………………………………………… (244)

一、时钟电路与时序 …………………………………………………………… (245)

二、单片机的复位电路 ………………………………………………………… (247)

第六节 8 位单片机 MC68HC11F1 在汽车控制技术中的应用 …………… (248)

一、金杯单点玛瑞利逻辑电路系统组成 …………………………………… (249)

二、金杯单点玛瑞利逻辑电路工作原理 …………………………………… (251)

三、金杯单点玛瑞利电脑点火控制电路 …………………………………… (252)

四、金杯单点玛瑞利电脑喷油控制电路 …………………………………… (253)

第三部分 项目实施 …………………………………………………………… (254)

第四部分 项目拓展:汽车电脑原理 ………………………………………… (255)

第五部分 项目小结 …………………………………………………………… (258)

习 题 …………………………………………………………………………… (259)

项目八 汽车总线系统的认知与检测 ……………………………………… (261)

能力目标 ……………………………………………………………………… (261)

第一部分 项目描述 …………………………………………………………… (261)

第二部分 项目内容 …………………………………………………………… (262)

第一节 汽车车载网络系统的组成和基本原理 …………………………… (262)

第二节 汽车单片机局域网的基本概念 …………………………………… (266)

第三节 汽车网络参考模型 ………………………………………………… (269)

一、OSI 参考模型 …………………………………………………………… (269)

二、汽车网络参考模型 ……………………………………………………… (270)

三、汽车网络参考模型各层的功能 ………………………………………… (270)

第四节 CAN 总线的特点 …………………………………………………… (272)

一、CAN‐BUS 概述 ………………………………………………………… (272)

二、CAN 总线的特点 ………………………………………………………… (274)

第五节 CAN 协议 …………………………………………………………… (275)

一、CAN 的分层结构 ………………………………………………………… (275)

二、报文传送和帧结构 ……………………………………………………… (277)

三、CAN 协议的特点 ………………………………………………………… (278)

四、CAN 控制器局域网 ……………………………………………………… (278)

第六节 CAN 芯片 …………………………………………………………… (280)

一、CAN 控制器 SJA1000 …………………………………………………… (280)

二、CAN 总线驱动器 TJA1050 ……………………………………………… (283)

第七节 新数据总线系统 …………………………………………………… (285)

一、LIN 总线 ………………………………………………………………… (285)

二、MOST 总线 ……………………………………………………………………（287）

第三部分　项目实施 ……………………………………………………………（290）

第四部分　项目拓展：CAN 总线的维修与检测 ………………………………（295）

第五部分　项目小结 ……………………………………………………………（297）

习　题 ……………………………………………………………………………（297）

………………………………………………………………………………………（298）

参考文献 ………………………………………………………………………（298）

项目一

汽车直流电路的认知与检测

能力目标

通过本次项目的完成,你应能够:

1. 描述直流电路中基本物理量的定义;
2. 知道直流电路的三种工作状态及电压、电流、功率的关系;
3. 用电路的基本定律及基本分析方法求解直流电路;
4. 用万用表测量汽车电路中的电压、电流和电阻;
5. 能够对汽车照明系统大灯电路进行分析与检测。

第一部分 项目描述

桑塔纳轿车照明电路如图 1-1 所示,请分析相关电气元件和电路的原理:

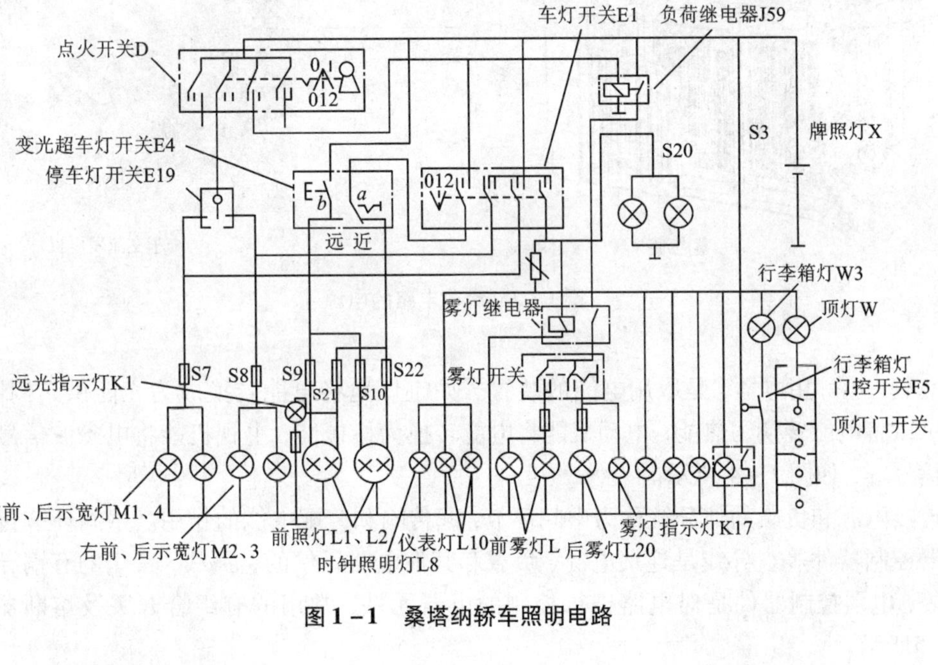

图 1-1 桑塔纳轿车照明电路

(1) 分析远光控制回路。

(2) 分析近光控制回路。

（3）分析超车警示回路。

（4）前照灯远、近光不全（只有远光灯或只有近光灯亮）故障的分析。

第二部分　项目内容

第一节　汽车电路的基本物理量

一、电路和电路模型

电流流经的途径叫做电路。电路主要由电源、中间环节、负载等电气设备或元件组成，如图1-2所示。

电源是为电路提供电能的设备和器件，含有交流电源的电路叫交流电路，含有直流电源的电路叫直流电路。汽车常见的电源有蓄电池和交流发电机等，如图1-3所示。

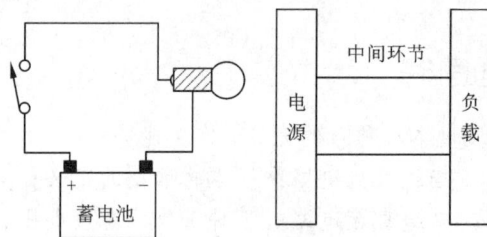

图1-2　电路的组成

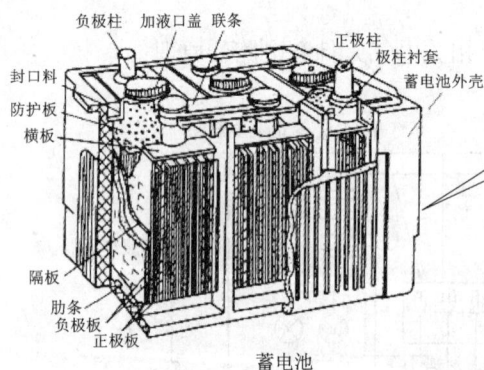

图1-3　汽车电路的电源

负载，也称用电器，是取用电能的装置。如小灯泡将电能转换成为光能供人们照明用；电炉可以将电能转换为热能；电动机能将电能转换为机械能；电视机能将电磁波信号转换为视听信号等，如图1-4所示。

连接电源和负载的部分统称为中间环节，起传输和分配电能的作用。中间环节包括导线和电器控制器件等。导线是连接电源、负载和其他电器元件的金属线，常用的有铜导线和铝导线等；电器控制器件是对电路进行控制的电器元件，常用的有组合开关及熔断器等，如图1-5所示。

电路的主要作用是将电能进行传输、分配和转换，其次是能实现信号的传递及处理。

（1）进行电能的传输、分配与转换，图1-6（a）所示为电力系统输电电路示意图。其中，发电机是电源，家用电器和工业用电器是负载，而变压器和输电线则是中间环节。

远光灯丝　配光屏　近光灯丝
定焦盘
灯头
插片

将电能转化为光能和热能

将电能转化为机械能

汽车充气灯泡　　　　　汽车直流电动机

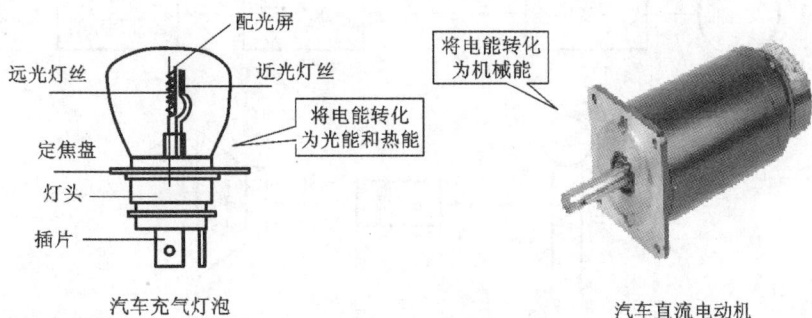

图 1-4 汽车电路的负载

前雾灯　转动　车灯

图 1-5 汽车电路的中间环节

(2)信号的传递与处理,图 1-6(b)所示为扩音机示意图。其中,话筒是发出信号的设备,称为信号源,相当于电源。但与上述的交流发电机、蓄电池等电源设备不同的是信号源输出的电压或电流信号取决于其所加的信息。扬声器是负载,放大器等则是中间环节。

建立电路模型的意义十分重要,运用电路模型可以大大简化电路的分析,电路模型图中常用的元件符号,如表 1-1 所示。

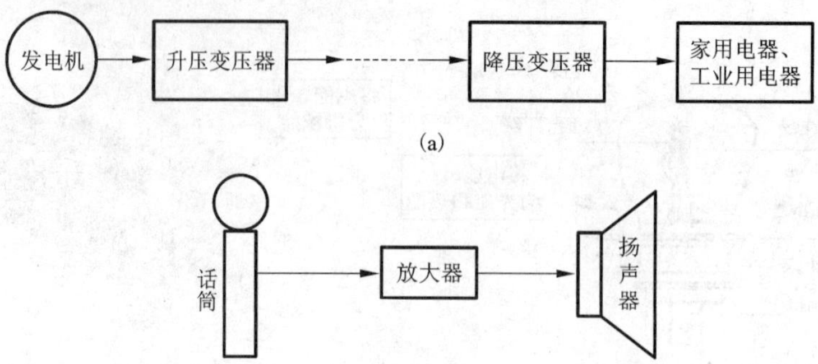

(a)

(b)

图 1-6　电路示意图

表 1-1　电路模型图常用的元件符号

名称	图形符号	文字符号	名称	图形符号	文字符号	名称	图形符号	文字符号
电池		E	电阻		R	电容器		C
电压源		U_S	可调电阻		R	可变电容		C
电流源		I_S	电位器		R_P	空心线图		L
发电机			开关		S	铁芯线圈		L
电流表			电灯		R	接地,接机壳		GND
电压表			保险丝		FU	导线交叉点 {连接 {不连接		

电路模型反映了电路的主要性能,忽略了它的次要性能,因此电路模型只是实际电路的近似,或者是实际电路的理想化模型。

二、电路的基本物理量

1. 电流及参考方向

(1)定义:电流是一种物理现象,是带电粒子有规则的定向运动而形成的,通常将正电荷移动的方向规定为电流的正方向。电流的大小用电流强度来衡量,其数值等于单位时间内通过导体某一横截面的电荷量。根据定义有

$$i = \frac{\mathrm{d}q}{\mathrm{d}t} \tag{1-1}$$

式中:i 为电流,其单位为安培(A);$\mathrm{d}q$ 为通过导体截面的电荷量,其单位为库仑(C);$\mathrm{d}t$ 为时间(s)。

式(1-1)表明,在一般情况下,电流是随时间而变化的。如果电流不随时间而变化,即 dq/dt = 常数,则这种电流就称为恒定电流(简称直流)。直流时,电流不随时间变化的物理量用大写字母表示,式(1-1)可写成

$$I = \frac{Q}{t} \tag{1-2}$$

(2)单位:1 千安(kA) = 1000 安(A)

1 安(A) = 1000 毫安(mA)

1 毫安(mA) = 1000 微安(μA)

一般用电设备的电流有多大? 例如:

·家里用的 60 W 灯泡通电时,通过的电流是 0.27 A;

·汽车远光灯灯泡的功率一般是 60 W 左右,通过的电流是 5 A;

·在汽车上,一个 12 W 的灯泡发光时,通过的电流是 1 A;

·起动机运转时,电流可高达 100 A。

(3)实际方向:正电荷定向移动的方向规定为电流的实际方向。

(4)参考方向:任意选定某一方向作为电流的正方向,称为参考方向。因为在电路分析中,一些较为复杂的电路,有时某段电流的实际方向难以判断,甚至有时电流的实际方向还在随时间不断地改变,这时要在电路中标出电流的实际方向较为困难。为了解决这一问题,在电路分析时,常采用电流的"参考方向"这一概念。

(5)电流参考方向的表示方法。

如图 1-7 所示,电流的参考方向可以任意选定,在电路图中用箭头表示。当然,所选的参考方向不一定就是电流的实际方向。当参考方向与电流的实际方向一致时,电流为正值($I > 0$);当参考方向与电流的实际方向相反时,电流为负值($I < 0$)。这样,

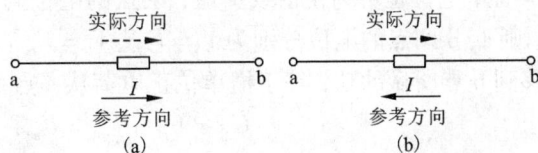

图1-7 电流的参考方向与实际方向
(a)$I > 0$;(b)$I < 0$

在选定参考方向后,根据电流的正负,就可以确定电流的实际方向。在分析电路时,先假定电流的参考方向,并以此去分析计算,最后用求得答案的正负值来确定电流的实际方向。

2. 电压及参考方向

(1)定义:单位正电荷在电场力作用下,由 a 点运动到 b 点电场力所做的功,称为电路中 a 点到 b 点间的电压,即

$$u_{ab} = \frac{dW_{ab}}{dq} \tag{1-3}$$

式中:u_{ab} 为 a 到 b 间的电压,单位为伏特(V);dW_{ab} 为 dq 的正电荷从 a 点运动到 b 点所做的功,功的单位为焦耳(J)。

在直流时,式(1-3)可写成

$$U_{ab} = \frac{W_{ab}}{Q} \tag{1-4}$$

（2）单位：1 千伏（kV）= 1000 伏（V）

1 伏（V）= 1000 毫伏（mV）

1 毫伏（mV）= 1000 微伏（μV）

汽车电气系统的额定电压有 12 V 和 24 V 两种。

（3）实际方向：高电位指向低电位。

（4）参考方向：任意选定某一方向作为电压的正方向，也称参考方向。

（5）电压参考方向的表示方法。

在电路分析时，也需选取电压的参考方向。如图 1-8 所示，当电压的参考方向与实际方向一致时，电压为正（$U > 0$）；相反时，电压为负（$U < 0$）。电压的参考方向可用箭头表示，也可用正（+）、负（-）极性表示，符号用 U_{ab} 表示。

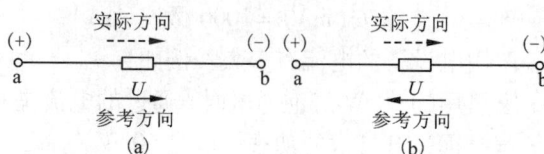

图 1-8　电压的参考方向与实际方向

(a) $U > 0$; (b) $U < 0$

3. 电位

在电路中任选参考点 0，该电路中某点 a 到参考点 0 的电压就称为 a 点的电位。电位的单位为伏特（V），用 V 表示。电路参考点本身的电位 $V_0 = 0$，参考点也称为零电位点。根据定义，电位实际上就是电压，即

$$V_a = U_{a0} \tag{1-5}$$

可见，电位也可为正值或负值，某点的电位高于参考点，则为正，反之为负。任选参考点 0，则 a、b 两点的电位分别为 $V_a = U_{a0}$、$V_b = U_{b0}$。按照做功的定义，电场力把单位正电荷从 a 点移到 b 点所做的功，等于把单位正电荷从 a 点移到 0 点，再移到 b 点所做的功的和，即

$$U_{ab} = U_{a0} + U_{0b} = U_{a0} - U_{b0} = V_a - V_b$$

或

$$U_{ab} = V_a - V_b \tag{1-6}$$

式（1-6）表明，电路中 a、b 两点间的电压等于 a、b 两点的电位差，因而电压也称为电位差。

注意：同一点的电位值是随着参考点的不同而变化的，而任意两点之间的电压却与参考点的选取无关。

在汽车电路中，通常用汽车底盘、车架和发动机等金属作为公用导线，也就是常说的"搭铁"，并视其为电路中的参考零点。

4. 电动势

电动势是衡量电源将非电能转换成电能本领大小的物理量。电动势的定义为，在电源内部，外力将单位正电荷从电源的负极移到电源的正极所做的功。电动势用符号 E 表示，其数学表达式为

$$E = \frac{W}{Q} \tag{1-7}$$

式中：W——外力对电荷所做的功，单位为 J；

Q——被移动电荷的电荷量，单位为 C；

E——电源的电动势,单位为 V。

电动势的大小只决定于电源本身的性质,对于给定的电源,W/Q 为一定值,与外电路无关。

电动势的方向规定是:在电源内部由负极指向正极。图 1-9 为直流电动势的两种图形符号和方向的表示方法。

对于一个电源来说,它既有电动势,又有端电压。电动势只存在于电源的内部;而端电压则是电源加在外电路两端的电压,其方向由正极指向负极。一般情况下,电源的端电压总是低于电源内部的电动势,只有当电源开路时,电源的端电压才与电源的电动势相等。

图 1-9 直流电动势的两种图形符号

能够稳定提供电能的装置叫电源。生活中有很多种电源,这些电源所提供的电压是不一样的。举例如下:

- ·干电池的电压是 1.5 V;
- ·在汽车上,铅蓄电池的标准电压是 12 V;
- ·汽车电脑提供给传感器的电压是 5 V;
- ·车间里用的安全照明电压是 36 V;
- ·照明电的电压是 220 V;
- ·动力电的电压是 380 V;
- ·火花塞跳火时的击穿电压高达 30000 V。

5. 电能和电功率

设直流电路中,A、B 两点的电压为 U,在时间 t 内电荷 Q 受电场力作用从 A 点经负载移动到 B 点,则电场力所做的功为

$$W = UQ = UIt \qquad (1-8)$$

单位时间内消耗的电能称为电功率(简称功率),直流电路中用字母 P 表示,即

$$P = \frac{W}{t} = UI \qquad (1-9)$$

若在电压、电流非关联方向下,则

$$P = -UI \qquad (1-10)$$

在我国法定计量单位中,电能的单位是焦耳(J);功率的单位是瓦特(W)。在实际应用中,有时电能的单位用千瓦时(kW·h)表示,1 kW·h 俗称一度电。如 100 W 的灯泡,工作 10 h,其消耗的电能就是 1 kW·h。

一般用电设备的功率有多大? 举例如下:

- ·汽车仪表指示灯的功率是 1 W;
- ·家用节能灯管的功率是 15 W;
- ·电烙铁的功率是 30 W;
- ·汽车前照灯灯泡的功率是 60 W;
- ·家用电热水器的功率是 1000 W;
- ·汽车启动机功率是 1200 W。

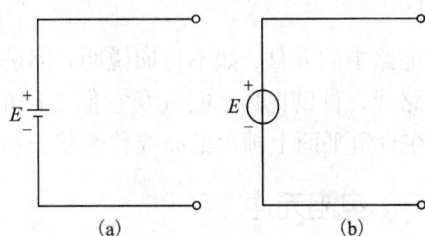

第二节 汽车电路基本元件

电路中的元件，如不另加说明，都是指理想元件。分析研究电路的一项基本内容就是分析电路或元件的电压、电流及它们之间的关系。电压与电流的关系称为伏安关系或伏安特性，在直角平面上画出的曲线称为伏安特性曲线。下面讨论电路基本元件及其伏安特性。

一、电阻元件

1. 电阻元件的伏安特性

如图 1 – 10 所示，为过原点的一条直线，它表示电压与电流成正比关系。这类电阻元件称为线性电阻元件，其两端的电压与电流服从欧姆定律关系，即

$$u = Ri \quad \text{或} \quad i = \frac{u}{R} \qquad (1-11)$$

如图 1 – 11 所示，在不含电源的一段直流电路中，欧姆定律可表示为

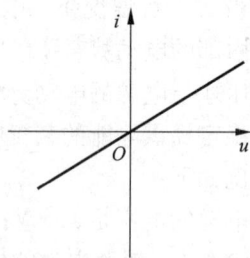

图 1 – 10　电阻元件的伏安特性曲线

$$I = \frac{U}{R} \quad \text{或} \quad U = RI \qquad (1-12)$$

在(1 – 12)式中，当电压与电流的参考方向一致时，电压为正值。反之，电压则为负值。式中电压 U 的单位是 V，电流 I 的单位是 A，电阻 R 的单位是 Ω。由于定律的上述表达形式仅适应于不含电源的一般电阻电路，故称为部分电路欧姆定律。常用的电阻单位还有千欧（kΩ）和兆欧（MΩ），它们之间的关系为

$$1 \text{ M}\Omega = 10^3 \text{ k}\Omega = 10^6 \text{ }\Omega$$

在实际应用中常需要对闭合电路进行分析和计算，图 1 – 12 是一个简单的含有电源的闭合电路。其中直流电源用理想电压源 E 和内阻 R_0 的串联电路表示，U 是电源的端电压（输出电压），R_L 是负载的电阻，电路中各物理量的方向均为参考方向。则电路中的电流为

$$I = \frac{E}{R_L + R_0} \qquad (1-13)$$

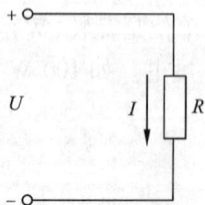

图 1 – 11　部分电路的欧姆定律

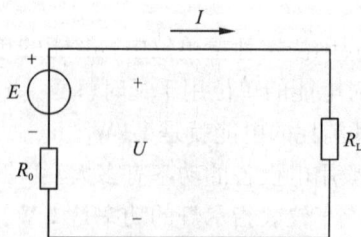

图 1 – 12　全电路欧姆定律

由上式可得 $U = E - IR_0$。其意义是：负载的端电压等于电源电动势减去内阻压降。说明当负载愈小（负载电阻 R_L 愈小）时，电流 I 愈大，其内阻压降 IR_0 也愈大，则负载端电压 $U =$

IR_L 必然愈小。

值得注意的是，导体的电阻不随其端电压的大小而变化，是客观存在的。当温度一定时，导体的电阻与导体的长度 l 成正比，与导体的横截面积 S 成反比，还与导体的材料性质（电阻率 ρ）有关，即

$$R = \rho \frac{l}{S} \tag{1-14}$$

式中：R 的单位是 Ω，ρ 的单位是 $\Omega \cdot m$，l 的单位是 m，S 的单位是 m^2。若令 $G = 1/R$，则 G 称为电阻元件的电导，电导的单位是西门子（S）。

生活中有很多用电器是依靠电阻来工作的，如灯泡、电炉、电烙铁等。凡是通电后产生大量热量的用电器，都是纯电阻的设备。

对于一段固定的电路，影响电路电阻的大小有以下几个因素：

(1) 电路导线的制造材料的导电性越好，电导越大，电路的电阻就越小。

(2) 导线的长度：电阻和长度成正比，导线越长，电阻越大。

(3) 导线的直径：电阻和导线的粗细成反比，导线越粗，直径越大，电阻越小。

通常情况下，对于用同一种材料制成的导线，影响电阻的因素主要是直径和长度，所有的导体都有电阻，只是大小有差异。举例如下：

· 汽车暖风电机的电阻约为 $0.2\ \Omega$；

· 汽车仪表灯泡的电阻约为 $15\ \Omega$；

· 家里使用的 $1\ kW$ 的电炉电阻约为 $48.4\ \Omega$；

· 一般在干燥环境中，人体电阻约为 $2\ k\Omega$；皮肤出汗时，约为 $1\ k\Omega$；皮肤有伤口时，约为 $800\ \Omega$。

2. 特殊电阻

(1) 热敏电阻

热敏电阻是一种用陶瓷半导体制成的温度系数很大的电阻体，在工作温度范围内，按陶瓷半导体的电阻与温度的特性关系，热敏电阻可分为以下三种类型。

① 负温度系数（NTC）热敏电阻。在工作范围内，NTC 热敏电阻的电阻值随温度升高而减小。这种电阻是由镍、铜、钴、锰等金属氧化物按适当比例混合后高温烧结而成的，现广泛用于汽车发动机冷却水温度传感器、进气温度传感器、机油温度传感器和空调温度传感器中。

② 正温度系数（PTC）热敏电阻。在工作范围内，PTC 热敏电阻的电阻值随温度升高而按指数函数增大。这种电阻在汽车发动机、仪器仪表等测温部件中被广泛应用。

③ 临界温度系数（CTR）热敏电阻。CTR 热敏电阻的电阻值随温度升高而按指数函数减小。

热敏电阻式温度传感器具有体积小、灵敏度高、安装简单、价格低廉等优点，因此，在汽车电子控制系统中被广泛应用。

热敏电阻式冷却水温度传感器一般安装在发动机缸体、缸盖的水套中，或者安装在节温器壳内并伸入水套中。传感器与冷却水接触，用来检测发动机的冷却水温度。冷却水温度传感器内部是一个半导体热敏电阻。

热敏电阻式冷却水温度传感器的外观与结构，如图 1-13(a) 所示。这种传感器是利用

热敏电阻阻值随温度的变化而变化这一特性来检测温度的。传感器的温度特性曲线如图 1 – 13(b) 所示。当温度较低时，传感器的阻值很大，反之，当温度升高时，电阻值减小。在汽车上安装了很多的热敏电阻式温度传感器，常用于检测冷却水、机油的温度，其中用得最多的是水温表以及电喷发动机的水温传感器。

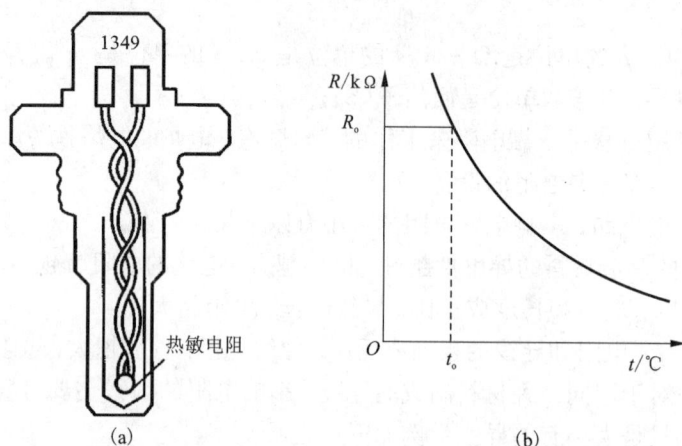

图 1 – 13　热敏电阻式冷却水温度传感器的外观与特性曲线
(a)外观；(b)特性曲线

（2）光敏电阻

光敏电阻是利用半导体光电效应制成的一种特殊电阻，对光线十分敏感，它的电阻值能随着外界光照强弱（明暗）变化而变化。它在无光照射时呈高阻状态；当有光照射时，其电阻值迅速减小。

汽车中的光电式光量传感器就采用光敏电阻——硫化镉（CdS）光电元件，应用光照强度能引起电阻值变化的特性。当光线照射硫化镉（CdS）时，若周围光线弱时，则电阻值大；若周围光线强时，则电阻值变小。光量传感器通过硫化镉（CdS）光电元件，将周围光照的变化转换为电阻值的变化，并以电信号的形式输入给控制器。在汽车上可用于各种灯具的自动控制。

光电式光量传感器应用于汽车灯光控制器上。灯光控制器就安装在仪表板的上方，到傍晚时，它使尾灯点亮；当天色更晚时，控制前照灯点亮；当会车时，还具有变光功能，这都是自动完成的。改变照射在光量传感器上的光强度，用万用表电阻挡检测光敏电阻阻值，对比电阻变化。

（3）压敏电阻

绝对压力传感器是在采用测量发动机进气歧管压力方式、计量进气量的电控汽油喷射系统中最重要的传感器。依据进气压力传感器信号产生的原理可分为半导体压敏电阻式、电容式、膜盒传动的可变电感式和表面弹性波式等。

①半导体压敏电阻式进气压力传感器

压电转换元件是利用半导体的压阻效应制成的硅膜片，其变形与压力成正比，利用电桥将硅膜片的变形转成电信号。半导体压敏电阻式进气压力传感器由压力转换元件（硅片），把转换元件输出信号进行放大的混合集成电路和真空室组成。在当今汽车发动机电子控制系统中,半导体压敏电阻式进气压力传感器具有尺寸小、精度高成本低以及响应性、再现性、抗振性较好等优点,因而应用较为广泛。

②电阻应变计式碰撞传感器

德国博世公司研制生产的电阻应变计式碰撞传感器的结构如图 1 – 14 所示,当膜片产生变形时,应变电阻的阻值就会发生变化。为了提高传感器的检测精度,应变电阻一般都连接成桥式电路,并设计有稳压和温度补偿电路。当汽车遭受碰撞时,振动块振动,缓冲介质随之振动,应变计的应变电阻产生变形,阻值随之发生变化,经过信号处理与放大后,传感器输出端的信号电压就会发生变化。

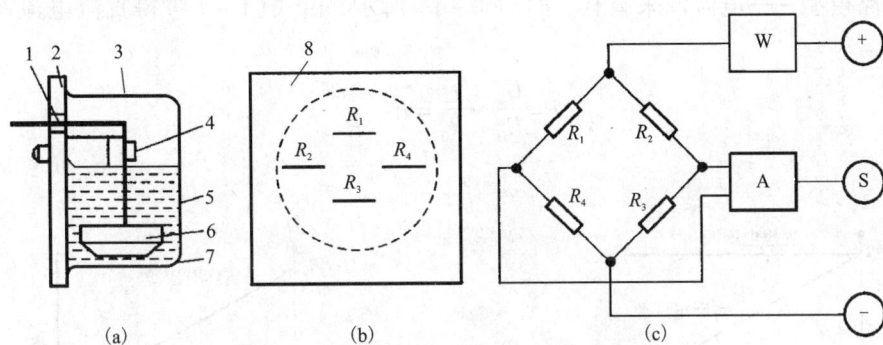

图 1 – 14　电阻应变计式碰撞传感器

(a)结构;(b)电阻应变计;(c)原理电路

1—密封树脂;2—传感器底板;3—壳体;4—电子电路;5—电阻应变计;

6—振动块;7—缓冲介质;8—硅膜片

二、电压源

电源是电能的来源,也是电路的主要元件之一。电池、发电机等都是实际的电源。在电路分析时,常用等效电路来代替实际的部件。一个实际电源的外特性,即电源端电压与输出电流之间的关系[$U = f(I)$],可以用两种不同的电路模型来表示:一种是电压源;另一种是电流源。

(1)理想的电压源——恒压源

一个电源没有内阻,其端电压与负载电流的变化无关,为常数,则这个电源称为理想的电压源,用 U_S 表示,它是一条与 I 轴平行的直线。通常用的稳压电源、发电机可视为理想的电压源。

(2)电压源

实际的电源都不会是理想的,总是有一定的内阻,因此,在电路分析时,对电源可以用一个理想的电压源与内阻相串联的电路模型——电压源来表示,如图 1 – 15 所示。直流电压源的外特性为

$$U = U_S - R_0 I \tag{1-15}$$

图中斜线与纵坐标轴的交点 U_S 为负载开路时，电源的端电压(电压源的最高端电压)，即 $I=0$，$U=U_0=U_S$。而与横坐标轴的交点则是电源短路时的最大电流 I_S，即 $U=0$，$I_S=U_S/R_0$。

三、电流源

（1）理想电流源——恒流源

当一个电源的内阻为无穷大，其输出电流与负载的变化无关，为常数，则这个电源称为理想电流源，用 I_S 表示。其外特性曲线是一条与纵轴 U 平行的直线。常用的光电池与一些电子器件构成的稳流器，可以认为是理想的电流源。

（2）电流源

理想电流源实际上是不存在的。对于一个实际的电源，可以用一个理想的电流源与内阻并联的电路模型——电流源来替代，如图 1 – 16 所示，由式（1 – 14）得直流电流源的外特性为

$$I = \frac{U_S}{R_0} - \frac{U}{R_0} = I_S - \frac{U}{R_0} \qquad (1-16)$$

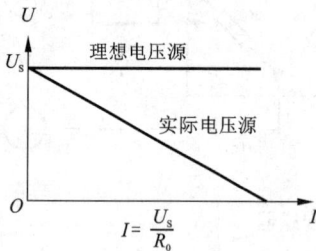

图 1 – 15　电压源外特性曲线　　　　　图 1 – 16　电流源外特性曲线

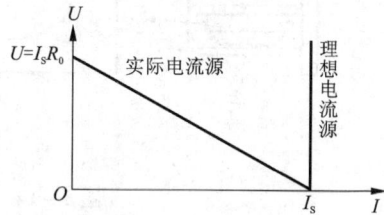

图中斜线与纵轴的交点表示负载开路时，$I=0$，$U=U_0=R_0I_S=U_S$；斜线与横轴的交点则是电流源短路时，$U=0$，$I=I_S$。

四、电感元件

电感元件是一种能够储存磁场能量的元件，是实际电感器的理想化模型。电感元件的电路符号如图 1 – 17 所示。

电感元件伏安特性可用 $u = L\dfrac{di}{dt}$ 表示。只有电感上的电流变化时，电感两端才有电压。在直流电路中，电感上即使有电流通过，但 $u=0$，相当于短路。L 称为电感元件的电感，单位是亨利（H），存储能量为 $W_L = \dfrac{1}{2}Li^2$。

五、电容元件

电容元件是一种能够储存电场能量的元件，是实际电容器的理想化模型。电容元件的电路符号如图 1 – 18 所示。

图 1 – 17　电感元件的电路符号

图 1 – 18　电容元件的电路符号

电容元件伏安特性可用 $i = c\dfrac{du}{dt}$ 表示。只有电容上的电压变化时,电容两端才有电流。在直流电路中,电容上即使有电压,但 $i = 0$,相当于开路,即电容具有隔直作用。C 称为电容元件的电容,单位是法拉(F),存储能量为 $W_C = \dfrac{1}{2}Cu^2$。

第三节　汽车电路的工作状态

一、额定工作状态

如图 1 – 19 所示的电路中,如果开关闭合,电源则向负载 R_L 提供电流,负载 R_L 处于额定工作状态,这时电路有如下特征。

①电路中的电流为

$$I = \frac{U_S}{R_0 + R_L} \qquad (1 - 17)$$

式中,当 U_S 与 R_0 一定时,I 的值取决于 R_L 的大小。

②电源的端电压等于负载两端的电压(忽略线路上的压降),为

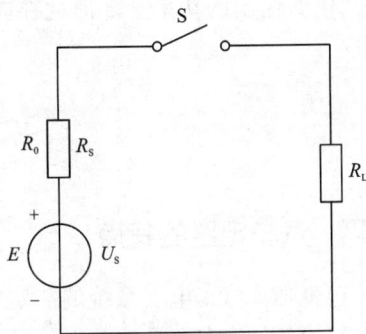

图 1 – 19　电路的有载与空载

$$U = U_S - R_0 I \qquad (1 - 18)$$

③电源输出的功率等于负载所消耗的功率(不计线路上的损失),为

$$P = UI = (U_S - R_0 I)I = U_S I - R_0 I^2 \qquad (1 - 19)$$

二、空载状态

图 1 – 19 所示的电路为开关断开或连接导线折断时的开路状态,也称为空载状态。电路在空载时,外电路的电阻可视为无穷大。因此电路具有下列特征。

①电路中的电流为零,即

$$I = 0 \qquad (1 - 20)$$

②电源的端电压为开路电压 U_0,并且有

$$U = U_0 = U_S - R_0 I = U_S \qquad (1 - 21)$$

③电源对外电路不输出电流,因此有

$$P = 0 \qquad (1 - 22)$$

三、短路状态

如图 1 – 19 所示的电路中，电源的两输出端线，因绝缘损坏或操作不当，导致两端线相接触，电源被直接短路，这就叫短路状态。

当电源被短路时，外电路的电阻可视为零，这时电路具有如下特征。

①电源中的电流最大，但对外电路的输出电流为零，即

$$I = I_s = \frac{U_s}{R_0} \tag{1-23}$$

式中 I_s 称为短路电流。因为一般电源的内阻 R_0 很小，所以 I_s 很大。

②电源和负载的端电压均为零，即

$$U = 0 \tag{1-24}$$

上式表明，电源的恒定电压全部降落在内阻上，两者的大小相等，方向相反，因此无输出电压。

③电源输出的功率全部消耗在内阻上，因此，电源的输出功率和负载所消耗的功率均为零，即

$$P = 0 \tag{1-25}$$

$$P_{U_s} = \frac{U_s^2}{R_0} = R_0 I_s^2 \tag{1-26}$$

四、汽车电路的特点

（1）低压：汽车电气系统的额定电压，主要有 12 V 和 24 V 两种。

（2）直流：汽车电源由蓄电池及发电机供电，均为直流电路。

（3）单线制：为节省导线和便于安装、维修，汽车上电源和用电器之间只用一根导线连接，另一根导线由发动机、车架等金属机体代替而构成回路，这种方式称为单线制。

（4）负极搭铁：采用单线制时，电源的一端必须可靠地接到车架上，称"搭铁"。按电源搭铁的极性，可分为正极搭铁和负极搭铁。由于负极搭铁对车架或车身的化学腐蚀较轻，无线电干扰较小，所以大多数国家包括我国的汽车都采用负极搭铁。

五、汽车电路中的短路、断路与高电阻

1. 短路

（1）接地短路

接地短路是指电路未经过负载而提前接地的一种故障现象。大部分接地短路故障都是由于导线或电路元件的绝缘层破裂，并且接地造成的。如图 1 – 20 所示，开关和灯泡之间的导线绝缘层破损导致接地短路，电流没有通过灯泡而直接返回接地端，会导致灯泡不亮，电路中的电流升高，保险丝或其他电路保护装置断开。如果电路没有保护装置，还会引起线路或其他部件的烧毁。

图 1 – 21 是另一种形式的接地短路故障。电路在灯泡和开关之前接地，会导致灯泡不亮并且开关无法控制电路，保险丝也会马上烧断。如果没有电路保护装置，还有可能会烧毁电源。若出现这种情况，即使更换了保险丝，接通电路后，仍然会再次烧断保险丝。

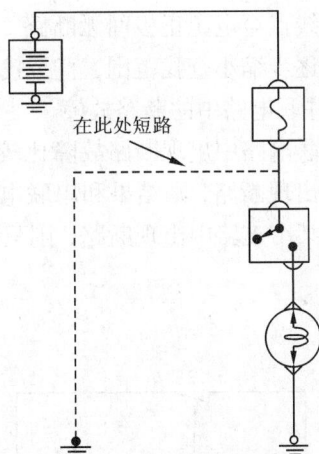

图 1 – 20　接地短路

（从控制开关后面短路）

图 1 – 21　接地短路

（从控制开关前面短路）

（2）电源短路

在汽车电路故障中，还有一种短路形式是与电源短路，通常是一个电路的两个独立分支因导线绝缘层破损而相互连接，如图 1 – 22、图 1 – 23 所示。

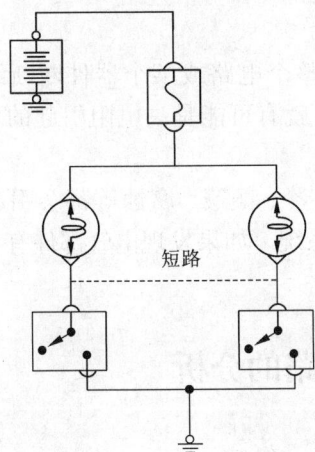

图 1 – 22　与电源短路故障 1

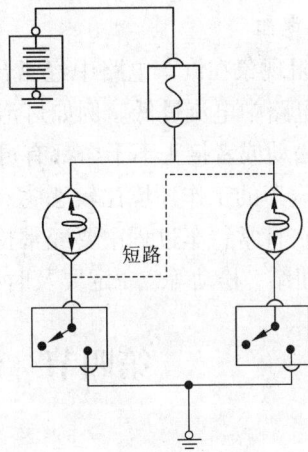

图 1 – 23　与电源短路故障 2

2. 断路

断路是一种不连续的、有中断的电路故障。电气部件接触不良就是一种轻微的断路现象。电路中的任何一部分出现问题都有可能导致断路，比如导线断裂、电路部件烧毁、接头松动等。

（1）串联电路中的断路故障

如图 1 – 24 所示，一个串联电路中出现断路故障，会导致整个电路不导通。在汽车电路发生断路故障时，通常用试灯或万用表（直流电压挡）去寻找电路的断路点。方法是：将试灯一端（或电压表负表笔）接在电源负极，另一端依次触及电路接线点 a、b、c、d。如果灯亮则说明此接线点至电源正极间无断路,如果灯不亮则说明此接线点与前一接线点间有断路。用这种办法逐步缩小查找范围,直至找到断路点。

(2)并联电路中的断路故障

在并联电路中出现断路故障比较复杂,如图1-25所示。如果在并联电路的主线路或接地电路中出现断路,则结果和串联电路中出现断路是一样的,整个电路都会失效。如果在并联电路的某个支路中出现断路,则只有这个出现断路的支路受到影响,其他支路还可以正常导通。

图1-24　串联电路断路

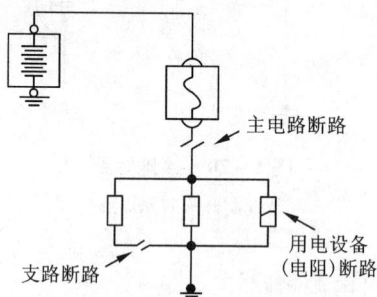

图1-25　并联电路断路

3. 高电阻

高电阻现象在汽车电路中经常出现,高电阻会引起整个电路或某个器件断断续续地导通,或者电路中电流过低。例如灯泡闪烁或者亮度降低,就有可能是高电阻引起的。电路连接不好、松动或者接头不干净都有可能引起高电阻问题。

由于汽车的工作环境比较恶劣,比如高速、高温、寒冷、颠簸、腐蚀等都会引起电路故障。所以在日常行车过程中要经常检查和注意保养电气系统。如果发现电气部件有异常或导线破裂、扭结、松动等,一定要及时检修。

第四节　汽车串、并联电路的分析

一、电阻的串联

图1-26所示为几个电阻依次连接,当中无分支电路的串联电路。串联电路的特点为:

(1)流过各电阻中的电流相等,即

$$I = I_1 = I_2 \qquad (1-27)$$

(2)电路的总电压等于各电阻两端的电压之和,即

$$U = U_1 + U_2 \qquad (1-28)$$

由此可得,电路取用的总功率等于各电阻取用的功率之和,即

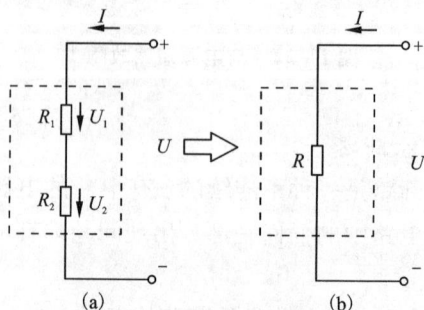

图1-26　电阻串联及其等效电阻

$$IU = IU_1 + IU_2 \tag{1-29}$$

（3）电路的总电阻等于各电阻之和，即

$$R = R_1 + R_2 \tag{1-30}$$

（4）电路中每个电阻的端电压与电阻值成正比，即

$$U_1 = \frac{R_1}{R}U, \ U_2 = \frac{R_2}{R}U \tag{1-31}$$

（5）串联电阻电路消耗的总功率 P 等于各串联电阻消耗的功率之和，即

$$P = \sum_{i=1}^{n} P_i = P_1 + P_2 + \cdots + P_n \tag{1-32}$$

二、电阻的并联

图 1-27 所示为几个电阻的首尾分别连接在电路中相同的两点之间的并联电路。

并联电路有如下特点：

（1）各并联电阻的端电压相等，且等于电路两端的电压，即

$$U = U_1 = U_2 \tag{1-33}$$

（2）并联电路中的总电流等于各电阻中流过的电流之和，即

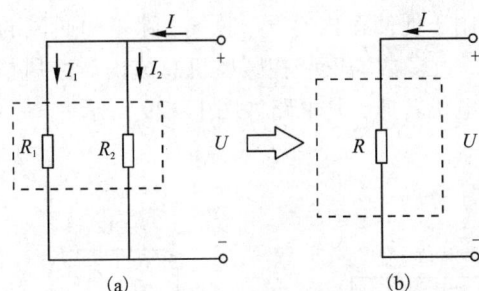

图 1-27 电阻并联及其等效电阻

$$I = I_1 + I_2 \tag{1-34}$$

（3）并联电路的总电阻的倒数等于各并联电阻的倒数之和，即

$$\frac{1}{R} = \frac{1}{R_1} + \frac{1}{R_2}$$

即

$$R = \frac{R_1 R_2}{R_1 + R_2} \tag{1-35}$$

（4）并联电路中，流过各电阻的电流与其电阻值成反比，阻值越大的电阻分到的电流越小，各支路的分流关系为

$$I_1 = \frac{R_2}{R_1 + R_2}I, \quad I_2 = \frac{R_1}{R_1 + R_2}I \tag{1-36}$$

可见，在电路中，通过并联电阻能达到分流的目的。

（5）并联电阻电路消耗的总功率等于各电阻上消耗的功率之和，即

$$P = P_1 + P_2 + \cdots + P_n = \frac{U^2}{R_1} + \frac{U^2}{R_2} + \cdots + \frac{U^2}{R_n} \tag{1-37}$$

可见，各并联电阻消耗的功率与其电阻值成反比。

三、串、并联电路的应用

1. 串联电路的应用

（1）用于降压

当某一用电器的额定电压低于电源电压时，可在电路上串联一个适当电阻（降压电阻），根据串联电路的分压作用特点，使用电器分得的电压为额定电压。注意：与负载相串联的电

阻,实际电功率不能超过它的额定功率。例如,电压表为扩大量程需用电阻与表头串联,串联电阻起降压作用。

(2)用电位器改变输出电压

汽车电路系统中许多传感器是用电位器的分压工作原理制成的,如图1-28所示,电位器 A 和 B 接电源正负极,滑动触点 O 和固定端 B 为输出电压。当滑动触点在外力作用下滑动时,改变了两部分电阻的比例关系,从而得到不同的输出电压。当滑动触点从节气门关闭状态移动到节气门完全打开状态时,VTA输出电压从最小值线性变为最大值。

(3)用来控制负载电流

负载的工作状况与电流大小有直接关系,如直流电动机的转速与电流大小有关。鼓风电动机用于促使车内冷气、暖气、除霜和通风的气流流动。采用的电动机通常为永磁式单速电动机,大多数均安装在暖风机总成内。鼓风机开关位于仪表板上,开关通过控制调速电阻来控制电机转速,其电路如图1-29所示。

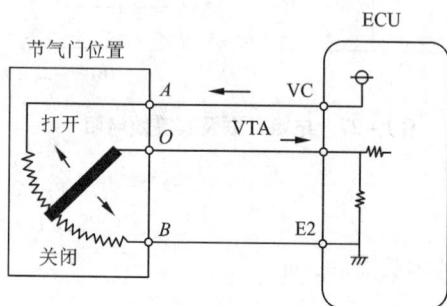

图 1-28　节气门位置传感器电路图

图 1-29　鼓风电动机工作电路图

1—鼓风机开关;2—调速电阻总成;3—鼓风机电动机

鼓风电动机的工作原理:当鼓风电动机开关置于低速(Low)、中速1(Med1)、中速2(Med2)或高速(High)挡时,电路中所串联的电阻值会越来越小。电阻值的变化,改变了鼓风电动机的工作电压。由于鼓风电动机是单速电动机,工作电流越大转速越高。所以随着串联的电阻值越小,鼓风电动机的工作电流越大转速越高。

2. 并联电路的应用

(1)工作电压相同的负载都是采用并连接法。对于供电线路中的负载,一般都是并连接法,负载并联时各负载自成一个支路,如果供电电压一定,各负载工作时相互不影响,某个支路电阻值的改变,只会使本支路和供电线路的电流变化而不影响其他支路。例如汽车上的用电器,如喇叭、照明灯、电动机等都是并连接在直流电源上,各个用电器能单独工作、互不影响。

(2)利用电阻的并联来降低电阻值,例如将两个1000 Ω的电阻并联使用,其电阻值则为500 Ω。

(3)在电工测量中,常用并联电阻的方法来扩大电流表量程。

第五节 基尔霍夫定律

一、电路结构的基本名词

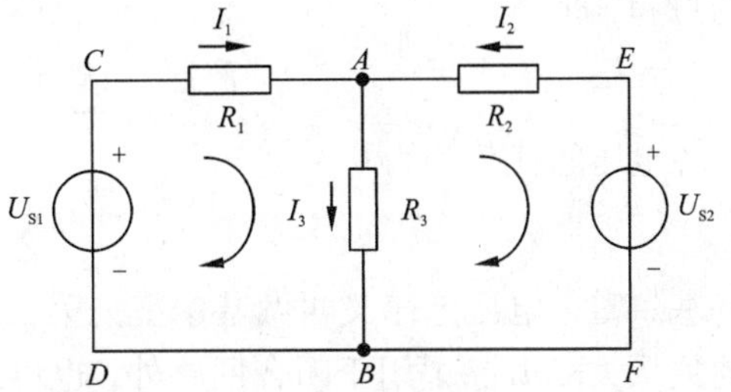

计算复杂电路主要依据欧姆定律和基尔霍夫定律。这两条定律既适用于直流电路，又适用于交流电路和含有电子元器件的非线性电路，因而是分析计算电路的基本定律。如图1-30所示，在复杂电路中，包括多个电源和多个元件，因而不能直接用欧姆定律来求解。

图1-30 复杂电路

为了研究复杂电路，必须先明确几个概念，即支路、节点、回路和网孔。

支路：由一个或几个元件首尾相接构成的无分支电路叫支路。在同一支路内，流过所有元件的电流相等。在图1-30中，U_{S1}和R_1构成一条支路，U_{S2}和R_2构成一条支路，R_3构成另外一条支路。

节点：三条以上支路的交汇点称为节点，在图1-30中，A、B两点均为节点。

回路：电路中任一闭合路径叫回路，一个回路可能只含有一条支路，也可能包含几条支路。在图1-30中，$ABFEA$、$EFDCE$、$ABDCA$都是回路。

网孔：回路内部不含有支路的最简单的回路叫网孔。如$ABFEA$、$ABDCA$是网孔，$EFDCE$不是网孔。

在中学我们学习了欧姆定律，但稍微复杂的电路就必须使用另一个定律——基尔霍夫定律。基尔霍夫定律由科学家基尔霍夫(1824—1887)提出，可以用它来求解复杂的电路网络。

二、基尔霍夫电流定律(KCL)

基尔霍夫电流定律的基本内容为在任一瞬间，流入任一节点的电流之和恒等于流出这个节点的电流之和，即

$$\sum I_{入} = \sum I_{出} \tag{1-38}$$

或者说，在任一瞬间，一个节点上电流的代数和为0。

即

$$\sum I = 0 \tag{1-39}$$

基尔霍夫电流定律的依据是电流的连续性。

一般规定电流正方向为：流入节点的电流取正号，反之流出节点的电流取负号。KCL不仅适用于节点，还可推广应用于电路中任意假定的闭合曲面，即任一瞬间，通过任一闭合曲面的电流的代数和也恒等于零。

对于图1-31所示电路中的节点A，I_2、I_3、I_5为流入节点电流，I_1、I_4为流出节点电流，根据基尔霍夫电流定律可得出

$$I_2 + I_3 + I_5 = I_1 + I_4 \tag{1-40}$$

三、基尔霍夫电压定律(KVL)

基尔霍夫电压定律的基本内容：在任一瞬间，沿回路绕行一周，电压升的总和等于电压降的总和，即

$$\sum U_升 = \sum U_降 \qquad (1-41)$$

或者各电压的代数和为0

$$\sum U = 0 \qquad (1-42)$$

基尔霍夫电压定律又叫做基尔霍夫第二定律，它反映了电路的任一回路中的各段电压之间的关系。KVL除了用于闭合回路外，也可推广应用于任意不闭合回路。

对于图1-32所示的电路，绕行回路一周有

$$U_3 + U_2 = U_1 + U_4 \qquad (1-43)$$

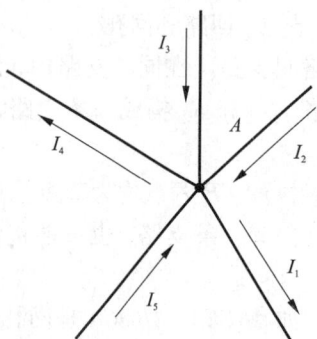

图1-31 基尔霍夫电流定律示意图

图1-32 基尔霍夫电压定律示意图

第六节 复杂电路的分析方法

一、支路电流法

支路电流法是以支路电流为求解对象，应用基尔霍夫电流定律和电压定律对节点和回路列出所需的方程，通过解方程组来求解支路电流。

以图1-33所示电路为例，说明支路电流法的解题步骤。

①选择各支路电流的参考方向。在图1-33中，选取支路电流 I_1、I_2、I_3参考方向如图所示，电流的实际方向由计算结果确定，计算结果为正，说明选取的参考方向与电流的实际方向一致，反之则相反。

②根据节点数列出独立的节点电流方程式。图1-33中有 B、E 2个节点，利用

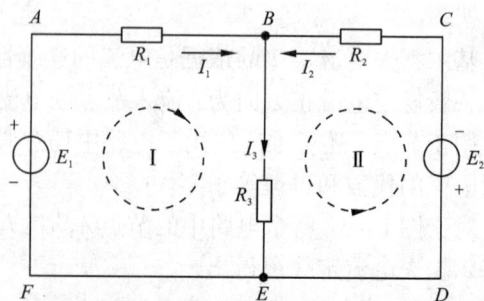

图1-33 支路电流法示意图

KCL 列出节点电流方程式。

对节点 B 列方程　$I_3 - I_1 - I_2 = 0$

对节点 E 列方程　$I_1 + I_2 - I_3 = 0$

一般来说，电路中独立的节点电流方程式的个数比节点数少 1 个，2 个节点只能列出 1 个独立的节点电流方程式。2 个方程式是相同的，说明只有 1 个独立的方程式。

③根据自然网孔，利用 KVL 列出回路电压方程式。图 1 – 33 中的电路有 2 个网孔 Ⅰ 和 Ⅱ，利用 KVL 列出电压方程式。

对网孔 Ⅰ 列电压方程　$E_1 = R_1 I_1 + R_3 I_3$

对网孔 Ⅱ 列电压方程　$E_2 = -R_2 I_2 - R_3 I_3$

④联立方程组，求出各未知量。

【例题 1】　在图 1 – 33 所示电路中，已知电源电动势 $E_1 = 12 \text{ V}$，内阻 $R_1 = 2 \text{ } \Omega$；电源电动势 $E_2 = 2 \text{ V}$，内阻 $R_2 = 4 \text{ } \Omega$；负载电阻 $R_3 = 6 \text{ } \Omega$。求各支路电流 I_1、I_2 和 I_3。

解：要求出 3 个未知支路电流，需列出 3 个彼此独立的方程式。图中的电流方向都是假设的参考方向。

对于节点 B，应用 KCL，列出电流方程

$$I_3 - I_1 - I_2 = 0 \tag{1-44}$$

对于回路 $ABEFA$，应用 KVL，列出回路电压方程

$$E_1 = R_1 I_1 + R_3 I_3 \tag{1-45}$$

对于回路 $BCDEB$，应用 KVL，列出回路电压方程

$$E_2 = -R_2 I_2 - R_3 I_3 \tag{1-46}$$

将已知数据代入式（1 – 44）、式（1 – 45）、式（1 – 46）得方程组

$$\begin{cases} I_3 - I_1 - I_2 = 0 \\ 12 = 2I_1 + 6I_3 \\ 2 = -4I_2 - 6I_3 \end{cases}$$

解联立方程式，得

$$I_1 = 3 \text{ A} \quad I_2 = -2 \text{ A} \quad I_3 = 1 \text{ A}$$

从计算结果看，电流 $I_2 = -2 \text{ A}$，负号表示 I_2 的实际方向与图上所标方向相反，I_1、I_3 为正值，说明电流的实际方向与所设参考方向一致。

二、戴维南定理

1. 二端网络的概念

具有两个出线端的网络称为二端网络，如图 1 – 34 所示。含有独立电源的二端网络称为有源二端网络，如图 1 – 35 所示；否则称为无源二端网络。

在有源二端网络中令所有独立电源为零，得到的无源网络称为该有源二端网络对应的无源二端网络。当有源二端网络外接电阻 R_L 时，它向该电阻提供电流和电压，所以，该有源二端网络相当于一个电源，可以用一个电源来代替这个有源二端网络。这种代替就是等效电源定理的基本思想，将有源二端网络用电压源代替——戴维南定理。

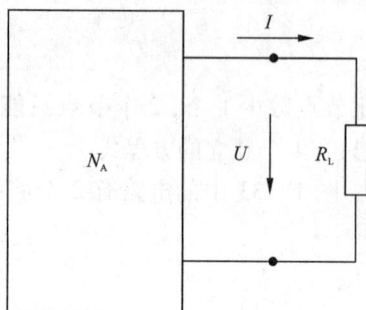

图 1 – 34　二端网络

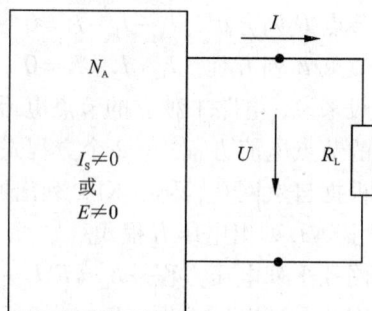

图 1 – 35　有源二端网络

2. 戴维南定理

任何一个有源二端线性网络都可以用一个电动势为 E 的理想电压源和内阻 R_0 串联的电源来等效代替，如图 1 – 36 所示。

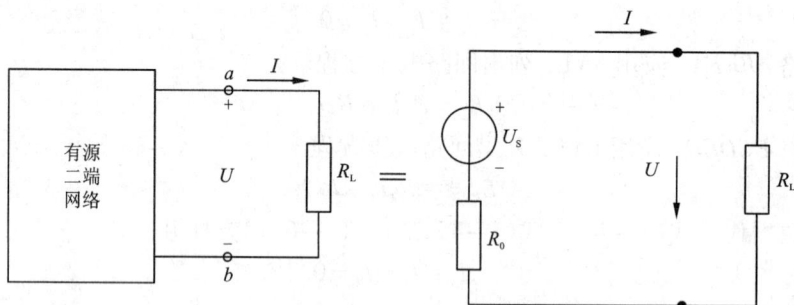

图 1 – 36　戴维南定理等效电源

等效电源的电动势 E 就是有源二端网络的开路电压 U_0，即将负载断开后 a、b 两端之间的电压。

等效电源的内阻 R_0 等于有源二端网络中所有电源均除去（理想电压源短路，理想电流源开路）后所得到的无源二端网络 a、b 两端之间的等效电阻。

第七节　电路的暂态分析

一、电路暂态分析的基本概念与换路定律

1. 稳态和暂态的概念

电路中的电压和电流在给定条件下已达到某一稳定值的状态时称为稳态。在直流电路中，稳态的特征是电路各部分电压和电流的大小与方向不随时间变化而变化；在交流电路中，稳态的特征是电路各部分电压和电流的初相位、角频率和最大值维持一定。

电路从一种稳态转到另一种新的稳态往往不能跃变，而是需要一定的过程（时间），这个

物理过程称为过渡过程。电路的过渡过程往往是短暂的，所以电路在过渡过程中的工作状态称为暂态，因此过渡过程也称为暂态过程。

2. 暂态过程的产生

在实际工作中，电路要进行各种操作，如接通或断开电源，电源电压的改变以及电路参数改变等。另外，电路也可能发生开路、短路等现象。不论是操作或是故障的原因，导致这种电路的接通、断开、短路、电源电压或电路参数突然变化，统称为换路。由于换路，就会使电路的工作状态发生变化，就有可能产生暂态过程。所以换路是引起暂态过程的外因。然而，在含有储能元件的电路中，产生暂态的根本原因在于能量的变化只能是连续变化而不能跃变。在电感元件中，储存的磁场能量 $W_L = \frac{1}{2}Li_L^2$，在换路时不能跃变，这表现为电感中的电流 i_L 不能跃变。在电容元件中，储的电场能量 $W_C = \frac{1}{2}Cu_C^2$ 在换路时不能跃变，这表现为电容两端的电压 u_C 不能跃变。所以，储能元件的能量不能跃变是产生暂态过程的内因。

3. 换路定律

为方便起见，通常把换路瞬间作为计时起点，即在 $t=0$ 时换路。把换路前终了时刻记为 $t=0_-$，把换路后的初始时刻记为 $t=0_+$。换路瞬间，电感元件中的电流和电容元件上的电压不能跃变，这称为换路定律。如用公式表示则为

$$i_L(0_+) = i_L(0_-) \qquad u_C(0_+) = u_C(0_-) \tag{1-47}$$

换路定律仅适用于换路瞬间，可根据它来确定 $t=0_+$ 时电路中电压和电流之值，即暂态过程的初始值。电感和电容元件在换路瞬间及稳态时的特征如表 1-2。

表 1-2　电感和电容元件在换路瞬间及稳态时的特征

特征 元件	$t=0$	$t=0$		$t=\infty$
C 　$u_C(t)$	$u_C(0_-)=0$	$u_C(0_+)=0$	○—○	断路
	$u_C(0_-)=U_0$	$u_C(0_+)=U_0$	$+$ U_0 $-$	
L 　$i_L(t)$	$i_L(0_-)=0$	$i_L(0_+)=0$	○—○	短路
	$i_L(0_-)=I_0$	$i_L(0_+)=I_0$	I_0 →	

注意，换路定律只说明电容上电压和电感中的电流不能发生跃变，而流过电容的电流、电感上的电压以及电阻元件的电流和电压均可以发生跃变。

根据换路定律可以确定换路后过渡过程的初始值，其步骤如下：

（1）分析换路前（$t=0_-$）电路，求出电容电压、电感电流，即 $u_C(0_-)$、$i_L(0_-)$。

（2）由换路定律确定 $u_C(0_+)$ 及 $i_L(0_+)$。

（3）进而计算出换路后（$t=0_+$）电路的各参数即过渡过程的初始值。

【例题2】   如图 1-37 所示电路中，已知 $R_1 = R_2 = 10\ \Omega$，$U = 5\ V$，$C = 50\ \mu F$，求换路后各电阻电压及电流的初始值。设换路前电路处于稳态。

解： 换路前，电源未接入电路

$$u_C(0_-) = 0$$

当 $t = 0_+$ 时，$u_C(0_+) = u_C(0_-) = 0$

则电路等效如图 1-37(b)所示。

$$u_{R_1} = u_{R_2} = U = 5\ V$$

$$i_1 = \frac{u_{R_1}}{R_1} = 0.5\ A \qquad i_2 = \frac{u_{R_2}}{R_2} = 0.5\ A$$

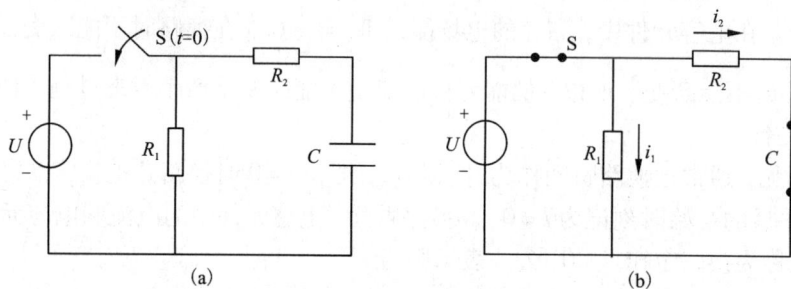

图 1-37   例题 2 电路图

【例题3】   图 1-38(a)所示电路中，线圈 $L = 50\ mH$，内阻 $r = 10\ \Omega$，与电阻 $R = 30\ k\Omega$ 并联，电源电压 $U = 12\ V$。求换路后电阻 R 两端的电压初始值。设换路前电路处于稳态。

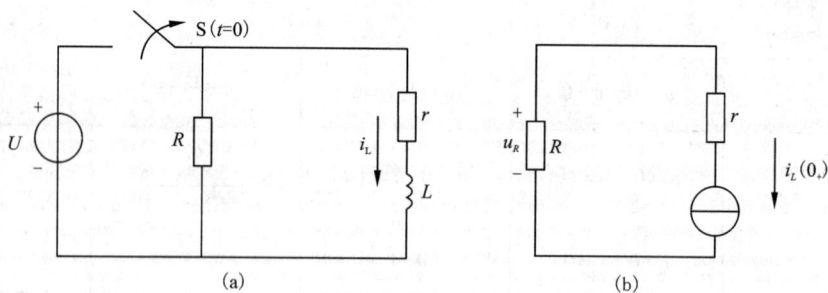

图 1-38   例题 3 电路图

解： 在直流电路中，稳态时电感相当于短路，R 相对于 r 很大，相当于开路

$$i_L(0_-) = \frac{U}{r} = 1.2\ A$$

换路后

$$i_L(0_+) = i_L(0_-) = 1.2\ A$$

等效电路如图 1-38(b)所示

$$u_R = -i_L(0_+)R = -36\ kV$$

由上例可以看出,利用换路可以使 12 V 的电源产生上万伏的瞬时电压。同时由上两例可知,换路后的初始值与电容、电感大小无关。

二、RC 串联电路的过渡过程

1. RC 电路的充电过程

如图 1 – 39(a)所示为 RC 充电电路。设开关 S 合上前,电路处于稳态,电容两端电压 $u_C(0_-) = 0$,电容元件的两极板上无电荷。在 $t = 0$ 时刻合上开关 S,电源经电阻 R 对电容充电,由于电容两端电压不能突变,$u_C(0_+) = 0$,此时电路中的充电电流 $i_C(0_+) = U/R$。

随着电容积累的电荷逐渐增多,电容两端的电压 u_C 也随之升高。电阻分压 u_R 减少,电路充电电流 $i_C = u_R/R = (U - u_C)/R$ 也不断下降,充电速度越来越慢。经过一段时间后,电容两端电压 $u_C = U$,电路中电流 $i_C = 0$,充电的过渡过程结束,电路处于新的稳态。

在充电过程中,电容两端的电压 u_C 和充电电流 i_C 随时间的变化为

$$u_C = U(1 - e^{-t/\tau}) \tag{1-48}$$

$$i_C = \frac{U}{R}e^{-t/\tau} \tag{1-49}$$

电容充电过程中,电容两端的电压 u_C 和充电电流 i_C 随时间的变化曲线如图 1 – 39(b)、(c)所示。

上述电容充电过程在换路前电容元件未储有能量,$u_C(0_-) = 0$,在此条件下由电源激励所产生的电路响应称为零状态响应。

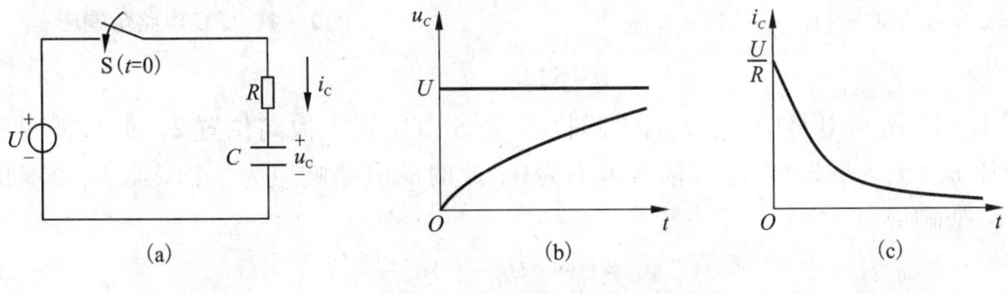

图 1 – 39　RC 充电过程 u_C、i_C 变化曲线

(a) RC 充电电路;(b) u_C 变化曲线;(c) i_C 变化曲线

2. RC 电路的放电过程

如图 1 – 40(a)所示为 RC 放电电路。开关 S 原合于位置 1,电路达到稳态,电容电压 $u_C(0_-) = U$,$t = 0$ 时刻,将开关 S 由位置 1 扳向 2,这时 RC 电路脱离电源,电容器通过 R 放电。由于电容电压不能跃变,$u_C(0_+) = U$,此时充电电流 $i_C(0_+) = U/R$。随着放电过程的进行,电容储存的电荷越来越少,电容两端的电压 u_C 越来越小,电路电流 $i = u_C/R$ 越来越小。

在放电过程中,电容两端的电压 u_C 和充电电流 i_C 随时间的变化为

$$u_C = Ue^{-t/\tau} \tag{1-50}$$

$$i_C = -\frac{U}{R}e^{-t/\tau} \tag{1-51}$$

电容放电过程中,电容两端的电压 u_C 和充电电流 i_C 随时间变化曲线如图 1 – 40(b)、(c)所示。

上述过程中，无电源激励，输入信号为 0，在此条件下，由电容元件的初始状态 $u_C(0_+)$ 所产生的电路的响应，称为零输入响应。

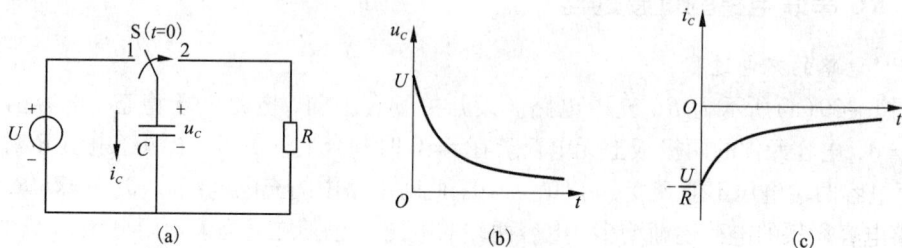

图 1-40　RC 放电过程 u_C、i_C 变化曲线

(a) RC 放电电路；(b) u_C 变化曲线；(c) i_C 变化曲线

3. RC 电路全响应

只含有一个储能元件（电容或电感）或可以等效为一个储能元件的电路，称为一阶线性电路。一阶线性电路的过渡过程均可由初始值、稳态值和时间常数确定。若以 $f(t)$ 表示随时间变化各参数，$f(0_+)$ 表示初始值，$f(\infty)$ 表示稳态值，τ 表示时间常数，则

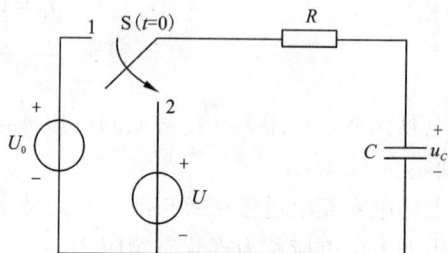

图 1-41　RC 电路全响应

$$f(t) = f(\infty) + [f(0_+) - f(\infty)] e^{-t/\tau}$$

$$(1-52)$$

如图 1-41 所示电路中，在 $t=0$ 时刻，开关 S 由位置 1 扳向位置 2。此过渡过程中，电容初始电压 $u_C(0_+)$ 不为 0，输入信号也不为 0，此时的电路响应为零输入响应和零状态响应的合成，称全响应。

$$u_C = U + (U_0 - U) e^{-t/RC}$$

$$(1-53)$$

第八节　汽车万用表的使用

1. 概述

汽车万用表在普通万用表原有优势的基础上，充分展现了功能更加完善、性能更加可靠等特点，具有汽车专用项目的测试功能。

(1) 对汽车信号的适应性不同。检测汽车电控系统的各个端口、传感器及执行器时，要求仪表对电控系统的信号影响越小越好，否则会造成汽车电控系统电路元件和传感器的损坏。汽车万用表具有很高的内阻、很宽的频带和很高的灵敏度。

(2) 对汽车电磁环境的适应性不同。汽车上的电磁干扰很强，如汽油发动机的点火、交流发电机调节器的电流断续控制等，均会产生很强的电磁辐射，汽车万用表有较强的抗电磁干扰能力。

(3) 汽车万用表相比普通万用表功能更完备，即：

①液晶数字显示，读数更直观方便；

②具有记忆、识别等智能化功能；

③兼有信号输出测试、信号模拟显示等功能；

④内部扩展处理能力增强(如 IC 卡)，外部附件(如打印、测试头)数量增多。

2. 主要用途

(1)测量充电电流、发电机电流、电流泄漏、电路负载等。

(2)检测接地电压降、接头连续性、线束、电缆、继电器、灯、开关等。

(3)检查发电机、二极管、继电器、点火线圈、高压线等。

3. 面板介绍

汽车专用万用表因型号不同，其面板布置形式各异，但一般由液晶显示器、功能按键、选择开关和表笔插孔等部分组成。下面以 SUMMIT SDM586(如图 1 – 42 所示)为例说明汽车万用表面板的功能和用途。

1)选择开关

打开仪表开关，当选择所需要的功能后，所有的功能字符将出现在显示器上 1 s，同时，仪表进行自检，随后仪表才能进行正常操作。选择开关如图 1 – 43 所示。

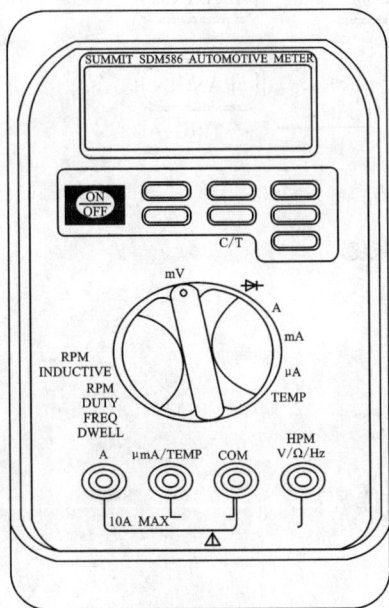

图 1 – 42 SDM586 汽车专用万用表

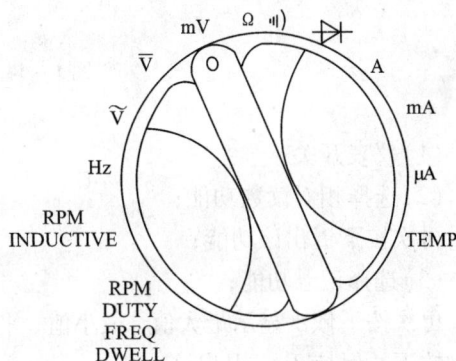

图 1 – 43 SDM586 选择开关

RPM(DUTY FREQ DWELL)：使用表笔进行转速、占空比、脉宽和频率测量；

RPM(INDUCTIVE)：感应式转速测量；

Hz：频率测量，量程：200 Hz、2 kHz、20 kHz、200 kHz；

$\tilde{V}$：交流电压测量，量程：4 V、40 V、400 V、1000 V；

$\overline{V}$：直流电压测量，量程：4 V、40 V、400 V、1000 V；

mV：直流电压毫伏测量，量程：400 mV；

Ω ⑴：欧姆与连续性测量，量程：400 Ω、4 kΩ、40 kΩ、400 kΩ、4 MΩ、40 MΩ；

⎯▷|⎯: 二极管测量, 量程: 3 V;

A: 交、直流电流测量, 量程: 4 A, 10 A;

mA: 交、直流电流毫安测量, 量程: 40 mA、400 mA;

μA: 交、直流电流微安测量, 量程: 400 μA、4000 μA;

TEMP: 温度测量, 量程: -40 ℃ ~ +1370 ℃ (摄氏); -40 ℉ ~ +2498 ℉ (华氏)。

2) 功能按键

当功能键被按下时, 相应的符号将出现在显示器上, 同时蜂鸣器响。如果转选择开关, 功能自动缺省。功能按键控制面板如图 1 - 44 所示。

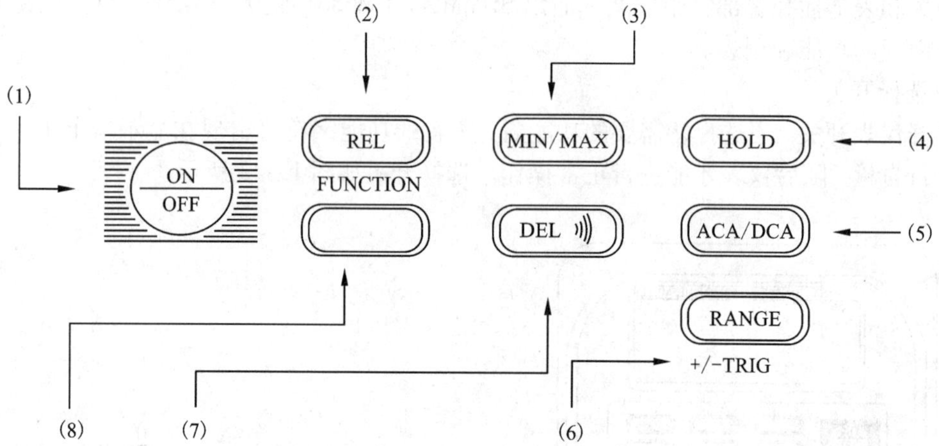

图 1 - 44 SDM586 功能键

(1) 仪表开关;

(2) 选择相对读数功能;

再次按下退出该功能;

(3) 选择记录功能;

再次按下依次显示最大值、最小值、平均值和目前读数;

按下并保持 3 s, 退出该功能;

(4) 保持目前读数功能;

再次按下退出该功能;

(5) 交流、直流电流选择键;

(6) 在自动测量范围 (AUTO RANGE) 下, 按下选择手动范围;

按下并保持 3 s, 返回自动测量范围;

在进行脉宽、占空比和频率测量时, 按下可选择触发相位的 + 或 -;

在进行感应式转速测量时, 可选择发动机的冲程数;

在使用表笔进行转速测量时, 可选择发动机的气缸数;

(7) 在 RPM (DIJTY FREQ DWELL) 挡时, 可选择闭合角测量;

在欧姆挡时, 可选择连续性测量;

在进行温度测量时,可选择摄氏或华氏;

(8)在 RPM(DIJTY FREQ DWELL)挡时,按下可依次选择转速、占空比脉宽和频率的测量。

3)液晶显示器

显示器除显示测量数值外,还将正在进行的测量项目符号显示在显示器上。如果输入信号稳定,测量结果将很精确,如果输入信号是变化的,可以通过观察显示器下方线柱的高低完成测量。如果变化值太大,超出线柱显示范围,显示器将显示超载。在占空比(Duty Cycle)测试中,如果信号很高、很低或无信号,显示器也显示超载。现将图 1 – 45 所示显示器上的符号含义说明如下。

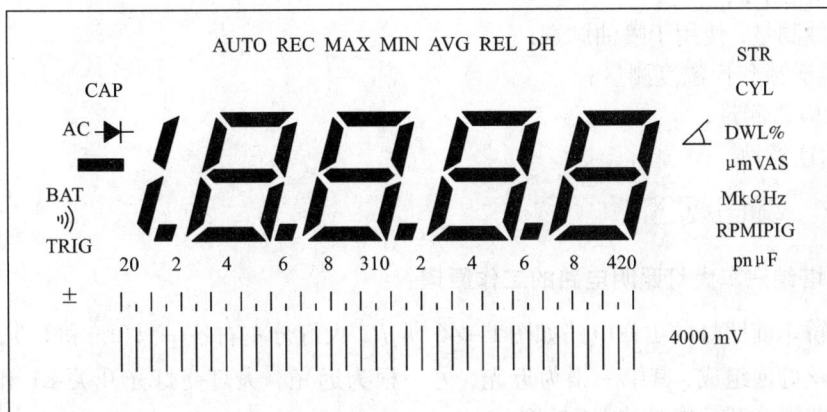

图 1 – 45　SDM586 YE 液晶显示器

AUTO:自动选择最佳测量范围;

REC:记录功能;

MAX:记录功能所记录的最大值;

MIN:记录功能所记录的最小值;

AVG:记录功能所记录的平均值;

REL:相对读数;

DH:数值保持功能;

CAP:电容测量;

AC:交流电流或电压测量;

BAT:仪表电池低电压显示;

TRIG:＋、－触发器;

STR:发动机冲程数选择,2 或 4;

CYL:发动机气缸数选择,最多至 8 缸;

△DWL:闭合角;

RPM IP:使用感应式夹钳测量转速,将夹钳夹在一缸高压线上;

RPM IG:使用表笔测转速,将表笔接在点火线圈低压接线柱上;

V:电压挡;

mV：毫伏电压挡；

A：电流挡；

mA：毫安电流挡；

μA：微安电流挡；

%：占空比测量；

Ω：欧姆或阻抗测量；

kΩ：千欧；

MΩ：兆欧；

Hz：频率测量；

kHz：千频测量；

ms：毫秒测量，使用于喷油脉宽；

C/F：摄氏或华氏温度测量；

▶︱：二极管测量；

)))：显示连续性。

第三部分　项目实施

（一）桑塔纳汽车大灯照明电路的工作原理

桑塔纳轿车前照灯的工作电路如图1-46所示，大灯分左右各一只（L_1 和 L_2），每只大灯灯泡均由双丝灯泡组成，其中一根为近光，另一根为远光。大灯受灯光开关 E1 和位于转向盘左边的转向组合开关操纵的 E4 控制。

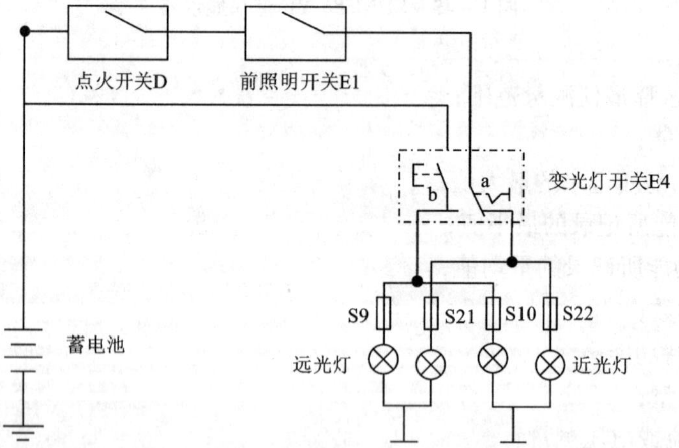

图1-46　桑塔纳轿车前照灯的工作电路图

1. 超车警示回路分析

当向上拨动组合开关柄接通 E4b，蓄电池电源直接接通大灯灯丝（经过保险 S9、S10），但当松开开关柄时，E4b 在弹簧的作用下立即自切断电源。此时，位于组合仪表内的远光指示 K1 与前照灯远光同时亮、灭。

2. 近、远光控制回路分析

当灯光开关 E1 处在 3 位时，蓄电池电源通过点火开关 D 第三掷、灯光开关 E1 第一掷引至远近光变换开关 E4a,向上拨动一下组合开关柄分别可依次接通近光灯丝(同时经过保险 S21、S22)或远光灯丝(同时经过保险 S9、S10)。在远光接通时,远光指示灯 K1 同时点亮。

(二)桑塔纳轿车前照灯远近光不全的故障分析

(1)故障现象

车灯开关处于 2 挡位置,用变光开关变换远近光,只有远光灯或只有近光灯亮。

(2)故障原因

①变光开关损坏。②远近光中的一路导线断路。③双灯丝灯泡中某灯丝烧断。

(3)故障诊断与排除

这种故障出在变光开关→熔断器→灯丝的线路中。可先检查熔断器是否熔断。如熔断,更换新熔断器,如灯仍不亮,可直接在变光开关上连接电源接线柱与不亮的远光或近光接线柱试验。如灯亮,则是变光开关损坏,更换变光开关;若不亮,则说明故障在变光开关以后的线路中。可用电源短接法,直接在灯插头上给远近光灯供电,若灯亮,表明导线断路或插头接触不良;若灯仍不亮,则说明灯泡已损坏。

第四部分 项目拓展

惠斯通电桥电路

(一)惠斯通电桥电路的工作原理

惠斯通电桥的原理如图 1-47 所示。标准电阻 R_0、R_1、R_2 和待测电阻 R_X 连成四边形,每一条边称为电桥的一个臂。在对角 A 和 C 之间接电源 E,在对角 B 和 D 之间接检流计 G。因此电桥由 4 个臂、电源和检流计三部分组成。当开关 K_E 和 K_G 接通后,各条支路中均有电流通过,检流计支路起了沟通 ABC 和 ADC 两条支路的作用,好像一座"桥"一样,故称为"电桥"。适当调节 R_0、R_1 和 R_2 的大小,可以使桥上没有电流通过,即通过检流计

图 1-47 惠斯通电桥原理图

的电流 $I_G=0$,这时,B、D 两点的电势相等。电桥的这种状态称为平衡状态。这时 A、B 之间的电势差等于 A、D 之间的电势差,B、C 之间的电势差等于 D、C 之间的电势差。设 ABC 支路和 ADC 支路中的电流分别为 I_1 和 I_2,由欧姆定律得

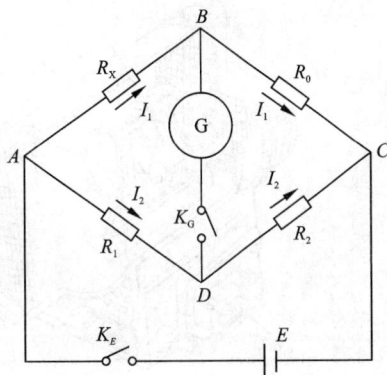

$$I_1 R_X = I_2 R_1$$
$$I_1 R_0 = I_2 R_2$$

两式相除,得

$$\frac{R_X}{R_0} = \frac{R_1}{R_2} \qquad (1-54)$$

(1-54)式称为电桥的平衡条件。由(1-54)式得

$$R_X = \frac{R_1}{R_2} R_0 \qquad (1-55)$$

即待测电阻 R_X 等于 R_1/R_2 与 R_0 的乘积。通常将 R_1/R_2 称为比率臂,将 R_0 称为比较臂。

(二)热线式空气流量传感器的工作原理

热线式空气流量传感器结构和工作原理如图 1-48 所示。

热线式空气流量传感器的基本构成是感知空气流量的白金热线,在进气管内有一小管,小管中架有一根极细的铂丝(直径约为 0.07 mm),铂丝被电流加热至 120 ℃ 左右(故称为白金热线)。在传感器内部电路中,热线是惠斯通桥形电路的一个臂 R_H,由于进气温度的变化也会使热线温度发生变化,影响进气量的测量精度,因此,在靠近热线的地方另外装有一根温度补偿电阻丝 R_K(也称冷线),其电阻随着进气温度的不同而发生变化,起到一个参照标准的作用,在工作中,放大器使热线温度始终高于冷线温度 100 ℃。

根据进气温度进行修正功率放大器控制供给电桥 4 个臂的电流。R_B 是高阻抗的电阻,使电桥保持平衡。当空气通过传感器时,热丝变冷,R_H 变小,使电桥失去平衡,此时放大器会自动增加供给热线的电流,使热线恢复原来的温度和电阻值,直至电桥恢复平衡。放大器所增加的电流取决于热线被冷却的程度,也就是取决于流过传感器的空气流量。由于电流的增加,精密电阻 R_A 的电压降也增加,这就将电流的变化转换为电压的变化。这一信号输入电控单元 ECU,用来指示流过传感器的空气量。

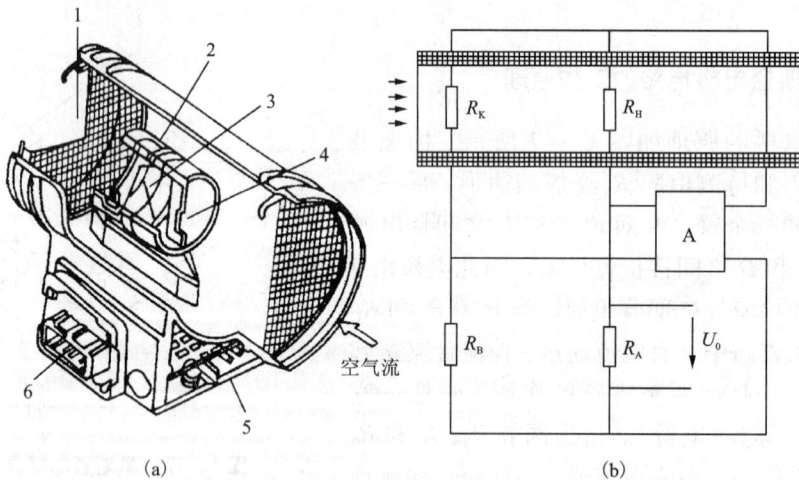

图 1-48 热线式空气流量传感器结构和工作原理
1—防护网;2—取样管;3—白金热线;4—温度补偿电阻;5—控制电路板;6—电接头

第五部分 项目小结

本项目主要是对汽车直流电路的学习。在汽车直流电路中,以汽车照明系统前大灯的检修为重点,分析了汽车照明系统前大灯不亮的电路故障现象,学习了电路的基础知识,电路及其基本物理量,电流、电压的参考方向,电路的三种状态,串、并联电路,基尔霍夫定律及汽车照明系统大灯的检测与维修。同时也学习了惠斯通电桥电路的基本原理和应用。

（一）维修项目：汽车照明系统前大灯的检修

（1）故障现象：汽车照明系统前大灯不亮。

（2）汽车电源由蓄电池和交流发电机两大部分构成。

（3）故障分析与诊断：汽车前大灯照明电路故障。

（二）直流电路

1. 电路的基本概念

（1）电路的组成及作用

任何一个完整的电路都是由电源、负载和中间环节这三个基本部分组成，并按其所要完成的功能同时按照一定的方式连接起来的。它的作用是能量的传输和转换、信息的传递和处理。在分析与计算电路时，用理想电路元件及其组合来近似替代实际电路元件，即用电路模型进行分析与计算。实际电路模型化的意义在于简化电路分析与计算。

（2）电路的基本物理量

电流的实际方向是指正电荷的运动方向；电压的实际方向是指电位降低的方向；电动势的方向是指电位升高的方向。电流和电压的参考方向可任意选定，当参考方向与实际方向一致时，其值为正，反之其值为负。在未选定参考方向的情况下，电流与电压的正、负无任何意义。

当电流与电压选定一致的参考方向时，称为关联参考方向，反之为非关联参考方向。

在分析电路时，常取参考点的电位为零，电路中其他各点的电位等于该点与参考点之间的电压。当参考点不同时，各点的电位不同，而各点之间的电压不变。

空载即电源开路，电流为零，电源端电压等于理想电压源电压 U_S，此时电路不消耗功率。短路通常是一种故障状态，这时电源端电压为零，短路电流 $I_S = U_S/R_0$，电路功率全部消耗在电源内阻上，可将电源烧毁，应采取保护措施。负载状态是电路的正常工作状态，这时电源放出的功率为 $P = U_S I - R_0 I^2$。

2. 电路基本元件电阻、电容、电感

组成电路的元件通常有电阻元件、电感元件、电容元件等。电阻为耗能元件，电感和电容元件为储能元件，分别储存磁场能量和电场能量。

在汽车电子电路中应用到很多电阻、电容和电感元件，也用到很多特殊的电阻作为传感器来向汽车 ECU 传递信息，这些特殊电阻的代表有热敏电阻、光敏电阻、压敏电阻等。

3. 电路的基本定律及基本分析方法

（1）欧姆定律

它适用于线性电阻电路，当电阻两端的电流与电压取关联参考方向时，有 $U = IR$；当电阻两端的电流与电压取非关联参考方向时，有 $U = -IR$。

（2）基尔霍夫定律

基尔霍夫定律是电路分析的基本定律，它具有普遍适用性。它适用于任一瞬时、任何电路任何变化的电流和电压。它包括基尔霍夫电流定律和基尔霍夫电压定律。

①基尔霍夫电流定律应用于节点，也可推广应用于广义节点。列方程时，若选流入节点的电流为正，则流出节点的电流为负。

②基尔霍夫电压定律应用于闭合回路，也可推广应用于广义回路。列方程时，首先在元

件上设定电流、电压的参考方向和选定闭合回路的绕行方向。当元件上电压参考方向和回路绕行方向相同时取正，相反取负。

③支路电流法：支路电流法是分析和计算电路的基本方法，它是以电路的全部支路电流为待求变量，应用 KCL 和 KVL 列出电流和电压方程，联立方程组求解支路电流的方法。

(三)汽车照明系统

(1)汽车照明系统由电源、照明灯具、控制装置等组成。

(2)前照灯电路主要由灯光开关、变光开关、前照灯继电器及前照灯组成。

(四)汽车照明系统前大灯不亮的检测与检修

(1)灯光控制开关的检测：首先找到灯光控制开关的搭铁线，然后分别打开尾灯和大灯挡位，由尾灯和大灯继电器线圈送至的线路端子应与搭铁线端子相通。

(2)大灯变光开关的检测：开关处于近光位置时，大灯近光线路应与开关搭铁端子相通；开光处于远光位置时，大灯远、近光线路均与开关搭铁端子相通。

(3)前照灯控制继电器的检查：用万用表的低电阻挡检测继电器线圈电阻应符合技术标准；将 12 V 电源和搭铁加于线圈两端时，触点两端子应导通。

(4)相关线路的检测：根据线路的控制原理，可以利用分段法进行检测。

习　题

1-1　利用瓦特定律计算汽车前照灯灯泡(60 W)的电流和家用白炽灯(60 W)的电流，并思考：它们的灯丝谁的较粗？

1-2　利用瓦特定律计算汽车启动电机(1200 W)的电流和家用吸尘器电机(1200 W)的电流，并思考：它们使用的导线可以互换吗？

1-3　现有一个汽车前照灯，灯上标有 50 W、12 V 字样。请估算一下这只灯的灯丝电阻。如在 12 V 电压下工作，流过的电流是多大？

1-4　求习题图 1 所示 ab 间的等效电阻 R_{ab}。

1-5　电路如习题图 2 所示，已知 $R_1 = R_2 = R_3 = 1\ \Omega$，$U_{S1} = 2\ \mathrm{V}$、$U_{S2} = 4\ \mathrm{V}$。试用基尔霍夫定律求 I_1、I_2、I_3。

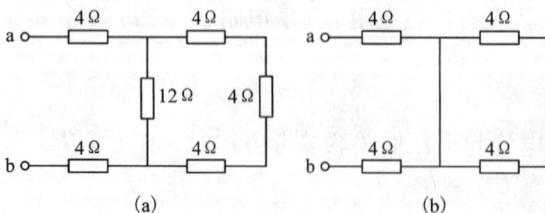

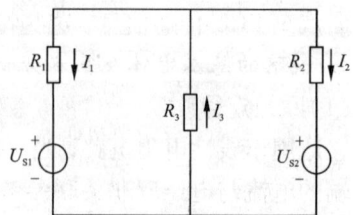

习题图 1　　　　　　　　　　　　　　　　　习题图 2

1-6　简述汽车直流电路的常见故障。

1-7　简述惠斯通电桥电路的工作原理。

1-8　汽车照明系统前大灯不亮的检测方法。

汽车交流电路的认知与检测

项目二

能力目标

通过本次项目的完成，你应该能够：

1. 知道正弦交流电的产生及正弦交流电的基本概念；
2. 掌握电阻、电容、电感元件在交流电路中的特性；
3. 掌握三相交流电的产生与三相交流电源及三相负载的连接；
4. 熟悉汽车三相交流发电机的工作原理及结构；
5. 熟练拆装汽车发电机，对汽车交流发电机就车检查与解体检测、检修。

第一部分 项目描述

在汽车上，所有用电设备均由蓄电池和发电机两个电源供电，两个电源并联使用，两者配合工作，如图2-1所示。在起动机起动时，由蓄电池向起动机、点火系、仪表等用电设备单独供电；当发动机低速运转时，发电机发电，此时发电机与蓄电池联合向用电设备供电；当发动机中速或高速运转时，发电机电压高于蓄电池电动势，此时发电机单独向其他设备供电，并向蓄电池充电，将多余的电能转化为化学能储存起来。当同时用电设备过多，负载过大而超过发电机供电能力时，此时蓄电池又与发电机联合供电。

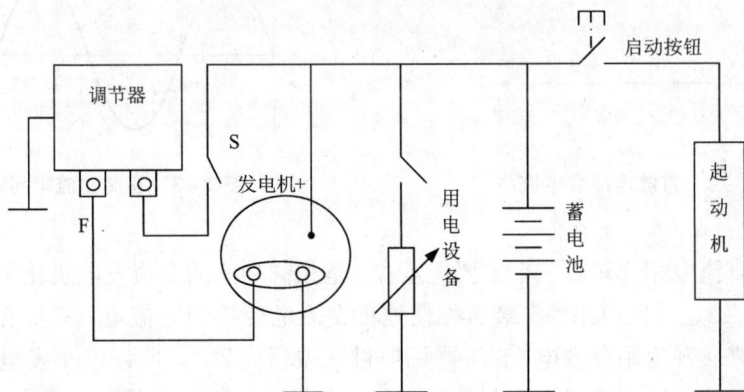

图2-1　汽车电源

例：一台丰田威驰小轿车，发动机在中速与高速运转时，充电指示灯均不熄灭。该故障现象的产生是由于发电机本身产生故障并没有发电或者是周边相关的连接线路出现故障而不能向用电设备供电，同时也不能向蓄电池充电。

分析与讨论：如果出现此故障现象而不及时维修，强行开车会导致怎样的后果？

根据电路分析，蓄电池不充电的原因有：

①连接线路有断路处。

②发电机皮带松脱或打滑。

③发电机不发电：整流二极管烧坏；滑环脏污，电刷架变形使电刷卡住，电刷磨损过度，引起磁场电路不通。

④电压调节器故障（见项目五相关内容）。

⑤有磁场继电器时，可能是继电器线圈或电阻烧断，触点接触不良（见项目三相关内容）。

对于不充电的故障，可能产生故障的部位较多，应用第一部分所学的知识可顺利地对第①、②种可能产生的故障部位进行排查。而对于汽车发电机产生的故障应如何进行检测与维修，下面就进行相关内容的学习。

第二部分　项目内容

第一节　正弦交流电概述

汽车用电设备全都使用直流电，蓄电池可直接提供直流电。所谓直流电就是电流或电压的大小与方向都不随时间的变化而变化，如图2-2所示。

汽车发电机产生的是正弦交流电，所谓正弦交流电是电流或电压的大小与方向随时间变化而按正弦的规律做周期性的变化，如图2-3所示。

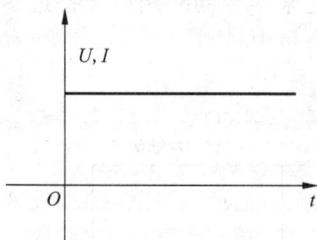

图2-2　直流电压或电流　　　　　　图2-3　正弦交流电压或电流

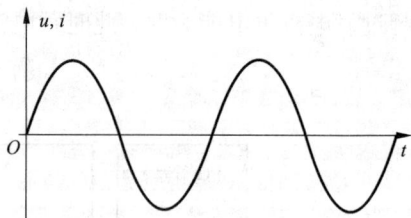

交流电与直流电相比较有三个主要优点：一是相同功率的交流发电机比直流发电机结构简单，造价低；二是可以应用整流装置方便地将交流电变换为直流电；三是交流电可以用变压器改变电压来实现远距离输电（变压器见项目三项目内容）。所以汽车发电机产生的正弦交流电是经过整流电路变换成直流电后向用电设备供电，同时向蓄电池充电的（整流电路见项目五项目内容）。

一、正弦交流电的产生

基础链接：法拉第电磁感应定律的内容。

三角函数中正弦量的数学表达式，在笛卡儿平面上的图像。

在图 2-4 中，匀强磁场中放一可以绕固定转动轴转动的单匝线圈 abcd，为避免线圈在转动时导线绞在一起，将线圈的两根引线分别接到与线圈一起转动的两个铜环上，此时，铜环通过电刷与外电路连接。当线圈在外力作用下，在磁场中以角速度 ω 匀速转动时，线圈 ab 边与 cd 边切割磁力线，线圈中产生感应电动势。如果线圈是闭合的，则在回路中产生感应电流。ad 边与 bc 边由于不切割磁力线而不产生感应电动势。

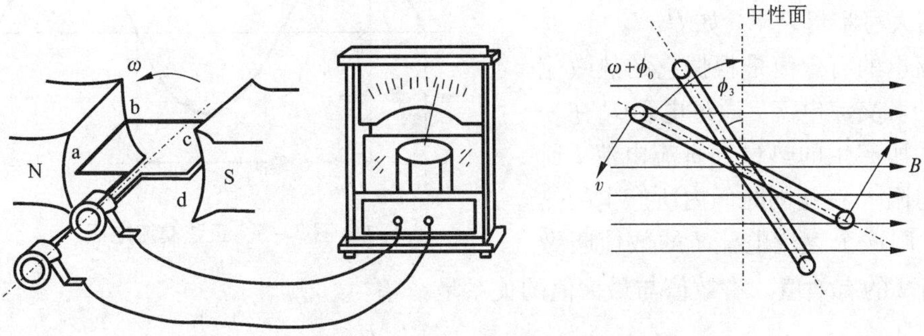

图 2-4 交流发电机原理图

二、正弦交流电的数学表达式

线圈 abcd 以角速度 ω 匀速转动。设在起始时刻，线圈平面与中性面的夹角为 ϕ，t 时刻线圈平面与中性面夹角为 $\omega t + \phi$。则 cd 边切割磁力线运动所产生的感应电动势为

$$e_{cd} = BLv\sin(\omega t + \phi) \tag{2-1}$$

同理，线圈 ab 边切割磁力线运动产生的感应电动势为

$$e_{ab} = BLv\sin(\omega t + \phi) \tag{2-2}$$

式中：B 为磁场的磁感应强度；L 为线圈的长度；v 是运动速度。

由于两个线圈是串联关系，所以整个线圈产生的感应电动势为

$$e = e_{cd} + e_{ab} = 2BL\sin(\omega t + \phi) = E_m\sin(\omega t + \phi) \tag{2-3}$$

若该电动势加在一个电阻为 R 的负载两端，则负载端电压为

$$u = U_m\sin(\omega t + \phi) \tag{2-4}$$

流过 R 的电流为

$$i = I_m\sin(\omega t + \phi) \tag{2-5}$$

从上分析可知，发电机产生的感应电动势是按正弦规律变化的，电压与电流为正弦交流电。

第二节　正弦交流电的三要素

正弦交流电压的数学表达式见式(2-4)；电压波形如图 2-5 所示。

只要知道正弦交流电压的最大值 U_m、角频率 ω 以及初始时刻 ϕ，就可以确定该电压的数学表达式及波形图。它们分别表征了正弦交流电压的大小、变化快慢程度以及初始值。

一、正弦交流电的瞬时值、最大值与有效值

正弦量在任一瞬间所对应值的大小称为瞬时值，常用小写字母表示，如 u，i。

瞬时值中出现的最大量称为最大值，也叫峰值或幅值，用大写字母加脚标 m 表示，如 U_m，I_m。

通常电压或电流的大小以有效值来衡量，用大写字母表示，如 U，I。

交流电的有效值是根据它的热效应来确定的。交流电流 i 通过电阻 R 在一个周期内所产生的热量和直流电流 I 通过同一电阻 R 在相同时间内所产生的热量相等，则这个直流电流 I 的数值叫做交流电流 i 的有效值。有效值与最大值的关系是：

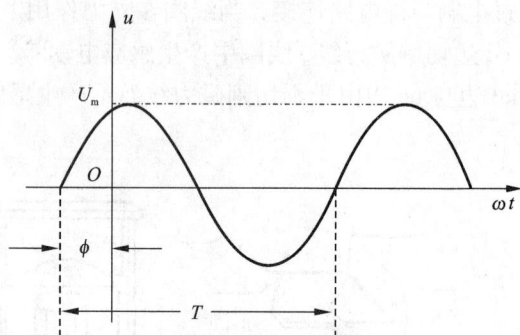

图 2-5　正弦交流电压

$$I = \frac{I_m}{\sqrt{2}} = 0.707I_m \quad \text{或} \quad U = \frac{U_m}{\sqrt{2}} = 0.707U_m$$

一般情况下，如无特殊说明，正弦电压与电流的大小都是指的有效值，如"60 W，220 V"中额定电压 220 V 为有效值。用万用表所测量的电压、电流大小指的均是有效值。

小知识：用示波器测量波形所读的电压值叫峰－峰值，用 V_{p-p} 表示。它既不是最大值也不是有效值，而是正最大值与负最大值之间的差，是最大值的两倍。

例 2-1　在某电路中，有一电流 $i = 3.11\sin(314t + \frac{\pi}{2})$ A。试求：（1）电流的最大值、有效值。（2）当 $t = 0$ 时，求瞬时值。

解：（1）电流最大值：$I_m = 3.11$ A；

有效值 $I = \frac{3.11}{\sqrt{2}}$A $= 2.2$ A。

（2）当 $t = 0$ 时的瞬时值：$i = 3.11$ A。

二、正弦交流电的周期、频率与角频率

正弦量按正弦的规律周而复始地变化，从起始位置开始变化又回到起始位，则变化了一次，变化一次所需要的时间叫做周期，单位为秒（s），周期用 T 表示。

每秒钟所变化的次数称为频率，单位为赫兹（Hz），频率用 f 表示。

周期与频率互为倒数关系：

$$f = 1/T$$

此外，还可以用角频率表示正弦量的变化快慢程度，ω 的单位是弧度/秒（rad/s）。

周期、频率、角频率三者之间的关系是：

$$\omega = 2\pi f = 2\pi/T$$

例 2-2　有一电压 $u = 3.11\sin(314t + \frac{\pi}{3})$，试指出该电压的周期、频率、角频率。

解： 由于 $\omega = 2\pi f$，所以

角频率 $\omega = 314$ rad/s；

频率 $f = 314/2\pi = 50$ Hz；

周期 $T = 1/f = 20$ ms。

小知识：我国用 50 Hz 作为电力标准频率。在其他各种不同技术领域内使用着各种不同的频率。如收音机中波段频率是 530～1600 kHz；短波段频率为 2.3～23 MHz；移动通信的频率是 900～1800 MHz；在无线通信中频率可高达 300 GHz。

三、正弦交流电的相位、初相位和相位差

式（2-4）中的 $(\omega t + \phi)$ 表征正弦量变化的进程，称为相位角或相位。当 $t = 0$ 时，相位角 ϕ 称为初相角或初相位。在正弦交流电路中，电压与电流的频率是相同，但初相位不一定相同。

两个同频率的正弦量的相位角之差称为相位差，用 φ 表示。如图 2-6 所示电流与电压的频率相同但初相位不相同。

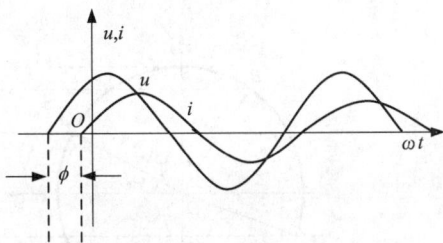

图 2-6　u 与 i 电流的相位不相同

图 2-6 中 u 与 i 可用下式表示为

$$\begin{cases} u = U_{\mathrm{m}}\sin(\omega t + \phi_1) \\ i = I_{\mathrm{m}}\sin(\omega t + \phi_2) \end{cases} \tag{2-6}$$

则相位差为

$$\varphi = \phi_1 - \phi_2 \tag{2-7}$$

若 $\varphi > 0$，则电压 u 超前电流 i；

若 $\varphi < 0$，则电压 u 滞后电流 i；

若 $\varphi = 0$，则电压 u 与电流 i 同相；

若 $\varphi = \pi$，则电压 u 与电流 i 反相。

在近代电工技术中正弦量的应用极为广泛。在强电方面可以说电能几乎都是以正弦交流的形式生产出来的；在有些场合下所需的直流电，主要也是将正弦交流电通过整流设备变换得到的。在弱电方面，也常用各种正弦信号发生器作为信号源。

例 2-3　在例题 2-1 与例题 2-2 中，试指出电流与电压的初相位，电流与电压的相位差为多少，谁超前谁滞后？

解： 电流的初相位为 $\pi/2$，电压的初相位为 $\pi/3$。

相位差为：$\varphi = \left(314t + \dfrac{\pi}{2}\right) - \left(314t + \dfrac{\pi}{3}\right) = \dfrac{\pi}{2} - \dfrac{\pi}{3} = \dfrac{\pi}{6}$。

电流超前电压 $\pi/6$，即电压滞后电流 $\pi/6$。

四、正弦量的相量表示法

基础链接：在数学中，一个复平面内有一个复数为 A，其模为 r，辐角为 ψ，复数的表示法有哪些？几种复数式是如何相互转换的？

正弦交流电具有最大值、频率、初相位三个特征量。这些特征都可以用一些方法表示出来，如上述所讲的三角函数式[式(2-6)]或者波形图(图2-6)。

为了分析与计算方便，正弦量还可以用相量来表示。用复数来表示正弦量的方法称为相量表示法。用相量表示电动势、电压、电流($\dot{E}_\mathrm{m}$、$\dot{U}_\mathrm{m}$、$\dot{I}_\mathrm{m}$ 或 $\dot{E}$、$\dot{U}$、$\dot{I}$)。

怎样用相量表示正弦量呢？如图2-7所示，以坐标原点O为端点做一条有向线段，线段的长度为正弦量的最大值，相量的起始位置与x轴正方向的夹角为正弦量的初相位，它以正弦量的角频率为角速度，绕原点O逆时针匀速转动，则在任何一瞬间，相量在纵轴上的投影就等于该时刻正弦量的瞬时值。所以旋转相量可以完整地表示正弦量。

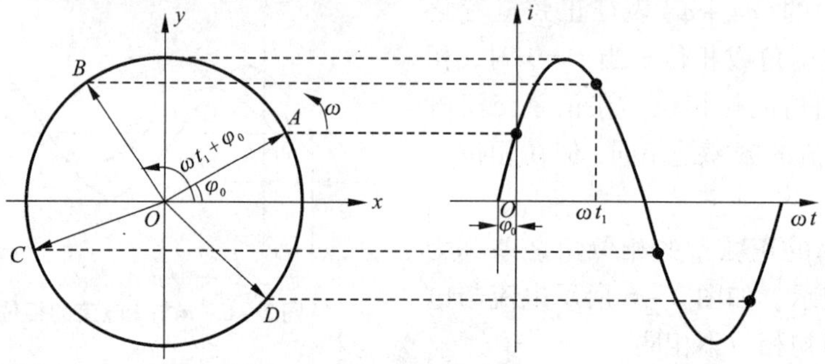

图2-7 正弦量的相量表示法

如图2-7所示，若正弦交流电为

$$u = U_\mathrm{m}\sin(\omega t + \phi_1)$$
$$i = I_\mathrm{m}\sin(\omega t + \phi_2)$$

(2-8)

则用复数的极坐标形式表示为

$$\dot{U}_\mathrm{m} = U_\mathrm{m} \angle \phi_1$$
$$\dot{I}_\mathrm{m} = I_\mathrm{m} \angle \phi_2$$

(2-9)

按照正弦量的大小和相位关系画出相量的图形，称为相量图。则式(2-5)的相量图可表示为图2-8所示。

从相量图中可直观地看出各正弦量的大小关系与相位关系，这对分析与计算正弦量非常方便。

注意：

①只有正弦量才能用相量表示，相量不能表示非正弦量。

②相量只是表示正弦量，而不等于正弦量。

③只有同频率的正弦量才能画在同一相量图上，不同频率的正弦量不能画在同一个相量图上，否则无法比较与计算。

④相量的加、减运算服从平行四边形法则。

例2-4 在例题2-1与例题2-2中，试写出电流与电压的相量表达式，并画出相量图。

解：$\dot{I}_m = 3.11 \angle \dfrac{\pi}{2}$

$\dot{U}_m = 3.11 \angle \dfrac{\pi}{3}$

相量图如图 2 - 9 所示。

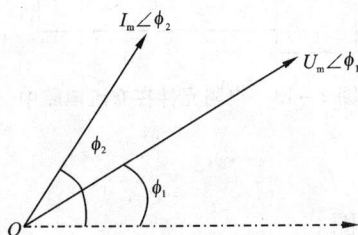

图 2 - 8 相量图

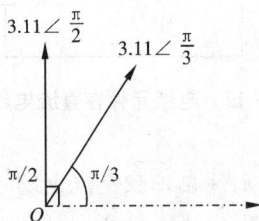

图 2 - 9 相量图

第三节 电阻、电感、电容在交流电路中的基本性质

观察实验现象：

如图 2 - 10 所示，电阻元件在直流电路中，当开关 K 闭合时，灯较亮；当开关 K 断开时，灯泡变暗。说明电阻在直流电路中有阻碍电流的作用。

如图 2 - 11 所示，电容元件在直流电路中，当开关 K 闭合时，灯泡亮；当 K 断开时，灯泡灭。说明电容元件在直流电路中相当于开路。

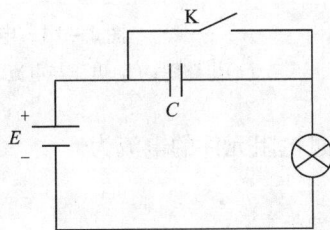

图 2 - 10 电阻元件在直流电路中　　　　图 2 - 11 电容元件在直流电路中

如图 2 - 12 所示，电感元件在直流电路中，当开关 K 闭合时，灯泡亮；当开关 K 断开时，灯泡仍亮。说明电感元件在直流电路中相当于短路。

电阻、电容、电感元件在交流电路中的特性是怎样的呢？

一、电阻元件的交流电路

1. 实验现象观察

如图 2 - 13 所示，信号发生器产生的正弦交流电压，通过电阻 R 加到灯泡两端，保持灯泡两端电压不变，调整电压频率，观察灯泡的亮度变化。

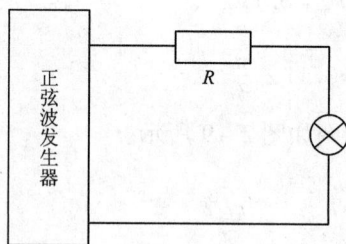

图 2-12　电感元件在直流电路中　　　图 2-13　电阻元件在交流电路中

2. 电阻元件在正弦交流电路中的分析

电路如图 2-14(a)所示,电压、电流的参考方向见图。

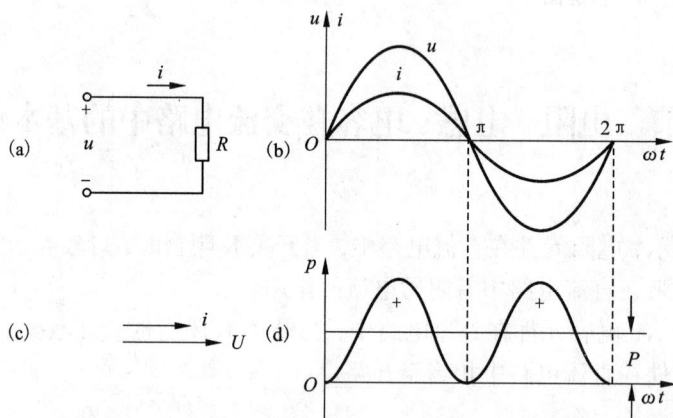

图 2-14　电阻元件在正弦交流电路中的波形

(a)电路图;(b)电压与电流的正弦波形;(c)电流与电压的相量图;(d)功率波形

设流过电阻元件的电流为

$$i = I_m \sin\omega t \tag{2-10}$$

则电阻的端电压为

$$u = Ri = RI_m \sin\omega t = U_m \sin\omega t \tag{2-11}$$

上式中有

$$U_m = RI_m$$

$$\frac{U_m}{I_m} = \frac{U}{I} = R \tag{2-12}$$

用相量表示电压与电流则有

$$\dot{U}_m = U_m \angle 0° \tag{2-13}$$

$$\dot{I}_m = I_m \angle 0° \tag{2-14}$$

瞬时功率为电压瞬时值与电流瞬时值之积,用小写字母 p 代表,则

$$p = p_R = ui = U_m I_m \sin^2\omega t = UI(1 - \cos 2\omega t) \tag{2-15}$$

平均功率即瞬时功率的平均值，用大写字母 P 表示，则

$$P = UI = RI^2 = \frac{U^2}{R} \qquad (2-16)$$

从上面分析可知，电阻在交流电路中的特点是：

①电压与电流频率相同。

②电压与电流的瞬时值、最大值和有效值均遵循欧姆定律。

③电压与电流同相。

④瞬时功率与平均功率都为正，电阻消耗电能。

⑤电阻元件在交流电路中对电流有阻碍作用。

分析与讨论：实验中灯泡的亮暗变化如何？请解释之。

例 2 - 5 将一个 $100\ \Omega$ 的电阻接入电压为 $u = 220\sqrt{2}\sin(314t + 30°)$ 的电源上，试求：(1)电流有效值。(2)如果电压保持不变，将频率改变为 $100\ \text{Hz}$，这时电流有效值又为多少？

解：(1)电压的有效值为：$U = \dfrac{U_m}{\sqrt{2}} = \dfrac{220\sqrt{2}}{\sqrt{2}} = 220\ \text{V}$

电流的有效值为：$I = \dfrac{U}{R} = \dfrac{220}{100} = 2.2\ \text{A}$。

(2)因为电阻与频率无关，所以电压保持不变时，电流有效值相等。

二、电容元件的交流电路

1. 实验现象观察

如图 2 - 15 所示，信号发生器产生的正弦交流电压，通过电容 C 加到灯泡两端，保持灯泡两端电压不变，调整电压频率，观察灯泡的亮度变化。

2. 电容元件在正弦交流电路中的特点

如图 2 - 16(a)所示，电压、电流的参考方向如图所示。

设电容器两端的电压为

图 2 - 15 电容元件在交流电路中

$$u = U_m\sin\omega t \qquad (2-17)$$

则电流为

$$i = C\frac{\mathrm{d}u}{\mathrm{d}t} = C\frac{\mathrm{d}(U_m\sin\omega t)}{\mathrm{d}t} = \omega C U_m\sin(\omega t + 90°) = I_m\sin(\omega t + 90°) \qquad (2-18)$$

在上式中有

$$I_m = \omega C U_m$$

$$\frac{U_m}{I_m} = \frac{U}{I} = \frac{1}{\omega C} \qquad (2-19)$$

显然，在电容元件电路中，电压的最大值(有效值)与电流的最大值(有效值)的比值为 $\dfrac{1}{\omega C}$，它的单位为 Ω。当电压 U 一定时，$\dfrac{1}{\omega C}$ 越大，则电流越小。表征了电容对交流电流的阻碍作用，所以称之为容抗，用"X_C"表示。

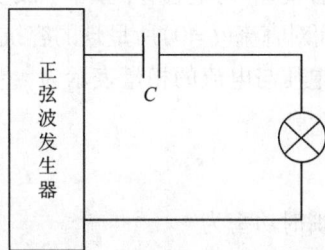

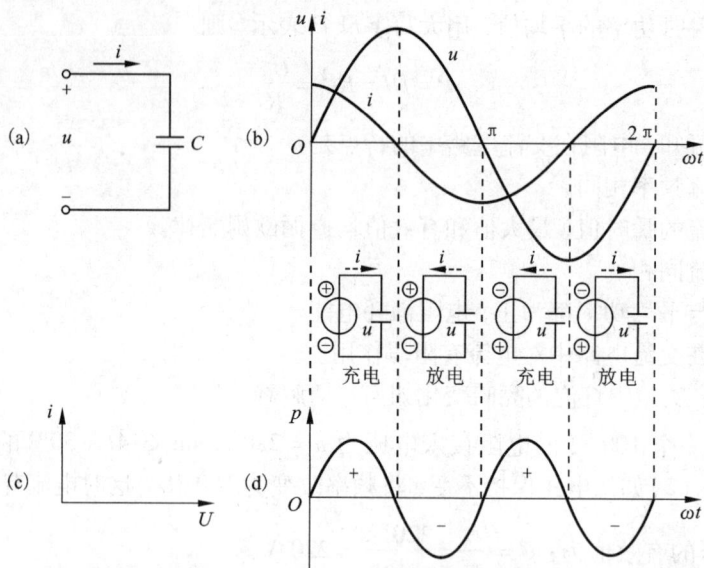

图 2 - 16 电容元件在正弦交流电路中的波形

(a)电路图；(b)电压与电流波形；(c)电压与电流相量图；(d)功率波形

$$X_C = \frac{1}{\omega C} = \frac{1}{2\pi f C} \qquad (2-20)$$

容抗 X_C 与电容 C、频率 f 成反比。所以电容元件对高频电流所呈现的容抗很小，是一捷径，而对直流($f=0$)所呈现的容抗趋向于无穷大，可视作开路。因此电容具有阻直通交的作用。

电压与电流的相量表示为

$$\dot{U}_{\mathrm{m}} = U_{\mathrm{m}} \angle 0°$$

$$\dot{I}_{\mathrm{m}} = I_{\mathrm{m}} \angle 90°$$

瞬时功率为

$$p = p_C = ui = U_{\mathrm{m}} I_{\mathrm{m}} \sin\omega t \sin(\omega t + 90°) = UI\sin 2\omega t$$

由上式可见，瞬时功率 p 是一个以 2ω 的角频率随时间而变化的交变量，波形如图 2 - 16 (d)所示。

在电容元件电路中，平均功率是瞬时功率在一个周期内的平均值。显然，平均功率 $P = 0$。

综上分析可知，电容元件在交流电路中的特点：

①电压与电流频率相同。

②电压与电流的最大值、有效值遵循欧姆定律，但瞬时值不遵循欧姆定律。

③电压与电流不同相，电流超前电压 90°，或者说电压滞后电流 90°。

④电容元件在交流电路中的平均功率为零，所以它不消耗能量。电容有存储电能的作用。

⑤电容元件在交流电路中对电流有阻碍作用。其容抗与电容 C、频率 f 成反比。

分析与讨论：实验中灯泡的亮暗如何变化？请解释。

例 2 - 6 把一个 10 μF 的电容元件接到频率为 50 Hz、电压有效值为 10 V 的正弦电源上，试求电流为多少？如果保持电压值不变，将电源频率改为 1000 Hz，这时电流为多少？

解：当频率为 50 Hz 时：

$$X_C = \frac{1}{2\pi fC} = \frac{1}{2 \times 3.14 \times 50 \times 10 \times 10^{-6}} = 318.5 \ \Omega$$

$$I = \frac{U}{X_C} = \frac{10}{318.5} = 31.4 \ mA$$

当频率为 1000 Hz 时：

$$X_C = \frac{1}{2\pi fC} = \frac{1}{2 \times 3.14 \times 1000 \times 10 \times 10^{-6}} = 16 \ \Omega$$

$$I = \frac{U}{X_C} = \frac{10}{16} = 625 \ mA$$

三、电感元件的交流电路

1. 实验现象观察

如图 2 - 17 所示，信号发生器产生的正弦交流电压，通过电感 L 加到灯泡两端，保持灯泡两端电压不变，调整电压频率，观察灯泡的亮度变化。

2. 电感元件在正弦交流电路中的特点

如图 2 - 18(a)电路所示，电路电压、电流、电动势的参考方向见图。

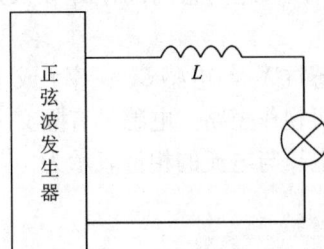

图 2 - 17 电感元件在交流电路中

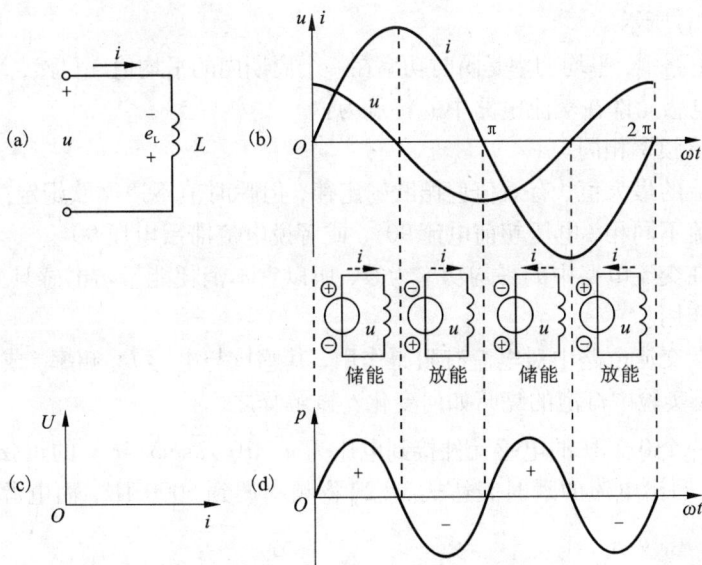

图 2 - 18 电感元件在正弦交流电路中的波形

(a)电路图；(b)电压与电流波形图；

(c)电压与电流相量图；(d)功率波形图

设电流为

$$i = I_m \sin\omega t$$

则根据基尔霍定律有

$$u = -e_L = L\frac{\mathrm{d}i}{\mathrm{d}t} = L\frac{\mathrm{d}I_\mathrm{m}\sin\omega t}{\mathrm{d}t} = \omega L I_\mathrm{m}\sin(\omega t + 90°) = U_\mathrm{m}\sin(\omega t + 90°) \qquad (2-21)$$

在上式中，有

$$U_\mathrm{m} = \omega L I_\mathrm{m}$$

$$\frac{U_\mathrm{m}}{I_\mathrm{m}} = \frac{U}{I} = \omega L \qquad (2-22)$$

由此可知，在电感元件电路中，电压的最大值(有效值)与电流的最大值(有效值)之比值为 ωL，它的单位为 Ω。当电压一定时，ωL 越大则电流越小。显然它对交流电流具有阻碍作用，所以称之为感抗，用 X_L 来表示。

$$X_L = \omega L = 2\pi f L \qquad (2-23)$$

感抗 X_L 与电感 L、频率 f 成正比。因此，电感线圈对高频电流的阻碍作用很大，而对直流则可视作短路。电感具有隔交通直的作用。

电压与电流的相量表示为

$$\dot{I}_\mathrm{m} = I_\mathrm{m}\angle 0°$$

$$\dot{U}_\mathrm{m} = U_\mathrm{m}\angle 90°$$

其瞬时功率为

$$p = p_L = ui = U_\mathrm{m}I_\mathrm{m}\sin\omega t\sin(\omega t + 90°) = UI\sin 2\omega t \qquad (2-24)$$

由上式可见，瞬时功率 P 一个幅值为 UI，并以 2ω 的角频率随时间而变化的交变量，其波形如图 2-18(b)所示。

在电感元件电路中，平均功率是瞬时功率在一个周期内的平均值。显然，平均功率 $P = 0$。

综上分析，电感元件在交流电路中的特点为：

①电压与电流频率相同。

②电压与电流的最大值、有效值遵循欧姆定律，但瞬时值不遵循欧姆定律。

③电压与电流不同相，电压超前电流 90°，或者说电流滞后电压 90°。

④电感元件在交流电路中的平均功率为零，所以它不消耗能量。电感具有将电能转化为磁能进行存储的作用。

⑤电感元件在交流电路中对电流有阻碍作用，其感抗与电感 L、频率 f 成正比。

分析与讨论：实验中灯泡的亮暗如何变化？试解释之。

例 2-7：把一个 0.1 H 的电感元件接到电压为 $u = 10\sqrt{2}\sin 314t$ V 的正弦电源上。试求：(1)电流是多少？写出电流的瞬时表达式。(2)将频率调到 5000 Hz，而电源电压保持不变，这时电流为多少？

解：(1)

$$X_L = \omega L = 314 \times 0.1 = 31.4\ \Omega$$

$$I = \frac{U}{X_L} = \frac{10}{31.4} = 318\ \mathrm{mA}$$

$$i = 0.318\sqrt{2}\sin\left(314t - \frac{\pi}{2}\right)\ \mathrm{A}$$

(2)当频率调到 5000 Hz 时：

$$X_L = \omega L = 2\pi f L = 2 \times 3.14 \times 5000 \times 0.1 = 3140 \ \Omega$$

$$I = \frac{U}{X_L} = \frac{10}{3140} = 3.18 \ \text{mA}$$

第四节　三相交流电

三相交流电路在生产实际中应用最为广泛。发电与输电一般都采用三相制。在汽车电源系统中，汽车发电机同样是三相交流发电机，所产生的电动势是三相交流电动势。

一、三相交流电源

1. 三相交流电动势的产生

在图 2-4 中，匀强磁场中只有一匝线圈，产生的正弦交流电动势是单相电动势。如果在匀强磁场的空间放置三组线圈，且三组线圈彼此相差 120°。在外力的作用下切割磁力线时，则产生三相交流电动势。通常将三相线圈固定不动，而使磁场在外力作用下旋转。

图 2-19 所示为三相交流发电机的原理示意图。

三相交流发电机主要由定子与转子两大部分构成。定子是固定不动的部分，是在冲有槽孔的铁芯上放置三个几何尺寸与匝数相同的线圈（称作三相绕组或定子绕组）。三相绕组排列在圆周上的位置彼此相差 120°，分别用 $U_1 - U_2$、$V_1 - V_2$、$W_1 - W_2$ 表示。U_1、V_1、W_1 分别代表三相绕组的始端，U_2、V_2、W_2 分别代表三相绕组的末端。各绕组的电动势的参考方向规定为由绕组的末端指向始端。转子是旋转的部分，是磁极。磁极在铁芯上绕有励磁绕组，励磁绕组通电产生磁场。

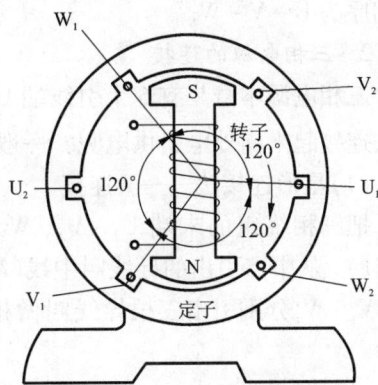

图 2-19　交流发电机原理示意图

当发电机的转子在外力（如汽车发动机）的带动下按顺时针方向以角速度为 ω 匀速转动时，就相当于每相绕组以角速度 ω 逆时针方向匀速旋转，作切割磁力线运动，因而产生三相感应电动势 e_U、e_V 和 e_W。由于三个绕组结构相同，切割磁力线速度相同，在空间相差 120° 的角度，因此产生的电动势幅值相同，频率相同，相位彼此相差 120°，这种三相电动势称为三相对称电动势。以 e_U 为参考正弦量，则三相电动势的瞬时表达式为

$$e_U = E_m \sin\omega t$$
$$e_V = E_m \sin(\omega t - 120°) \tag{2-25}$$
$$e_W = E_m \sin(\omega t + 120°)$$

它们的波形图与相量图如图 2-20 所示。

显然，三相对称电动势在任一瞬间其相量之和为零。

$$e_U + e_V + e_W = 0 \tag{2-26}$$
$$\dot{E}_U + \dot{E}_V + \dot{E}_W = 0$$

三相电动势随时间按正弦规律变化，它们先后达到最大值的顺序，叫做相序。图 2-20

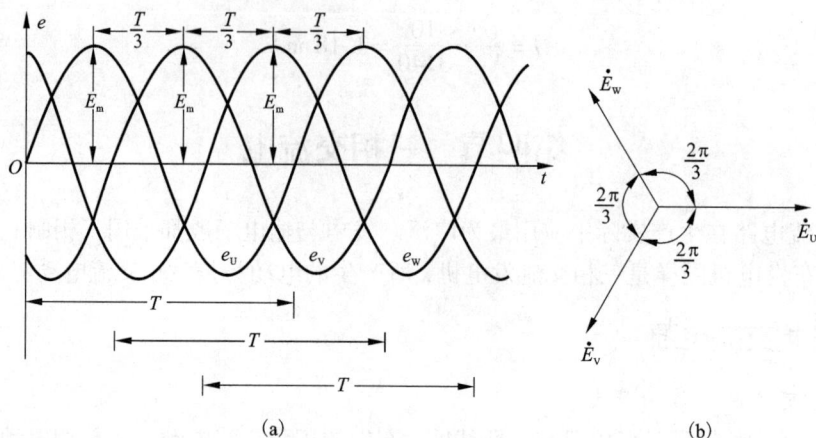

图 2 - 20　三相交流电源波形图与相量图

的相序为 U - V - W。

2. 三相电源的连接

三相电源本身具有 6 个引线端 U_1、U_2、V_1、V_2、W_1、W_2。如何将这 6 个引线端按一定的方法连接起来向外电路供电呢？一般有两种方法。

（1）星形连接法——Y 连接

把三相绕组的末端 U_2、V_2、W_2 连接成一个公共点，叫做中点（零点），用 N 表示（图 2 - 21），从中点引出的导线叫中线（零线）。中线一般接地，又叫做地线。从三相绕组的始端 U_1、V_1、W_1 分别引出三根导线叫做相线（火线）。这种供电方式称为三相四线制，用符号 Y 表示。

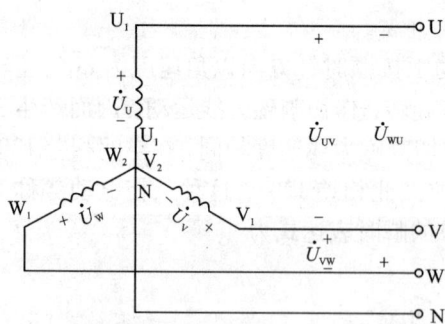

图 2 - 21　三相电源 Y 连接

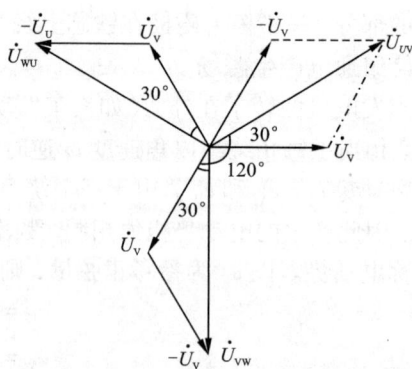

图 2 - 22　相电压、线电压相量图

火线与中线之间的电压称相电压，分别用 U_U、U_V、U_W 表示其有效值。若忽略发电机内阻，相电压在数值上就等于各相绕组的电动势，相差为 120°，所以三个相电压是对称的。

火线与火线之间的电压称为线电压。它们与相电压之间的关系为

$$\dot{U}_{UV} = \dot{U}_U - \dot{U}_V$$

$$\dot{U}_{VW} = \dot{U}_V - \dot{U}_W \qquad (2-27)$$

$$\dot{U}_{WU} = \dot{U}_W - \dot{U}_U$$

作出相电压的相量图，用平行四边形法则可以求出线电压(图 2 - 22)。一般线电压用 U_L 表示，相电压用 U_P 表示，则两者关系是

$$\dot{U}_L = \sqrt{3}\dot{U}_P \angle 30° \qquad (2-28)$$

可见，在数量关系上，线电压是相电压的 $\sqrt{3}$ 倍。在相位上，线电压超前相应相电压 30°。三个线电压也是对称的。

以上分析可知，三相电源星形连接可以同时供给两种电压：一种是相电压；另一种是线电压。

小常识：日常照明用电就是三相四线制，其相电压为 220 V，线电压为 380 V。

（2）三角形接法——△连接

将每一相绕组的末端与另一相绕组的始端依次相连，构成一个闭合的三角形，这种连接方式称三角形连接，用△表示。如图 2 - 23 所示。

电源作三角形连接时，其相电压等于线电压，即

$$U_L = U_P$$

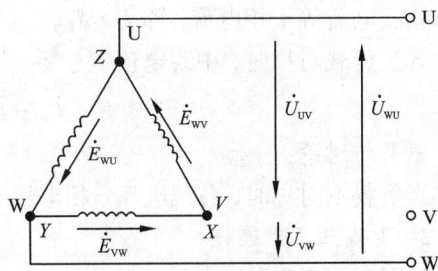

图 2 - 23　三相电源△连接

注意：电源作三角形连接时，各相绕组的末端与始端绝对不能接错，否则将在电源内部引起较大的环流并把电源损坏。

在实际应用中，一般不采用三角形接法。

二、三相负载的连接

负载接入电源需遵循两个原则，一是电源电压应与负载的额定电压相同；二是全部负载应均匀地分配给三相电源。负载应按一定规则连接起来，组成三相负载。

三相交流电路中，负载的连接方式有两种——星形(Y)连接和三角形(△)连接。

1. 负载星形连接

如图 2 - 24 所示，三相负载 Z_U、Z_V、Z_W 分别接于电源各相线与中线之间，四根导线将电源与负载连接起来，构成星形连接。这种连接方式称为三相四线制。

（1）相关概念

①相电压：负载两端的电压称为相压。由于中线的存在，由图 2 - 24 可知，负载相电压就等于电源相电压。

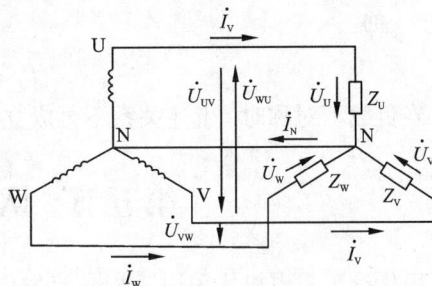

图 2 - 24　三相负载 Y 连接

②相电流：在相电压的作用下，负载有电流流过。流过各负载的电流称为相电流。相电

流用 I_P 表示。

③线电流：流过每根火线的电流称线电流，用 I_L 表示。显然，当负载星形连接时，相电流等于线电流，即 $I_P = I_L$。

④中线电流：流过中性线的电流为中线电流，用 I_N 表示。中线电流等于各相流之和，即

$$\dot{I}_N = \dot{I}_U + \dot{I}_V + \dot{I}_W \qquad (2-29)$$

⑤对称负载：三相负载的大小与性质都相等时，称之为对称负载。由于相电压是对称的，所以负载对称时，根据欧姆定律，线电流（相电流）也是对称的，即线电流（相电流）大小相等，相位互差120°。当负载不对称时，线电流（相电流）的大小也不对称，其相位关系也随负载的性质不同而改变。

（2）各电流、电压之间的基本关系

综上分析可知，负载星形连接时：

①线电压是相电压的$\sqrt{3}$倍，且线电压超前相应相电压30°。

②线电流等于相电流，即 $I_P = I_L$。

③当负载对称时，中线电流等于零。

$$\dot{I}_N = \dot{I}_U + \dot{I}_V + \dot{I}_W = 0 \qquad (2-30)$$

思考与讨论：

当负载不对称时，各线电压、相电压、线电流、相电流及中线电流又有什么关系？

2. 负载三角形连接

如图 2-25 所示。

各电压、电流之间的关系是：

①负载相电压等于电源线电压。

②各线电流与相电流的关系由基尔霍夫第一定律得到：

$$\begin{cases} \dot{I}_U = \dot{I}_{UV} - \dot{I}_{WU} \\ \dot{I}_V = \dot{I}_{VW} - \dot{I}_{UV} \\ \dot{I}_W = \dot{I}_{WU} - \dot{I}_{VW} \end{cases} \qquad (2-31)$$

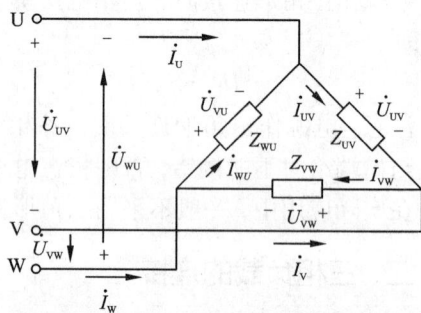

图 2-25　三相负载三角形连接

当负载对称时，线电流对称，相电流也对称。线电流是相电流的$\sqrt{3}$倍，且滞后相应相电流30°，即

$$\dot{I}_L = \sqrt{3} I_P \angle -30° \qquad (2-32)$$

当负载不对称时，上述关系不再成立。

第五节　认知汽车交流发电机

现代汽车发电机均采用三相交流发电机，它的主要优点是结构简单，体积小，重量轻；故障少且容易维修，使用寿命长；功率大，发动机低速运转时也能向蓄电池充电；转换成直流时电路简单。

一、汽车交流发电机的构造

以国 JF1512 交流发电机为例。它主要由电刷、整流器、转子总成、定子总成、风扇等构成，如图 2 – 26 所示。

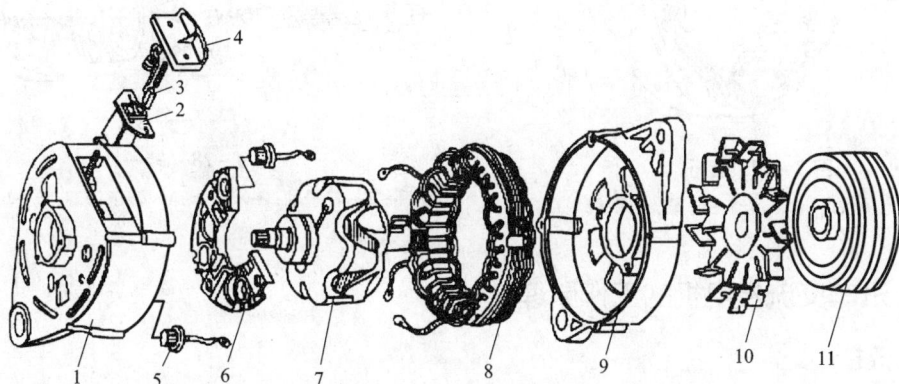

图 2 – 26　　发电机结构图

1—后端盖；2—刷架；3—电刷；4—电刷弹簧压盖；5—硅二极管；6—散热板；
7—转子总成；8—定子总成；9—前端盖；10—风扇；11—带轮

1. 定子总成

定子的作用是产生三相交流电动势。定子由定子铁芯与定子绕组组成。定子铁芯由内圆冲有槽孔的硅钢片叠压而成。定子绕组是三相对称铜线圈按互成 120°的规律安装在定子槽中。三相绕组采用星形连接。三相绕组的始端各引一根导线，三个末端连接成一点引出一根线，共 4 个引线端(图 2 – 27)。

2. 转子总成

转子的作用是产生磁场。转子由转子铁芯、转子绕组(励磁绕组)、爪极及滑环组成。

转子绕组绕在转子铁芯上，并压装在转子轴上置于两块爪极之间。当转子绕组有电流流过时，产生轴向磁通，使两块爪极磁化，一块为 N，另一块为 S，从而形成了六对相互交错的磁极。

滑环由彼此绝缘的两个铜环构成，装在转子轴上与转子一起旋转，它与转子轴是绝缘的。转子绕组的两个引线端分别从爪极孔中引出，一根接内侧铜环，另一根接外侧铜环。两个铜环分别与两个电刷接触(图 2 – 28)。

3. 电刷

电刷的作用是将外电源引入转子绕组，使转子绕组中有电流流过。

电刷由电刷架、电刷、电刷弹簧等构成。两只电刷装在电刷架中的导孔中，借弹簧的压力与滑环保持接触。

4. 整流器

整流器的作用是将三相交流电转换成直流电(其工作原理详见项目五)。

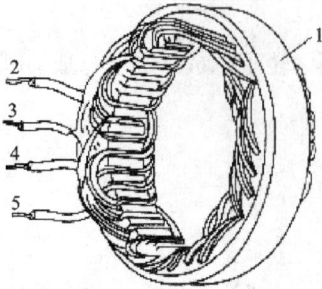

图 2-27　定子
1—定子铁芯；2、3、4、5—定子绕组引线

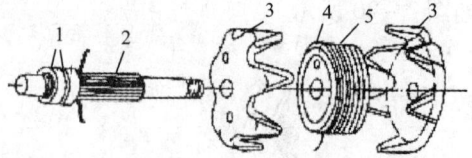

图 2-28　转子
1—滑环；2—转子轴；3—爪极；4—转子铁芯；5—转子绕组

二、汽车交流发电机的工作原理

基础链接：

（1）什么是电流的磁效应？磁场的方向如何判断？

（2）什么是法拉第电磁感应定律？

由蓄电池经电刷通过滑环将直流电压加至转子绕组，于是转子绕组产生轴向磁场，两个爪极得到磁化，一块爪极为 N 极，另一块爪极为 S 极。发动机通过带轮带动转子旋转，产生旋转磁场。三相绕组都在旋转磁场中作切割磁力线运动，产生三相电动势。由于三相绕组是对称的，所以产生的电动势也是对称电动势，其瞬时表达式见式（2-25）。

三、汽车交流发电机的型号

汽车发电机种类繁多，结构各异。不同型号的发电机，其结构、发电电压、功率、设计序号、调整臂位置也不相同。

例：

JF173 表明了该产品为交流发电机，标称电压为 12 V，额定功率为 750 W，设计序号为 3，调整臂在中间位置。

JF2511Y 表明了该产品为交流发电机，标称电压为 24 V，额定功率为 500 W，设计序号为 11，调整臂在右侧。

根据机械工业部标准 JB 1546—83 规定，汽车发电机的型号由以下几部分组成。

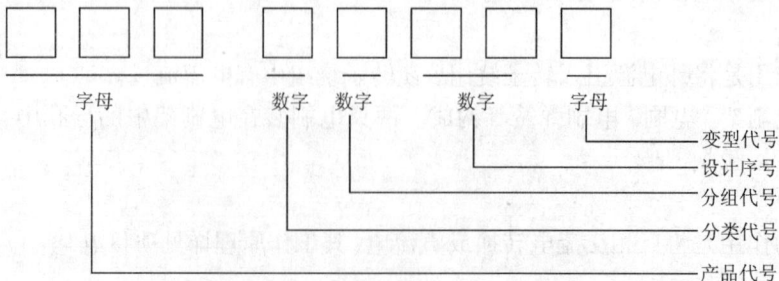

1. 产品代号

按产品名称顺序，取汉语拼音的头一个字母组成。J 指交流，F 指发电机，Z 指整体，W 指无刷，B 指泵。

JF 为交流发电机。

JFZ 为整体式交流发电机。

JFB 为带泵交流发电机。

JFW 为无刷交流发电机。

2. 分类代号

在发电机的型号中，以电压等级为分类代号。1 指 12 V，2 指 24 V。

3. 分组代号

分组代号指的是功率等级，单位为 W。

功率等级

代号	1	2	3	5	7	8	9
功率 P/W	$P=180$	$180<P\leq250$	$250<P\leq350$	$350<P\leq500$	$500<P\leq750$	$750<P\leq1000$	$P>1000$

4. 产品设计序号

按产品设计顺序，以阿拉伯数字表示。

5. 变型代号

在发电机型号中，以调整臂位置标记作变型代号。调整臂在中间不作标记，在右侧以 Y 作标记，在左侧以 I 作标记。发电机顺时针旋转不作标记，逆时针旋转以 N 为标记。

第六节　安全用电

在日常生产与生活中，我们用的都是三相交流电源。日常照明是 220 V、50 Hz 交流电，相对汽车的工作电压危险性要大得多，所以安全问题格外突出。

一、触电的类型

1. 单相触电

当人体直接碰触三相电源或带电体其中的一相时，电流通过人体到地面构成一条回路，称单相触电。若为高压带电体，人体虽未直接接触，但由于超过安全距离，高压对人体放电，造成单相接地而引起的触电，也属于单相触电。

（1）电源中性点接地系统的单相触电。如图 2-29 所示。这时人体处于相电压之间，危险性很大。

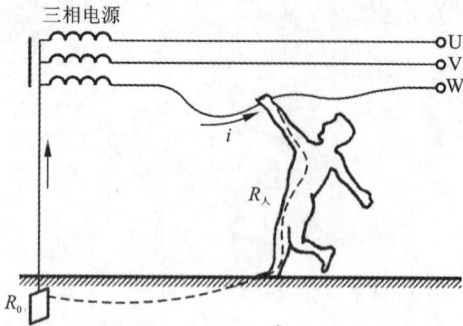

图 2-29 中性点接地的单相触电

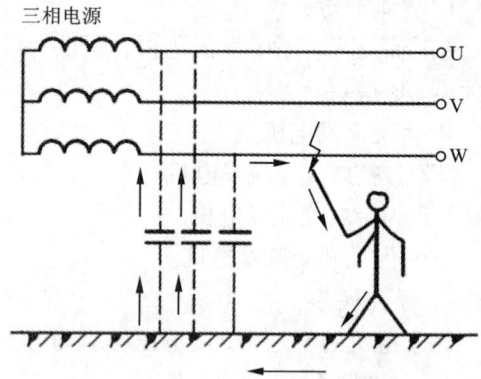

图 2-30 中性点不接地的单相触电

在中性点接地的电网中，人体流过的电流：

$$I = \frac{U_P}{R_0 + R_人} \qquad (2-33)$$

式中：U_P为相电压；R_0为中性点接地电阻，$R_人$为人体电阻。

若相电压取值 220 V，人体电阻取值 1000 Ω，因中性点接地电阻小于 4 Ω 而忽略，则人体流过的电流为 220 mA，已远远超出了人体的承受力，从而带来生命危险。这种情况往往是地面潮湿，人体与地面没有绝缘保护而造成的。若人体与地面的绝缘性好，危险性可以大大减小。

(2)电源中性点不接地的单相触电(图 2-30)。乍一看来，中性点不接地时，人体与电源之间不能构成电流回路，是不会出现单相触电事故的。但实际上，若考虑到导线与地面间的绝缘可能不良(对地绝缘电阻为 R')甚至有一相接地，在这种情况下人体中就有电流通过。且在交流的情况下，导线与地面间存在的电容也可构成电流的通路。

$$I = \frac{U_L}{R_人 + R'} \qquad (2-34)$$

式中：U_L为线电压；R'为对地绝缘电阻。

从上面分析可知，中性线接地系统较中性线不接地系统单相触电时危险。

2. 两相触电

当人体直接碰触三相电源的任意两相或者带电体的两相，则电流从一相经两手之间回到另一相形成一条电流通路，为两相触电。对于高压带电体，当人体接近不同两相电压时，电压经人体发生电弧放电也属于两相触电。两相触电是最危险的，这时身体承受的是线电压，如图 2-31 所示。

3. 跨步电压触电

由于高压输电线路或电气设备发生故障，导致一相电压直接碰触地面，接地电流向大地扩散，在地面形成了以碰触点为中心的环形电场。当人体进入该电场，两脚之间的电压就是跨步电压，如图 2-32 所示。

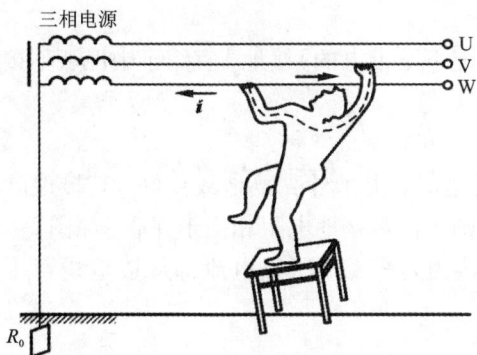

图 2 - 31　两相触电

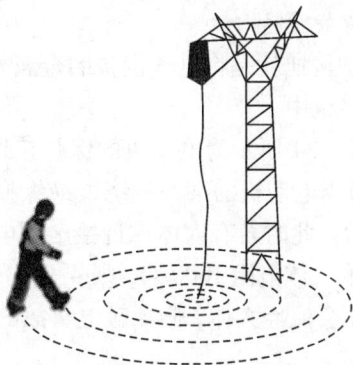

图 2 - 32　跨步电压触电

二、安全用电技术措施

为确保电气设备有安全及人身安全,要求电气设备都必须采取安全措施。按接地目的不同,可将接地分为工作接地、保护接地和保护接零。

1. 工作接地

电力系统由于运行和安全的需要,常将中性点接地,如图 2 - 33 所示。这种接地方式称为工作接地。

中性点接地,具有下列优点:

(1)可降低触电电压

在中性点接地系统中,若有单相触电发生,人体所承受的电压为相电压。而在中性点不接地的系统中,当一相接地而人体接触到另外两相之一时,人体所承受的电压是线电压,为相电压的 $\sqrt{3}$ 倍。

(2)迅速切断故障设备

在中性点接地系统中,一相接地后,接地电流很大(相当于单相短路),保护装置迅速动作,断开该相电源,从而保护电气设备及人身安全,避免故障升级扩大。而在中性点不接地的系统

图 2 - 33　工作接地、保护接零

中,当一相接地时,接地电流很小(因为导线和地面间存在电容和绝缘电阻,也可构成电流的通路)不足以使保护装置动作而切断电源,接地故障不易发现,对人身安全构成威胁。

(3)降低电气设备对地的绝缘水平

在中性点接地的系统中,对地电压为相电压,可降低电气设备和输电线的绝缘水平,节省投资。而在中性点不接地系统中,当一相接地时将使另外两相的对地电压升高到线电压。

而中性点不接地系统也有其好处。第一,一相接地往往是瞬时的,能自动消除,在中性点不接地的系统中,不会跳闸而发生停电事故;第二,一相接地故障可以允许短时存在,有

利于寻找故障和维修。

2. 保护接地

保护接地就是将电气设备的金属外壳(正常情况下不带电的)接地,宜用于中性点不接地的低压系统中。

图 2-34 所示为电动机的保护接地。

(1)当电动机的某一相绕组绝缘损坏使外壳带电时,由于外壳接地线良好,其接地电阻小于 4 Ω。此时若有人体靠近接触到电动机外壳,则人体与接地电阻相当于并联,如图 2-35 所示。取人体电阻 1000 Ω,则 4 Ω 可忽略不计,认为是短路,所以电流都从接地线直接到地,而不会流经人体,避免触电事故的发生。

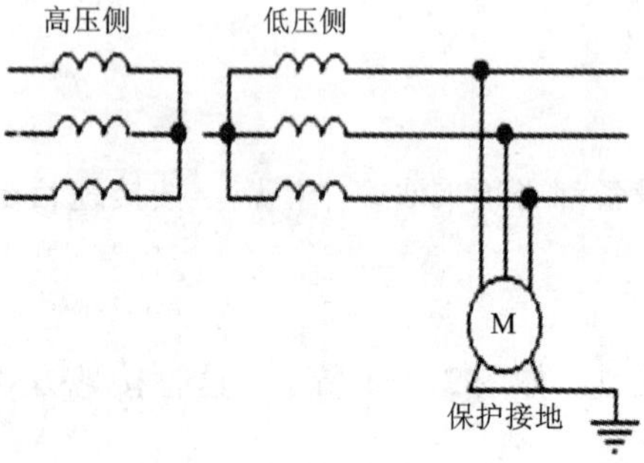

图 2-34　保护接地

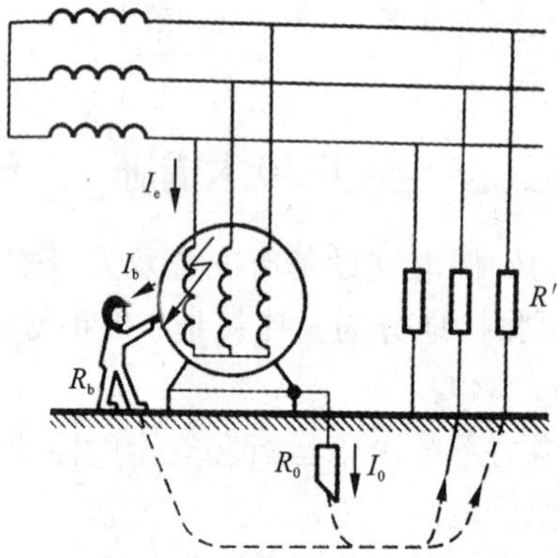

图 2-35　保护接地工作原理

(2)若无接地保护,当电动机一相绕组绝缘损坏使外壳带电时,人体碰触外壳就相当于单相触电。这时流过人体的电流就取决于人体电阻 $R_人$ 与绝缘电阻 R'。当系统的绝缘性能下降时,就有触电的危险。

3. 保护接零

保护接零是将电气设备的金属外壳接到中性线上,用于中性点接地的低压系统中。如图 2-33 所示。

当电动机某一相绕组的绝缘损坏而与外壳相碰时,就形成了该相的单相短路,这一相中的保险将迅速熔断,断开该相的电源,因而使外壳不再带电。若在保险丝熔断之前,有人体碰触外壳,由于保护接零线的存在,此时相当于是人体与接零线并联。由于人体电阻远大于接零线路的电阻,通过人体的电流十分微小不至于发生触电事故。

若保护接零线没有接,一旦发生绝缘损坏而外壳带电时,人体触碰到外壳就相当于单相触电。

应该指出的是,在同一系统中,不允许电气设备一部分保护接零,另一部分保护接地。如图 2-36 所示。

为什么中性线接地系统中不能采用保护接地?

(1)一方面,一旦出现绝缘损坏情况,电气设备容量较大时,保护装置不能可靠断开而得不到保护。

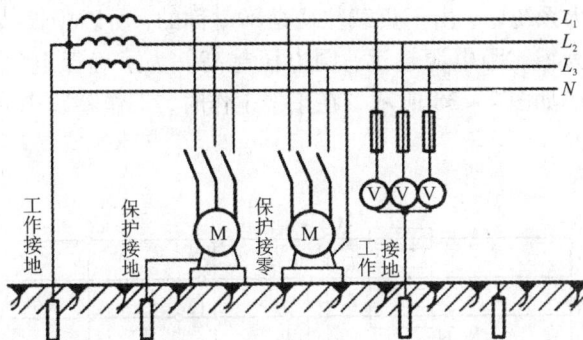

图 2 – 36　保护接地与保护接零

绝缘损坏时，其接地电流：

$$I_0 = \frac{U_p}{R_0 + R_r} \qquad\qquad (2-35)$$

式中，U_p 为电源相电压，R_0 与 R_r 分别为保护接地与保护接零的接地电阻。若系统的相电压为 220 V，$R_0 = R_r = 4\ \Omega$，则接地电流为：$I_0 = \dfrac{220}{4+4} = 27.5$ A。

为了保证保护装置能可靠地动作，接地电流不应小于继电保护装置动作电流的 1.5 倍或保险丝额定电流的 3 倍。因此 27.5 A 的接地电流只能保证断开动作电流不超过 18.3 A 的继电保护装置或额定电流不超过 9.2 A 的保险丝。若电气设备容量较大，则保护继电器不能动作而失去保护作用。

（2）另一方面，接地电流的存在将导致对地电压升高。电气设备外壳将长期带电而危及人身安全。

当绝缘损坏，外壳对地电压为

$$U_e = \frac{U_p}{R_0 + R_r} R_0 \qquad\qquad (2-36)$$

取 $U_p = 220$ V，R_0 与 R_r 等于 4 Ω，则对地电压 $U_e = 110$ V。该电压对人体是不安全的。

4. 重复接地

在中性线接地系统中，为了确保安全，将中性线相隔一定距离多处进行接地，称重复接地，如图 2 – 37 所示。

（1）由于多处重复接地，所有重复接地线都是并联的，则降低了其接地电阻。若有绝缘损坏而外壳带电，则大大降低了外壳对地电压，减小了危险程度。

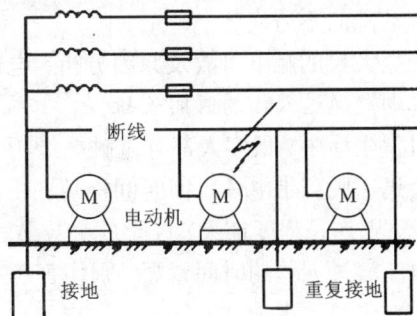

图 2 – 37　重复接地

（2）在图中若在断线处中性线断开，如无重复接地，则人体触及带电外壳则相当于单相触电。

为确保安全，零线的干线必须连接牢固，不允许开关、熔丝等。

4. 工作零线与保护零线

在三相四线制电力系统中，由于负载往往是不对称的，所以中性线上就有电流流过。因而中性线对地电压不为零。距电源越远，则电压越高。为了确保电气设备外壳对地电压为零，专设保护零线 PE，如图 2－38 所示。在正常工作时，工作零线中有电流，保护零线上是不应有电流。

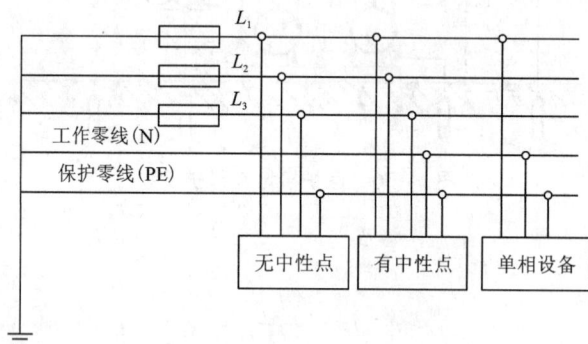

图 2－38　工作接零与保护接零

在上图中，若有保护零线，当绝缘损坏而使外壳带电时，则短路电流会经保护零线，将熔断器熔断，切断电源防止触电事故的发生。若无保护零线，一旦绝缘损坏外壳带电，则会发生触电事故。

三、电流对人体的危害

电流对人体的伤害有三种：电击、电伤与电磁场伤害。

电击是人体的某部位接触带电体，电流流过人体，使人体内脏器官组织受到损伤，从而受伤甚至造成死亡事故。

电伤是指人体未直接接触带电体，由于电的热效应、化学效应、机械效应等对人体造成的伤害。如电弧作用下或熔丝熔断时，对人体的烧伤、金属溅伤等外部的间接伤害。

电磁场伤害是指人在高频磁场的作用下，出现头晕、乏力、记忆力衰退、失眠多梦等神经系统紊乱的不适症状。

根据大量的触电事故及原因分析，电击对人体所造成的伤害程度与多方面因素相关。

1. 电流通过人体的时间长短

日常生活中，很多人都有过触电经历。如当手指不慎接触到带电体时，由于人体的条件反射会迅速脱离带电体。因时间极短，往往这种电击对人体的伤害很小。若此时身体不能摆脱电流，则伤害程度加大，严重就会导致死亡事故。

电流流过人体的时间越短，则伤害越小；时间越长，则伤害越大。

2. 电流的大小

事实证明，不管是交流电还是直流电都对人体具有伤害作用。不同人最大能承受的电流大小也有所区别。如果人体流过的电流在 0.05 A 以上，就有生命危险。如表 2－1 所示。

表 2 - 1　电流大小对人体的影响

名称		成年男性	成年女性
感知电流	工频	1.1 mA	0.7 mA
	直流	5.2 mA	3.5 mA
	10^4 Hz 电流	12 mA	8 mA
摆脱电流	工频	16 mA	10.5 mA
	直流	76 mA	51 mA
	10^4 Hz 电流	75 mA	50 mA
致命电流	工频	30 ~ 50 mA	
	直流	1300 mA(0.3 s), 500 mA(3 s)	
	10^4 Hz 电流	1100 mA(0.3 s), 500 mA(3 s)	

3. 人体自身电阻的大小

在相同电压作用下, 人体的电阻越小, 则流过人体的电流会越大, 电流对人体的伤害程度也越大。根据研究结果, 当人体皮肤有完好的角质层且干燥时, 人体电阻为 10^4 ~ 10^5 Ω。当角质层破损时, 则会下降到 800 ~ 1000 Ω。

若取人体内部电阻为 800 Ω, 流过 50 mA 电流计算, 根据欧姆定律:

$$U = 50 \text{ mA} \times 800 \text{ Ω} = 40 \text{ V}$$

也就是说, 人体在角质层破损或潮湿的情况下, 40 V 的电压就对人体有生命危险。为了安全起见, 下降 10%, 取 36 V 为安全电压。这是用于小型电气设备或小容量电气线路的安全措施。我国规定安全电压等级为 42 V、36 V、24 V、12 V、6 V。手提照明灯、高度不足 2.5 m 的一般照明灯, 如果没有特殊安全结构或安全措施, 应采用 42 V 或 36 V 安全电压。金属容器内、隧道内、矿井内等工作地点狭窄、行动不便、周围有大面积接地导体或潮湿环境, 其安全电压应降至 12 V。

4. 电流的频率

电流频率不同, 对人体的伤害程度也不同。25 ~ 300 Hz 的交流电流对人体伤害最严重。1 kHz 以上, 伤害程度明显减轻, 但高压高频电也有电击致命的危险。例如, 10 kHz 高频交流电感知电流, 男性约为 12 mA, 女性约为 8 mA。平均摆脱电流, 男性约为 75 mA, 女性约为 50 mA。可能引起心室颤动的电流, 通电时间 0.3 s 时约为 1100 mA; 3 s 时约为 500 mA。

冲击电流对人体也有伤害。雷电和静电都能产生冲击电流。冲击电流能引起强烈的肌肉收缩, 给人以冲击的感觉。冲击电流对人体的伤害程度与冲击放电能量有关。

5. 电流流经身体部位与身体接触面积

实际上, 流经人体的电流大小取决于电压大小与人体电阻。而人体电阻的大小又取决于电流流经身体的路径。表 2 - 2 的电阻表示的是平均电阻。

表 2-2　人体不同部位的平均电阻

当前路径	示意图	人体电阻 R_{human}/Ω	200 V 时电流大小/mA
手—手	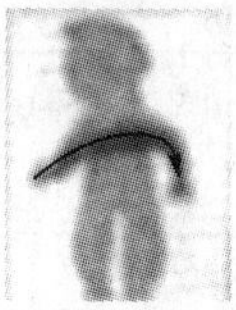	1000	200
手—足	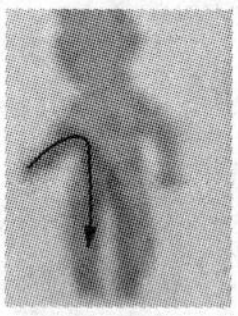	750	267
手—足	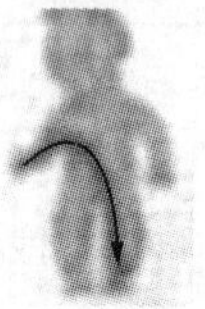	1000	200
手—胸	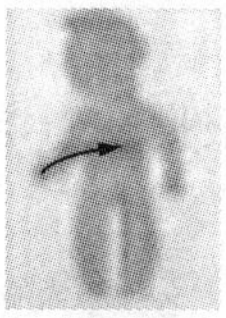	450	444
手—臀	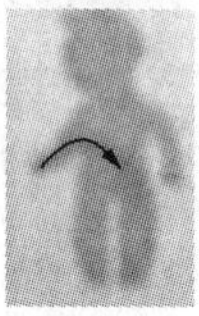	550	364

四、电气起火

电气起火的危害非常大。电气火灾的发生，不仅是对电气设备的损坏，还将殃及财产与人员安全。其隐蔽性强，随机性大，燃烧迅速，补救困难，损失严重。

1. 电气起火的原因

电气线路发生火灾，主要是由于线路的短路、过载或接触电阻过大等原因，产生电火花、电弧或引起电线、电缆过热，从而造成火灾。

短路是线路或设备发生了故障。电气设备由于绝缘损坏、电路年久失修、疏忽大意、操作失误及设备安装不合格等造成短路故障，其短路电流可达正常电流的几十倍甚至上百倍，产生的热量（正比于电流的平方）是温度上升超过自身和周围可燃物的燃点引起燃烧，从而导致火灾。

过载是指电气设备或导线的功率和电流超过了其额定值。造成过载的原因是多方面的，如设计、安装时选型不正确，使电气设备的额定容量小于实际负载容量；设备或导线随意更改安装,增加负荷,造成超载运行;检修、维修不及时,使设备或导线长期处于带病运行状态。

发生接触电阻过大的主要原因是:导线与导线、导线与电气设备连接点连接不牢。导线与导线,导线与配电、用电设备之间连接(包括接线端、接插件以及可动触点等)时,因接触不良(接触电阻过大),在通电回路电流作用下,致使接触处局部产生高温、电弧,引起电气线路的绝缘层、附近的可燃物质及积落的可燃粉尘着火造成的火灾称为接触不良火灾,它是线路火灾容易忽略并难以防止的一种。

另外低压线路漏电也会引起线路电气火灾,它往往又是造成线路短路、过载火灾的隐患。

五、急救

进行触电急救,应遵循迅速、就地、准确、坚持的原则。

迅速断电或脱离电源。发现有人触电,第一时间应迅速断电。如果电源开关离得较近,首先断开电源开关;若电源开关离得远,则在施救者采用绝缘措施的前提下设法让触电者脱离电源。

就地抢救。在将触电者脱离电源后移到安全地方就地及时抢救。时间就是生命,就地抢救后如有条件应及时送往医院或呼叫医护人员到达。

准确,即视触电者受伤害情况正确进行的救治方法。检查触电者的意识、呼吸及脉搏的情况而采用不同方法。

坚持不放弃。触电者往往会因电流通过人体而导致意识模糊、呼吸停止、心脏停止跳动等情况。施救者不能因为这些情况的出现而放弃救治,应设法联系医护人员并坚持救治直到医护人员的到来。

(1)人工呼吸

当触电者失去意识,呼吸停止,但仍有心跳的情况下,应采用口对口人工呼吸,如图2-39所示。

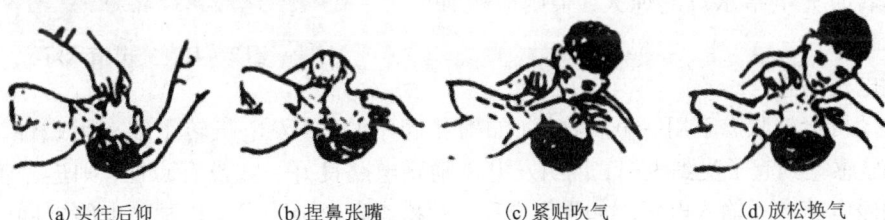

(a)头往后仰   (b)捏鼻张嘴   (c)紧贴吹气   (d)放松换气

图2-39 人工呼吸

保持触电者的气道通畅,以吹气2 s放松3 s的速度,坚持直到触电者能正常呼吸为止。

(2)胸外心脏按压

触电者失去意识,有呼吸但心脏停止跳动,应采用胸外心脏按压进行急救。以每秒钟一次的速度,掌根往下向脊背方向按压,将血液压出心脏,如图2-40所示。

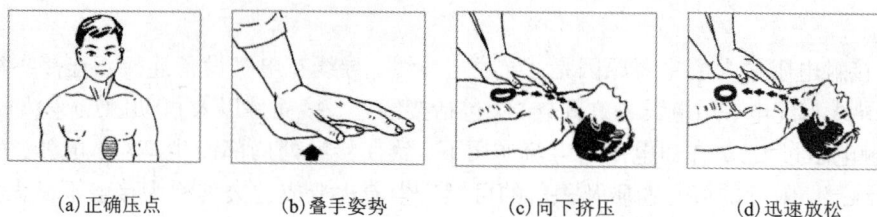

(a)正确压点	(b)叠手姿势	(c)向下挤压	(d)迅速放松

图 2-40 胸外心脏按压

当触电者呼吸与心跳均停止，则采用口对口人工呼吸与胸外心脏按压两种方法同时进行。以挤压心脏 5 次，人工呼吸 1 次的频率坚持救治，直到呼吸与心跳恢复正常为止。

第三部分 项目实施

从项目二的学习中，已经详细了解了三相交流电的产生与汽车交流发电机的构造以及基本工作原理。针对交流发电机的故障，只要熟悉其结构，理解其工作原理，对它的检测与检修就不难了。

在检测交流发电机之前，首先要了解发电机的型号。因为不同的发电机其检测参考数据有所差别。下面以整体式汽车交流发电机为例。

(一)发电机就车检查

①充电指示灯检查

打开点火开关，先不启动发动机，查看仪表充电指示灯是否点亮，如图 2-41 所示。如不亮应检查相应电路或充电指示灯保险丝是否熔断、指示灯灯泡是否损坏，如有应更换。

图 2-41 充电指示灯

如果充电指示灯亮，则启动发动机，当发动机正常运转时充电指示灯应熄灭，否则应检查发电机。

②发电机检查

在发动机运转状态下用一金属物体(如梅花起子)检查发电机转子轴有无磁性，如有磁性，会明显感觉到起子受到吸引，说明发电机励磁电路良好。如没有磁性，则进一步应检查发电机励磁电路有无输入电压。如果无电压，则检查蓄电池到发电机励磁电路之间的连接是否松脱。如果有电压，则说明从电刷、滑环到励磁绕组有故障。

检查发电机输出电压(在发动机 2500 r/min 时 12 V 或 24 V)，发电机输出应小于 14.8 V或 27 V，大于 12 V 或 24 V；否则应检查硅整流器及定子绕组有无损坏。

(二)发电机的整体检测

在经过上两步的检查后，就要将交流发电机从汽车上拆下来。首先对它进行不解体检测，对故障部位进行初步判断。对于电压调节器在外的交流发电机，通过整体检测，可以对励磁线路(包含电刷、滑环、励磁绕组等)、整流器作初步判断。

　　对交流发电机的不解体检测通常有万用表检测、实验法检测、示波器检测等方法。用万用表检测简单、直接、经济、安全。下面以万用表检测为例进行介绍。

　　检测前需要知道,汽车交流发电机的引线端分别为 B、F、E。E 为搭铁端子,B 为整流后电压输出端,F 为励磁电压端,如图 2 - 42 所示。

　　根据电路及发电机结构分析,F 与 E 端内为励磁绕组,中间经过了电刷与滑环。电路正常时,其电阻很小,只有励磁绕组的直流电阻,其值相当小。

　　而 B 端子是发电机三相电动势经整流二极管整流后的输出端,当二极管其中任意一个出

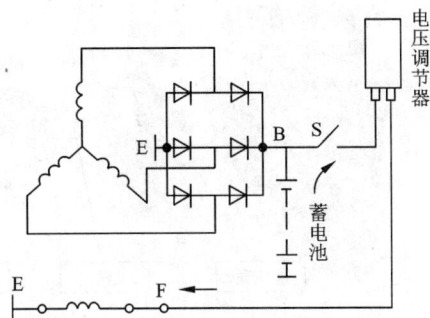

图 2 - 42　发电机引线端示意图

现开路故障时,用万用表的二极管挡进行检测时,与正常时的数据无差别。所以不解体检测时,对 B 与 E 端子的检测的结果是不确定的。

　　用数字万用表 200 Ω 挡测量 FE 端子,其测量数值及故障分析如表 2 - 3 所示。

表 2 - 3　测量数值及故障分析

正常值	异常情况	故障原因分析
6～8 Ω	阻值大于标准值	电刷与滑环接触不良
	阻值小于标准值	励磁绕组局部短路
	阻值为∞	励磁绕组断路
	阻值为 0	则 F 接柱搭铁或两只滑环短路

(三)发电机解体检测与维修

　　硅整流发电机每运转 750 h(相当于 30000 km)后,应拆开检修一次。图 2 - 43 所示为发电机的解体图。解体检测主要检查电刷和轴承的状况。新电刷的高度是 14 mm,磨损至 7～8 mm 时应更换。轴承如有显著松动应更换。硅整流发电机若不发电,其主要原因多是硅二极管损坏,磁场绕组或定子绕组有断路、短路和搭铁(绝缘不良)等故障。

　　1.励磁绕组的检测与维修

　　励磁绕组的两个引线端分别接到滑环的两个相互绝缘的铜环上,所以测量两个铜环之间的电阻值可测量出励磁绕组的通断情况。

　　选择数字万用表的 200 Ω 挡,检查磁场绕组阻值、绕组与转子铁芯的绝缘性,检测情况与故障排除如表 2 - 4 所示。

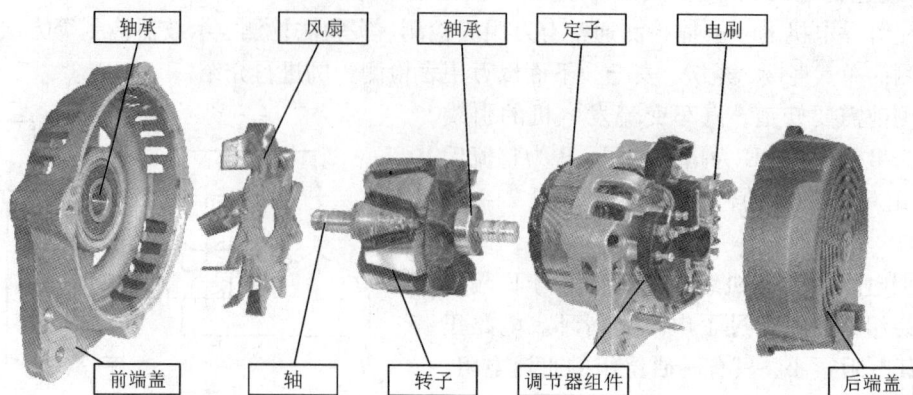

图2-43 发电机分解图

表2-4 励磁绕组的检测情况与故障排除

检测内容	情况分析			
	正常值	异常情况	故障分析	故障排除方法
励磁绕组阻值	2~4 Ω	电阻值为∞ 、	励磁绕组断路或焊点断路	更换转子总成或重焊断点处
		电阻值为0	两绕组短路	更换转子总成
		电阻值小于标准值	励磁绕组有局部短路	更换转子总成
绕组与铁芯绝缘性	∞	电阻值小于标准值	绕组或滑环有搭铁	更换转子总成

2. 定子绕组的检测与维修

定子绕组的故障一般有断路、短路、搭铁等，检测情况与故障排除如表2-5所示。有断路故障时，用万用表的电阻挡可以判断，但如果定子绕组短路，由于本身电阻很小，很难用万用表的电阻挡测量出来。所以要使用其他方法进行判断，例如：用示波器测量电压波形可判断绕组的短路情况。

一般情况下，由于定子绕组的铜线较粗，很少出现中间断路的情况，而短路的情况也少见。所以发电机故障少，易维修。

表2-5 定子绕组的检测情况与故障排除

检测内容	情况分析			
	正常值	异常情况	故障分析	故障排除方法
定子绕组阻值	150~300 mΩ	电阻值∞	定子绕组断路或接点断路	更换定子总成或重接断点处
		电阻值为0	定子绕组短路	更换定子总成
		电阻值小于标准值	励磁绕组有局部短路	更换定子总成
绕组间绝缘性	∞	电阻值小于标准值	绕组间有搭铁	更换定子总成

3. 滑环的检修

当滑环表面有轻微烧蚀时，可用砂布打磨，使其表面光滑。打磨后用万用表检测两铜环间的绝缘性，必须保证两者间是绝缘的。若烧蚀严重，需更换转子总成。

4. 电刷及电刷弹簧的检修

新的电刷高度为 14 mm，在发电机工作过程中，电刷在电刷弹簧的压紧下与滑环接触并高速旋转，时间长了会有磨蚀。如果其高度为 7～8 mm，就更换电刷。电刷弹簧弹性不足，将会导致接触不良，所以当弹簧不紧时要及时调整或更换。

第四部分　项目拓展

电动汽车的安全用电

根据 GB/T 18384—2015 电动汽车安全要求，将电路电压分成 A、B 级别。如表 2-6 所示，单位为 V。

表 2-6　电压级别

电压等级	最大工作电压/V	
	直流	交流（rms）
A	$0 < U \leqslant 60$	$0 < U \leqslant 30$
B	$60 < U \leqslant 1500$	$30 < U \leqslant 1000$

注：①60VDC 或 25VAC 的电压是因考虑了空气的湿度条件。对非交流电但是重复的脉冲电压，如果峰值持续时间大于 10 ms，则取工作电压最大峰值。如果峰值持续时间小于 10 ms，则取工作电压为均方根（rms）值，记录下的交流电压值在规定的频率范围内是非常重要的。

②波动电压的均方根不超过 10%。

③B 级的最高电压按 GB 156—1993 中的 1 的规定。

传统的燃油汽车，其电源系统电压均在安全电压范围之内，为 A 级电压，其电路不要求提供触电防护。而电动汽车采用了大容量动力电池组，高压驱动电动机等高压电气系统。电动汽车的高压系统，是一个高电压、大电流的电力回路，其电压高达 300～660 V，电流可达到数百安培，瞬时短路放电的电流更是成倍增加。这种高压系统对驾乘人员的安全具有极大的威胁。一旦电动汽车发生故障，对低电压系统电器、控制器及整车都可能造成最严重的事故。所以电动汽车的强电安全技术成为新能源汽车的关键性技术之一。电动汽车的安全性能及防护国家制定了更高更严格的标准[②]。

注②：GB/T18384.3—2015 电动汽车安全要求第 3 部分：人员触电防护。

GB/T18384.2—2015 电动汽车安全要求第 2 部分：操作安全和故障防护。

GB/T18384.1—2015 电动汽车安全要求第 1 部分：车载可充电储能系统（REESS）。

一、电动汽车的高压安全防护措施

电动汽车的高压安全防护，在设计与制造时采用了多种措施，以确保人员、用电器及整车的安全。

1. 漏电保护

安全是车辆整个生命周期中首要解决的问题。在电动汽车中，高压电池组与低压电池组是严格分开的。低压电池的负极与车身底盘连在一起，称为搭铁。而高压电池不搭铁，对地绝缘，如图2-44所示。电动汽车正常运行时，汽车上的动力电池及高压用电设备与车身保持绝缘。一旦因各种原因，用电设备同车体电气地之间发生漏电，漏电保护器（图2-45）就动作，迅速切断动力电池与负载之间连接，从而达到保护用电设备，避免扩大故障范围以及人员触电事故的发生。

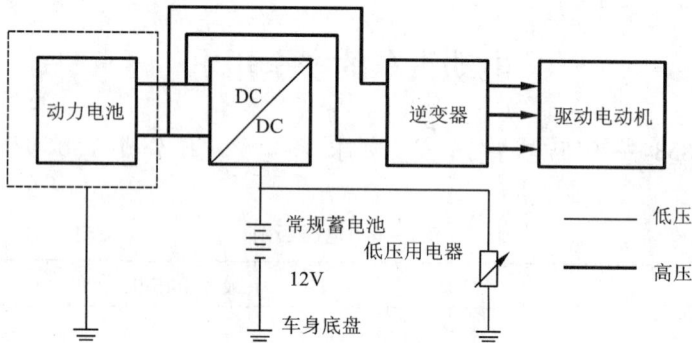

图2-44　动力电池与低压电池负极严格分开

图2-45　漏电保护器

2. 高压互锁

高压互锁是通过低压回路来监测高压系统的电器、导线、导线连接器及高压电气护盖等电气完整性，如图2-46所示。动力管理控制单元的高压互锁监测器向电压互锁回路发送一个5 V 或12 V 的信号电压，然后检测返回的信号电压，若检测不到返回信号，则表明高压互锁回路有开路现象，此时动力管理控制单元切断高压供电。

逆变器是驱动电机系统的关键部件之一。它的作用是将动力电池提供的直流电变换成三相交流电，以驱动电动机运行。由于驱动电动机的功率大，所以逆变器在高电压、大电流的状态下工作，且逆变器中有大电容存在。为了安全起见，逆变器都密封在高压盒内，非工作人员不能拆开。为防止电击，在逆变器盒盖上都设计有高压互锁开关。只要逆变器打开，开

图 2-46 高压互锁回路

关动作,控制器断开系统的主继电器,从而避免意外触电事故的出现。

3.绝缘电阻

高压供电对整车的电气安全提出来了更高的要求,尤其是对高压系统的绝缘性能更为苛刻。绝缘电阻是电动汽车安全性能好坏的重要参数。我国制定的关于电动汽车的国家标准与国际标准一致,标准中规定电动汽车的绝缘状况以绝缘电阻来衡量,如图 2-47 所示。动力蓄电池的绝缘电阻定义为:如果动力蓄电池与地(车底盘)之间的某一点短路,最大(最坏情况下)漏电流所对应的电阻,如图 2-48 所示。参照电动汽车国家标准,如果人或其他物体构成高压电路与地之间的外部电路,最坏的情况下,漏电流不允许超过 2 mA,该电流对人体是没有任何感觉的阈值(IEC60479-1)。标准中规定,高电压电路绝缘电阻的最小值为 100 Ω/V。一般电源在车上的对地绝缘电阻都在 MΩ 级。

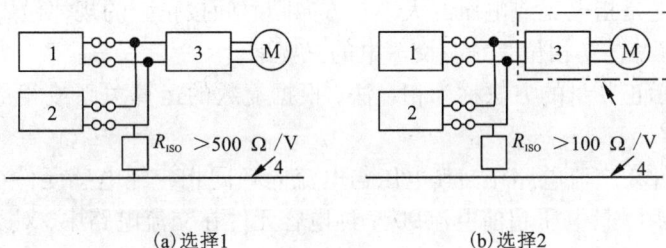

(a)选择1   (b)选择2

图 2-47 直流、交流电路传导连接 B 级电压绝缘要求

1—燃料电池系统;2—动力电池;3—逆变器;4—电平台

二、电动汽车人员触电防护

根据国家标准 GB/T18384.3—2015 电动汽车安全要求第 3 部分人员触电防护要求,任何 B 级电压电路都应提供触电防护,以防止车内与车外人员触电。

1.基本防护

(1)防止人员与 B 级电压电路的带电部分直接接触。

(2)使用遮栏或外壳防止人员接触带电部分。

2. 电位均衡:电气设备的外露可导电部分之间电位差最小化

电位均衡通路中,任意两个可以被人同时碰触到的外露可导电部分之间的电阻应小于 0.1 Ω。例如,动力电池的外壳接地线(包括其他高压器件外壳接地线)电阻应小于 0.1 Ω。

3. 绝缘

(1)基本绝缘:带电部件上对防触电起基本保护作用的绝缘。

(2)附加绝缘:为了在基本绝缘故障情况下防止触电,而在基本绝缘之外使用的独立绝缘。

(2)双重绝缘:同时具有基本绝缘与附加绝缘的绝缘。

(4)加强绝缘:提供相当于双重绝缘保护程度的带电部件上的绝缘结构。

4. 其他机械或电气方法(略)。

第五部分 项目小结

本项目主要是对汽车交流电路的学习。在汽车交流电路中,以汽车交流发电机的检修为重点,分析了交流发电机不工作的故障现象,学习交流发电机的结构、工作原理及交流发电机的检测与维修。同时也学习正弦交流电及三相交流电路的基本知识。

(一)维修项目:汽车交流发电机的检修

(1)故障现象:蓄电池不充电,充电指示灯不熄灭。

(2)汽车电源系由蓄电池与交流发电机两大部分构成。

(3)故障分析与诊断:汽车交流发电机不工作。

(二)正弦交流电

(1)正弦交流电是指电流或电压的大小与方向随时间按正弦的规律做周期性的变化。

(2)最大值、频率、初相位是正弦交流电的三要素。

(3)用复数表示正弦量的方法称为相量法,根据复数的运算关系或相量图可以用来分析正弦交流电路。

(4)纯电阻元件在交流电路中,其电压与电流同频同相。纯电感元件在交流电路中,对交流电流有阻碍作用,且电压超前电流90°;纯电容元件在交流电路中,对交流电流有阻碍作用,且电压滞后电流90°。

(5)三相交流电源指三个大小相等、频率相同、相位互差120°的三个正弦交流电。三相交流电源有 Y 与 △ 两种连接方式,通常以 Y 形居多。Y 形连接时,其线电压是相电压的$\sqrt{3}$倍且在相位上超前对应相电压30°。

(6)三相负载的连接有 Y 与 △ 两种方式。Y 形连接时其线电流等于相电流。

(三)汽车交流发电机

(1)汽车交流发电机主要由定子、转子、电刷、整流器等构成。

(2)其工作原理是利用了电的磁效应及电磁感应定律。

(四)汽车交流发电机的检测与检修

(1)就车检测：判断是发电机故障还是线路故障。

(2)发电机整体检测：对故障部位进行初步判断。

(3)发电机解体检测：包括励磁绕组的检测、定子绕组的检测、滑环与电刷及电刷弹簧的检测。

(五)安全用电

(1)电流对人体的危害。

(2)触电的类型和安全用电措施。

(3)电动汽车的安全用电。

习　题

2 – 1　汽车电源是怎样构成的？它们如何配合工作？

2 – 2　当汽车发电机出现故障时，最明显的特征是什么？

2 – 3　在三相四线制电路中，电源线电压为380 V。三个电阻性负载接成星形，其电阻为 $R_1 = 11\,\Omega$, $R_2 = R_3 = 22\ \Omega$。(1)试求负载相电压、相电流及中线电流并画出它们的相量图。(2)如无中线，当 R_1 相短路时求另两相电压。(3)如无中线，当 R_1 相断路时求另两相电压。(4)在上述(2)、(3)如有中线又会如何呢？

2 – 4　已知 $i_1 = 15\sin(314t + 45°)$ A，$i_2 = 10\sin(314t - 30°)$ A。

试问：(1)两者之间的相位差为多少？谁超前，谁滞后？

(2)写出两个电流的相量表达式，画出相量图。

(3)两个电流的频率、周期、初相位、最大值、有效值分别是多少？

2 – 5　RLC 在交流电路中其电压与电流从频率、大小、相位上比较有什么特点？

2 – 6　什么是三相对称电源？当三相电源星形连接时，其线电压、相电压、线电流、相电流有什么关系？

2 – 7　什么是对称负载？在星形连接中，当负载对称时，各相电压、相电流有什么关系？中线电流有什么特点？画出相电流的相量图。

2 – 8　交流发电机主要由哪些部分构成，各组成部分的作用是什么？

2 – 9　在对汽车交流发电机做解体检测时，其检测的主要内容有哪些？检测意义是什么？

2 – 10　简述爪极式无刷交流发电机的工作原理。

2 – 11　简述生活当中你是如何做到安全用电的。

项目三

汽车磁路及电磁元件的认知与检测

能力目标

通过本次项目的完成，你应能够：

1. 描述电磁学的基本物理量；
2. 描述变压器的基本结构和原理；
3. 描述汽车常用电磁元件的基本结构和原理；
4. 用万用表测量汽车电路中的电磁元件；
5. 描述汽车磁感应式点火信号发生器的工作原理。

第一部分　项目描述

磁感应式点火信号发生器工作原理如图 3－1 所示，运用磁路的磁阻公式、磁路欧姆定律及电磁感应定律分析其工作原理、相关电气元件和电路的原理。

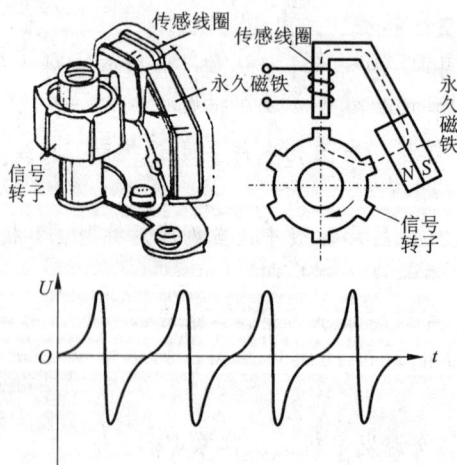

图 3－1　磁感应式点火信号发生器工作原理图

（1）信号发生器的磁通路径。
（2）运用磁路的磁阻公式分析主磁路总磁阻的变化。
（3）运用磁路欧姆定律分析传感器线圈中磁通的变化。
（4）运用电磁感应定律分析传感器线圈中感应电动势的变化。

第二部分 项目内容

第一节 磁路的基本概念

在电动机、变压器、电磁铁等实际电路中有大量电感元件的线圈中有铁芯。线圈通电后铁芯就构成磁路，磁路又影响电路。因此电工技术不仅有电路问题，同时也有磁路问题。

磁性是物质能吸引铁、镍、钴等金属的特性，而具有磁性的物质称为磁铁。磁铁可分为天然磁铁和人造磁铁。常见的磁铁有条形、马蹄形等。

1. 磁场

任何磁体都有两个磁性最强的区域——磁极，磁体无论怎样分割都有两个磁极，在无外力阻碍下，其中指向地球南极的磁极称为南极，用 S 表示；指向地球北极的磁极称为北极，用 N 表示。磁体的磁极间具有相互作用力——磁力，它们表现为同性磁极相互排斥，异性磁极相互吸引。

磁体周围存在磁力作用的空间叫磁场，磁场可看成一种传递磁力作用的特殊物质，磁场是有强弱和方向的，磁场中某点磁场方向，常用在该点处放一个能自由转动的小磁针的方法判断，小磁针静止时 N 极所指的方向，规定为该点的磁场方向。为了形象地描述磁场而引出磁感线这一概念，规定在磁感线上每一点的切线方向表示该点的磁场方向。磁场的强弱用磁力线的疏密程度来表示(图 3-2)。

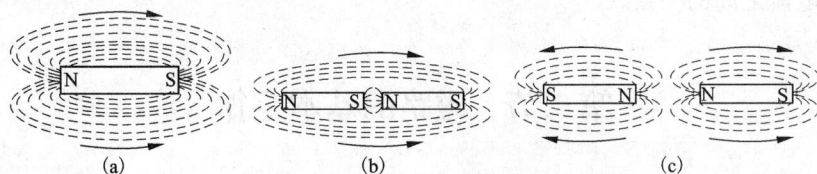

图 3-2 磁铁的磁场

(a)条形磁铁的磁场；(b)异性磁极相互吸引；(c)同性磁极相互排斥

2. 电磁学的基本物理量

(1)磁感应强度(B)

磁感应强度 B 是表示磁场空间某点的磁场强弱和方向的物理量。B 的大小等于通过垂直于磁场方向单位面积的磁力线数目，其方向即该点磁场的方向，与产生磁场的电流之间的方向关系符合右手螺旋法则，单位是特斯拉(T)。

(2)磁通量(Φ)

磁感应强度 B 在面积 S 上的通量积分称为磁通，单位是韦伯(Wb)。

$$\Phi = \int_S \boldsymbol{B} \cdot \mathrm{d}\boldsymbol{S}$$

如果是均匀磁场，即磁场内各点磁感应强度的大小和方向均相同，且与面积 S 垂直，则该面积上的磁通为

$$\Phi = BS \quad \text{或} \quad B = \frac{\Phi}{S}$$

故又可称磁感应强度的数值为磁通密度。

（3）磁导率（μ）

磁导率 μ 表示物质的导磁性能，单位是亨/米（H/m）。

真空的磁导率 $\mu_0 = 4\pi \times 10^{-7}$（H/m），为一常数。一般称磁介质的磁导率 μ 和真空的磁导率 μ_0 的比值为该物质的相对磁导率 μ_r。

$$\mu_r = \frac{\mu}{\mu_0}$$

根据相对磁导率不同，往往把材料分成两大类，第一类为铁磁性材料，如钢、铁、钴、镍及其合金，它们的磁导率很高，相对磁导率 μ_r 远远大于 1，能使磁场大大增强；如电机、变压器和电磁铁线圈中的铁芯是用铁磁物质制成的，以增强磁场。第二类为非铁磁性材料，相对磁导率 μ_r 约等于 1，其中有些材料 μ_r 略小于 1，如铜、银等，有些材料 μ_r 略大于 1，如各类气体、非金属材料、铝等。

（4）磁场强度（H）

磁场中某一点磁感应强度 B 与磁导率 μ 的比值称为该点的磁场强度（H），其单位为安/米（A/m）。

$$H = \frac{B}{\mu}$$

磁场强度 H 与磁感应强度 B 的名称很相似，H 是为计算的方便引入的物理量，通过它来确定磁场与电流之间的关系。

第二节　磁路的基本定律

一、电流的磁场——安培定则

1. 直流电流产生的磁场

当电流流过导体时，在导体周围会产生磁场，通常将载流导体产生磁场的现象称为电流的磁效应。磁场的方向由右手螺旋定则确定。

通电直导体产生的磁场方向判定方法是：以右手拇指所指的方向跟电流的方向一致，则弯曲四指的指向即为磁场方向（图 3-3）。通电直导体产生的磁场强弱与流过导体的电流大小成正比。

2. 环形电流产生的磁场

当电流流过线圈时，在线圈周围也会产生磁场，磁场方向的判定方法是：以右手弯曲的四指所指方向跟电流的方向一致，则大拇指所指的方向就是磁场方向，即大拇指指向通电线圈的 N 极（图 3-4）。

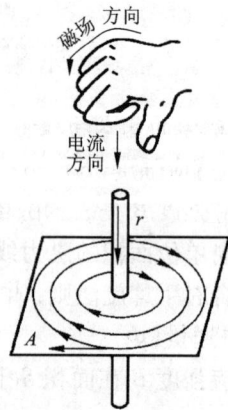

图 3-3　通电直导体产生的磁场

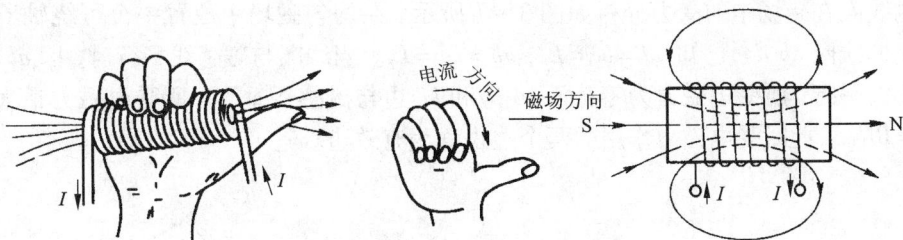

图 3 - 4 通电线圈产生的磁场

通电线圈产生磁场的强弱与流过线圈的电流大小和线圈的匝数成正比,另外还与线圈中有无铁芯有关。若要使线圈的磁场更强,如图 3 - 5 所示,可在线圈中央插入用软铁制成的铁芯。软铁是一种具有高磁导率的材料,它为穿过线圈中央的磁场提供优良的导磁体。

磁场的强弱通常是以流过线圈的电流乘以线圈的匝数(IN)来度量的。利用通电线圈所产生的电磁吸力可制成电磁铁,电磁铁的应用在汽车上很广泛。

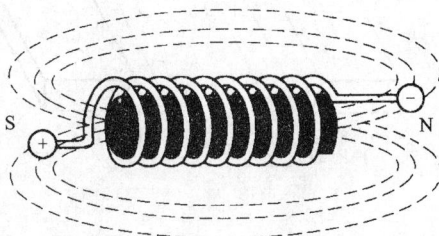

图 3 - 5 线圈中加入铁芯

二、磁场对电流的作用——左手定则

1. 磁场对通电直导线的作用

在磁铁的两极中悬挂一根直导体与磁力线方向垂直,当导体中没有电流流过时,导体静止不动;而电流流过导体时,导体就会在磁铁中移动;若改变电流的流向,导体移动的方向也相应改变。由此可见通电导体在磁场中受到磁场力的作用。通常把通电导体在磁场中所受到的作用力称为电磁力。电动机就是根据这一原理工作的。

如图 3 - 6 所示,电磁力的方向可用左手定则进行判断。即平伸左手,使拇指与其余四指垂直并在一个平面内,手心正对磁场的 N 极,四指指向电流的方向,则拇指的指向就是通电导体的受力方向。

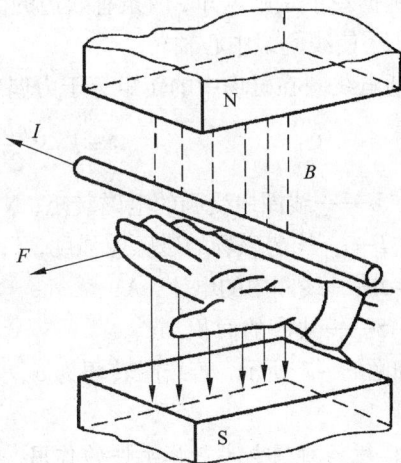

图 3 - 6 左手定则

通电导体在磁场中受到的电磁力 F 的大小,与导体在磁场中的有效长度 L(即垂直磁力线的导体长度)、通电电流 I 的大小成正比,还与磁场的强弱有关。磁场越强磁力越大,即

$$F = BIL\sin\alpha$$

2. 磁场对通电线圈的作用

研究磁场对通电线圈的作用更有实际意义,因为在汽车电器中许多直流电动机,如刮水

器、电动机、空调鼓风机和起动机的直流电动机等都是利用这一原理制成的。

通电线圈在磁场中的受力分析如图 3-7 所示,在均匀磁场中放置一个可绕轴 OO' 转动的通电矩形线圈 $abcd$。已知 $ad=bc=L_1$,$ab=cd=L_2$。当线圈与磁感线平行时,因 ab 边和 cd 边与磁感线平行,所受电磁力为零;而 ad 边和 bc 边与磁感线垂直,所受电磁力最大,而且 $F_1=F_2=BIL_1$。此时受电磁力作用的两个边也称为有效边。

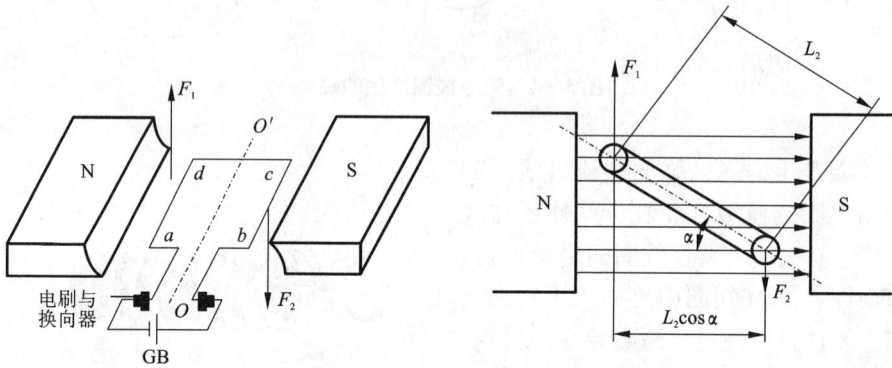

图 3-7   磁场对通电线圈的作用

在均匀磁场中放置一个可绕中心轴旋转的线圈,给线圈通电后,当磁力线与线圈边框平行时,所受到的电磁力为零,此边称为无效边;而与磁力线垂直的边受到的电磁力最大,此边称为有效边。

根据左手定则可知,两条有效边的受力方向正好相反且不在同一条直线上,因而形成一对力偶,使线圈绕中心轴转动。

通电线圈在磁场中的转矩等于力偶中的任意一个力与力偶臂的乘积,即

$$M=F_1\times\frac{ab}{2}+F_2\times\frac{ab}{2}=F_1\times ab=BIS$$

式中:M——线圈中受到的电磁转矩,$N\cdot m$;

$\quad\quad$ B——均匀磁场的磁感应强度,T;

$\quad\quad$ I——线圈中的电流,A;

$\quad\quad$ S——线圈的面积,m^2。

如图 3-7 所示,若线圈转角为 α,则线圈的转矩为

$$M=BIS\cos\alpha$$

3. 磁场对通电半导体元件的作用

如图 3-8 所示,当电流 I 通过放在磁场中的半导体基片(霍尔元件)且电流方向和磁场方向垂直时,在垂直于电流和磁通的半导体基片的横向侧面上即产生一个电压,这个电压称为霍尔电压 U_H。U_H 的大小与通过的电流 I 和磁感应强度 B 成正比。即可用下式表示

$$U_H=\frac{R_H}{d}IB$$

式中:R_H 为霍尔系数;d 为半导体厚度;I 为电流;B 为磁感应强度。

由上式可知,当通过的电流 I 为定值时,产生的霍尔电压与磁感应强度 B 成正比。即霍

尔电压随磁感应强度的大小而变化。

利用霍尔效应可制成霍尔式传感器,如汽车上的霍尔式位置和转速传感器及霍尔式电子点火器等。

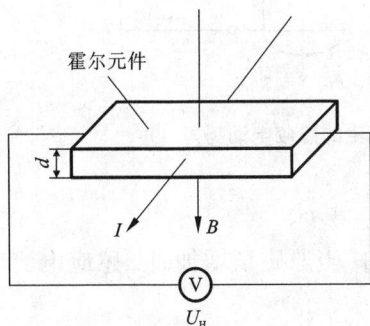

图 3-8　霍尔效应

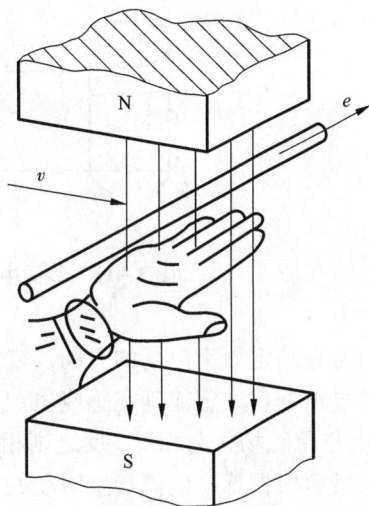

图 3-9　右手定则

三、电磁感应

1. **导体中产生的感应电动势——右手定则**

如图 3-9 所示,在磁场中的导体作切割磁力线运动时,就会在导体中产生感应电动势,若磁场中的导体构成闭合回路,就会在导体中产生感应电流。感应电动势或感应电流的方向可用右手定则来判断。

右手定则:平伸右手,使大拇指与其余四指垂直,并且都跟手掌在一个平面内,让掌心正对磁场 N 极,大拇指指向导体的运动方向,则四指所指的方向就是感应电动势(感应电流)的方向,即四指所指向的一端为感应电动势的正极。

导体中感应电动势的大小与磁感应强度 B、导体的有效长度 L 及导体切割磁力线运动的速度 v 成正比,即

$$e = BvL\sin\alpha$$

汽车上的发电机就是根据电磁感应原理工作的。右手定则又称为发电机定则。

2. **楞次定律**

通电导体周围存在磁场,即电能生磁,反之磁也能生电。当穿过闭合电路的磁通发生变化,闭合电路中就有电流产生,这种利用磁场产生电流的现象称为电磁感应现象。

如图 3-10 所示,线圈中感应电动势的方向可用楞次定律判断。即线圈中感应电流的磁场总是阻碍引起感应电流的磁通(原磁通)的变化,这就是楞次定律。此定律用于导体不作运动但磁通变化,从而引起闭合电路产生感生电动势(感生电流)的方向判定。

如图 3-10 所示,用楞次定律判断感应电动势方向的步骤:

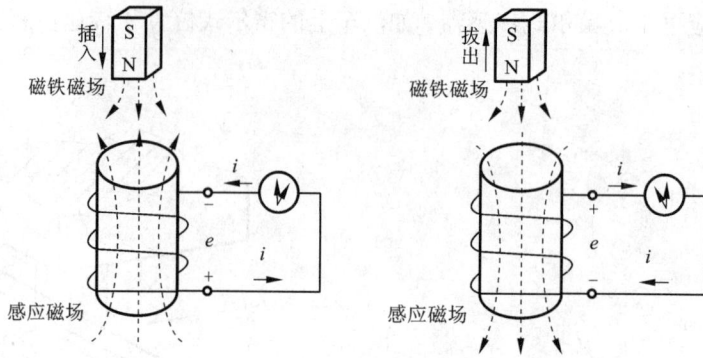

图 3 - 10   线圈中磁通发生变化时产生的感应电动势

（1）首先确定原来磁场的方向及变化趋势（增加还是减少）。

（2）再根据楞次定律确定感应电流产生的磁场方向（当原磁场增加时，感应电流产生磁场的方向与原磁场方向相反；反之则相同）。

（3）最后根据感应电流产生磁场的方向，用右手螺旋定则判断出感应电动势的方向。

3. 法拉第电磁感应定律

楞次定律说明了感应电动势的方向，而没有探讨感应电动势的大小。线圈中感应电动势的大小与穿过线圈的磁通的变化率和线圈的匝数成正比。这就是著名的法拉第电磁感应定律。

电机、变压器、汽车点火系统、起动电动机等的工作原理都是基于电磁感应原理。

导体中产生感应电动势和感应电流的条件是：导体与磁场作切割磁力线的相对运动或线圈中的磁通发生变化时，就会在导体或线圈中产生感应电动势；当导体或线圈构成闭合回路时就会产生感生电流。

电感线圈又称为电感，用字母 L 表示。当电感线圈有电流 i 通过时，将在其周围产生磁场。当通过线圈的磁通 Φ 发生变化时，在线圈中产生感应电动势。感应电动势 e 的大小与磁通 Φ 的变化率成正比。其方向取决于磁通的变化情况，习惯上规定感应电动势 e 的参考方向与磁通 Φ 的参考方向之间符合右手螺旋定则，如图 3 - 11 所示。则感应电动势 e 的表达式为：

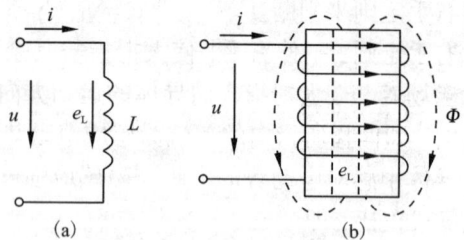

图 3 - 11   电感元件
（a）电感元件符号；
（b）电感元件中电压、电流和磁通的方向

$$e = -N \frac{\mathrm{d}\Phi}{\mathrm{d}t}$$

若电感线圈的匝数是 N，通过每匝线圈的磁通为 Φ，则线圈的匝数 N 与穿过线圈的磁通 Φ 的乘积 $N\Phi$ 称为线圈的磁链。通常线圈中的磁通或磁链是由通过线圈的电流 i 产生的，当线圈中没有铁磁材料时，电感元件中的磁通或磁链与电流 i 成正比（即线性电感），则

$$N\Phi = Li \quad \text{或} \quad L = \frac{N\Phi}{i}$$

式中 L 称为电感元件的电感，又称为自感，是一个常数。线圈的电感与线圈的尺寸、匝数及介质的导磁性能等有关。电感元件是一个储能（磁场能量）元件。

如图 3 - 11 所示，当在电感元件两端加一交变电压 u 时，通过电感元件的电流 i 也随时间变化，从而引起磁通变化，在电感线圈中产生自感电动势 e_L。

电感元件的 u、i、e_L 的参考方向选定如图 3 - 11 所示，其中电压与电流参考方向一致；电流产生的磁通方向由右手螺旋定则确定；感应电动势的方向与磁通的方向之间符合右手螺旋定则。则

$$e_L = -\frac{d(N\Phi)}{dt} = -L\frac{di}{dt} \quad \text{或} \quad u = -e_L = L\frac{di}{dt}$$

即电感元件的端电压 u 与电流 i 对时间的变化率 $\frac{di}{dt}$ 成正比。对于恒定电流（即直流）来说，电感元件的自感电动势 e 和端电压 u 等于零，故电感元件对直流电路来说相当于短路。

4. 自感和互感

将两个线圈 N_1、N_2 绕在同一铁芯上，如图 3 - 12 所示。当线圈 N_1 的电流发生变化时，引起磁场变化，在 N_1 中产生感应电动势，称为自感电动势。其大小与电流的变化率和匝数成正比。这种由线圈本身电流变化引起磁场变化而在线圈本身产生感应电动势的现象称为自感现象。而线圈 N_1 变化的磁场也穿过线圈 N_2，会使线圈 N_2 中产生感应电动势，这种由一个线圈的电流发生变化而在另一个线圈中产生感应电动势的现象叫做互感现象。N_2 中的电动势就叫互感电动势。如图 3 - 12 所示，互感电动势的大小与穿过线圈 N_2 的磁通变化率成正比，与线圈 N_2 的匝数成正比。互感和自感电动势的方向由楞次定律来判定。

变压器及汽车上的点火线圈就是利用自感和互感原理工作的。

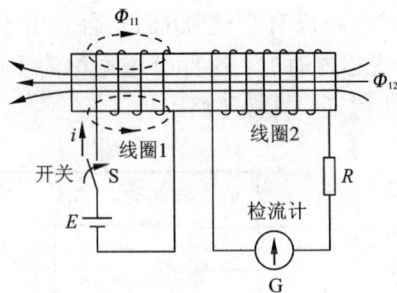

图 3 - 12 互感及互感电动势

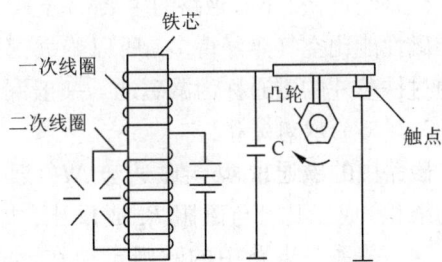

图 3 - 13 汽车点火电路的原理图

互感现象在生产实际中应用非常广泛，如变压器、交流电动机都是利用互感原理制成的。如图 3 - 13 所示，初级线圈匝数少，仅 300 匝左右；而次级线圈匝数多，通常在 20000 匝以上，是初级线圈的 60 多倍。这样做的目的在于当初级线圈电流变化时，能在次级线圈中产生很高的互感电压。点火的过程：在触点断开瞬间，由于初级线圈的电流发生变化，因此会在次级线圈中产生高达 10 kV 以上的互感电压。这么高的电压加在火花塞电极两端，会引起火花塞极间跳火，从而点燃气缸中的可燃混合气，使发动机工作。

互感现象也会带来危害，如在电子设备中，若线圈之间的位置安排不当，则线圈之间会因为互感耦合而产生不必要的干扰，影响各自的工作，因此常把线圈的距离加大或垂直安放，以避免相互影响。又如对电磁干扰比较敏感的电子设备，常常制作屏蔽罩以屏蔽外磁场的影响。屏蔽原理是由铁磁材料制作的屏蔽罩其磁阻很小，因而外磁场的绝大部分磁通沿罩壁通过，进入罩内的磁通极少，起到了屏蔽作用。

四、磁路的欧姆定律

1. 磁路的形成

在变压器、电机和电磁铁中常用铁磁材料做铁芯。这是由于铁磁材料具有很高的磁导率，铁芯线圈中只要通过很小的电流，便能得到较强的磁场或较大的磁通。由于存在高磁导率铁芯，电流产生的磁通或磁感线基本都被约束在铁芯的闭合路径中，周围弱磁性物质中的磁场则很弱。我们把磁力线通过的闭合路径称为磁路。图 3-14 是变压器、电机、电磁铁等设备的磁路。

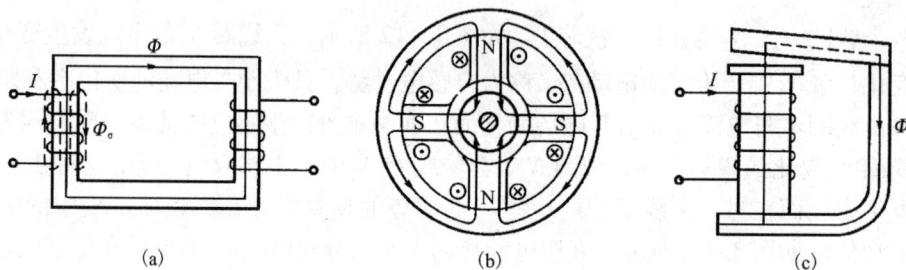

图 3-14 常见设备的几种磁路

磁路经过铁芯（即磁路的主要部分）、空气隙（有时磁路没有空气隙）而闭合。由于铁芯的导磁性能比空气要好得多，所以绝大部分磁通将在铁芯内通过，这部分磁通称为主磁通。而通过铁芯外的磁通称为漏磁通。一般漏磁通远小于主磁通，故常忽略不计。

2. 磁路的欧姆定律

磁路中的磁通量 Φ 与磁通势 NI（线圈的匝数和电流的乘积）成正比，与磁阻 R_m 成反比，如图 3-15 所示。这一关系与电路中的欧姆定律在形式上相近，通常称为磁路的欧姆定律。

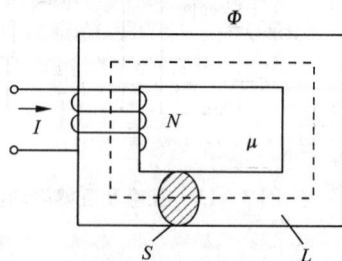

图 3-15 磁路欧姆定律

由

$$H = \frac{B}{\mu}$$

可用公式表示

$$\Phi = BS = \mu HS = \mu \frac{HL}{L}S = \frac{HL}{\dfrac{L}{\mu S}} = \frac{F}{R_m}$$

磁阻 R_m 的大小与磁路的材料和几何尺寸有关，其计算公式为

$$R_{\mathrm{m}} = \frac{L}{\mu S}$$

式中：L 为磁路的平均长度，m；S 为磁路的横截面面积，m^2；μ 为该种磁路材料的磁导率；F 为磁通势。

又根据安培环路定律

$$\oint_l \boldsymbol{H} \cdot \mathrm{d}\boldsymbol{l} = \sum I = NI$$

上式左侧为磁场强度矢量沿闭合回线的线积分；右侧是穿过由闭合回线所围面积的电流的代数和。

则在单一电流励磁的闭合单磁路中，$\Phi = \dfrac{NI}{R_{\mathrm{m}}}$ 是磁路欧姆定律的另一种表达形式，可方便地用于磁路的定性分析。

磁路和电路相比具有某些相似之处。例如在电路中，电动势是形成电流的原因，而在磁路中磁通势是产生磁通的原因。通电线圈所产生的磁通与线圈的匝数 N 和通过电流 I 的乘积成正比，电路中有电阻，而在磁路中亦有磁阻；磁通经过磁路时受到磁阻的阻碍作用，磁阻 R_{m} 的大小与磁路的长度 L 成正比，与磁路的横截面面积 S 成反比，并与组成磁路材料的磁导率有关。在磁路长度和横截面面积相同的情况下，铁磁性材料的磁阻比空气的磁阻要小得多。

第三节　变压器及其在汽车上的应用

一、变压器的基本结构和工作原理

变压器是利用电磁感应原理工作的电气设备，具有传递能量、变换电压、变换电流和变换阻抗的功能，因此在各个领域中有着广泛的应用。

变压器的种类繁多，如在电子线路中用到的整流变压器、振荡变压器、脉冲变压器等；另外，还有互感器、自耦变压器及各种专用变压器。不同的变压器其外形、体积及工作性能各有特点，但它们的基本结构和工作原理是相同的。

目前已有节能型变压器替代高能耗的老旧变压器。

1. 变压器的结构

如图 3-16 所示，变压器主要由铁芯和绕组两大部分构成。普通的双绕组变压器有心式和壳式两种结构形式。心式变压器的特点是绕组包围铁芯。壳式变压器的特点是部分绕组被铁芯包围，可以不要专门的变压器外壳，适用于容量较小的变压器。变压器的绕组有原边绕组（初级或一次绕组）和副边绕组（次级或二次绕组），原边绕组与电源相连，副边绕组与负载相连。

2. 变压器的原理

变压器铁芯上的原绕组和副绕组之间有磁耦合关系，变压器是依靠磁耦合把能量从一次绕组传输到二次绕组，如图 3-17 所示。当匝数为 N_1 的原边绕组接上交流电压 u_1 时，原绕组中将产生交流电流 i_1，磁通势 $i_1 N_1$ 产生的交变磁通大部分通过铁芯而闭合。因此，根据电磁感应定律将同时在原、副绕组中产生感应电动势 e_1 和 e_2。对负载而言，二次绕组中的感应电动势就相当于电源的电动势。该电动势加在负载回路上产生二次电流 i_2，磁通势 $i_2 N_2$ 产生的磁通也大部分通过铁芯而闭合。这样，铁芯中的主磁通 Φ 是一个由原、副绕组的磁通势共同产生的合磁通，这时 e_1 和 e_2 也自然是由合磁通 Φ 产生的。另外，磁通势 $i_1 N_1$ 和 $i_2 N_2$ 还要产生漏磁通 Φ_{01} 和 Φ_{02}，它们在各自的绕组中分别产生漏磁电动势 e_{01} 和 e_{02}。

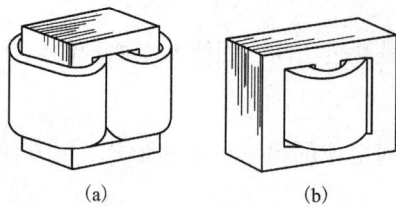

图 3 – 16　变压器的结构

(a)铁芯式；(b)铁壳式

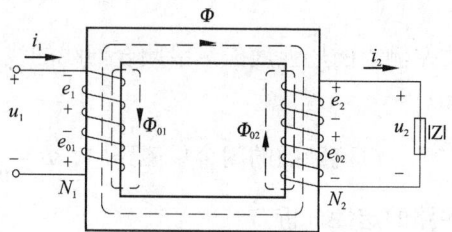

图 3 – 17　变压器的负载运行

3. 变压器的作用

(1)变压器的电压变换作用

变压器原边绕组施加额定电压，副边绕组开路(不接负载)的情况，称为空载运行。

设变压器原边绕组通过的为正弦变化的交流电，则产生的磁通也为正弦变化，根据电磁感应定律 $e = -N \dfrac{\mathrm{d}\Phi}{\mathrm{d}t}$，经推导得出两个绕组的电压分别为

$$U_1 \approx E_1 = 4.44 f N_1 \Phi_m \qquad U_{20} \approx E_2 = 4.44 f N_2 \Phi_m$$

式中：f 为电源的频率；Φ_m 为铁芯中的主磁通的最大值；U_1 为电源电压；U_{20} 为空载时副边的电压。

由上两式可得原、副绕组的电压之比为

$$\frac{U_1}{U_{20}} = \frac{E_1}{E_2} = \frac{N_1}{N_2} = K$$

即变压器原、副绕组的电压与其绕组的匝数成正比。

上式中 K 称为变压器的变比。若 $K < 1$，则为升压变压器。

变压器铭牌上常注明原、副边的额定电压，如"220/20 V"($K = 11$)，这表明原边绕组的额定电压 $U_{1N} = 220$ V，副绕组的额定电压 $U_{2N} = 20$ V。

(2)变压器的电流变换作用

变压器是一个能量传输设备，忽略自身的损耗，则二次侧获得的功率等于一次侧从电网吸取的功率，即 $P_1 = P_2$。又由 $P = UI\cos\phi$，得 $U_1 I_1 \approx U_2 I_2$，则原、副绕组电流的有效值的关系为：

$$\frac{I_1}{I_2} \approx \frac{N_2}{N_1} = \frac{1}{K}$$

即变压器原、副绕组的电流与其绕组的匝数成反比。

变压器原、副绕组的电流之比为变压器变比的倒数。由上式可知，当变比不变，负载增加，I_2 和 $I_2 N_2$ 增加，I_1 和 $I_1 N_1$ 也要相应地增大，以抵偿副绕组的电流和磁通势对主磁通的影

响，从而维持主磁通的最大值不变。

（3）变压器的阻抗变换作用

当变压器的负载阻抗 Z 变化时，i_2 变化，i_1 也要随之变化，Z_L 对 i_1 的影响可以用一个接在原边的等效阻抗 Z' 来代替，如图 3-18 所示。可得出阻抗 Z' 和负载阻抗 Z 的关系。

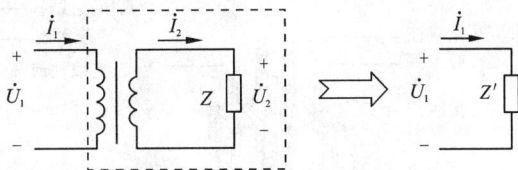

图 3-18　变压器的阻抗变换

由

$$|Z| = \frac{U_2}{I_2}, \ |Z'| = \frac{U_1}{I_1}$$

得

$$|Z'| = \frac{U_1}{I_1} = \frac{KU_2}{I_2/K} = K^2 \frac{U_2}{I_2} = K^2 |Z|$$

即变压器的等效负载阻抗 Z' 是负载阻抗 Z 的 K^2 倍。

由上式可知，原边的等效阻抗值不仅与 Z 有关，还与变压器匝数比 K 有关，所以在实际中经常采用不同的匝数比，把负载阻抗 Z 变换为所需的比较合适的数值。这种变换方法称为阻抗匹配。在电子电路中常用变压器来变换阻抗，以使负载获得最大功率。

变压器的原理是通过线圈中的电流变化引起磁通发生变化，从而在线圈中产生感应电动势。即变压器的电压变换、电流变换和阻抗变换是对交流电而言的，不能改变直流电压。而汽车上的点火线圈之所以能改变直流电压，是因为通过原绕组的直流电流的大小变化，引起磁通变化而产生感应电动势。

二、变压器在汽车上的应用

1. 点火线圈

根据磁路和结构的不同可分为开磁路和闭磁路点火线圈。

开磁路点火线圈多用于传统点火系统及普通电子点火系统；闭磁路点火线圈体积小，可直接装在分电器盖上，不仅结构紧凑，而且省去点火线圈与分电器之间的高压导线，并可使二次侧电容减小，所以在电子点火系统中广泛采用。

开磁路点火线圈的结构如图 3-19 所示。点火线圈由铁芯、初级（低压）绕组、次级（高压）绕组、胶木盖、绝缘瓷杯等组成。铁芯由硅钢片叠制而成，包在硬纸套中。纸套上套有 11000~23000 匝的次级绕组。初级绕组绕在次级绕组的外部，有利于散热。初级绕组的匝数为 220~330 匝。初级绕组和外壳之间有导磁用的钢片，底部有绝缘瓷杯，上部有胶木盖，外壳内充满沥青或绝缘油等绝缘物，以加强绝缘性，防止潮气侵入。胶木盖上有连接断电器的低压接线柱、高压线插孔、"开关"接柱和" +开关"接柱。

当一次侧电流流过一次绕组时，使铁芯磁化，其磁路如图 3-20 所示。由于磁路的上、下部分都是从空气中通过的，铁芯未构成闭合磁路，所以称为开磁路式点火线圈。

两接线柱式点火线圈的低压接线柱上分别标有" +"" -"的标记。三接线柱式点火线圈与两接线柱式的主要区别是外壳上装有一个附加电阻，为固定该电阻，又增加了一个低压接线柱。如图 3-19 所示，附加电阻就接在标有"开关"和" +"的两个接线柱。

附加电阻可由低碳钢丝、镍铬丝或纯镍丝制成。具有受热时电阻迅速增大，而冷却时电阻迅速降低的特性。因此，在发动机工作时，可自动调节一次侧电流，改善高速时的点火特性。

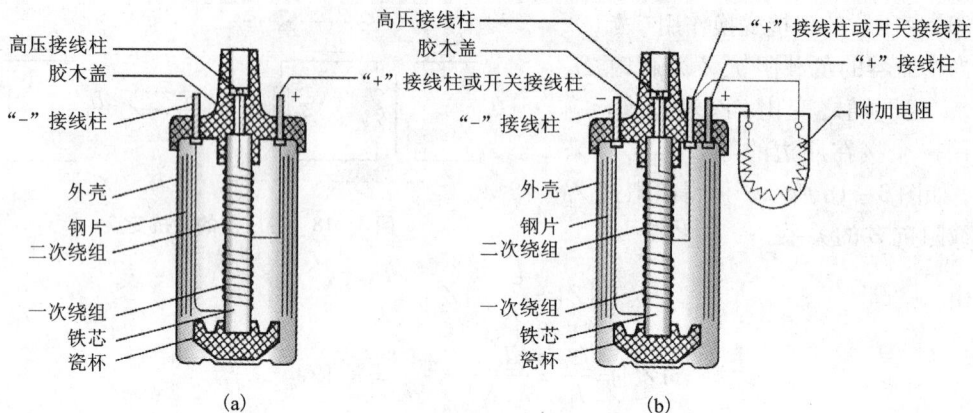

图3-19 开磁路点火线圈

闭磁路点火线圈的结构如图3-21(a)所示。在日字形铁芯内绕有初、次级绕组,在初级绕组外绕有次级绕组,其磁路如图3-21(b)所示。为减小磁滞损耗,磁路中只有很小的气隙,故漏磁较少,磁路磁阻与开磁路点火线圈相比要小得多,其绕组的匝数较少,励磁电流较小,使得点火线圈结构紧凑、体积小,能量转换效率提高。

2. 传统点火系统的基本组成

传统点火系统由电源(蓄电池和发电机)、点火开关SW、点火线圈、分电器(断电器和配电器等)和火花塞等组成,如图3-22所示。

电源:其作用是给点火系统提供电能,一般电压为12 V。

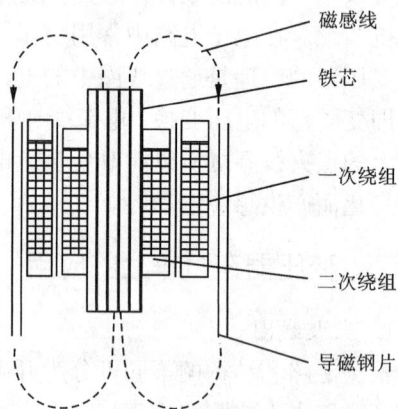

图3-20 开磁路式点火线圈的磁路

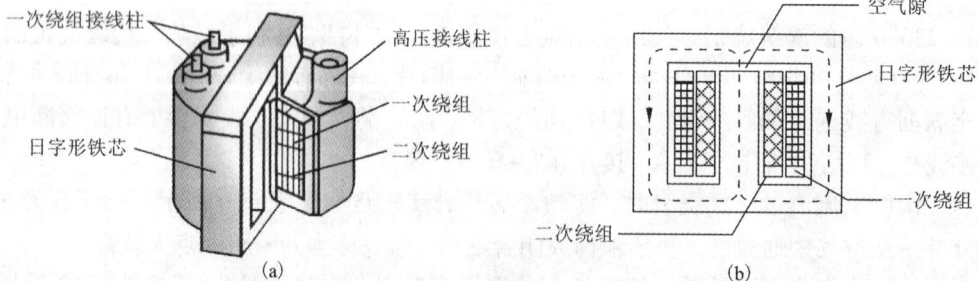

图3-21 闭磁路点火线圈的结构和磁路

点火开关:其作用是接通和切断点火系统低压电路。

点火线圈:其作用是将12 V的低压电转变成为15000~20000 V的高压电。

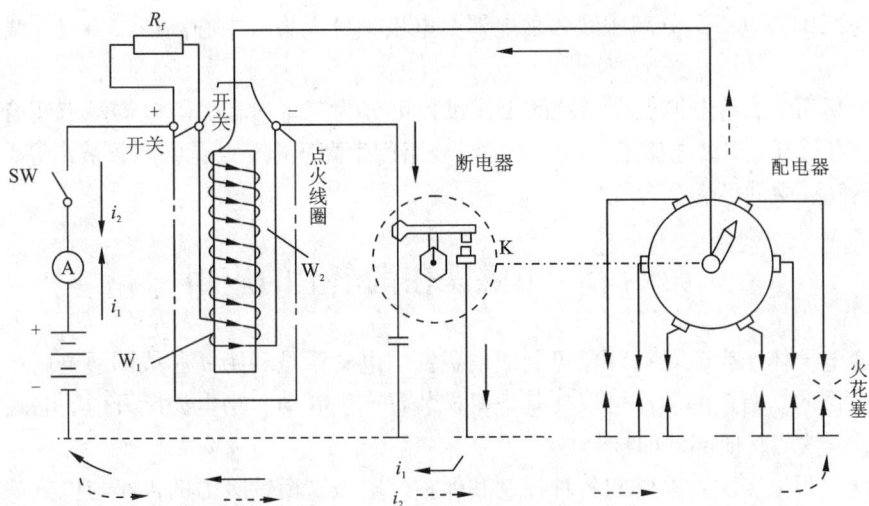

图 3 – 22　传统点火系统工作原理示意图

分电器：其作用是接通或断开点火线圈的初级电路，使点火线圈产生高压电，并按各缸的点火顺序，将高压电分送到火花塞。主要由配电器和断电器组成，断电器的作用是接通和切断低压电路，以使点火线圈产生高压电；配电器的作用是按发动机的点火顺序向各气缸火花塞分配高压电。

电容器：与断电器并联，其作用是当断电器触点断开时吸收初级线圈的自感电动势，减小断电器触点的火花，延长触点的使用寿命，并提高点火线圈的高压电。

火花塞：其作用是将点火线圈产生的高压电引入发动机气缸的燃烧室，并在其间隙中产生电火花，点燃可燃混合气体。

3. 传统点火系统的电路原理

在蓄电池点火系统中，由蓄电池或发电机供给的 12 V 低电压，经断电器和点火线圈转变为 15 ~ 20 kV 的高压电，再经配电器分送到各缸火花塞，使其电极间产生电火花。其工作过程如图 3 – 22 所示。

（1）低压电路

当发动机工作时，断电器连同凸轮一起在发动机凸轮轴的驱动下旋转，使断电器触点反复地开闭，接通与切断点火线圈初级绕组的电流。在点火开关接通的情况下，断电器触点闭合，点火线圈初级绕组中有电流通过。流过初级绕组的电流称为初级电流 i_1，初级电流所经过的路径称为初级电路或低压电路。其回路为：蓄电池正极→电流表→点火开关 SW→附加电阻 R→点火线圈初级绕组 W_1→断电器触点 K→搭铁→蓄电池负极。

（2）高压电路

触点 K 打开，切断初级电路，初级绕组中的电流 i_1 迅速下降，使铁芯中的磁场也迅速减弱，在次级绕组 W_2 中感应出高压电动势，由于初级电流和磁场迅速降低，次级绕组匝数多，次级绕组中感应电动势可达 15 ~ 20 kV（次级高压），击穿火花塞间隙，产生电火花，点燃可燃混合气体。高压电流 i_2 流过的电路，称为次级电路或高压电路。其回路为：点火线圈次级

绕组 W_2→附加电阻 R→点火开关 SW→电流表→蓄电池正极→蓄电池负极→搭铁→火花塞旁电极→火花塞中心电极→分高压线→配电器旁电极→分火头→中心高压线→点火线圈的次级绕组。

以上分析可见，蓄电池点火系统的工作过程可分为三个阶段：断电器触点闭合，初级电流增加；触点打开，初级电流迅速减小，次级绕组产生高压电；火花塞间隙被击穿，产生电火花，以点燃气缸中的可燃混合气体。

第四节 电磁铁在汽车上的应用

根据通电导体产生磁场的现象可制成电磁铁。电磁铁是利用铁芯线圈通电后产生的吸引力使衔铁动作的。衔铁的动作可以使其他机械装置产生联动。当电源断开时，电磁铁的磁性随之消失，衔铁或其他部件即被释放。

电磁铁常用来实现对电路的各种控制和保护。电磁铁衔铁吸力的大小与电磁铁的磁性强弱成正比。

1. 电磁铁的组成与结构

电磁铁由线圈、铁芯及衔铁三部分组成。图 3 – 23 所示为电磁铁的几种结构。

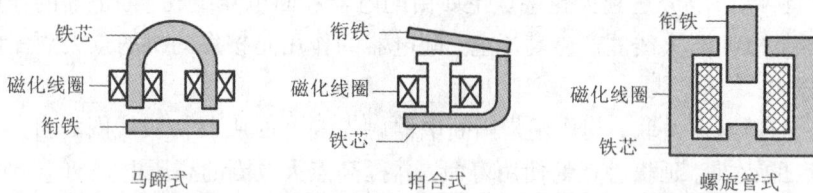

图 3 – 23   电磁铁的几种结构形式

2. 磁铁的类型

电磁铁广泛地应用于继电器、接触器及自动装置中。电磁铁分为直流和交流两种，在汽车上采用的是直流电磁铁。

(1)直流电磁铁。直流电磁铁由励磁线圈、软磁材料铁芯和衔铁组成。当励磁线圈通入直流电流时所产生的磁场，使铁芯和衔铁磁化，衔铁因受到电磁力的作用而被吸向铁芯，则磁路中的空气隙随衔铁的吸合而减小。

(2)交流电磁铁。交流电磁铁与直流电磁铁的结构基本相同，也是由励磁线圈、铁芯和衔铁组成的。当正弦交流电通入交流电磁铁的励磁线圈时，在铁芯中产生的磁通是交变的，当线圈匝数和电源频率一定时，铁芯中磁通的最大值与电源电压成正比。当电压不变时，铁芯中磁通的最大值亦保持恒定不变，与磁路的情况(如铁芯材料的磁导率、气隙大小等)无关。

由于交流电磁铁由交流电进行励磁，气隙中的磁感应强度随时间而变化，因此交流电磁铁的吸力也随时间而变化。这将导致衔铁颤动，引起噪声，同时触点容易损坏。为了消除这种现象，可在磁极的部分端面上套一个分磁环(或称短路环)以消除衔铁的颤动和噪声。

磁滞现象使铁磁材料在交变磁化过程中产生磁滞损耗和涡流损耗，称为铁损耗，它使铁芯发热,使交流电机和变压器等损耗增加,效率降低。铁芯通常采用片状的硅钢片叠成,以减少铁损耗(图3－24)。直流电磁铁中的磁通是恒定的,铁芯没有损耗,是用整块软钢制成的。

3. 电磁铁的应用

在汽车上,许多控制部件或执行部件的各种电磁继电器,都是利用电磁铁的特点制成的,主要用来接通和断开电路。例如各种电磁开关阀、喷油器和汽车电喇叭。

汽车直流电磁铁与电磁阀(图3－25)也属于直流铁芯线圈的范畴。因此,其工作原理与继电

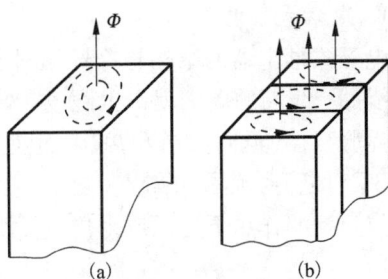

图3－24　减少铁损耗的方法

(a)整体铁芯的铁损耗;
(b)硅钢片叠成的铁芯以减少铁损耗

器是一样的,都是靠线圈中通过的电流产生电磁力而工作的。所不同的是继电器中的衔铁运动所带动的是受控电路中触点的打开或闭合。而电磁铁中的衔铁或铁芯(柱塞)的运动所带动的是一定的机械传动机构完成某一个所执行的动作。电磁阀中的铁芯(柱塞)的运动所带动的是某个流体管路中的阀片(或阀球)的打开或闭合。

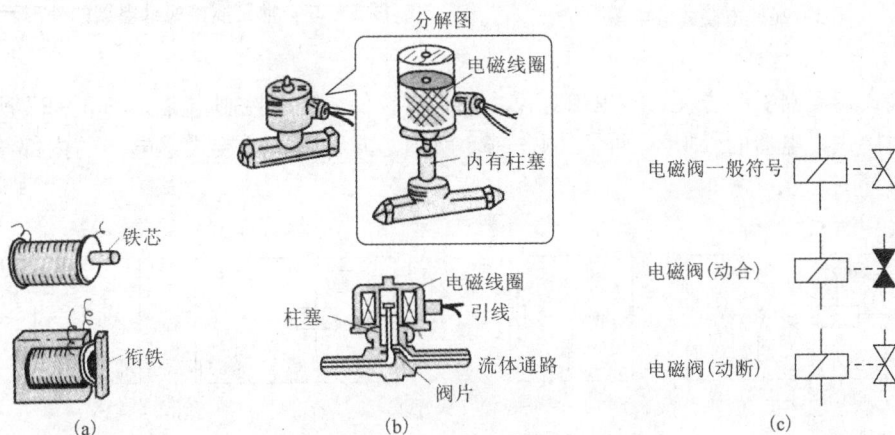

图3－25　电磁铁的几种结构形式

在机床中也常用电磁铁操纵气动或液压传动机构的阀门,电磁吸盘和电磁离合器也都应用电磁铁;另外还可应用电磁铁起重提放钢材。

第五节　继电器在汽车上的应用

一、汽车继电器的类型

汽车控制电路继电器常用的有电磁式继电器和干簧式继电器,其中电磁式继电器又可分为接柱式继电器和插接式继电器。

1. 电磁式继电器

电磁式继电器的结构与符号如图 3 - 26 所示。当线圈两端加上直流电压时，就会有电流流过线圈，线圈的周围就产生磁场，处于线圈中的铁芯被磁场磁化产生电磁力。当铁芯的吸引力克服复位(返回)弹簧的弹力而使衔铁(动铁芯)吸向静铁芯时，从而带动常闭触点(图中触点 3、5)断开，而常开触点(图中触点 3、4)闭合，当线圈断电后，磁力消失，衔铁(动铁芯)在复位弹簧的作用下返回原来位置，使常闭触点恢复闭合，常开触点恢复打开。

图 3 - 26 电磁式继电器

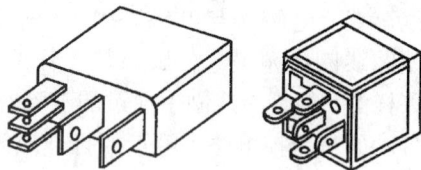

图 3 - 27 常见插接式继电器的外形示意图

插接式继电器安装方便、体积相对较小、成本较低、便于控制电路。图 3 - 27 所示为几种常见插接式继电器的外形示意图，图 3 - 28 所示为几种常见插接式继电器的内部结构及插座插脚布置图。

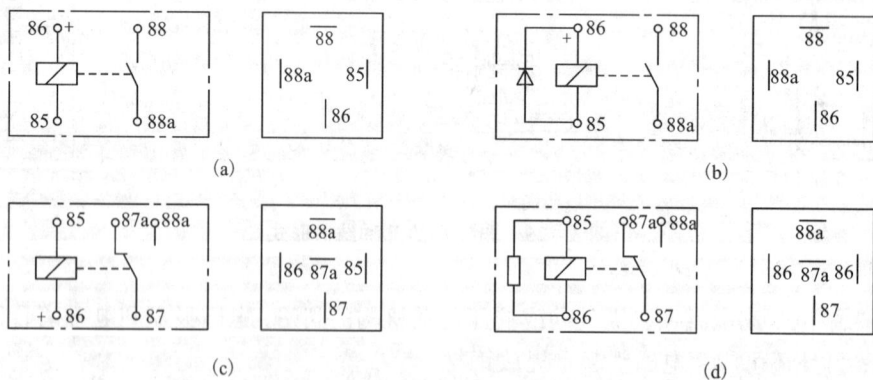

图 3 - 28 常见插接继电器的内部结构及插座插脚布置图

如图 3 - 28(c)所示，继电器线圈得电，动合触点(87 - 88a)闭合，动断触点(87 - 87a)断开。图 3 - 28(b)、(d)中的二极管和电阻都起保护继电器的作用。

汽车上许多电器部件需要用开关进行控制。由于汽车电气系统电压较低，具有一定功率的电器部件的工作电流较大，一般在几十安以上，这样大的电流如果直接用开关或按键进行通断控制，开关或按键的触点将因无法承受大电流的通过而烧毁。继电器是一种用小电流控制大电流的器件，所以在汽车上经常利用开关控制继电器的吸合与断开，再利用继电器的触点控制电器部件的通断。在汽车上常用的继电器有起动继电器、喇叭继电器、闪光(转向)继电器、刮水继电器等。

2. 干簧式继电器

图3－29所示为干簧式继电器外形、图形符号及工作原理。干簧管又称干式舌簧管,是一种在玻璃管内封装两个或三个由既导磁又导电材料做成的簧片所组成的开关元件,玻璃管内充有惰性气体(如氮、氦等)。管内平行封装的簧片端部重叠并留有一定间隙,其重叠部位就构成干簧管的开关触点,如图3－29(a)所示。当绕在干簧管上面的线圈通电后形成磁场使簧片磁化时,或者是永磁体靠近干簧管时,簧片的触点就会感应出极性相反的N极和S极,如图3－29(c)所示。由于磁极极性相反而相互吸引,当吸引的磁力超过簧片的抗力时,分开的触点便会吸合;当磁力减小到一定值时,在簧片抗力的作用下触点又恢复到初始状态。这样起到一个开关的作用。

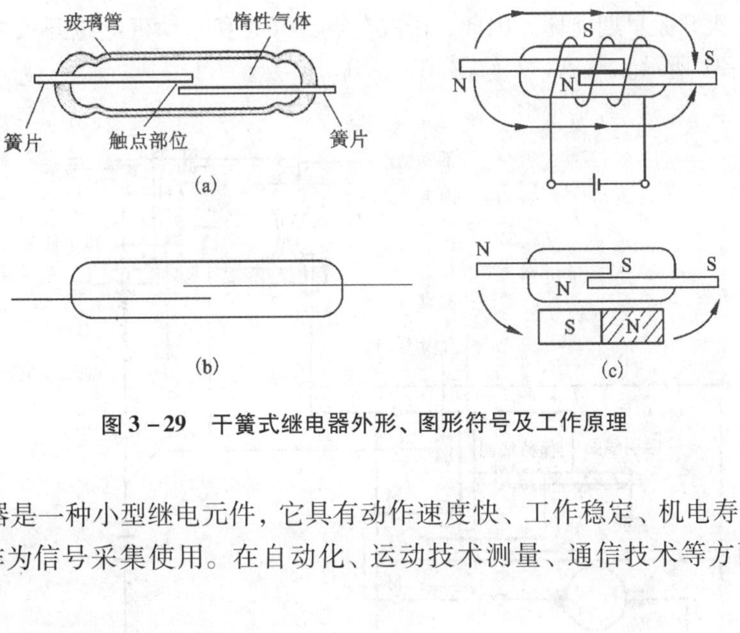

图3－29　干簧式继电器外形、图形符号及工作原理

干簧继电器是一种小型继电元件,它具有动作速度快、工作稳定、机电寿命长以及体积小等特点,多作为信号采集使用。在自动化、运动技术测量、通信技术等方面得到了广泛应用。

二、汽车继电器应用电路分析

1. 喇叭继电器

喇叭电路控制的方式有用继电器和不用继电器两种,不用继电器的喇叭是低电流型的,最常用的是用继电器的喇叭,因为其耗电较大(15～20 A),用按钮直接控制易烧蚀触点,如图3－30所示。

两喇叭并联后与喇叭继电器触点5串联,喇叭按钮9控制继电器线圈2。当按下转向盘上的喇叭按钮9时,蓄电池便经喇叭继电器线圈2通过小电流(电路是蓄电池"＋"极→电池接柱8→继电器线圈2→按钮接柱9→按钮3→搭铁→蓄电池"－"极),使继电器铁芯产生电磁吸力,将继电器触点5闭合,接通喇叭电路(大电流),电路是蓄电池"＋"极→电池接柱8→继电器支架→触点5→喇叭接柱7→喇叭6→搭铁→蓄电池"－"极,使喇叭发出声音。当松开转向盘喇叭按钮3时,继电器线圈2断电,铁芯电磁吸力消失,触点5在弹簧弹力作用下张开，切断了喇叭电路，喇叭停止发声。
可见喇叭继电器的作用就是利用铁芯线圈
的小电流控制触点的大电流，从而保护转向
盘按钮触点。

当汽车喇叭继电器损坏后，不能将喇叭
按钮直接接在喇叭电路中，否则将烧毁喇叭
按钮。

2. 起动继电器

在采用电磁啮合式起动机的起动电路
中，通常起动开关与点火开关制成一体，但
由于通过起动机电磁开关(吸引线圈和保持
线圈)的电流很大(大功率起动机可达30～

图3-30   继电器与电喇叭的连接

1—触点臂；2—线圈；3—按钮；4—蓄电池；5—触点；
6—喇叭；7—喇叭接柱(H)；8—电池接柱(B)；
9—按钮接柱；10—喇叭继电器

40 A)，而使点火开关早期损坏。因此，在汽车点火开关和起动机电磁开关之间装有起动继
电器，如图3-31所示。

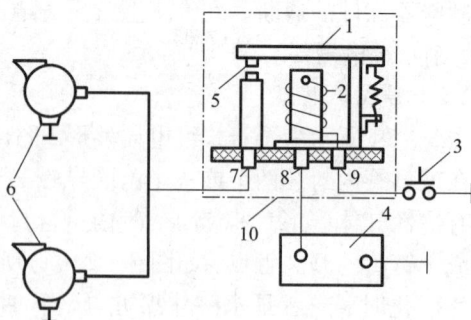

图3-31   起动机继电器控制电路

点火起动开关S闭合时，电流经蓄电池正极→继电器线圈→接地，形成闭合回路，继电
器动作，使活动触点与固定触点吸合。

此时，电流经蓄电池正极→起动继电器接线柱A→衔铁→活动触点→固定触点→起动机
电磁开关接线柱C，起动机开始工作，使发动机起动。

3. 倒车警报器

为了在倒车时警告车后的行人和车辆，有的汽车尾部装有倒车警报器，它和倒车灯一起
由安装在变速器盖上的倒车灯开关控制。倒车警报器电路如图3-32所示。

倒车警报器的工作原理：当变速杆挂入倒挡位置时，接通倒车灯开关2，倒车灯3被点

亮，喇叭 5 也同时发声（通过喇叭 5 的电流由倒车灯开关 2→继电器触点→喇叭搭铁）。当喇叭发出响声的同时，电磁线圈 L_1 和 L_2 中均有电流通过，流经线圈 L_2 的电流经电容器 6 构成回路，电容器被充电。此时由于流入线圈 L_1 和 L_2 的电流大小相等，方向相反，产生的电磁力相互抵消，使两电磁线圈产生的合电磁力很弱，触点 5 仍然闭合。由于电容器的充电使电容器的两端电压逐渐升高，流入线圈 L_2 的电流减小。当线圈 L_1 产生的电磁力大于线圈 L_2 产生的电磁力并达到一定值时，

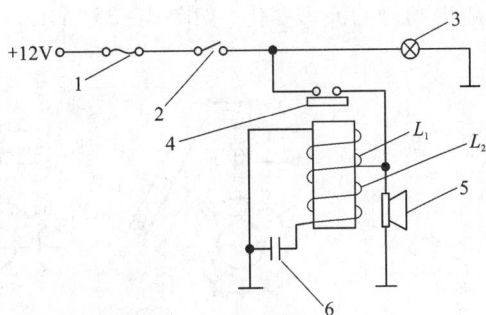

图 3-32 倒车警报器电路

1—熔丝；2—倒车灯开关；3—倒车灯；
4—继电器触点；5—喇叭；6—电容器

即可使触点吸开，从而断开喇叭电路，喇叭停止发声。当触点张开后，电容器经线圈 L_2 和线圈 L_1 放电，使两线圈产生的电磁力相同，触点仍然张开。当电容器放电使其两端的电压下降到一定值时，线圈的电磁力大大减弱，触点又重新闭合，喇叭又通电发声；于是电容器又开始充电，以后重复上述过程。使触点反复张开、闭合，倒车警报器就发出断续的响声，从而起到了警告的作用。

倒车灯不受继电器触点控制，只要变速器挂入倒挡，倒车灯便一直发亮。

除以上几种应用外，继电器在汽车上的应用相当广泛，分析应用电路时要抓住继电器用小电流控制大电流这个主要特征。

第三部分 项目实施

如图 3-33 所示，磁感应式点火信号发生器主要由装在分电器轴上的信号转子、永久磁铁、铁芯（支座）和绕在铁芯上的感应线圈等组成。信号转子由分电器轴驱动，转子上的凸齿数与发动机汽缸数相等。

磁感应式点火信号发生器是利用电磁感应原理工作的。在信号转子转动时，通过传

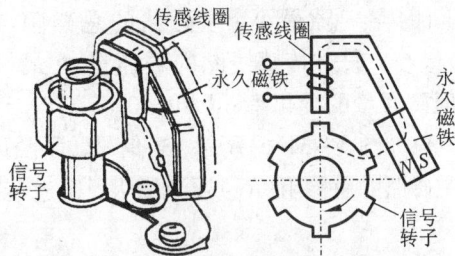

图 3-33 磁感应式点火信号发生器

感线圈的磁通发生变化，使线圈内感应电动势的方向发生交变变化，此时将线圈两端输出交变信号（正脉冲或负脉冲信号）送至点火器输入端，就可控制点火装置的工作。

信号发生器磁通路径：磁力线穿过的路径为永久磁铁 N 极→定子与转子间的气隙→转子凸齿→转子凸齿与定子磁头间的气隙→磁头→导磁板→永久磁铁 S 极。

根据磁路欧姆定律：

$$\phi = \frac{NI}{R_m}$$

当磁通势一定的情况下，磁通与磁阻成反比。在信号转子旋转时，磁路中的气隙就会周期性地发生变化，磁路的磁阻和穿过信号线圈磁头的磁通量随之发生周期性变化。根据电磁感应原理，传感线圈中就会感应产生交变电动势。

如图 3-34 所示，通过对信号转子旋转的 3 个不同状态的分析，得到传感线圈中磁通和

感应电动势的波形变化，如图 3 – 35 所示。

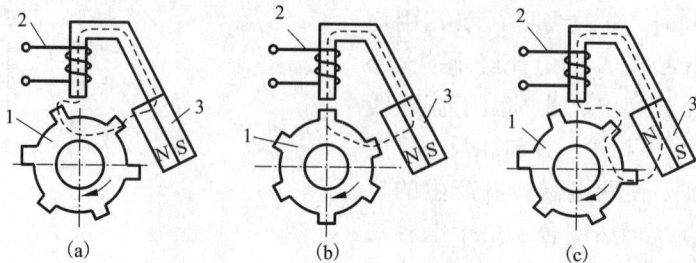

图 3 – 34   磁感应式传感器工作原理

(a)接近；(b)对正；(c)离开

1—信号转子；2—传感线圈；3—永久磁铁

（1）如图 3 – 34（a）所示，当信号转子凸齿逐渐靠近铁芯时，凸齿与铁芯之间的空气隙逐渐减小，主磁路的总磁阻（R_m）逐渐减小，通过传感线圈的磁通量 Φ 逐渐增大，磁通变化率增大（$d\Phi/dt > 0$）。

（2）如图 3 – 34（b）所示，当信号转子凸轮与铁芯中心线正好对正时，凸齿与铁芯之间的空气隙最小，主磁路的总磁阻（R_m）最小，通过传感线圈的磁通量 Φ 最大，但磁通量的变化率 $d\Phi/dt = 0$。

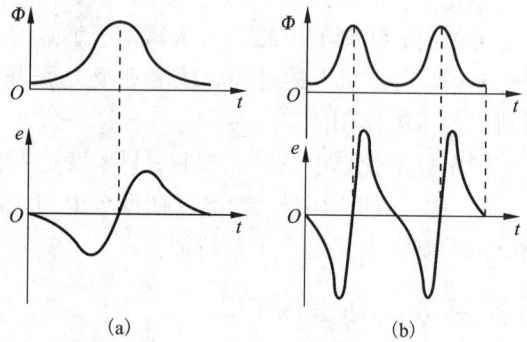

图 3 – 35   传感线圈中磁通和感应电动势的波形

（3）如图 3 – 34（c）所示，当信号转子凸齿逐渐离开铁芯，凸齿与铁芯之间的空气隙逐渐增大，主磁路的总磁阻（R_m）逐渐增大，通过传感线圈的磁通量 Φ 逐渐减小，磁通变化率 $d\Phi/dt < 0$。

根据电磁感应定律：

$$e = -N\frac{d\phi}{dt}$$

磁通交变，在传感线圈中会产生一个感应电动势，其方向是阻碍磁通量的变化，传感线圈中磁通和感应电动势的波形如图 3 – 35 所示。

通过分析可知，对于 6 缸发动机，转子每转过一圈就会产生 6 次周期交变电动势信号，而且其幅值与转速成正比。

第四部分   项目拓展

汽车发电机触点式电压调节器

硅整流发电机输出电压的高低，取决于发电机转子的转速和磁极的磁通。要保持输出电压稳定，只能在发电机转速升高时，相应地使磁通减弱，即通过减小励磁电流来实现。汽车发电机触点式电压调节器就是利用电磁铁在不同的电流作用下的电磁力变化,使触点张开或闭合,以控制发电机励磁电路的断开和接通,从而达到调节发电机输出电压的目的。

例如东风 EQ1090 型汽车上的 FT-61 型双级触点式电压调节器,其结构原理如图3-36所示。它的特点是其动触点在两个静触点中间形成一对动断的低速触点 K_1,以及一对动合的高速触点 K_2,能有效地调节两级电压,故称为双级触点式。高速静触点与金属底座直接搭铁。低速触点(一级触点) K_1 和加速电阻 R_1、调节电阻 R_2 并联;高速触点(二级触点) K_2 与发电机励磁绕组并联;温度补偿电阻 R_3 则串入磁化线圈电路中,另外还有电磁铁芯、电磁线圈、活动触点臂衔铁、拉力弹簧等。外部接线柱只有两个:点火(或火线、电枢、A、S、+)和磁场(或F)。

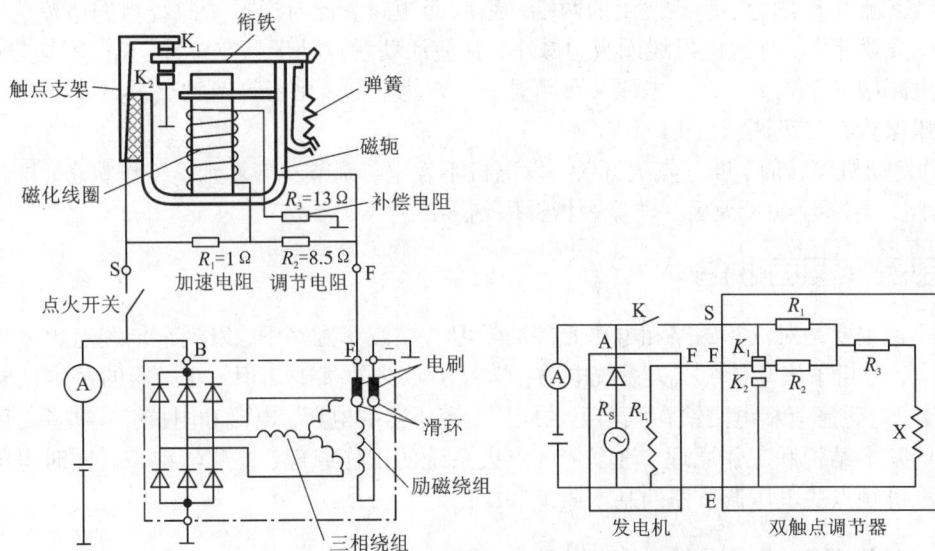

图 3-36　FT-61 型双级触点式调节器原理电路

FT-61 型双级触点式电压调节器调节发电机输出电压的基本原理。

(1)当闭合点火开关 S 时,由于发电机转速很低,调节器点火接线柱 S 对地的电压小于14 V,电流流入电磁线圈产生的电磁力不足以克服弹簧的拉力,因此低速触点 K_1 仍然闭合。

此时由蓄电池向发电机励磁绕组提供励磁电流(即他励),其励磁电流的回路为:蓄电池正极→电流表→点火开关 S→调节器点火接线柱 S→低速静触点支架→低速触点 K_1→活动触点臂→磁轭→调节器磁场接线柱 F→发电机 F 接线柱→电刷和滑环→励磁绕组→滑环和电刷发电机"-"接线柱→搭铁→蓄电池负极。

由于励磁绕组的电流由蓄电池供给,使发电机的磁场增强,发电机电压很快升高。

(2)当发电机转速升高,发电机电压高于蓄电池电压时,则励磁绕组的电流和电磁线圈中的电流均由发电机供给。励磁绕组的自励磁电流由发电机正极→点火开关 S→调节器点火接线柱 S→低速静触点支架→低速触点 K_1→活动触点臂→磁轭→调节器磁场接线柱 F→发电机 F 接线柱→电刷和滑环→励磁绕组→滑环和电刷→发电机"-"接线柱→搭铁→发电机负极。

(3)随着发电机转速升高,当发电机电压达到一级调压值 14 V 时,电磁线圈的电磁力增强，克服弹簧拉力，将活动触点臂吸下，使 K_1 打开，但处于中间悬空位置，尚不能使高速触点 K_2 闭合。此时励磁电流回路为：发电机正极→点火开火 S→调节器点火接线柱 S→加速电阻 R_1→调节电阻 R_2→调节器 F 接线柱→发电机 F 接线柱→励磁绕组→搭铁→发电机负极。由于励磁绕组电路中串入 R_1、R_2，因此励磁绕组的电流减小，发电机电压降低。

当发电机电压下降至略低于一级调压值 14 V 后，通过电磁线圈的电流减小，电磁吸力减弱，K_1 便在弹簧作用下又重新闭合，使 R_1、R_1 被短路，励磁绕组的电流增加，发电机电压再度升高。当发电机电压升至略高于一级调压值 14 V 时，K_1 又被打开（处于悬空位置），发电机电压又降低。如此再复，K_1 不断振动，使发电机输出电压保持在一级调压值 14 V。

（4）当发电机高速运转时，即使 K_1 打开，串入 R_1、R_2，由于其数值有限，发电机电压因转速过高仍会继续升高。此时电压升高到二级调压值 14.5 V，因电磁吸力远远大于弹簧弹力，使高速触点 K_2 闭合，励磁绕组的两端均搭铁而短路。此时通过励磁绕组的电流为零，发电机电压急剧下降，导致电磁线圈吸力减小，又使活动触点处于悬空位置，K_1、K_2 均打开，励磁绕组电路中又串入 R_1、R_2，电压又重新升高，如此重复。由于高速触点 K_2 不断开闭，使发电机电压保持在二级调压值 14.5 V。

（5）发动机停转时，断开点火开关，发电机不发电，调节器恢复到不工作状态，即低速触点 K_1 常闭，高速触点 K_2 常开，电流表指针回到零位。

第五部分　项目小结

本项目主要是对汽车磁路和电磁元件的学习。在汽车磁路中，以汽车传统点火系统的电路为重点，分析了汽车传统点火系统电路，学习了磁路的基础知识、变压器的基本结构和原理、电流、电磁感应和电磁铁在汽车上的应用、变压器的电压、电流和阻抗变换关系、汽车点火线圈的基本结构和工作原理、汽车传统点火系统的工作原理、检测与维修。同时也学习了汽车发电机触点式电压调节器的基本原理和应用。

（一）维修项目：汽车传统点火系统的检修

（1）故障现象：发动机工作时，排气管排出黑烟，发动机运转不均匀，并发出有节奏的"突突"声，甚至放炮或化油器回火。

（2）故障原因：

①高压分线脱落、错乱或受潮漏电；

②火花塞潮湿、积炭过多或绝缘体击穿漏电；

③分电器盖的旁插座漏电或导电不良；

④分电器触点间隙调整不当或凸轮磨损不均，分电器轴松旷；

⑤高压火花过弱。

（3）故障分析与诊断：检查哪个气缸缺火。用旋具将火花塞接线柱逐个搭铁，如果被搭铁的气缸原来缺火的，发动机工况不变；如果该气缸原来正常工作，搭铁后发动机动力下降，运转不均匀现象也会加剧；根据火花塞的温度也可以判断哪个气缸缺火，不着火的火花塞温度低。

（二）磁路和电磁元件

（1）磁铁周围和电流周围都存在磁场。和电场相似，磁场也具有力和能的特性，是一种特殊物质。磁力线能形象地描述磁场，它们是互不交叉的闭合曲线，在磁体外部由 N 极指向 S 极，在磁体内部由 S 极指向 N 极；磁力线的切线方向表示磁场方向，其疏密程度表示磁场的强弱。

（2）描述磁场的两个物理量：磁感应强度 $B = \dfrac{F}{IL}$，它是表示磁场中某点强弱和方向的物理量；磁通 $\varPhi = BS$，是表示磁场在空间分布的物理量。

（3）电流产生的磁场方向可用安培定则判断。电流受到的电磁力方向可用左手定则判断。

（4）电磁感应的实质是变化的磁场在导体引起感应电动势，所以常把电磁感应叫做动磁生电。产生感应电动势的条件是导体相对磁场运动而切割磁力线或线圈中的磁通发生变化；产生感应电流的条件除必须具备感应电动势外，导体或线圈必须是闭合电路的一部分。

（5）楞次定律的基本内容是感应磁通永远阻碍原磁通的变化。法拉第电磁感应定律的基本内容是感应电动势的大小与磁通的变化率成正比。通常用前者来判断感应电动势的方向，用后者来计算感应电动势的大小。

（6）直导线是线圈不到一匝的特殊情况，它产生的感应电动势方向可用右手定则来判断。

（7）自感和互感都是电磁感应，前者是由流过线圈本身的电流变化引起的电磁感应；后者则是由一个线圈中的电流变化在另一线圈中引起的电磁感应。对于线性电感来说，自感电动势的大小与电流的变化率成正比。

（8）虽然自感和互感电动势的方向都可用楞次定律来判别，但通常用自感电流的方向永远与原电流的变化趋势相反来判断自感电动势的方向；用同名端判别法来判断互感电动势的方向较方便。

（9）变压器的工作过程是一个能量传递过程，它的基本工作原理是电磁感应原理，根据电源的不同，变压器可分为单相变压器和三相变压器。汽车点火线圈是根据变压器原理工作的。

（三）汽车传统点火系统

（1）传统点火系统由电源、点火线圈、分电器、火花塞、点火开关和附加电阻等组成。

（2）传统点火系的电路可分为低压电路和高压电路两部分。低压电路的作用是控制点火线圈初级电路的通断，使点火线圈内磁场产生突变而使点火线圈次级绕组产生高压电。低压电路主要包括蓄电池、电流表（有些车辆没有）、点火开关、附加电阻、点火线圈初级绕组、断电器、容电器等。高压电路的作用是在点火线圈初级电路被切断时感生出高压电，击穿火花塞间隙，点燃可燃混合气体。次级电路主要包括点火线圈次级绕组、中心高压线、配电器、分缸高压线、火花塞等。

（四）汽车传统点火系统的检测与维修

（1）熟悉传统点火系的工作过程。
（2）掌握传统点火系的故障诊断与排除方法。

习　题

3-1　左手定则和右手定则各用来判别什么？怎样使用？

3-2　简述磁场四个物理量的相互关系。

3-3　电磁感应的实质是什么？

3-4　简述磁路的欧姆定律。

3-5　为什么变压器的铁芯要用硅钢片叠成？能否采用整块的铁芯？为什么？

3-6　有一"220 V/12 V"的变压器，一次绕组为2200匝。问二次绕组为多少匝？

3-7　简述汽车常用电磁器件的工作原理。

3-8　简述传统点火系统的组成。

3-9　简述传统点火系统电路的工作过程。

3-10　简述汽车发电机触点式电压调节器的工作原理。

3-11　简述汽车传统点火系统的检修方法。

项目四

汽车电动机的认知与检测

能力目标

通过本次项目的完成，你应能够：

1. 描述直流电动机的基本结构和工作原理；
2. 知道串励直流电动机的机械特性；
3. 描述永磁电动机在汽车上的应用；
4. 认知汽车起动机的内部组成结构；
5. 检测汽车起动机总成；
6. 检测汽车刮水电动机总成。

第一部分　项目描述

汽车起动机内部组成结构如图 4 - 1 所示，请分析相关电气元件的结构与检测方法。

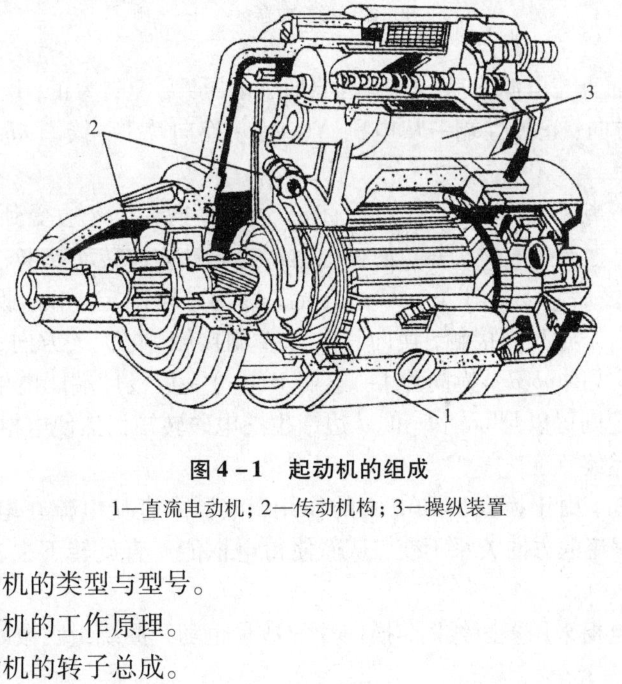

图 4 - 1　起动机的组成

1—直流电动机；2—传动机构；3—操纵装置

（1）能知道起动机的类型与型号。

（2）能分析起动机的工作原理。

（3）能检测起动机的转子总成。

（4）能检测起动机的电刷总成。

（5）能检测起动机的定子绕组。

第二部分　项目内容

第一节　直流电动机的工作原理和特性

一、直流电动机的工作原理

直流电动机利用磁场的相互作用将电能转化成机械能，在磁场内通电导线受到磁场力的作用而产生移动的倾向。图 4 – 2 所示为直流电动机工作原理图。

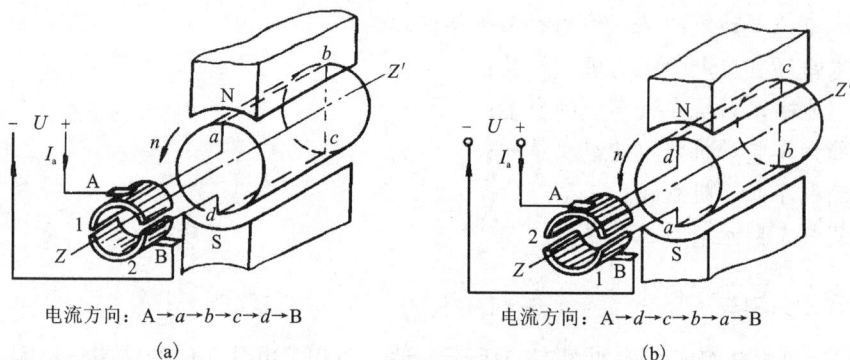

电流方向：A→a→b→c→d→B　　　　电流方向：A→d→c→b→a→B

(a)　　　　　　　　　　　　　(b)

图 4 – 2　　直流电动机工作原理图

1、2—开口的环形换向器；A、B—电刷

直流电动机接通直流电源之后，电刷两端加了电压 U，A 刷为正，B 刷为负，换向片 1 与 A 刷接触，电流 I_a 方向：正极性端→从电刷 A（＋）→换向片 1→线圈 $abcd$→换向片 2→电刷 B（－）→负极性端。

用左手定则可以判断 ab 边受到的力垂直 ab 边水平向左，cd 边受到的力垂直 cd 边水平向右，这一对力使电枢产生电磁力矩，使得电枢沿逆时针方向转动起来。

电枢转过 180°之后，ab 边在下，cd 边在上，因为电刷固定不动，换向片与电枢一起转动，所以此时换向片 1 与 B 刷接触，换向片 2 与 A 刷接触，电流 I_a 方向：正极性端→从电刷 A（＋）→换向片 2→线圈 $abcd$→换向片 1→电刷 B（－）→负极性端。电枢绕组中的电流已经反向。此时用左手定则可以判断，ab 和 cd 边产生的电磁转矩仍然使电枢沿逆时针方向转动，所以电枢旋转方向始终不变。

从以上分析可知，由于换向器和电刷的作用，电源的直流电流在电枢绕组中转换成交流，保持了磁场与电流的方向关系不变，从而使得电枢能一直旋转下去，通过转轴便可带动其他工作机械。

实际电动机的电枢采用多匝线圈，换向片的数量也随线圈绕组匝数的增多而增多。

二、直流电动机的电磁转矩与反电动势

电磁转矩与反电动势是直流电动机运行中两个同时出现的非常重要的物理量。

（1）直流电动机的反电动势

当直流电动机转动时，电枢绕组切割磁力线，在绕组中产生感应电动势，该电动势的方向与电枢电流的方向相反，因而称为反电动势。根据电磁感应定律，电枢绕组一根导线的平均反电动势表达式为

$$e_a = B_a L v \tag{4-1}$$

式中：B_a 为一个主磁极下的平均气隙磁感应强度；L 为导线的有效长度；v 为导线切割磁力线的线速度。

电刷间的反电动势 E_a 与每根导线中的平均反电动势 e_a 成正比，线速度 v 与电枢的转速 n 成正比，所以反电动势可用下式表示

$$E_a = C_e \Phi n \tag{4-2}$$

式中，C_e 是与电动机结构有关的常数，称为电动势常数。

磁通 Φ 的单位为 Wb，电动机转速 n 的单位为 r/min，反电动势的单位为 V。由式（4-2）可知，直流电机的感应电动势与电机结构、气隙磁通和电机转速有关。当电机制造好以后，电机结构常数 C_e 不再变化，因此电枢电动势仅与气隙磁通和电机转速有关，改变转速和磁通均可改变电枢电动势的大小。

根据基尔霍夫定律，在串励电动机稳定运行时，满足方程

$$U = E_a + I_a R_a + I_a R_f \tag{4-3}$$

式（4-5）称为直流电动机的电动势平衡方程式。

式中：U 为加于电枢绕组两端的电压；R_a 为电枢电阻，其中包括电枢绕组的电阻和电枢与换向器的接触电阻；R_f 为励磁绕组等效电阻。

（2）直流电动机的电磁转矩

当电枢绕组中有电枢电流流过时，通电的电枢绕组在磁场中将受到电磁力，该力与电机电枢铁芯半径之积称为电磁转矩。由电磁力定律可知，一根导体在磁场中所受电磁力的大小可用下式计算：

$$F_a = B_a L i_a \tag{4-4}$$

式中：B_a 为一个主磁极下的平均气隙磁感应强度；L 为导线的有效长度；i_a 为导线中的电流。

对于给定的电动机，总的电磁转矩 T 与平均电磁力 F_a 成正比，每极主磁通 Φ 与平均气隙磁感应强度 B_a 成正比，导线的有效长度 L 是一个常数，电枢总电流 I_a 与一根电枢导体中流过的电流 i_a 成正比，所以总的电磁转矩用下式表示

$$T = C_T \Phi I_a \tag{4-5}$$

式中，C_T 是与电动机结构有关的常数，称为转矩常数。

由式（4-5）可知，电动机电磁转矩 T 与每极主磁通 Φ 和电枢电流 I_a 的乘积成正比。电磁转矩的方向由 Φ 与 I_a 的方向决定。只要改变其中一个量的方向，电磁转矩的方向也随之改变，从而电动机的转向也就改变。

三、直流电动机转矩自动调节过程

由式 $E_a = C_e \Phi n$ 和 $U = E_a + I_a R_a + I_a R_f$ 可知，在直流电动机刚接通电源的瞬间，电枢转速

n 为零，电枢反电动势 E_a 也为零。此时，电枢绕组中的电流达到最大值，即 $I_{amax} = U/(R_a + R_f)$；由式 $T = C_T\Phi I_a$ 可知，将相应产生最大电磁转矩 T_{max}，若此时的电磁转矩大于电动机的阻力矩 T_L，电枢开始加速转动。随着电枢转速的上升，E_a 增大，I_a 下降，电磁转矩 T 也就随之下降。当 T 下降至与 T_L 相平衡（$T = T_L$）时，电枢就以此转速运转。如果直流电动机在工作过程中负载发生变化，就会出现如下的变化：

工作负载增大时，$T < T_L \rightarrow n\downarrow \rightarrow E_a\downarrow \rightarrow I_a\uparrow \rightarrow T\uparrow \rightarrow T = T_L$，达到新的平衡；

工作负载减小时，$T > T_L \rightarrow n\uparrow \rightarrow E_a\uparrow \rightarrow I_a\downarrow \rightarrow T\downarrow \rightarrow T = T_L$，达到新的平衡。

可见，当负载变化时，电动机能通过转速、电流和转矩的自动变化来满足负载的需要，使之能在新的转速下稳定工作。因此直流电动机具有自动调节转矩功能。

第二节 直流电动机的结构

起动机将蓄电池的电能转化为机械能，驱动发动机飞轮旋转实现发动机的启动，而起动机的主要部件就是直流电动机。

汽车起动机用直流电动机由磁极、电枢、换向器等组成，如图 4-3 所示，电枢绕组与励磁绕组串联的直流电动机又称为串励式直流电动机。

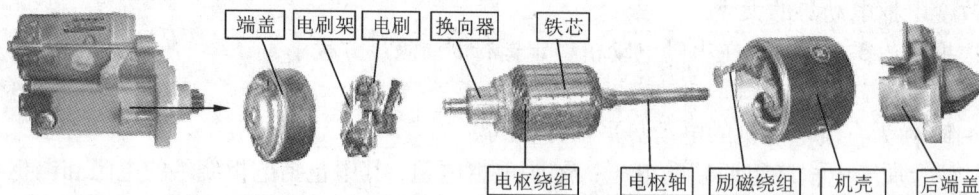

图 4-3 直流电动机的组成

1. 机壳

起动机机壳的一端有 4 个检查窗口，中部只有一个电流输入接线柱，并在内部与励磁绕组的一端相连。端盖分前、后两个，前端盖由钢板压制而成，后端盖由灰铸铁浇制而成，呈缺口杯状。它们的中心均压装着青铜石墨轴承套或铁基含油轴承套，外围有 2 个或 4 个组装螺孔。电刷装在前端盖内，后端盖上有拨叉座，盖口有凸缘和安装螺孔，还有拧紧中间轴承板的螺钉孔。

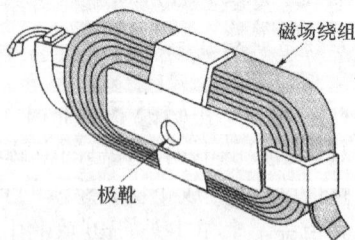

图 4-4 磁场绕组

2. 磁场绕组

磁场绕组由绕在极靴上的线圈构成（图 4-4）。磁场绕组固定到起动机外壳里面（图 4-5）。用铸钢制造的极靴和起动机外壳连接在一起，可增加磁场绕组的磁场强度（图 4-6）。

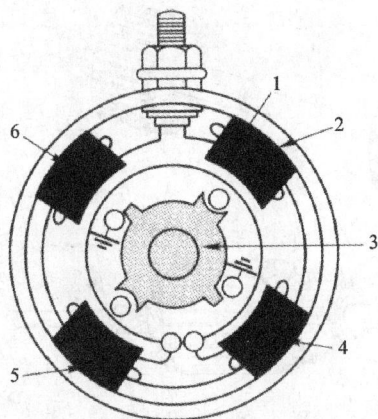

图4-5　磁场绕组与机壳的组装

1、4、5、6—磁场绕组；2—外壳；3—电枢

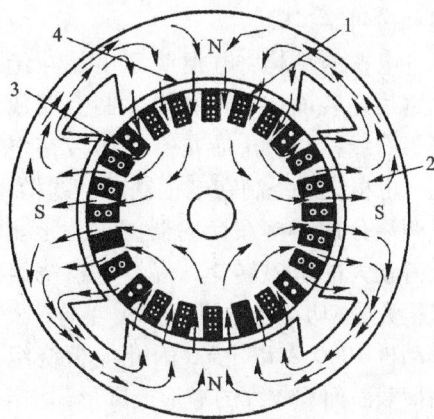

图4-6　4磁场绕组形成的磁场

1—电枢绕组；2—极靴；3—电枢；4—气隙

电流流过磁场绕组时便建立强大的、静止的电磁场，磁场根据绕组围绕在极靴的方向，分为S极和N极。磁场绕组的极性对调，便产生相反的磁场。

磁场绕组的连接方式有两种：一种是4个绕组串联后再与电枢绕组串联，如图4-7(a)所示；另一种是两个绕组先串联后并联，然后再与电枢绕组串联，如图4-7(b)所示。

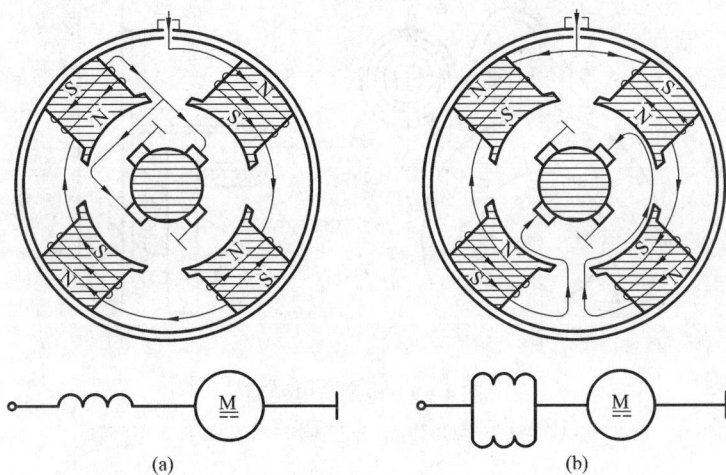

(a)　　　　　　　　(b)

图4-7　磁场绕组的连接方式

(a)4个绕组相互串联；(b)两个绕组串联后并联

现代汽车起动机普遍采用后一种连接方式，其目的是减小电阻，增大电流和电磁转矩。大多数起动机采用4个磁场绕组。功率大于7.35 kW的起动机有采用6个磁场绕组的。

3. 电枢

如图4-8所示为电枢总成。电枢的作用、组成和结构如下。

①电枢的作用：产生电磁转矩。

②电枢的组成：主要由电枢铁芯、电枢绕组和换向器组成。

③电枢的结构：电枢铁芯由相互绝缘的硅钢片叠装而成，其圆周上制有安放电枢绕组的线槽，内孔借花键槽压装在电枢轴上。电枢绕组绕制在电枢铁芯的线槽内，绕组两端分别焊接在换向器的铜片上。为了获得较大的电磁转矩，流经电枢绕组的电流很大（小功率起动机300 A左右，大功率起动机1000 A以上），因此电枢绕组也采用横截面面积较大的矩形或圆形（切诺基吉普车）裸铜线绕制。

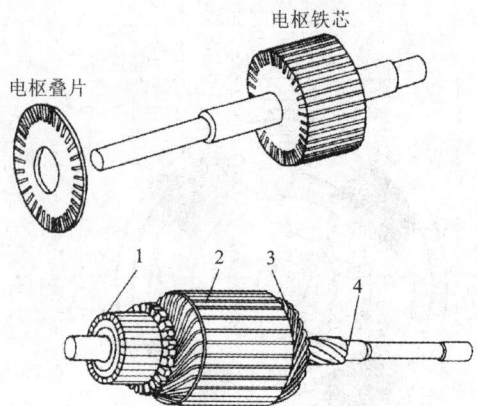

图4－8　电枢总成

1—换向器；2—铁芯；
3—绕组；4—电枢轴

4. 换向器及电刷

换向器由许多换向片组成，换向片的内侧制成燕尾形，嵌装在轴套上，其外圆车成圆形。换向片与换向片之间均用云母绝缘。电刷架一般为框式结构，其中正极刷架与端盖绝缘安装，负极刷架直接搭铁。刷架上装有弹性较好的盘形弹簧。电刷由铜粉与石墨粉压制而成，呈棕红色，装在端盖上的电刷架中，通过电刷弹簧保持与换向片之间具有适当的压力。电刷与电刷架的组合如图4－9所示。

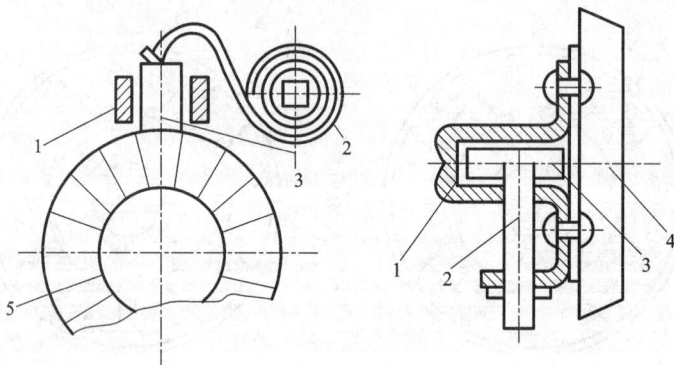

图4－9　电刷与电刷架

1—框式电刷架；2—盘形弹簧；3—电刷；4—前端盖；5—换向器

电刷和装在电枢轴上的换向器用来连接磁场绕组和电枢绕组的电路，并使电枢轴上产生的电磁力矩保持固定方向。

第三节　直流电动机的励磁方式

直流电动机的主磁场由励磁绕组中的励磁电流产生，根据不同的励磁方式，直流电动机可分为他励电动机、并励电动机、串励电动机和复励电动机，如图4－10所示。

直流电动机的性能与它的励磁方式有密切的关系，励磁方式不同，电动机的运行特性有

图4－10　直流电动机的分类

很大差异。直流电动机按励磁方式可分为以下几类。

1. 他励电动机

励磁绕组与电枢绕组由不同的直流电源供电,两者不相连接,如图4－11所示。图中变阻器 R_f 用来调节励磁电流的大小,励磁电流 I_f 仅取决于他励电源的电动势和励磁电路的总电阻,而不受电枢端电压的影响。

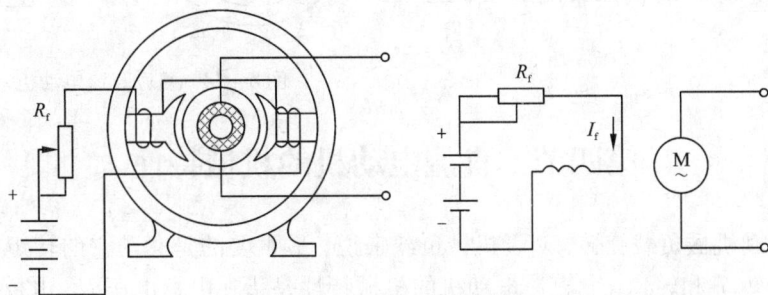

图4－11　他励直流电动机

2. 并励电动机

这种电动机的励磁绕组和电枢绕组并联,如图4－12所示。由图可见,并励电动机的励磁电流 I_f 不仅与励磁回路的电阻有关,而且还受电枢端电压的影响。由于励磁绕组承受着电枢两端的全部电压,其值较高,为了减小励磁绕组的电流,励磁绕组必须具有较大的电阻,所以励磁绕组匝数较多,导线较细。

图4－12　并励直流电动机

3. 串励电动机

这种电动机的励磁绕组和电枢绕组相串联，如图 4-13 所示。由于通过励磁绕组的电流 I_f 就是电枢电流 I_a，为了减小励磁绕组的电压降和铜损耗，励磁绕组应具有较小的电阻，因此励磁绕组一般匝数较少，导线较粗。

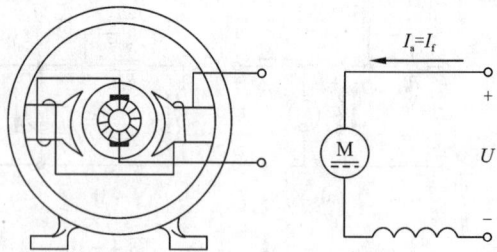

图 4-13　串励直流电动机

4. 复励电动机

这种电动机的励磁绕组分成两部分，一部分与电枢绕组并联，称为并励绕组；另一部分与电枢绕组串联，称为串励绕组。当两部分励磁绕组产生的磁通方向相同，称为积复励电动机；方向相反则称为差复励电动机，如图 4-14 所示。

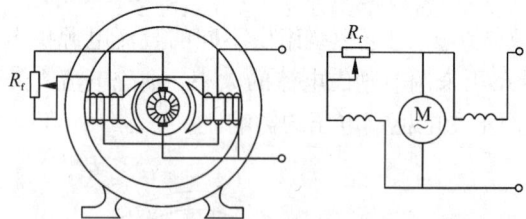

图 4-14　复励直流电动机

第四节　直流电动机的机械特性

电动机拖动机械负载旋转，对于机械负载来说，最重要的是驱动它的转矩和转速，即电动机的电磁转矩 T 和转速 n。直流电动机的机械特性是指在电枢电压 U、电枢回路电阻 R_a、励磁回路电阻 R_f 为恒值的条件下，电动机转速 n 与电磁转矩 T 的关系曲线 $n = f(T)$。由于转速和转矩都是机械量，所以把它称为机械特性。电动机的机械特性对分析电力拖动系统的启动、调速、制动等运行性能是十分重要的。

一、他励或并励直流电动机的机械特性

图 4-15 是他励直流电动机电路原理图，他励直流电动机的机械特性方程式，可由他励直流电动机的基本方程式导出。

由式 $E_a = C_e \Phi n$ 和 $U = E_a + I_a R_a$ 得

$$n = \frac{U - I_a R_a}{C_e \Phi} \tag{4-6}$$

再由 $T = C_T \Phi I_a$ 可求得他励直流电动机的机械特性方程式

$$n = \frac{U}{C_e \Phi} - \frac{R_a}{C_e C_T \Phi^2} T \tag{4-7}$$

当 U = 常数、R_a = 常数、Φ = 常数时，机械特性如图 4-16 所示，是一条向下倾斜的直线，这说明加大电动机的负载会使转速下降。特性曲线与纵轴的交点为 $T = 0$ 时的转速 n_0 称为理想空载转速。

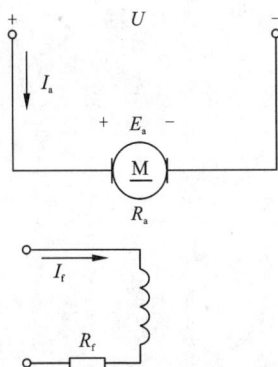

图 4-15　他励直流电动机电路原理图

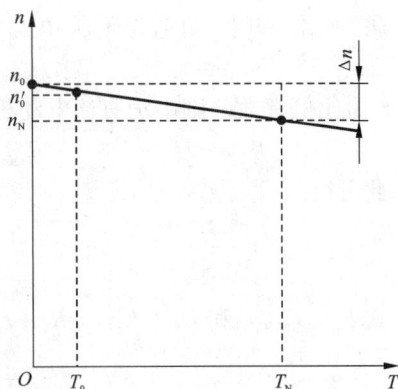

图 4-16　他励直流电动机的机械特性

$$n_0 = \frac{U}{C_e \Phi} \tag{4-8}$$

他励与并励电动机的机械特性基本相同，由式(4-7)看出，转速将随转矩的增加而近似地按线性规律下降，但因电枢电阻 R_a 很小，转速下降的程度微小，如图 4-16 所示。从空载到满载，转速的降低仅为额定转速的 5%～10%。因此，他励与并励电动机具有硬机械特性。

并励和他励直流电动机应用很广，凡要求转速近似不变或需在较大范围调速的生产机械都可采用。

必须注意，并励或他励电动机运转时，切不可断开励磁绕组。否则，励磁电流为零，磁极上仅有微弱的剩磁，反电动势很小，电动机的电流和转速都将急剧增大，以致超过安全限度，发生"飞车"现象。所以并励或他励电动机运转时一般要设置失磁保护，当电动机的励磁消失时，能自动跳闸，切断电源，使电动机停止运转。

二、串励直流电动机的机械特性

图 4-17 是串励直流电动机电路原理图。因为串励电动机的励磁绕组与电枢电路串联，所以电枢电流 I_a 即为励磁电流 I_f，电枢电流 I_a（即负载）的变化将引起主磁通 Φ 变化。

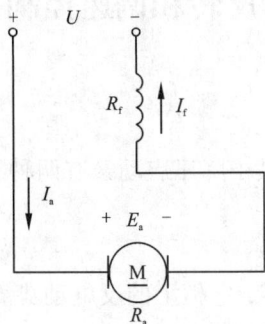

图 4-17　串励直流电动机电路原理图

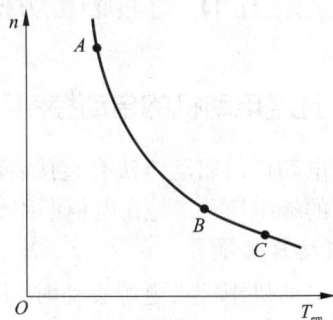

图 4-18　串励直流电动机的机械特性

当磁路未饱和时，可认为磁通 Φ 与电枢电流 I_a 成正比，即

$$\Phi = KI_a \tag{4-9}$$

式中，K 为比例常数。则串励直流电动机电磁转矩为

$$T_{em} = C_T \Phi I_a = C_T K I_a^2 \tag{4-10}$$

由此可得

$$I_a = \sqrt{\frac{T_{em}}{C_T K}} \tag{4-11}$$

由式 $E_a = C_e \Phi n$ 和 $U_N = E_a + I_a R_a + I_a R_f$ 得

$$n = \frac{U_N - I_a R_a - I_a R_f}{C_e \Phi} \tag{4-12}$$

将式(4-9)代入得

$$n = \frac{U_N}{C_e K I_a} - \frac{R_a + R_f}{C_e K} \tag{4-13}$$

将式(4-11)代入得

$$n = \frac{\sqrt{C_T K}}{C_e K} \frac{U_N}{\sqrt{T_{em}}} - \frac{R_a + R_f}{C_e K} = \frac{A}{\sqrt{T_{em}}} - B \tag{4-14}$$

式中：$A = \dfrac{\sqrt{C_T K} \cdot U_N}{C_e K}$，$B = \dfrac{R_a + R_f}{C_e K}$。

该式表明转速 n 与 $\sqrt{T_{em}}$ 成反比，其机械特性如图4-18中 AB 段。

当 I_a 较大、磁路饱和时，Φ 基本保持不变，此时机械特性与他励直流电动机的机械特性相似，为较"硬"的直线特性，如图4-18中 BC 段。

由机械特性曲线可以看出：

（1）特性为非线性"软"，负载增大（减小）时，转速自动减小（增大），保持功率基本不变，牵引性能好。

（2）理想空载转速为无穷大，实际上由于有剩磁磁通存在，n_0 一般可达 $(5 \sim 6)n_N$，空载运行会出现"飞车"现象。因此，串励电动机是不允许空载或轻载运行或用皮带传动的。

（3）由于 T 与 I_a 的平方成正比，因此串励电动机的起动转矩大，过载能力强。

第五节　直流电动机的启动、制动、反转和调速控制

一、直流电动机的启动控制

直流电动机的启动方法有直接启动和降压启动两种。其中降压启动又有两种方法：一是降低电枢的端电压；二是在电枢回路中串联电阻。

1. 直接启动

直流电动机刚接入电源启动时，因为电动机转速等于零，电枢上的反电动势 E_a 为零，启动电流为

$$I_{st} = \frac{U - E_a}{R_a} = \frac{U}{R_a} \tag{4-15}$$

由于电枢电阻 R_a 很小，一般小于 1 Ω，所以启动电流很大，可达到额定电流的 10 ~ 20 倍，这样对电源造成很大的冲击波及同一电网上的其他用户，甚至造成电动机换向器及电枢绕组的烧坏，因此，直接启动只适用于小功率直流电动机。

另外，直接启动的启动转矩为

$$M_{st} = K_T \phi I_{st} \qquad\qquad (4-16)$$

由于启动电流本身很大，所以启动转矩更大，较大的启动转矩对电动机的机械传动部件产生很大的冲击力，造成机械性损伤，这也说明直接启动方法对较大容量的直流电动机是不合适的。

2. 降压启动

对较大功率的直流电动机的启动，必须限制其启动电流，但又要考虑启动转矩不因启动电流减小太多而影响启动能力，一般限制启动电流为额定电流的 1.5 ~ 2.5 倍。降压启动有下面两种方法：一是在电枢回路串电阻；二是降低电枢端电压。较大功率的直流电动机宜采用降压启动。

(1)降低电枢电压启动

降低电枢电压的启动方法需要专用的可调直流电源，启动时先降低电源电压，启动电流会随之降低。随着启动过程的进行，转速逐渐升高，反电动势也逐渐增加，再慢慢提高电源电压，直到达到电源电压的额定值。

由于电力电子技术中的直流调压电子技术快速发展，对于使用交流电网为电源的直流电动机，可用"交流-直流"变换调压系统，实现降压启动和调速。对于使用蓄电池为电源的直流电动机，如电动自行车和电动汽车中的直流电动机，可用"直流-直流"变换调压系统，实现降压启动和调速。

(2)电枢回路串电阻启动

电枢回路串电阻启动是指电源电压不变，在电枢回路中串入电阻。启动时，所串联的电阻全部接入电路，相当于降低了电枢绕组两端的电压，从而使得电枢电流减小。随着转速的升高，逐级切除所串联的启动电阻，待转速接近额定转速时，切除全部电阻，启动过程就此结束。

使用直流电动机时，需特别注意磁场问题。直流电动机在启动时，应该保证首先有主磁通，所以在接通电枢电压之前应先接通励磁回路。另外，直流电动机在工作时，励磁绕组必须可靠连接，不允许磁场突然消失。因为上述两种情况都会产生很大的电枢电流。如果电动机原来处于空载运行，还会造成转速急剧上升，出现"失磁飞车"事故，这样会危及设备和操作人员的安全。

二、直流电动机的制动控制

直流电动机的制动方式有机械制动和电气制动。

电气制动是指通过某种方法，让电动机的电磁转矩与电动机的转动方向相反，从而形成制动转矩的一种方法，它又分为能耗制动、反接制动和回馈制动三种。电气制动的制动转矩大，操作方便，无噪声，所以应用场合较多。电气制动时，一般保持励磁方向不变，改变电枢电流的方向以获得制动转矩。这里主要介绍能耗制动的方法，其接线图如图 4-19 所示。

开关 S 接电源侧为电动运行状态，此时电枢电流 I_a、电枢电动势 E_a、转速 n 及电磁转矩

T 的方向如图所示。当需要制动时,将开关 S 扳到制动电阻 R_B 上,电动机便进入能耗制动状态。因为磁通保持不变,初始制动时,电枢存在惯性,其转速 n 保持原来的方向旋转,于是 n 和 E_a 的方向均不改变。但 E_a 在闭合回路内产生的电枢电流 I_{aB} 却与电动状态时的电枢电流 I_a 的方向相反,由此而产生的电磁转矩 T_B 也与电动状态时的电磁转矩 T 的方向相反,变为制动转矩,于是电机处于制动运行。制动运行时,电机靠生产机械惯性力的拖动而发电,将电能消耗在回路的电阻上,直到电机停止转动为止,所以这种制动方式称为能耗制动。能耗制动较经济,但制动时间较长。

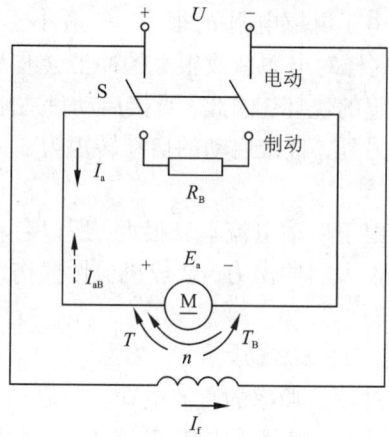

图 4 – 19　能耗制动电路图

三、直流电动机的反转控制

实际生产中,经常要求电动机能够实现反转。直流电动机的转向取决于电磁转矩的方向。因此要实现反转,只要设法改变电磁转矩的方向即可。

由电磁转矩公式可知,改变电磁转矩方向的方法有两种:

(1)保持电枢电流方向不变,改变励磁电流的方向(换接电源线)。并励式直流电动机用这种方法励磁换向时,因为励磁电路的电感很大,时间较长,一般很少采用。

(2)保持励磁电流的方向不变,改变电枢电流的方向。这种方法只要将电枢电源的两条线对调即可,容易实现,所以常被用来实现电动机的反转(并励式电动机常采用该方法)。

四、直流电动机的调速控制

电动机调速是指通过改变电动机的电路参数来改变电动机的转速,从而改变生产机械的传动速度。根据直流电动机的机械特性表达式:

$$n = \frac{U - (R_f + R_a)I_a}{K_e\Phi} \tag{4-17}$$

由上式可知,直流电动机的调速方法有三种(以并励式直流电动机为例说明):

第一种:当负载不变时,通过改变电源电压 U 进行调速;

第二种:通过改变电枢电路中的电阻 R_a 来调速;

第三种:通过改变励磁磁通 Φ 进行调速。

1. 改变电源电压 U 调速

由前面转速的公式可知,若保持励磁电路中的磁通 Φ 不变,则当改变电源电压 U 时,可以实现平滑地调节转速,还可以实现无级调速。但应该注意 U 不能超过额定电压,所以这种调速方法也只能在额定转速以下作均匀调速,而且需要由单独的可调电源供电。目前用得最多的是晶闸管整流电源。

2. 在电枢电路中串联电阻调速

当负载不变时,保持电源电压与励磁磁通不变,如图 4 – 20 所示,在电枢电路中串联一个可调电阻器 R_S,可起调速作用。

当 R_s 增大时 I_s 减小，电动机转速降低；反之，R_s 减小时，电动机转速升高。

这种串联电阻调速所需要的设备简单，操作方便，这是它的优点。但由于功耗大，低速时运行稳定性差，不能连续调速，因此一般应用于调速范围要求不大且机械特性硬性要求不高的场合。例如，汽车上的空调鼓风电动机调速就采用了这种方法。

3. 改变励磁磁通 Φ 调速

如图 4-21 所示，在并励式直流电动机的励磁电路中串联一只励磁变阻器 R_f，保持电枢电压及电枢电阻不变，通过改变励磁回路中串联的励磁变阻器 R_f，从而改变励磁电流和励磁磁通实现调速。

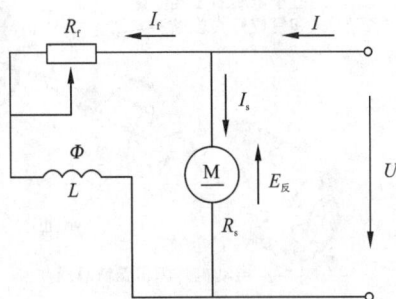

图 4-20　电枢电路中串联电阻调速

图 4-21　并励式直流电动机调速电路

随着 R_f 增大→励磁电流减弱→励磁磁通 Φ 变小→电动机转速上升；反之，励磁变阻值 R_f 减小，则电动机转速降低。

第六节　永磁电动机在汽车上的应用

在小型直流电动机中也有用永久磁铁作为主磁极的，称为永磁电动机。永磁电动机可视为他励电动机的一种。

电动机磁极用永磁材料(铁氧体或铁硼等)制成。由于取消了磁场线圈，因此结构简化、体积小、质量小、噪声小。故被现代汽车广泛采用。如轿车配用的起动机、电动风扇刮水器、电动车窗、中控门锁、电动座椅、电动天线、电动后视镜等机件中的电动机均采用。

一、汽车刮水电动机

直流电动机除了转子、定子双线圈结构外，还有由永磁铁构成定子的永磁直流电动机，简称为永磁电动机。如图 4-22 所示为刮水器永磁电动机的结构示意简

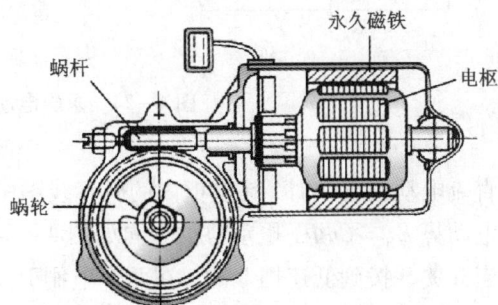

图 4-22　永磁电动机的结构示意简图

图。永磁电动机在汽车上应用比较广泛。

刮水器可以清除挡风玻璃上的雨水、雪或灰尘。目前汽车上广泛采用电动刮水器,电动刮水器的主要动力部件就是刮水电动机。刮水电动机大多是永磁式电动机。图4-23所示为美国福特公司采用的永磁式刮水电动机。

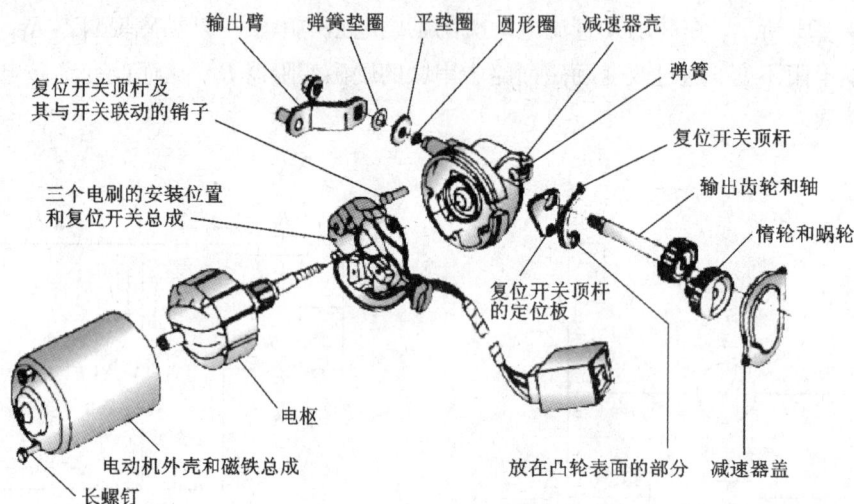

图4-23 美国福特公司采用的永磁式刮水电动机

刮水电动机为了满足刮水器的要求,要实现高、低速挡位工作,采用三刷式电动机。其工作原理如图4-24所示。

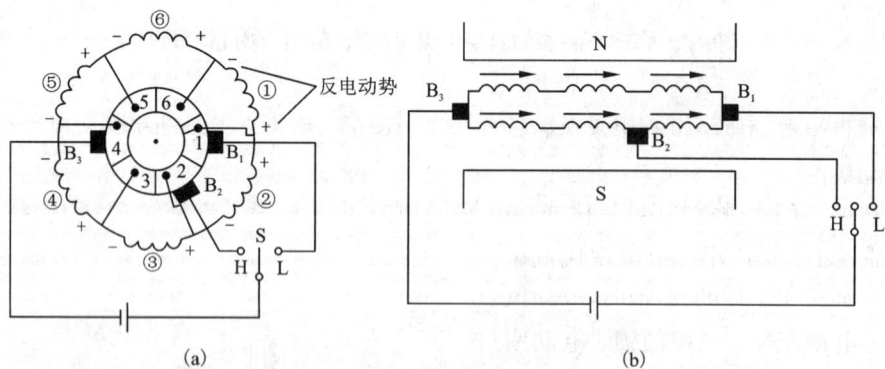

图4-24 永磁电动机变速工作原理

直流电动机工作时,在电枢内的所有线圈中同时产生反电动势,每个小线圈都产生相等的反电动势 $E_R = Cn\Phi$,电动势的方向如图4-24所示。

当开关S拨到低速挡L时,在两个电刷 B_1、B_3 之间有两条并联支路,各有3个线圈,电动势方向如图4-24所示,根据电动机的电压平衡式:

$$U = R_\Sigma I_S + E_R = R_\Sigma I_S + 3Cn\phi \tag{4-18}$$

式中：I_S——线路总电流；

　　R_Σ——线圈总电阻。

当开关 S 拨到高速挡 H 时，在两个电刷 B_2、B_3 之间也有两条并联支路，一个支路有 2 个线圈串联，另一支路有 4 个线圈串联，但其中一个线圈的电动势与另外三个线圈的电动势方向相反，故在电动机电枢绕组上得到总的反电动势为 $2Cn\phi$，根据电动机的电压平衡式：

$$U = I_S R_\Sigma + E_R = I_S R_\Sigma + 2Cn\Phi$$

$$n = \frac{U - I_S R_\Sigma}{2C\Phi} \tag{4-19}$$

由上式可知，由于反电动势的减小，使电枢的转速上升，重新达到电压平衡。这样永磁刮水电动机就得到了高、低速不同的转速，使得刮水器具有高、低速两种工作挡位。

二、汽车电动车窗电动机

现代轿车的车窗基本上都采用了电动车窗。电动车窗升降系统的电动机，广泛采用的是永磁电动机。永磁电动机是通过改变电枢电流的方向来改变电动机的旋转方向使车窗玻璃上升或下降，电动机本身不搭铁而是通过控制开关搭铁。图 4-25 所示为控制搭铁式的永磁式电动机的电动升降门窗电路图。

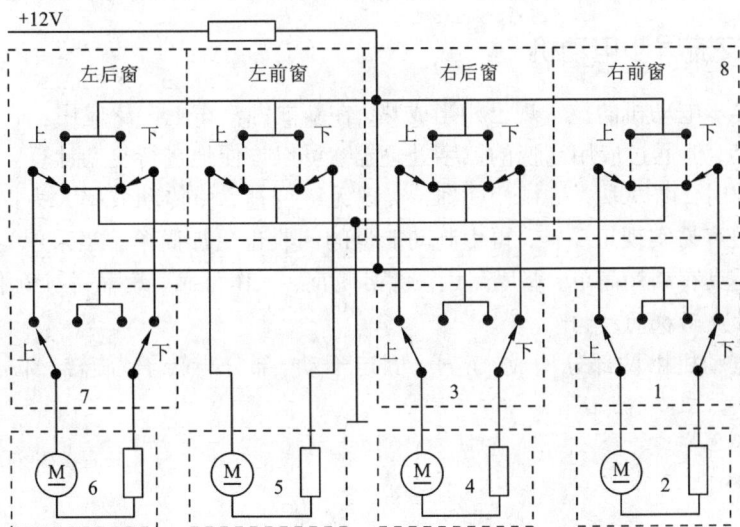

图 4-25　永磁式电动机的电动升降门窗电路

1—右前车窗开关；2—右前车窗电机；3—右后车窗开关；4—右后车窗电机；
5—左前车窗电机；6—左后车窗电机；7—右前车窗开关；8—驾驶员主控开关组件

现以左后门窗为例说明其工作原理：

当主控开关中的左后门窗开关拨到上时，电流方向为：蓄电池正极→点火开关→电路断电器→主控开关中左后门窗上触点→左后门窗分控开关上触点→电动机→左后门窗分控开关下触点→主控开关中左后门窗下触点→搭铁。电动机旋转，带动左后门窗玻璃上升。

当主控开关中的左后门窗开关拨到下时，电流方向为：蓄电池正极→点火开关→电路断电器→主控开关中左后门窗下触点→左后门窗分控开关下触点→电动机→左后门窗分控开关上触点→主控开关中左后门窗上触点→搭铁。电动机旋转，带动左后门窗玻璃下降。

上述过程中，流过电动机电枢的电流方向相反，所以电动机旋转方向相反，带动玻璃上升或下降。

与此类似的双向永磁电动机也被利用到电动后视镜、电动座椅、电动天窗等系统的触动电路中，在开关控制下，带动部件实现两个方向的运动。

第七节 三相交流驱动电动机

电机驱动系统是新能源汽车的核心技术之一。它的主要任务是在驾驶员的控制下，高效地将动力电池提供的电能转化为车轮的动能以驱动车辆运行，或者将车轮上的动能反馈到动力电池中以实现车辆的能量回收。在纯电动汽车中，电机是唯一的动力来源；在混合动力汽车中，电机和内燃机通过串联或并联的方式组合一起为车辆提供动力。

早期的部分电动汽车使用的都是直流电动机。直流电动机具有起动加速驱动力大，调速控制简单，技术成熟等优点。但直流电动机的电枢电流由电刷与换向器引入，换向时产生电火花，换向器容易烧蚀，电刷容易磨损，维护工作量大。近年来，纯电动汽车和混合动力汽车采用了交流和无刷电动机，包括三相异步电动机、永磁电动机和开关磁阻电动机。

一、三相交流异步电动机

三相交流异步电动机的技术现已相当成熟，在新能源汽车上广泛应用。它的控制较直流电动机复杂得多，但通过应用高速的数字处理器，可以方便地进行复杂计算。交流异步电动机采用变频调速时，可以取消机械变速器，实现无级变速，使传动效率大为提高。另外，交流异步电动机很容易实现正反转，再生制动能量的回收也更加简单。当采用笼型转子时，交流异步电动机还具有结构简单、坚固耐用、价格便宜、工作可靠、效率高与免维护等优点。

1.三相异步电动机的结构

三相异步电动机由两部分构成，定子(固定不动)部分与转子(旋转)部分，如图4-26所示。

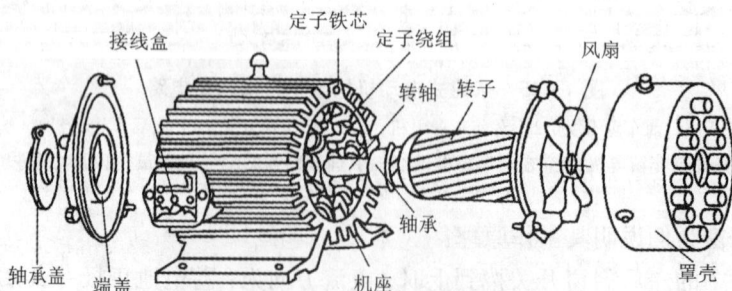

图4-26 三相异步电动机结构图

（1）定子的作用是产生旋转磁场。

定子由定子铁芯与定子绕组构成。定子铁芯装在圆筒形机座内。机座是用铸铁或铸钢制成。铁芯由相互绝缘的硅钢片叠成的。铁芯的内侧冲有槽，以安放对称三相绕组，如图 4 - 27 所示。

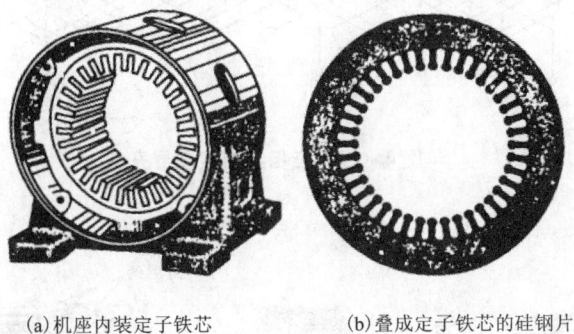

(a)机座内装定子铁芯　　　　(b)叠成定子铁芯的硅钢片

图 4 - 27　未装绕组的定子铁芯

定子绕组的对称三相绕组 U_1U_2，V_1V_2，W_1W_2 按互差 120°安放在铁芯槽中，如图 4 - 28 所示。其线圈安放展开如图 4 - 29 所示。

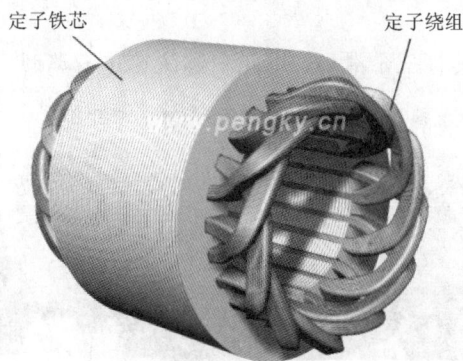

定子铁芯　　　　　　定子绕组

图 4 - 28　定子绕组

（2）转子获得力矩而旋转。

转子由转子轴、转子铁芯与转子绕组构成。三相异步电动机的转子根据结构不同分为两种：笼形与绕线形。转子铁芯是圆柱形，也用硅钢片叠成，表面冲有槽。铁芯装在转轴上，轴上加机械负载。

笼形转子的绕组接成鼠笼状，如图 4 - 30 所示。在转子铁芯的槽中放铜条，两端用端环连接。或者在槽中浇铸铝液，铸成一鼠笼。笼形异步电动机的"鼠笼"是它的构造特点。

绕线转子的构造如图 4 - 31 所示。它的转子绕组跟定子绕组一样，也是三相的，作星形连接。它每相的始端连接在三个铜制的滑环上，滑环固定在转轴上，环与环、环与转轴是相互绝缘的。在环上用弹簧压着碳质电刷。起动电阻和调速电阻是借助于电刷滑环和转子绕组

图 4 - 29　三相绕组放置展开

(a)转子外形　　(b)笼形绕组　　(c)铸铝笼形转子

图 4 - 30　笼形转子

连接的。它的构造特点是具有三个滑环，用此来辨认其转子类型。

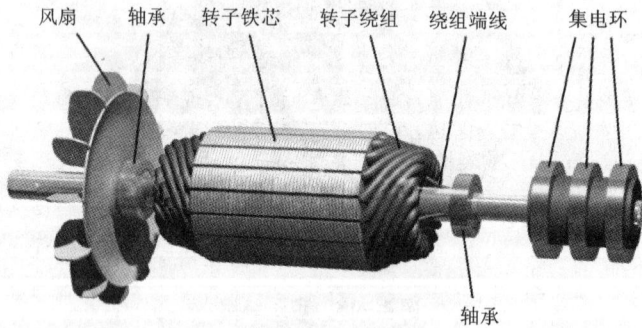

图 4 - 31　绕线转子

2. 电动机的转动原理

（1）旋转磁场的产生

三相异步电动机的三相定子绕组接成星形，如图 4 - 32 所示。接入三相正弦交流电压绕组中便产生三相对称电流：

$i_U = I_m \sin \omega t$

$i_V = I_m \sin(\omega t - 120°)$

$i_W = I_m \sin(\omega t - 120°)$

取绕组始端至末端的方向作为电流的参考正方向。则在电流的正半周时，其值为正，电流从始端流向末端；在负半周时，其值为负，电流由末端流向始端。

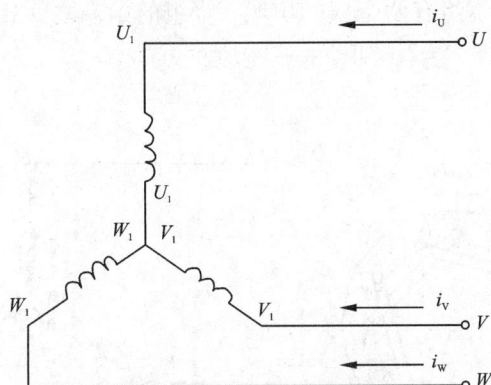

图 4 – 32　三相定子的星形连接

如图 4 – 33 所示，当 $\omega = 30°$ 时，此时 U_U 为正，电流从 U_1 流进，U_2 流出；U_V 为负，电流从 V_1 流出，V_2 流进；U_W 为正，电流从 W_1 流时，W_2 流出，其合成磁场自上而下向右偏转 30°。同理合成 90°、150°、210°、270° 及 330° 的磁场如图 4 – 33 所示。

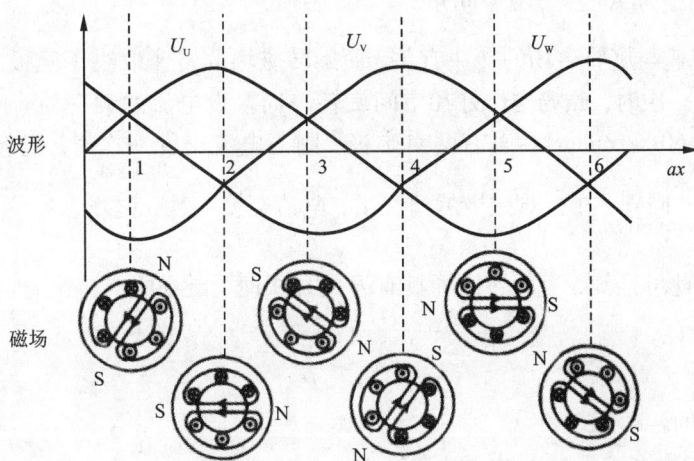

图 4 – 33　三相交流波形与旋转磁场

由上可看出，当定子绕组中通入三相电流后，它们共同产生的合成磁场随电流的变化而在空间不断地旋转，旋转磁场因此而产生。这个旋转磁场与磁极在空间旋转所起的作用是一样的。

（2）旋转磁场的转向与转速

如图 4 – 33 所示，旋转磁场的方向与三相电流的相序有关。当相序为 $U – V – W$ 时，旋转顺时针旋转。只要将三相电流连接的三根相线任意两根对调位置，则旋转磁场反转。

电动机的转速取决于旋转磁场的极数。所谓极数，即是旋转磁场的磁极对数。如图 4 – 32 所示的情况下，每相绕组只有一个线圈，每相线圈互差 120° 空间角，则线圈所产生的磁极就是一对。即 $P = 1$。

如定子绕组安排每相绕组有两个线圈串联，绕组的始端之间相差 $60°$ 空间角，则产生的旋转磁场具有两对磁极，即 $P = 2$。如图 4 - 34 所示。

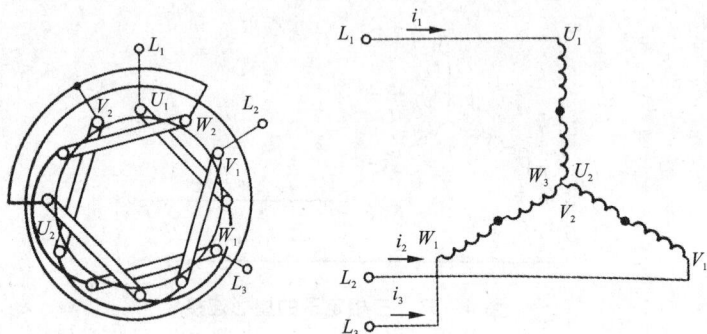

图 4 - 34　产生两对磁极的定子绕组

同理，如需产生三对磁极，则每相绕组必须有均匀安排在空间的三个线圈串联，则绕组的始端之间的相差为 $40°(\dfrac{120°}{P})$ 空间角。

电动机的转速与旋转磁场的转速有关，而旋转磁场的转速取决于磁极对数。在图 4 - 33 中，当电流交变一次时，磁场也恰好在空间旋转一周。设电流的频率为 f_1，则旋转磁场每分钟的转速为 $n_o = 60f_1(\text{r/mim})$。若有两对磁极，则当电流交变一次时，旋转磁场仅旋转了半周，即 $n_o = \dfrac{60f_1}{2}$。同理，在三对磁极的情况下，电流交变一次，磁场在空间仅旋转了 1/3 周，即 $n_o = \dfrac{60f_1}{3}$。由此可推知，当旋转磁场具有 P 对磁极时，磁场所的转速为

$$n_o = \frac{60f_1}{P} \tag{4-20}$$

（3）电动机的转动原理

三相异步电动机接上三相电源，就会转动。这是什么原因呢？我们先看一个实验现象，如图 4 - 35 所示。蹄形磁铁装有一个手柄，在蹄形磁铁中有一个由铜条制成的可以自由转动的笼形转子，铜条两端分别用铜环连接起来。蹄形磁铁与笼形转子间没有机械联系。当转动手柄时，会发现笼形转子也跟着旋转。摇快，转子快；摇慢，转子也慢。反摇，转子跟着反转。停下摇动手柄，转子停止旋转。

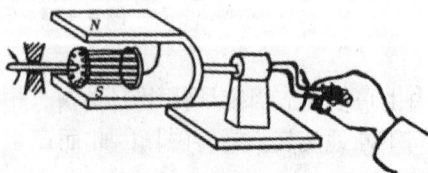

图 4 - 35　电动机转动原理

因为当摇动手柄时，蹄形磁铁形成了旋转磁场，转子铜条切割了磁力线，在铜条中产生了感应电动势。感应电动势的方向由右手定则确定。在感应电动势的作用下，铜条中产生感

应电流，该电流与旋转磁场相互作用，使转子铜条受到电磁力，电磁力的方向由左手定则确定。由电磁力产生了电磁转矩，于是转子旋转了起来。

电动机转子转动的方向与磁场旋转的方向相同，但转子的转速不可能达到与旋转磁场的转速相等。即转子转速小于旋转磁场转速。如果两者相等，则转子与旋转磁场之间就没有相对运动，因而磁通就不切割转子导条，转子电动势、转子电流以及转矩也就都不存在。这样，转子就不可能继续以 n_o 的转速转动。因此，转子转速与磁场转速之间必须有差别。这就是异步电动机名称的由来，而旋转磁场转速常称为同步转速。

用转差率 S 来表示转子转速 n 与磁场转速 n_o 相差的程度，即

$$S = \frac{n_o - n}{n_o} \tag{4-21}$$

转差率是异步电动机的一个重要的物理量。由于三相异步电动机的额定转速与同步转速相近，所以它的转差率很小，通常在额定负载时转差率为 $1\% \sim 9\%$。当 $n = 0$ 时，转差率最大，$S = 1$。

3. 三相异步电动机的转矩与机械特性

电磁转矩 T 是三相异步电动机最重要的物理量之一，机械特性是它的主要特性，对电动机进行分析也离不开它们。

（1）三相异步电动机的转矩

三相异步电动机的转矩是由旋转磁场的每极磁通与转子电流相互作用而产生的。但因转子电路是电感性的，转子电流比转子电动势滞后，所以要引入 $\cos\varphi_2$，于是可得出

$$T = K_T \Phi I_2 \cos\varphi_2 \tag{4-22}$$

式中：K_T 为常数，与电动机的结构有关。由式（4-22）可见，转矩除与磁通 Φ 成正比外，还与 I_2 成正比。由于 I_2 和 $\cos\varphi_2$ 与转差率 S 有关，所以转矩 T 也与 S 有关。则可得到转矩的另一个表示式

$$T = K_T \frac{S R_2 U_1^2}{R_2^2 + (S X_{20})^2} \tag{4-23}$$

K_T 为与电动机结构相关的常数，U_1 为定子绕组的相电压，R_2 为转子电路每相的电阻，X_{20} 为电动机启动时转子尚未转起来时的转子感抗。

由上式可见，转矩 T 还与定子每相电压 U 的平方成比例。所以当电源电压有所变动时，对转矩的影响很大。此外，转矩 T 还受转子电阻 R_2 的影响。

（2）机械特性曲线

在一定的电源电压 U_1 和转子电阻 R_2 之下，转矩与转差率的关系曲线 $T = f(S)$ 或转速与转矩的关系曲线，称为电动机的机械特性曲线，如图4-36所示。

研究机械特性的目的是为了分析电动机的运行性能。在此特性曲线图上，有三个转矩。

①额定转矩 T_N

额定转矩是电动机在额定负载时的转矩。

在匀速转动时，电动机的转矩 T 必须与阻转矩 T_C 相平衡，即：$T = T_C$。

阻转矩主要是机械负载转矩 T_2（忽略很小的空载损耗转矩），由此可得：

$$T \approx T_C = \frac{P_2}{\frac{2\pi n}{60}} \tag{4-24}$$

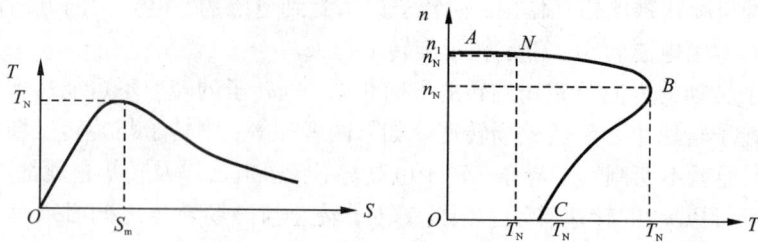

图 4 - 36 三相异步电动机的机械特性曲线

式中：P_2是电动机轴上输出的机械功率。转矩的单位是牛·米（N·m）；功率的单位是瓦（W）；转速的单位是转每分（r/min）。功率若用千瓦为单位，则可得出：

$$T = 9550 \frac{P_2}{n} \tag{4-25}$$

通常三相异步电动机都工作在特性曲线的 AB 段。当负载转矩增大时，在最初瞬间电动势的转矩 $T < T_c$，所以它的转速 n 开始下降。随着转速的下降，电动机的转矩增加了。当转矩增加到 $T = T_c$ 时，电动机在新的稳定状态下运行，这时转速较前为低。但是 AB 段较为平坦，当负载在空载与额定值之间变化时，电动机的转速变化不大。这种特性称为硬的机械特性。

②最大转矩 $T_{\max}$

从机械特性曲线上看，转矩有一个最大值，称为最大转矩或临界转矩。对应的最大转矩的转差率为 S_m。最大转矩为：

$$T_{\max} = K_T \frac{U_1^2}{2X_{20}} \tag{4-26}$$

K_T为与电动机结构相关的常数，U_1为定子绕组的相电压，X_{20}为电动机启动时转子尚未转起来时的转子感抗。

由式（4-26）可见，最大转矩与电源电压的平方成正比，而与转子电阻 R_2无关。

当负载转矩超过最大转矩时，电动机就带不动负载了，发生所谓"闷车"现象。闷车后，电动机的电流迅速升高6~7倍，电动机严重过热，以致烧坏。电动机的最大过载也可以接近最大转矩。如果过载时间较短，电动机不至于立即过热，是容许的。因此，最大转矩也表示电动机短时容许过载能力。在选用电动机时，最大转矩必须大于最大负载转矩。

③起动转矩 T_{st}

电动机刚起动（$n = 0$，$S = 1$）时的转矩称为起动转矩。

$$T_{st} = K_T \frac{R_2 U_1^2}{R_2^2 + X_{20}^2} \tag{4-27}$$

由上式可见，起动转矩与电源电压 U_1的平方和 R_2有关。当电源电压 U_1降低时，起动转矩会减小。当转子电阻适当增大时，起动转矩会增大。但继续增大 R_2时，T_{st}就要随之减小。

3. 三相异步电动机的起动、制动与调速

（1）起动

电动机的起动就是将电动机的转速从 0 上升至额定转速的一个过程。在起动初始瞬间，$n = 0$，$S = 1$。

对于起动电流，由于旋转磁场相对静止的转子有很大的相对转速，磁通切割转子铜条的速度很快，这时转子绕组中感应出的电动势和产生的转子电流都大。转子电流增大，定子电流必然相应增大，一般中小型笼型电动机的起动电流为额定电流的 5 ~ 7 倍。电动机不是频繁起动时，起动电流对电动机本身影响不大。但是，一个大的起动电流对线路是有影响的，过大的起动电流在短时间内会在线路上造成较大的电压降，使负载端电压下降，影响邻近负载的正常工作。

起动转矩 T_{st}，在刚起动时，虽然转子电流较大，但转子的功率因数很低，起动转矩实际上并不大，它与额定转矩之比值为 1.0 ~ 2.3。如果起动转矩过小，就不能在满载下起动，需设法提高。但起动转矩如果过大，会使传动机构受到冲击而损坏，又应设法减小。

由上所述，异步电动机的起动电流较大，为了减小起动电流或改变起动转矩，必须适当调整起动方法。

①直接起动

直接起动即利用闸刀开关或接触器将电动机直接接到具有额定电压的电源上。这种起动方式适合于小功率电动机(10 kW 以下)。由于小功率电动机起动电流本身并不大，对邻近负载影响小。能否直接起动，一般可按经验公式 $\dfrac{T_{st}}{I_N} \le \dfrac{3}{4} + \dfrac{电源总容量(kV \cdot A)}{4 \times 起动电动机功率(kW)}$ 来判定。

②降压起动

过大的启动电流会在线路上造成较大的电压降，影响供电线路上其他设备的正常工作。此外，当启动频繁时，过大的启动电流会使电动机过热，影响使用寿命。当电动机直接起动引起的线路电压下降较大，就必须采用降压起动。降压起动是指启动时降低加在电动机定子绕组上的电压，待启动结束后再恢复额定值运行。三相异步电动机的降压起动常用串电阻降压起动、星三角降压起动和自耦变压器降压起动等方法，如图 4-37(a) 所示。

串联电阻降压起动，适合于绕线转子电动机。在转子电路中接入大小适当的起动电阻，就可达到减小起动电流的目的同时还可提高转矩。因此，绕线转子电动机起动转矩较大，通常用于起动转矩要求大的生产机械上。电动机起动后，随着转速的上升，起动电阻将逐段切除。

星-三角降压起动，适合于电动机在工作时其定子绕组是三角形连接形式。如图 4-37(b)，起动时将手柄向右扳，使右边一排动触点与静触点相连，电动机接成星形连接。等电动机接近额定转速时，将手柄往左扳，使左边一排动触点与静触点相连，电动机换成三角形连接。这样，在起动时就把定子每相绕组上的电压降到正常工作电压的 $\dfrac{1}{\sqrt{3}}$，降压起动时的电流为直接起动电流的 $\dfrac{1}{3}$。由于转矩与电压的平方成正比，所以起动转矩也减小到直接起动时间的 $\dfrac{1}{3}$，因此，这种起动方法只适合于空载或轻载起动。

自耦降压起动是利用三相自耦变压器将电动机在起动过程中的端电压降低，如图 4-37(c) 所示。起动时，先将开关 Q_2 置于 1 位置，接入自耦变压器降压起动，当转速 r 接近额定转速时，再将开关 Q_2 置于 2 位置，切除自耦变压器。自耦变压器有抽头，可得到不同电压，根据对起动转矩的要求而选用。可见，采用自耦变压器起动时，同时能使起动电流和起动转矩减小。因自耦变压器体积大，价格高，维护不便等缺点，已逐渐趋于淘汰。

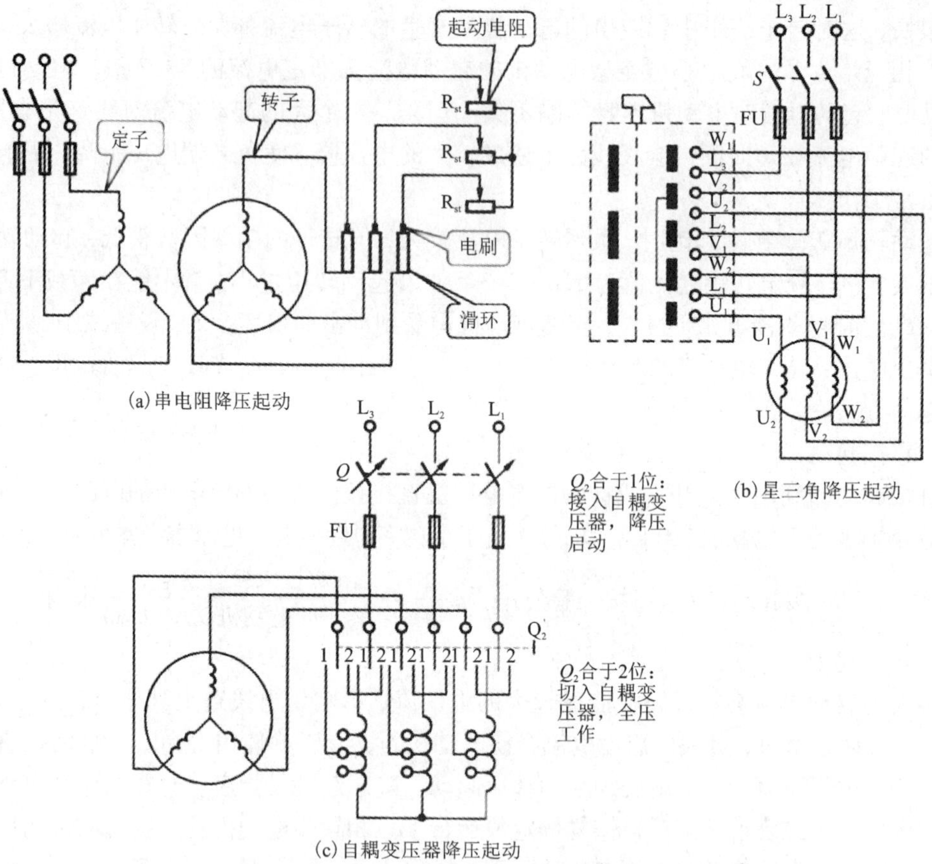

(a) 串电阻降压起动

(b) 星三角降压起动

Q_2 合于1位：
接入自耦变
压器，降压
启动

Q_2 合于2位：
切入自耦变
压器，全压
工作

(c) 自耦变压器降压起动

图 4 - 37   三相异步电动机的降压起动

（2）制动

三相异步电动机切断电源后，由于转子的惯性，转子不会立即停转。在有些场合是不允许的。为了缩短工时，提高生产效率，同时为了安全起见，需要对电动机进行制动，使电动机迅速停转。这时转子所受到的转矩称为制动转矩。

①能耗制动

图 4 - 38 是能耗制动的原理图。当电动机断电后，立即向定子绕组中通入直流电而产生一个固定的不旋转的磁场。由于转子仍以惯性转速运转，转子导条与固定磁场间有相对运动并产生感应电流。这时，转子电流与固定磁场相互作用产生的转矩方向与电动机惯性转动的方向相反，起到制动作用。

能耗制动的特点是制动平稳准确、耗能小，但需配备直流电源。

②反接制动

图 4 - 39 是反接制动的原理图。当电动机须停转时，将三根电源线中的任意两根对调位置而使旋转磁场反向，此时产生一个与转子惯性旋转方向相反的电磁转矩，从而使电动机迅速减速。当转速接近零时必须立即切断电源，否则电动机将会反转。

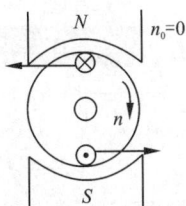

图 4-38 能耗制动原理

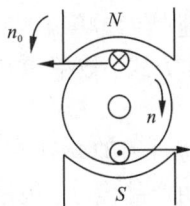

图 4-39 反接制动原理

反接制动的特点是设备简单、制动效果较好，但能量消耗大。有些中小型车床和机床主轴的制动采用这种方法。

③发电反馈制动

当转子的转速超过旋转磁场转速时，这时的转矩也是制动的。当汽车下坡时，由于重力与加速度，使电动机转速超过旋转磁场转速，实际上电动机已转入发电机运行，将位能转换为电能而反馈到电池，所以称发电反馈制动。

（3）调速

在讨论三相异步电动机的调速时，首先看电动机转速公式

$$n = (1-S)n_0 = (1-S)\frac{60f_1}{P}$$

从式中可以看出，改变电动机的转速有三种方法：一是改变电源频率；二是改变转差率；三是改变磁极对数。

目前，由于变频技术的迅速发展，采用变频的方式改变转速被广泛应用。图4-40为变频调速系统原理图。它主要由整流器与逆变器两大部分构成。首先由整流器将三相正弦交流变换成直流，然后再由逆变器将直流变换成频率可调、电压有效值可调的三相交流电，供给笼形电动机。由此可得到电动

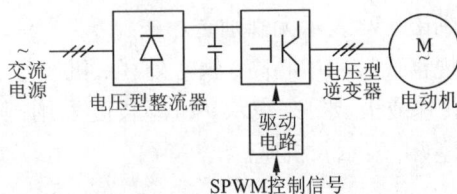

图 4-40 变频调速系统原理图

机的无级调速，并具有硬的机械特性。在纯电动汽车上，由于是直流供电，实际上无须整流器，电路变得更简单。

如何改变转差率，其实只要在绕线转子的电路中串联一个调速电阻即可。电阻增大，则转差率升高，转速下降。反之转速增高。所以改变电阻大小就可得到平滑的调速。它的缺点是能量损耗大。

而改变磁极对数，则需改变定子绕组接法。这种调速方式不能实现无级连续可调，只能实现有级可调。

4.三相异步电动机的铭牌

（1）铭牌内容

每台三相异步电动机都有一系列比较详细的技术数据，而最常用的一些数据则标在铭牌上。铭牌用铜材料或铝材料制成，铆在电动机外壳容易看到的显著位置，填写的内容是刻印的，图4-41所示。铭牌上包含电动机的型号、额定功率、额定电压（定子绕组上线电压）、

额定电流(定子绕组的线电流)、定子绕组的连接方式、转速、绝缘等级、工作方式、工作电压频率、工作方式、效率、功率因数等。

（2）型号

根据国家标准 GBT4831 - 2016 三相异步电动机的型号由产品代号、规格代号、特殊环境代号与补充代号四个部分组成，并按下列顺序排列：

产品代号由电动机类型代号、特点代号、

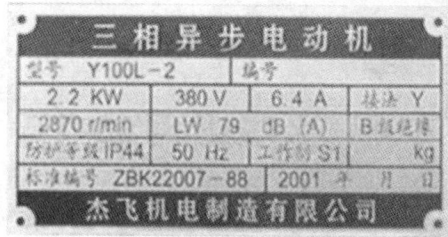

图 4 - 41　三相异步电动机铭牌

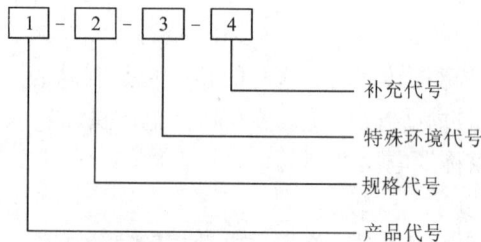

补充代号

特殊环境代号

规格代号

产品代号

设计序号与励磁方式代号 4 个小节顺序组成。类型代号与特点代号用汉语拼音的首字母表示，如三相异步电动机用 Y(异)表示；特点代号表征电动机的性能、结构或用途而采用的汉语拼音字母。如 A 增安型、B 隔爆型、ZY 正压型、W 无火花型。设计序号用数字表示，第一次设计不标注。励磁方式代号分别用字母 S 表示 3 次谐波励磁、J 表示晶闸管励磁、X 表示相复励磁、W 表示无刷励磁。

规格代号用中心高、铁心外径、机座号、机壳外径、机座长度、铁芯长度、功率、电流等级、转速或极数等来表示。机座长度采用国际通用字母符号来表示，S 表示短机座、M 表示中机座、L 表示长机座。

例1：小型异步电动机

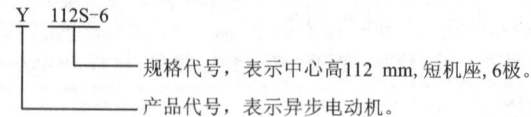

Y　112S-6

规格代号，表示中心高112 mm，短机座，6极。

产品代号，表示异步电动机。

例2：中型异步电动机

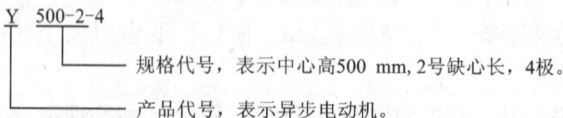

Y　500-2-4

规格代号，表示中心高500 mm，2号缺心长，4极。

产品代号，表示异步电动机。

（3）定子绕组的接法

三相异步电动机的定子有三相对称绕组 $U_1 U_2$、$V_1 V_2$、$W_1 W_2$，将 U_1、V_1、W_1 定义为首端，则 U_2、V_2、W_2 则为尾端，接线盒中就有六个引线端子，如何将这六个引线端接到三相电源呢？这六个引线端子在接到电源之前，必须连接正确。连接方法有两种，一种为星形连接，如图 4 - 42(a)图，即将三个尾端连成一点，从三个首端各引出一条线接三相电源三根相线。

另一种为三角形连接,如图4-42(b)图,即将三个绕组的首尾相连,引出三根线接三相电源三根相线。

三相电动机定子绕组的首、尾端可用如下方法判断。

图4-42 定子绕组的连接方式

首先用万用表确定每相绕组的两个引线端子,然后假设三个绕组的一端为首端相连,另一端为尾端也相连,在这两点之间接一个毫安表,如图4-43所示。转动转子,观察毫安表的偏转情况,若毫安表无电流,则上述假设正确。若毫安表有电流,则说明假设不对,再假设一次,直到毫安表电流等于零为止。

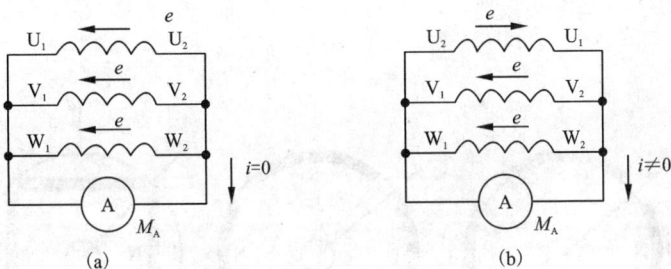

图4-43 定子绕组首尾端判断

二、交流永磁同步电动机

三相异步电动机的竞争对手是永磁同步电动机。永磁同步电动机的转子磁场由永久磁体产生,并且转子磁场及转子与定子旋转磁场"同步"旋转。永磁同步电动机具有结构简单、运行可靠、功率密度大、调速性能好等优点外,还具有低噪声、体积小、转动惯量小、脉动转矩小、控制精度高等特点。目前,比亚迪E6、腾势、宝马I3、沃蓝达Volt等电动汽车都装配了永磁同步电动机。有些混合动力车型的电动机集成在发动机和变速箱之间,这种技术结构的混动系统大多使用的是永磁同步电动机。

1. 永磁同步电动机的结构

图4-44为奥迪汽车装配的永磁同步电机。由转子、定子、端盖等部分构成。

图4-44　永磁同步电机结构

（1）定子

定子由定子铁芯与定子绕组构成。其结构与三相异步电动机的定子结构基本相同，定子铁芯采用叠片结构以减小电动机运行时的损耗。

（2）转子

转子由转子轴、转子铁芯与永磁体构成。转子铁芯可以做成整体也可以用叠片制成。

根据永磁体在转子内部位置不同，永磁同步电机可分为三种：凸装式、嵌入式和内埋式。如图4-45所示。

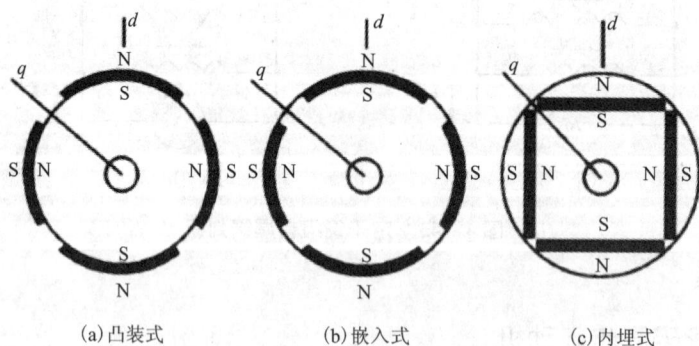

(a)凸装式　　　　(b)嵌入式　　　　(c)内埋式

图4-45　永磁同步电机转子结构

凸装式又称面贴式，制造工艺简单、成本低，但对永磁体保护较差，一般多为矩形波永磁同步电动机采用（根据磁通在气隙内的分布形式可分为正弦波式和矩形波式）。内埋式结构工艺简单，起动性好，但漏磁较大，需采取隔磁措施，转子强度差。嵌入式由于永磁体嵌入转子内部而得到很好的保护，外表面与定子铁芯内侧之间有铁磁材料制成的极靴，极靴中放有铜条笼或铸铝笼，产生阻尼与起动转矩，其稳态、动态性能好。其转子磁路的不对称性产生的磁阻转矩也有助于提高电动机功率密度和过载能力，易于"弱磁"扩速，使电动机在恒功率运行时具有较宽的调速范围。

永磁体给电动机提供永久的励磁，而气隙磁通密度主要受磁性材料的限制。为了增加气隙磁通密度，需采用磁能密度高磁性材料。目前用于电动机的永磁体主要有：铝镍钴、陶瓷（铁氧体）、稀土永磁材料（钐钴、钕铁硼）。

永磁体的性能在永磁电动机中起重要作用。在选用稀土永磁材料时，磁极对数的多少直接影响电动机的性能。表4-1为4极与8极磁极电动机损耗与功率。从表中可以看出，当磁极对数增加时，铁耗的增加比铜耗的减小要小，故总损耗减小，效率增高。而且随磁极对数的增加，铁轭的重量下降，有效地减小了电动机的尺寸和质量。

表4-1 4极与8极电机损耗与效率对比

物理量	4极	8极
摩擦及风阻损耗/W	14.1649	16.8876
铁耗/W	14.4256	21.7241
电枢铜耗/W	63.4198	40.7446
晶体管损耗/W	13.277	12.6073
二极管损耗/W	0.704802	0.411627
总损耗/W	105.992	92.3752
输出功率/W	600.25	600.025
输入功率/W	706.243	692.4
效率/%	84.9921	86.6587

2. 永磁同步电动机的工作原理

永磁同步电动机的转子为永久磁体，且产生的磁极是固定不变的。定子绕组与异步电动机相同。当定子绕组中通入三交正弦交流电时，会产生一个旋转磁场，根据同性相斥异性相吸的原理，该磁场与转子的永磁磁场相互作用，使转子产生电磁转矩，旋转的定子磁场拖动转子同步旋转。如图4-46所示。

由于同步电动机的转速与旋转磁场同步，因此，电动机的转速可表示为：

$$n = n_0 = \frac{60f}{P}$$

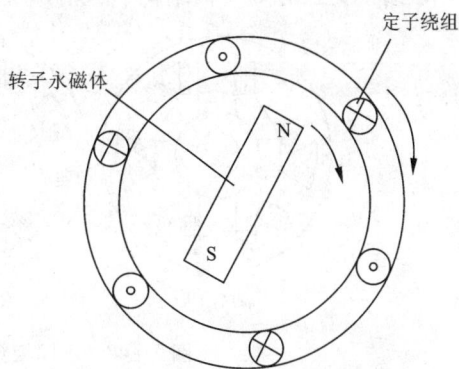

图4-46 永磁同步电机的工作原理示意图

从上式可知，对于磁极对数确定的电动机，其转速只与电源频率有关。

3.永磁同步电动机的控制

永磁同步电动机的控制较为复杂。为了得到与直流电动机同样优良的控制特性，永磁同步电动机与异步电动机一样，有多种控制方法，如：恒压频比开环控制、矢量控制、直接转矩控制、自适应控制、滑模变结构控制、模糊控制、神经网络控制等。

三、开关磁阻式电动机

开关磁阻电动机是一个很具有发展潜力的电动机，除具备结构简单、坚固耐用、工作可靠、效率高等优势外，它的调速系统可控参数多和经济指标比上述电动机都要好。功率密度也更高，这意味着电动机重量更轻且功率大，当电流达到额定电流的15%时即可实现100%的起动转矩。另外，更小的体积也使得电动车的整车设计更为灵活，可以将更大的空间贡献给车内，更为重要的是这种电动机的成本也不高。

1.开关磁阻式电动机的结构

图4-47为开关磁阻电动机的结构，电动机由双凸极的定子和转子组成。

转子由转子轴与转子凸极构成，转子凸极由普通的硅钢片叠压而成，转子上既无绕组又无永磁体。

定子由定子铁芯、定子凸极与定子绕组构成。定子的凸极由普通的硅钢片叠压而成，定子凸极上有集中绕组，把沿径向相对的两个绕组串联成一个两级磁极，称为"一相"。开关磁阻电动机有多种不同的相数结构。定子上

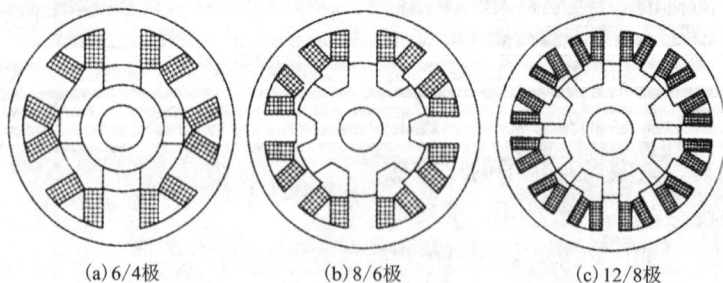

(a)转子　　　　　　　(b)定子

图4-47　开关磁阻电动机结构

有4个凸极的为两相、6个凸极的为三相、8个凸极的为四相，依此类推。相数多，有利于减小转矩脉动，但结构复杂，主开关器件多，成本高。

转子的凸极与定子的凸极数并不一样，定子与转子根据极数的多少有多种不同搭配，目前应用较多的是三相6/4极结构、四相8/6极结构、六相12/8极结构，如图4-48所示。

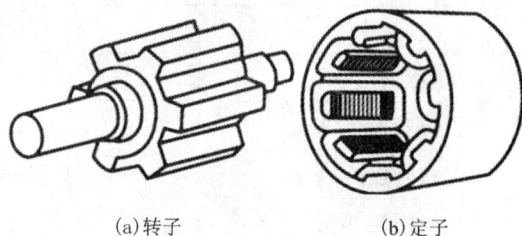

(a)6/4极　　　　　(b)8/6极　　　　　(c)12/8极

图4-48　不同相数的开关磁阻电动机结构

2.开关磁阻电动机的工作原理

开关磁阻电动机的转矩是磁阻性质，电动机的运行原理遵循"磁阻最小原理"，磁通总要沿着磁阻最小的路径闭合，而具有一定形状的铁芯在移动到最小磁阻位置时，使主轴线与磁

场的轴线重合，因而磁场扭曲而产生切向磁拉力。

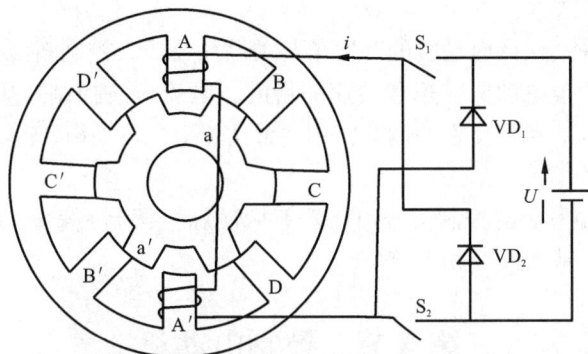

图 4-49　开关磁阻电动机工作原理

图 4-49 中，当控制开关 S_1S_2 闭合时，A 相绕组通电，定子 A-A' 极励磁，所产生的磁通力图使转子极轴线 a-a' 与定子轴线 A-A' 重合的位置转动，并使 A 相励磁绕组的电感最大。从而产生磁阻性质的电磁转矩。若以图中定、转子所处的相对位置作为起始位置，则依次给 A→B→C→D 相绕组通电，转子即会逆着励磁顺序以逆时针方向连续旋转；反之，若依次给 A→D→C→B 相通电，则电动机即会沿顺时针方向转动。可见，开关磁阻电动机的转向与相绕组的电流方向无关，而仅取决于相绕组通电的顺序。另外，从图中可以看出，当主开关器件 S_1、S_2 导通时，A 相绕组从直流电源 U 吸收电能，而当 S_1、S_2 关断时，绕组电流经续流二极管 VD_1、VD_2 继续流通，并回馈给电源 U。因此，开关磁阻电动机传动的共性特点是具有再生作用，系统效率高。

开关磁阻电动机制运行特性可分为三个区：恒转矩区、恒功率区、串励特性区。如图 4-50 所示。

开关磁阻电动机一般运行在恒转矩区和恒功率区。在这两个区域内，电动机的实际运行特性可控。通过控制条件，可以实现在实线以下的任意实际运行性。

3. 开关磁阻式电动机的控制

开关磁阻电动机不同于常规感应式电动机，由于其自身结构的特殊性，可以通过控制

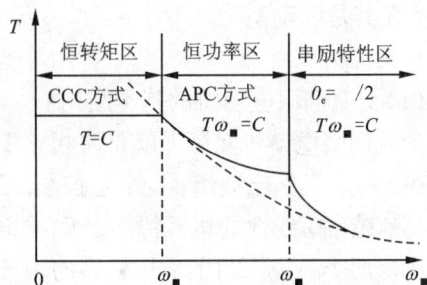

图 4-50　开关磁阻电动机的运行特性

电动机自身的参数来实现，也可以用适用于其他电动机上的控制理论，如 PID 控制、模糊控制等，对功率变换器部分进行控制，进而实现电动机的速度调节。

对于电动机的自身参数进行控制，目前主要使用三种基本方式：角度位置控制（APC）、电流斩波控制（CCC）、电压控制（VC）。

（1）APC 控制（APC）

APC 控制是电压保持不变，对开通角与关断角进行控制，通过对它们的控制来改变电流波形及电流波形与绕组电感波形的相对位置。角度控制的优点是：转矩调节范围大，可允许多相同时通电，以增加电动机的转矩，且转矩脉动小，可实现交流最优控制或转矩最优控制。

但角度控制不适应于低速工况，一般在高速运行时应用。

（2）电流斩波控制法（CCC）

在电流斩波控制中，保持电动机的开通角与关断角不变，控制斩波电流的大小来调节电流的峰值，从而起到调节电动机转矩和转速的目的。电流斩波控制适用于低速和制动工况，可限制电流峰值的增长，起到良好的调节作用，而且转矩也较平衡，转矩脉动也明显减小。

（3）电压控制法（VC）

电压控制法是在主开关的控制信号中加入 PWM（脉宽调制）信号，通过调节占空比来调节绕组端电压的大小，从而改变相电流值。

第八节　控制电动机

前面所讲的直流电动机与交流电动机都是作为动力来使用的，其主要任务是将电能转换为机械能，是进行能量的转换。而控制电动机的主要任务是传递控制信号，能量的转换是次要的。控制电动机主要是应用在精确的转速、位置控制上，在控制系统中作为"执行机构"。可分成伺服电机、步进电机、力矩电机、开关磁阻电机、直流无刷电机等几类。本节只讲述伺服电动机与步进电动机。

一、伺服电动机

伺服电动机广泛应用于各种控制系统中，能将输入的电压信号转换为电机轴上的机械输出量，拖动被控制元件，从而达到控制目的。一般要求伺服电动机的转速要受所加电压信号的控制，转速能够随着所加电压信号的变化而连续变化；转矩能通过控制器输出的电流进行控制；电机的反应要快、体积要小、控制功率要小。伺服电动机主要应用在各种运动控制系统中，尤其是随动系统。

1. 交流伺服电动机

（1）交流伺服电动机的基本结构

交流伺服电动机实际上就是两相异步电动机，它同样由定子与转子构成。定子上装有两个绕组，一个是励磁绕组，一个是控制绕组，它们在空间相差90°。为了使伺服电动机具有较宽的调速范围、线性的机械特性，无"自转"现象和快速响应的性能，转子具有电阻大和转动惯量小这两个特点。目前应用较多的转子结构有两种形式：一种是采用高电阻率的导电材料做成导条的鼠笼转子，为了减小转子的转动惯量，转子做得细长，图 4-51 所示为笼形转子交流伺服电动机结构。另一种是采用铝合金制成的空心杯形转子，杯壁很薄，仅为 0.2~0.3 mm，为了减小磁路的磁阻，要在空心杯形转子内放置固定的内定子，如图 4-52 所示。空心杯形转子的转动惯量很小，反应迅速，而且运转平稳，因此被广泛采用。

（2）工作原理

图 4-53 所示是交流伺服电动机采用电容分相的接线图。励磁绕组 1 与电容 C 串联后接到交流电源 $\dot{U}$ 上，其电压为 $\dot{U}_1$。与电容串联的目的是分相产生两相旋转磁场。适当选择电容 C 的数值，使励磁电流 $\dot{I}_1$ 超前电压 $\dot{U}_1$，让励磁电压 $\dot{U}_1$ 与电源电压 $\dot{U}$ 之间有 90°或接近 90°的相位差。控制绕组 2 接在电子放大器的输出端，控制电压 $\dot{U}_2$ 即为放大器的输出电压。控制

电压 $\dot{U}_2$ 与电源电压 $\dot{U}$ 相位相同或相反。因此，$\dot{U}_1$、$\dot{U}_2$ 的相位差为 90°，两个绕组中的电流 $\dot{I}_1$、$\dot{I}_2$ 相位差也为 90°，在空间间隔 90° 的两个绕组分别通入在相位上相差 90° 的两个电源，则产生两相旋转磁场，转子在旋转磁场的作用下便转动起来。

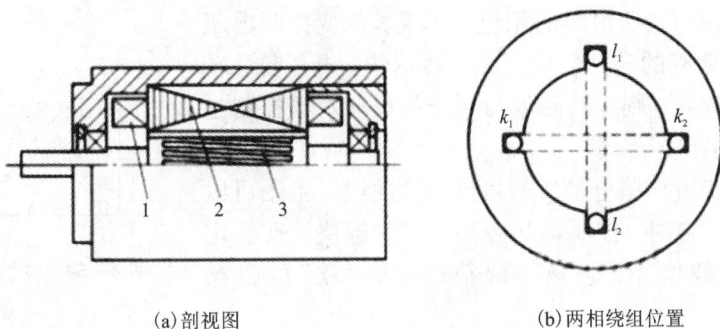

(a) 剖视图　　　　　　　　　(b) 两相绕组位置

图 4－51　鼠笼形交流伺服电动机结构
1—定子绕组；2—定子铁芯；3—鼠笼转子

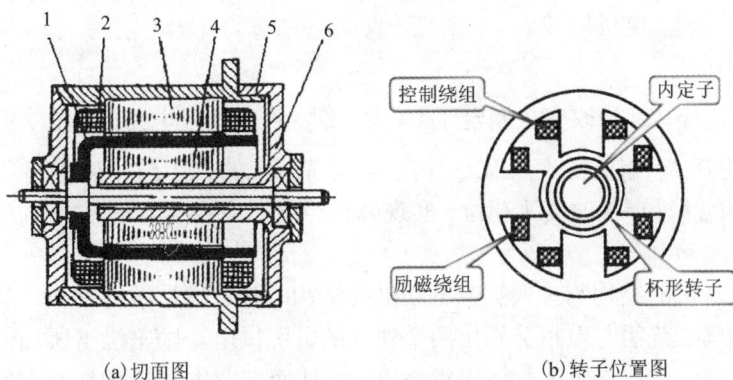

(a) 切面图　　　　　　　　　(b) 转子位置图

图 4－52　杯形转子交流伺服电动机结构图
1—转子；2—定子绕组；3—外定子；4—内定子；5—机壳；6—端盖

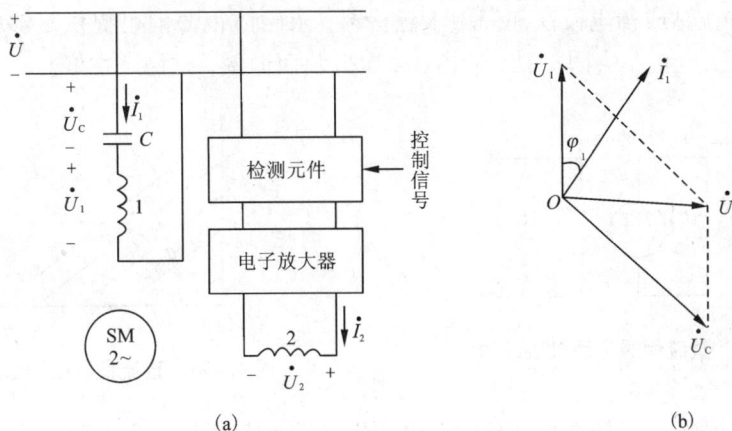

(a)　　　　　　　　　　　(b)

图 4－53　交流伺服电动机接线图与相量图

（3）控制方法

交流伺服电动机不仅具有受控于控制信号而起动与停转的伺服性，而且其转速变化也可控。交流伺服电动机的控制方法有三种。

①幅值控制法

保持控制电压与励磁电压的相位差不变，改变控制电压的大小来改变电动机的转速。电压高，转速快；电压低，转速慢。控制电压反相，则旋转磁场与转子都反向。当控制电压为零时，电动机立即停转。

图 4 - 54 为交流伺服电动机的机械特性曲线。由图可以看出，负载转矩一定时，控制电压越高，转速越快。在一定控制电压下，负载增加，转速下降很快。呈"软"的机械特性。

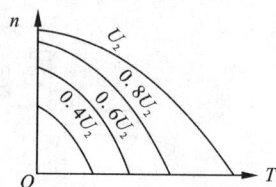

图 4 - 54　交流伺服电动机机械特性

②相位控制法

保持控制电压与励磁电压的额定电压值不变，改变它们的相位差来改变电动机的转速。用移相器改变控制电压 $\dot{U}_2$ 的相位，使 $\dot{U}_1$、$\dot{U}_2$ 的相位差在 0° ~ 90°之间变化，角度越大，转速越高。当角度为零时，电机停转。

③幅相控制法

在图 4 - 53 电路中，当改变控制电压 $\dot{U}_2$ 大小时，经过转子电路的耦合，引起励磁绕组中电流 $\dot{I}_1$ 和电容电压 $\dot{U}_c$ 相应变化。因 $\dot{U}_1 + \dot{U}_c = \dot{U}$，故 $\dot{U}_1$ 的大小与相位也随之变化。这样既改变了控制电压的大小，又改变了相位，实现幅相控制。当控制电压为零时，电机停转。

2. 直流伺服电动机

直流伺服电动机的结构与一般直流电动机的结构一样，只是做得细长一些，目的是减小转动惯量。它的励磁绕组与电枢分别由两个独立的电源供电。励磁绕组所加的电压一定，建立起的磁通也不变。将控制电压加到电枢绕组上，从而控制电动机的转速与转向。图 4 - 55 是直流伺服电动机的接线图。

直流伺服电动机用永久磁铁做主磁极时，称为永磁式直流伺服电动机，它的体积更小，更轻。当前用稀土钴或稀土钕铁硼等做永磁材料，永磁体很薄但可提供足够的磁感应强度，且抗去磁能力强，电机不会因振动、冲击、多次拆装而退磁，磁稳定性好。

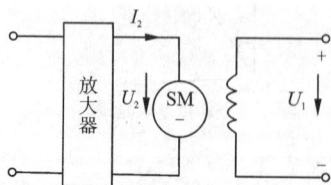

图 4 - 55　直流伺服电动机接线图

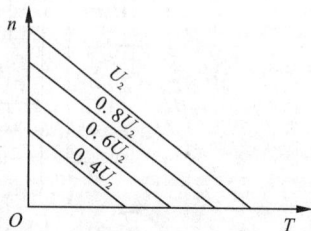

图 4 - 56　直流伺服电动机机械特性

直流伺服电动机的机械特性和他励式电动机一样，其转速也同样可用下式表示：

$$n = \frac{U}{C_e\Phi} - \frac{R_a}{C_e C_T \Phi^2}T$$

图 4 – 56 为直流伺服电动机的机械特性。由图可见，在一定负载转矩下，电枢电压增大，电动机转速升高，反之降低。当电枢电压为 0 时，电动机停转。且从理想空载转速 n_0 到堵转转矩 T_d 都与电枢电压 U_2 成正比，其斜率与电枢电压 U_2 无关。改变电枢电压的极性，电动机反转。

3. 伺服电动机在汽车上的应用

伺服电动机是自动控制系统中重要的执行元件。目前汽车自动空调主要选用直流伺服电动机，图 4 – 57 是自动空调控制系统图。其基本工作过程是：传感器采集车内车外温度、太阳光照射、蒸发器温度、冷却水温度、空调压缩机锁止等信息，汽车空调 ECU 对各传感器信号和功能选择键输入的指令进行计算、分析比较后，发出指令控制电机旋转，电机通过齿轮减速机构带动摇臂做不同角度的运动，使空调风门做不同的闭合，达到调节空调风门风向的目的。

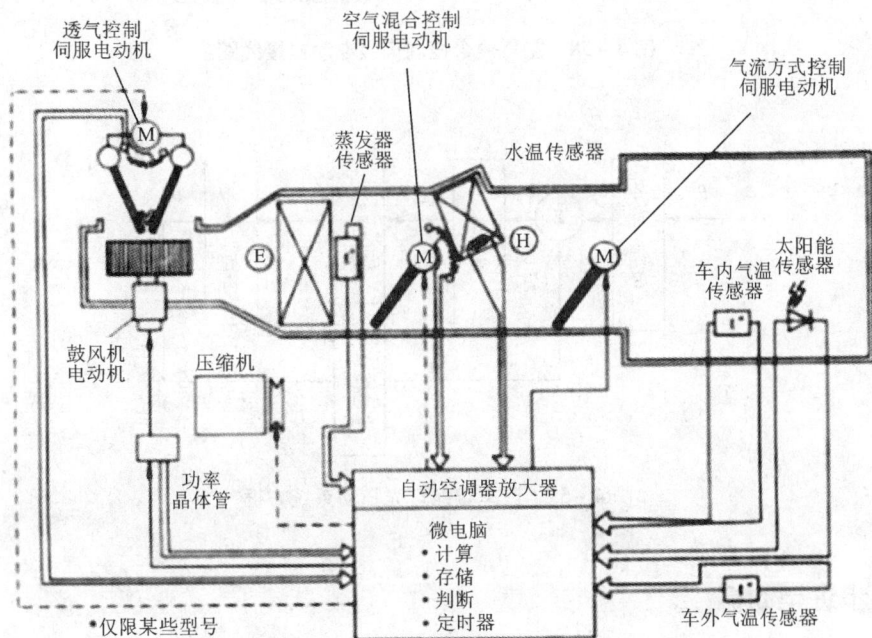

图 4 – 57　自动空调控制系统图

由于伺服电动机是受电压信号控制，所以汽车 ECU 发出的指令需经数模转换后，由放大器将信号放大以获得足够大的功率，驱动伺服电动机工作。图 4 – 58 为汽车自动空调空气混合控制伺服电动机的接线图。

汽车前照灯智能转向控制，汽车在夜间转弯，前照灯能自动跟随方向盘向左、向右转动一定角度，以改变照射角度，扩大视野范围，减小盲区。图 4 – 59 为汽车前照灯随动系统方框。θ 为方向盘转角，它正比于电压 U_E。θ' 为前照灯转动机构的旋转角度，它正比于反馈电压 U_f。差值电压 $U_d = U_E - U_f$ 经放大之后去控制伺服电动机，伺服电动机带动被控制机械，使 θ' 随 θ 而变化。

图 4-58 空气混合控制伺服电动机接线图

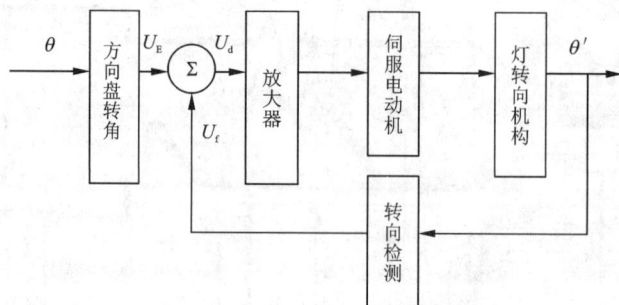

图 4-59 汽车智能灯光随动系统方框

二、步进电动机

所谓步进电动机就是一种将电脉冲转化为角位移的执行机构，通俗一点讲：当步进驱动器接收到一个脉冲信号时，它就驱动步进电动机按设定的方向转动一个固定的角度。我们可以通过控制脉冲的个数来控制电动机的角位移量，从而达到精确定位的目的。同时还可以通过控制脉冲频率来控制电动机转动的速度和加速度，从而达到调速的目的。目前，比较常用的步进电动机包括反应式步进电动机（VR）、永磁式步进电动机（PM）、混合式步进电动机（HB）和单相式步进电动机等。

1. 反应式步进电动机

（1）反应式步进电动机的基本结构

图 4-60 是反应式步进电动机的结构示意图。同样，它由定子与转子两大部分构成。它的定子具有均匀分布的 6 个磁极，磁极上绕有绕组。两个相对的磁极组成一相，绕组的接法

如图 4－60 所示。转子是由转子铁芯与永磁体
构成，转子上具有均匀分布的凸齿。

（2）步进电动机的工作原理

假定定子具有均匀分布的 6 个磁极，转子
具有均匀分布的 4 个齿。根据完成一个磁场周
期所需的脉冲数，可分为单三拍、六拍及双三拍
三种工作方式。

①单三拍

设 U 相首先通电（V、W 两相不通电），产
生 U—U′轴线方向的磁通，并通过转子形成闭合
回路。这时 U、U′极就成为电磁铁的 N、S 极。
在磁场的作用下，转子总是力图转到磁阻最小
的位置，也就是要转到转子的齿对齐 U、U′极的

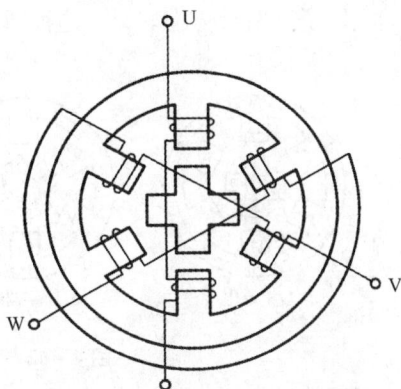

图 4－60　反应式步进电动机结构

位置，如图 4－61a 所示；接着 V 相通电（U、W 两相不通电），转子便顺时针方向转过 30°，
它的齿和 V、V′极对齐，如图 4－61b 所示，随后 W 相通电（U、V 两相不通电），转子又顺时
针方向转过 30°，它的齿和 W、W′极对齐，如图 4－61c 所示。不难理解，当脉冲信号一个一
个发来，如果按 U→V→W→U……的顺序轮流通电，则电动机转子便顺时针方向一步一步地
转动。每一步的转角为 30°（称为步距角）。电流换接 3 次，磁场旋转一周，转子前进了一个
齿距角（转子 4 个齿时为 90°）。如果按 U→W→V→U……的顺序通电，则电动机转子便逆时
针方向转动。这种通电方式称为单三拍方式。

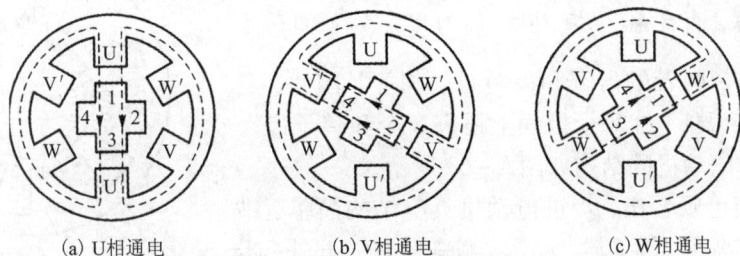

|　　　（a）U 相通电　　　　　　（b）V 相通电　　　　　　（c）W 相通电|

图 4－61　单三拍通电方式时转子的位置

②六拍

设 U 相首先通电，转子齿和定子 U、U′极对齐，如图 4－62（a）所示；然后 U 相继续通电
的情况下接 V 相，这时定子 V、V′极对转子齿 2、4 有磁拉力，使转子顺时针方向转动，但是
U、U′极继续拉住齿 1、3。因此，转子转到两个磁拉力平衡时为止，这时转子的位置，如
图 4－62（b）所示，即转子从图 4－62（a）所示的位置顺时针方向转过了 15°。接着 U 相断电，
V 相继续通电。这时转子齿 2、4 和定子 V、V′极对齐；如图 4－62（c）所示，转子从图 4－62
（b）所示的位置又转过了 15°。而后接通 W 相，V 相仍然继续通电，这时转子又转过了 15°，
其位置如图 4－62（d）所示。这样，如果按 U→U、V→V→V、W→W→W、U→U……的顺序
轮流通电，则转子便顺时针方向一步一步地转动，步距角为 15°。电流换接 6 次，磁场旋转一

周,转子前进了一个齿距角。如果按 U→U、W→W→W、V→V→V、U→U……的顺序通电,则电动机转子逆时针方向转动,这种通电方式称为六拍方式。

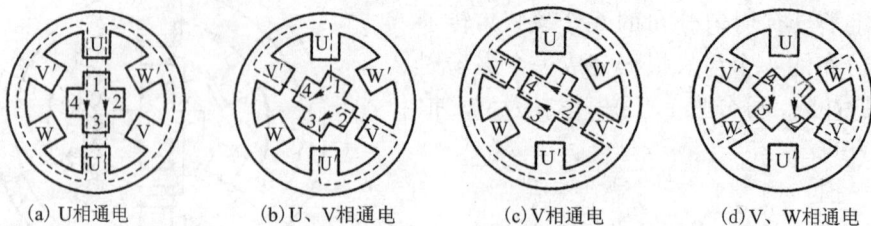

(a) U相通电　　(b)U、V相通电　　(c)V相通电　　(d)V、W相通电

图4-62　六拍通电方式时转子的位置

③双三拍

如果每次都是两相通电,即按 U、V→V、W→W、U→U、V……的顺序通电,则称为双三拍方式。从图4-62(b)和图4-62(d)可见,步距角也是30°。

由上述可知,采用单三拍方式和双三拍方式时,转子走三步前进了一个齿距角,每走一步前进了三分之一齿距角;采用六拍方式时,转子走六步前进了一个齿距角,每走一步前进了六分之一齿距角。因此步距角 θ 可用下式计算

$$\theta = \frac{360°}{Z_r m}$$

式中:Z_r 为转子齿数;m 为运行拍数。

实际上,一般步进电动机的步距角不是30°或15°,而常见的是3°或1.5°。由上式可知,转子上不止4个齿(齿距角 $\frac{360°}{4}=90°$),而有40个齿(齿距角为9°。为了使转子齿和定子齿对齐,两者的齿宽和齿距必须相等。因此,定子上除了6个极以外,在每个极面上还有5个和转子齿一样的小齿,步进电动机的结构如图4-63所示。

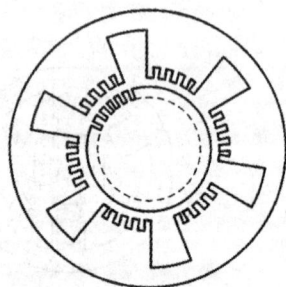

图4-63　三相反应式步进电动机的结构

由上面介绍可以看出,步进电动机具有结构简单、维护方便、精确度高、起动灵敏、停车准确等性能。此外,步进电动机的转速决定于脉冲频率,并与频率同步。

指令输入的电脉冲不能直接用来控制步进电动机,必须采用脉冲分配器先将电脉冲按通电工作方式进行分配,而后经脉冲放大器放大到具有足够的功率,才能驱动电动机工作,其工作过程如图4-64所示。

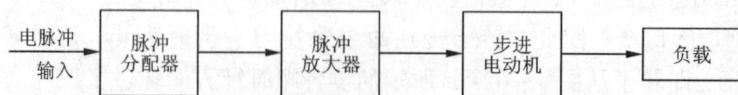

图4-64　步进电动机的工作过程

其中,脉冲分配器和脉冲放大器称为步进电动机的驱动电源,电动机带动负载。

2.永磁转子式步进电动机

(1)永磁转子式步进电动机基本结构与工作原理

永磁转子式步进电动机的转子是一个具有N极和S极的永久磁铁,定子有两相独立的绕组,如图4-65(a)所示。当从V_1到V向绕组输入一个电脉冲信号时,绕组产生一个磁场,在磁力同性相斥、异性相吸的原理作用下,使转子S极在右、N极在左位置。

当从V_1到V输入的脉冲信号消失后,再从U到U_1向绕组输入另一个脉冲信号时,绕组产生一个磁场,N极在上、S极在下,如图4-65(b)所示。在同性相斥、异性相吸原理作用下,转子就会沿逆时针方向转动90°,如图4-65(c)所示。

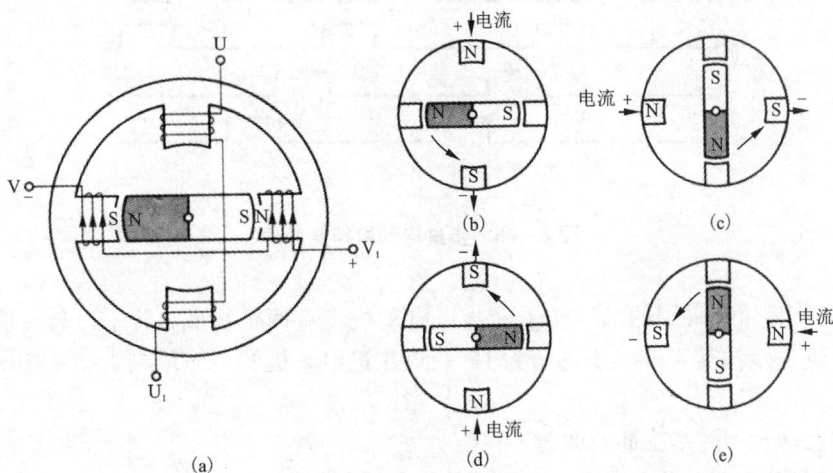

图4-65 永磁转子式步进电动机基本结构与步进原理

当从U到U_1输入的脉冲信号消失后,再从V到V_1向绕组输入另一个脉冲信号时,绕组产生磁场,N极在左、S极在右,如图4-65(c)所示。在同性相斥、异性相吸原理作用下,转子就会沿逆时针方向转动90°,如图4-65(d)所示。

当从V到V_1输入的脉冲信号消失后,再从U_1到U向绕组输入另一个脉冲信号时,绕组产生磁场,N极在下、S极在上,如图4-65(d)所示。在同性相斥、异性相吸原理作用下,转子就会沿逆时针方向转动90°,如图4-65(e)所示。

如果依次按$V_1 \to V$、$U \to U_1$、$V \to V_1$、$U_1 U$的顺序向绕组输入4个脉冲信号,如图4-66(a)所示,电动机就会沿逆时针方向转动一圈。同理,如果依次按$V_1 \to V$、$U_1 \to U$、$V \to V_1$、$U \to U_1$的顺序向绕组输入4个脉冲信号,如图4-66(b)所示,电动机就会沿顺时针方向转动一圈。

(2)步进角

每输入一个脉冲信号使电动机转动的角度,称为步进电动机的步进角。步进电动机定子爪极越多,步进角越小,转角的控制精度就越高,所需定子绕组的数量和控制脉冲的组数就越多。步进电动机的转速取决于控制脉冲的频率,频率越高,转速越快。

常用步进电动机的步进角有30°、15°、11.25°、7.5°、3.75°、2.5°、1.8°等。如丰田皇冠3.0型轿车ZJZ-GE发动机采用的永磁式步进电动机,其转子设有8对磁极,定子设有32个爪极,转子转动一圈前进32步,步进角为11.25°。该步进电动机的工作范围是0~125步(大约转动4圈)。

● 控制脉冲……逆时针转动

$V_1 - V$

$U - U_1$

$V - V_1$

$U_1 - U$

(a)逆时针步进转动控制脉冲

● 控制脉冲……顺时针转动

$V_1 - V$

$U_1 - U$

$V - V_1$

$U - U_1$

(b)顺时针步进转动控制脉冲

图 4 - 66   步进电动机控制脉冲

奥迪 2000 型轿车采用的永磁转子式步进电动机设有两个线圈，转子每转一圈需要步进24 步，每步进一步约需 4 ms，步进角为 15°。该步进电动机的工作范围为 0 ~ 128 步(大约转动 5.3 圈)。

3. 步进电动机在汽车上的应用

怠速控制阀 ISCV 的作用就是通过调节发动机怠速时的进气量来调节怠速转速。当发动机怠速运转时，由于空调压缩机、动力转向助力泵、发电机等负载的变化会引起怠速转速发生波动，因此需要对发动机怠速转速进行调整。

目前燃油喷射系统大多采用步进电动机式或脉冲电磁阀式怠速控制阀。怠速控制阀安装在发动机节气门体上或节气门体附近。发动机怠速时进气量的控制方式有节气门直接控制式和节气门旁通空气道控制式两种，前者是直接操纵节气门来调节进气量，简称节气门直动式；后者是通过控制节气门旁通空气道的开度来调节进气量，简称旁通空气式，如图 4 - 67所示。现在广泛应用的是节气门直动式。

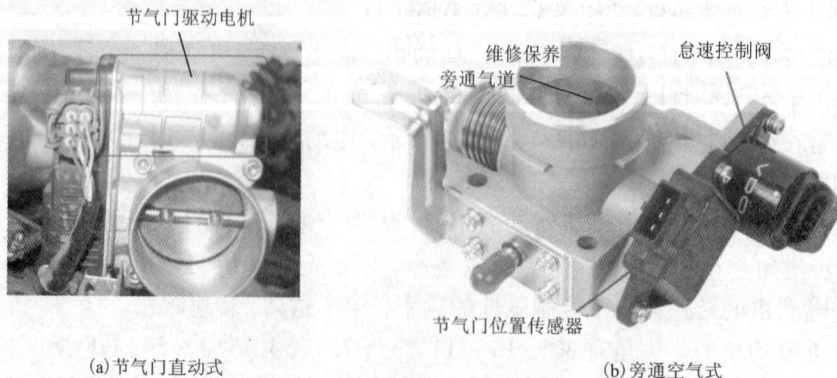

节气门驱动电机

维修保养
旁通气道

怠速控制阀

节气门位置传感器

(a)节气门直动式   (b)旁通空气式

图 4 - 67   怠速空气量的控制
1—节气门；2—节气门操纵臂；3—怠速控制阀

永磁转子步进电动机式怠速控制阀由步进电动机、螺旋机构、阀芯、阀座等组成，如图4-68所示。永磁转子式步进电动机的结构与其他电动机一样，由永磁转子、定子绕组等组成。其作用是产生驱动力矩。螺旋机构的作用是将步进电动机的旋转运动变换为往复运动，由螺杆和螺母组成。螺母与步进电动机的转子制成一体，螺杆的一端制有螺纹，另一端固定有阀芯，螺杆与阀体之间为滑动花键连接，只能沿轴向作直线移动，不能作旋转运动。

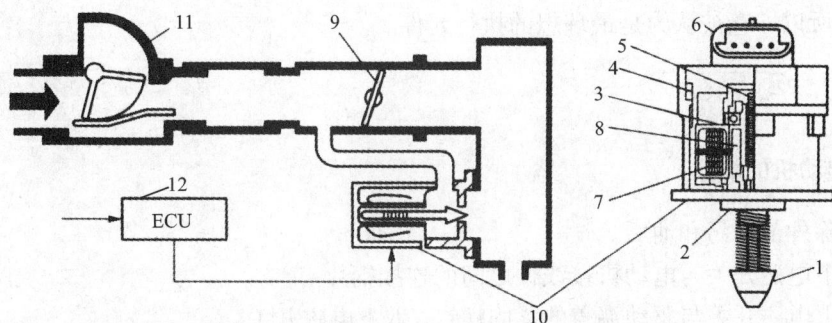

图4-68　永磁转子式步进电动机式ISCV的结构
1—阀芯；2—前轴承；3—后轴承；4—密封圈；5—丝杠机构；6—线束插座；
7—定子；8—转子；9—空气流量传感器；10—怠速控制阀；11—节气门；12—电子控制单元ECU

当步进电动机的转子转动时，螺母将带动螺杆做轴向移动。转子转动一圈，螺杆移动一个螺距。因为阀芯与螺杆固定连接，所以螺杆将带动阀芯开大或关小阀门开度。ECU通过控制步进电动机的转动方向和转动角度来控制螺杆的移动方向和移动距离，从而达到控制怠速阀开度，调整怠速转速的目的。

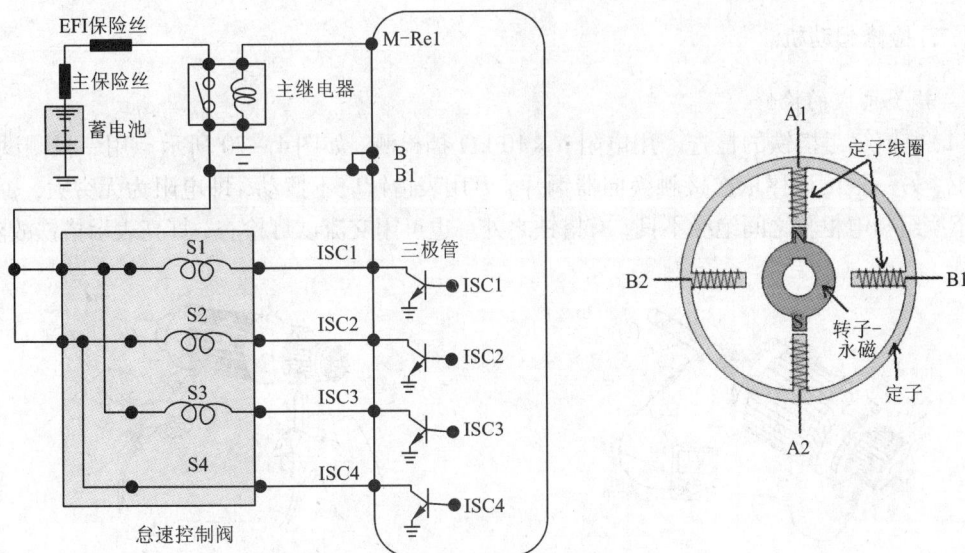

图4-69　步进电动机式怠速控制阀线路图

图4-69是步进电动机式怠速控制阀线路图，脉冲信号通过控制三极管的导通与截止，

从而控制步进电动机定子线圈的电流。

　　步进电动机和普通电动机的区别主要就在于其脉冲驱动的形式，正是这个特点，步进电动机可以和现代的数字控制技术相结合。但步进电动机在控制精度、速度变化范围、低速性能方面都不如传统闭环控制的直流伺服电动机，所以主要应用在精度要求不是特别高的场合。由于步进电动机具有结构简单、可靠性高和成本低的特点，所以步进电动机广泛应用在生产实践的各个领域。由于步进电动机不需要 A/D 转换，能够直接将数字脉冲信号转化成为角位移，所以一直被认为是最理想的执行元件。

第三部分　项目实施

（一）起动机的解体

（1）清除外部尘污和油垢。

（2）拆下电磁开关与电动机接线柱之间的连接钢片。

（3）拆下电磁开关与驱动端盖的紧固螺钉，取下电磁开关。

（4）拆下起动机防护罩。

（5）用电刷钩取出电刷。

（6）旋出两只穿心螺栓，使驱动端盖（连同转子）、定子与电刷端盖分离，注意转子换向器处的止推垫圈片数。

（7）拆下中间支撑板螺钉、拆下拨叉销轴，从驱动端盖中取出转子（连同中间支撑板、单向离合器）。

（8）拆下转子驱动端锁环，取下挡圈，取下单向离合器、中间支撑板。

（9）解体后，清洗擦拭各零件。

（二）检修起动机

1. 转子总成的检修

（1）电枢绕组搭铁的检查。用电阻 $R \times 10 \ \text{k}\Omega$ 挡检测，如图 4-70 所示。用一根测试棒接触电枢，另一根测试棒依次接触换向器铜片，万用表指针应不摆动，即电阻为无穷大，否则说明电枢绕组与电枢轴之间绝缘不良，有搭铁之处。也可用交流试灯检查，灯亮表示搭铁故障。

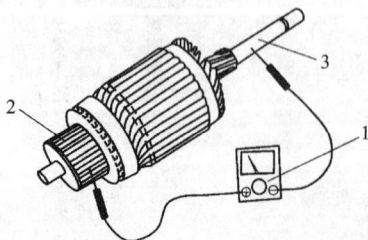

图 4-70　检测电枢轴与电枢绕组之间的绝缘电阻
1—万用表；2—换向器；3—电枢轴

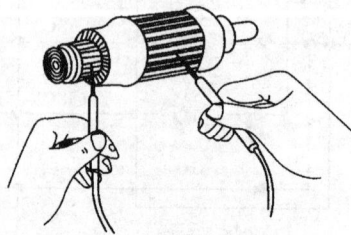

图 4-71　电枢绕组搭铁的检查

用电阻 $R×1$ Ω 挡检查换向器和电枢铁芯之间是否导通，如图 4-71 所示。如有导通现象，说明电枢绕组搭铁，应更换电枢。

（2）电枢绕组短路的检查。如图 4-72 所示，把电枢放在电枢检验器上，接通电源，将薄钢片放在电枢上方的线槽上，并转动电枢。薄钢片应不振动，若薄钢片振动，表明电枢绕组短路。相邻两换向片间短路时，钢片会在四个槽中振动。当同一个槽中上下两层导线短路时，钢片在所有的槽中都振动。

（3）电枢绕组断路的检查。目测电枢绕组的导线是否甩出或脱焊。然后用电阻 $R×1$ Ω 挡，将两个测试棒分别接触换向器相邻的铜片，如图 4-73 所示。测量每相邻两换向片间是否相通，如万用表指针指示"0"，说明电枢绕组无断路故障；若万用表指针在某处不摆动，即电阻值为无穷大，说明此处有断路故障，应更换电枢。

对于磁场绕组的断路、短路、搭铁故障都应对其检修或更换。

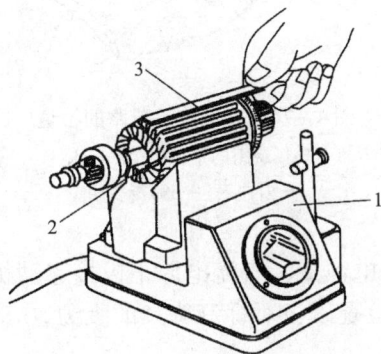

图 4-72　电枢绕组短路的检查
1—短路检测仪；2—电枢；3—薄钢片

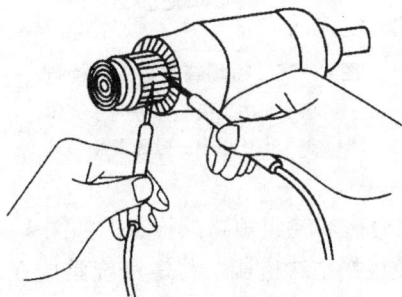

图 4-73　电枢绕组断路的检查

（4）电枢轴的检查

①用游标卡尺检测轴颈、外径与衬套内径的配合间隙，应与要求相符，若间隙过大应更换衬套并重新铰配。

②如图 4-74 所示，用百分表检测电枢轴径向圆跳动，应与要求相符，否则应予以校正。

（5）换向器的检测

①检查换向器表面有无烧蚀，轻微烧蚀用 00 号砂布打磨，严重时应车削。

②用百分表检测换向器圆度误差和外径，圆度误差大于 0.025 mm 时，应在车床上修整。

③换向器片的径向厚度不得小于 2 mm，否则应予更换。

图 4-74　检测电枢轴径向圆跳动
1—电枢；2—V 形架；3—百分表

④换向器的云母片，应低于换向器铜片圆周表面 0.5 mm 左右。

⑤铜片和线头的焊接应牢固，不得松动。

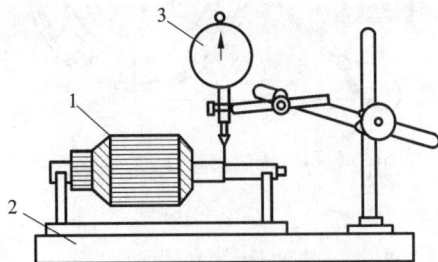

2. 定子绕组的检修

（1）磁场绕组搭铁的检查。如图 4-75 所示，用万用表测量起动机接线柱和外壳间的电阻，阻值应为无穷大，否则为搭铁故障。也可用 220 V 的交流试灯检测。

（2）磁场绕组断路的检查。如图 4-76 所示，用万用表测量起动机接线柱和绝缘电刷间的电阻，阻值应很小，若为无穷大则为断路。

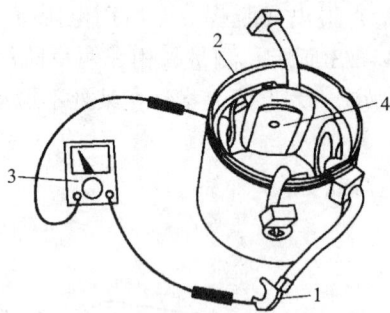

图 4-75　磁场绕组搭铁的检查

1—磁场绕组的正极端；2—定子壳体；
3—万用表；4—磁场绕组

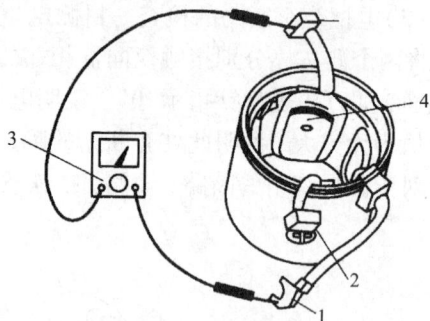

图 4-76　磁场绕组断路的检查

1—磁场绕组的正极端；2—电刷；
3—万用表；4—磁场绕组

（3）磁场绕组短路的检查。如图 4-77 所示，用蓄电池 2 V 直流电源正极接起动机接线柱，负极接绝缘电刷。将螺钉旋具放在每个磁极上，检查磁极对螺钉旋具的吸力，应相同。若某磁极吸力弱，则为匝间短路。

磁场绕组有严重搭铁、短路或断路时，应更换新品。

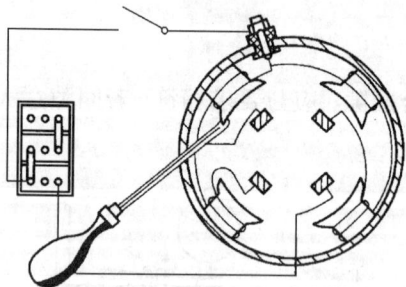

图 4-77　磁场绕组短路的检查

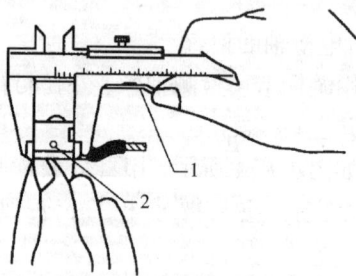

图 4-78　起动机电刷磨损的检查

1—游标卡尺；2—电刷

3. 电刷组件的检修

（1）电刷外观检查。电刷在架内活动自如，无卡滞，不歪斜。

（2）电刷磨损的检查。如图 4-78 所示，测量电刷的高度，不应低于新电刷高度的 2/3。电刷在电刷架内应活动自如，无卡滞现象。目测电刷与换向器的接触面积，应在 75% 以上，否则应进行磨修。

（3）电刷架的检查。如图 4-79 所示，用万用表测量绝缘电刷架和后盖间的电阻，应为无穷大；用万用表测量搭铁电刷架和后盖间的电阻，应为零。

（4）电刷弹簧的检查。在弹簧处于工作状态时，用弹簧秤检查电刷弹簧的压力，一般为 11.7～14.7 N。若压力降低，可将弹簧向与螺旋方向相反处扳动或更换。

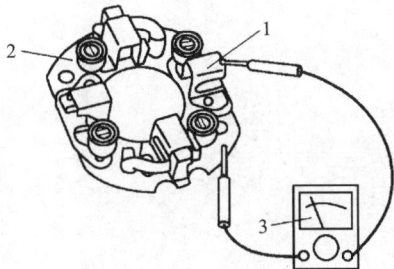

图 4 - 79　电刷架的检查

1—电刷架；2—电刷架底板；3—万用表

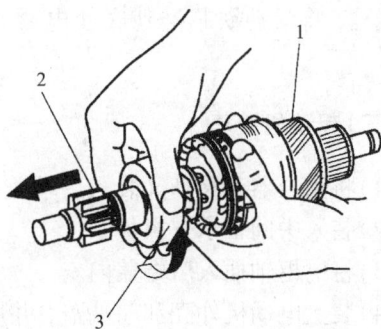

图 4 - 80　单向离合器总成的安装与检查

1—电枢；2—驱动齿轮；3—单向离合器

4. 单向离合器的检修

（1）单向离合器的安装与检查。如图 4 - 80 所示，将单向离合器及驱动齿轮总成装到电枢轴上，握住电枢 1，当转动单向离合器外座圈 2 时，驱动齿轮总成应能沿电枢轴自如滑动。

如图 4 - 81 所示，在确保驱动齿轮无损坏的情况下，握住外座圈，转动驱动齿轮，应能自由转动；反转时不应转动，否则就有故障，应更换单向离合器。

（2）离合器磨损的检查。目测离合器齿轮及离合器内花键槽有无严重磨损，若磨损严重，应予以焊修或更换。

（3）离合器最大转矩的测量。如图 4 - 82 所示，将单向离合器齿轮用布包好夹在台虎钳上，将扭力扳手的头插入啮合器的花键内，按其工作的方向扳转扭力扳手，应能承受制动试验时的最大转矩而不打滑。

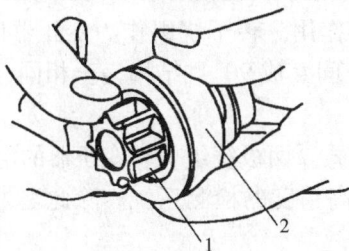

图 4 - 81　单向离合器的检查

1—驱动齿轮；2—单向离合器

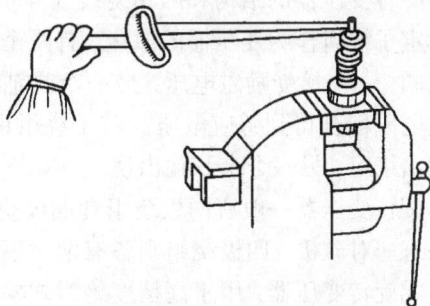

图 4 - 82　离合器最大转矩的测量

5. 电磁开关的检查

（1）检查触点、接触盘。目测触点、接触盘，若有轻微烧损可用细砂布打磨，起动时此处电压降不得超过 0.2 V。

（2）开关的检查。将万用表置于电阻挡，用万用表的两个测试棒分别接触起动机接线柱和接线柱，将活动铁芯推到底使电磁开关接通，看开关是否导通，若导通，表明电磁开关正常。

（三）起动机装复

（1）将离合器和移动叉装入后端盖内。

（2）装入中间轴承支撑板。

（3）将电枢轴插入后端盖内。

（4）装上电动机外壳和前端盖，并用长螺栓固定紧。

（5）装上电刷和防尘罩。

（6）装上起动机开关。

起动机装复后应转动灵活，各摩擦部位涂润滑油润滑，电枢轴的轴向间隙应符合要求。

第四部分　项目拓展

旋转变压器

旋转变压器简称"旋变"，又称为解算器或分解器。旋转变压器是一种电磁式传感器。它是一种测量角度用的小型交流电动机，用来测量旋转物体的转轴角和角速度，是目前伺服领域使用最广泛的测量元件，具有耐冲击、耐高温、耐油污、长寿命等优点。其缺点是输出为调制的模拟信号，输出信号解算较复杂。

1. 旋转变压器的结构

旋转变压器的结构和两相绕线式异步电机的结构相似，由定子与转子组成。

定子绕组作为变压器的原边，有两个绕组，两个绕组在轴线上相互成90°且匝数、型号完全相同，一个接受励磁电压，另一个是辅助绕组起补偿作用。转子绕组作为变压器的副边，通过电磁耦合得到感应电压。转子绕组也有两个，在空间互成90°且结构完全相同，一个正弦输出绕组，另一个余弦输出绕组。如图 4-82 所示。

旋转变压器一般有两极绕组和四极绕组两种结构形式。两极绕组旋转变压器的定子和转子各有一对磁极，四极绕组则各有两对磁极，主要用于高精度的检测系统。除此之外，还有多极式旋转变压器，用于高精度绝对式检测系统。

2. 旋转变压器的工作原理

旋转变压器的工作原理与普通变压器相似，区别在于普通变压器的原、副边绕组是相对固定的，所以输出电压与输入电压之比是常数。而旋转变压器的原、副边绕组则随转子的角位移发生相对位置的改变，因而其输出电压的大小随转子角位移而发生变化，输出绕组的电压幅值与转子转角成正弦、余弦函数关系或保持某一比例关系，或在某一转角范围内与转角

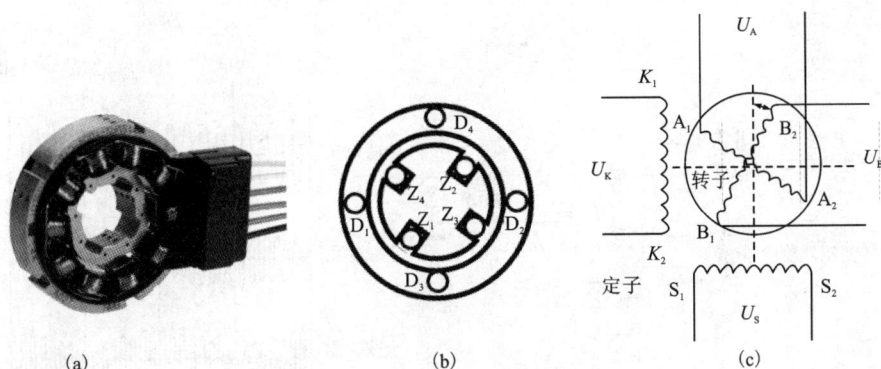

图 4-82　旋转变压器结构图

成线性关系。

　　按输出电压与转子转角间的函数关系，主要有：正-余弦旋转变压器：其输出电压与转子转角的函数关系成正弦或余弦函数关系；线性旋转变压器：其输出电压与转子转角呈线性函数关系；比例式旋转变压器：其输出电压与转角呈比例关系。

　　以正—余弦旋转变压器为例分析其工作原理。旋转变压器在结构上保证了其定子和转子（旋转一周）之间空气间隙内磁通分布符合正弦规律，因此，当激磁电压加到定子绕组时，通过电磁耦合，转子绕组便产生感应电势。图 4-83 为两极旋转变压器电气工作原理图。

　　设加在励磁绕组 S_1S_2 中的励磁电压为

$$U_S = U_m \sin\omega t$$

　　根据变压器原理，则转子绕组中的感应电压为：

$$U_B = KU_S \sin\theta = KU_m \sin\theta \sin\omega t$$

式中：K 为变压器的变比；θ 为转子的转角；U_m 是励磁电压的最大值。

　　若定子固定不动，转子随旋转体一起旋转，则 θ 代表了旋转体转过的角度。由上式可知，转子绕组中的感应电势 U_B 是以角速度 ω 随时间 t 变化的交变电压信号。其幅值 $KU_m \sin\theta$ 随转子和定子的相对角位移 θ 以正弦函数变化。因此，只要测量出转子绕组中的感应电势的幅值，便可间接地得到转子相对于定子的位置，即 θ 角的大小。

　　图 4-84 为单转速旋转变压器的励磁电压与正弦余弦输出波形。

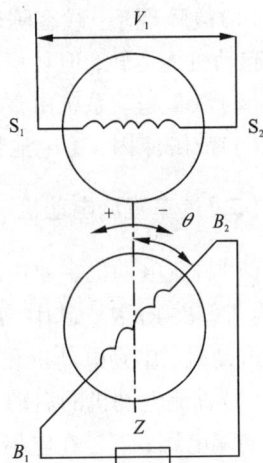

图 4-83　两极旋转变压器

3.旋转变压器在汽车上的应用

　　旋转变压器的应用发展很快，传统应用于要求可靠性高的军用、航空航天领域。现在工业、交通及民用领域也得到广泛应用。在电动汽车中所用的位置、速度传感器都用旋转变压器，如节能高效的永磁交流电动机的位置传感器就采用旋转变压器、电动助力方向盘电机的位置速度传感器也采用旋转变压器。

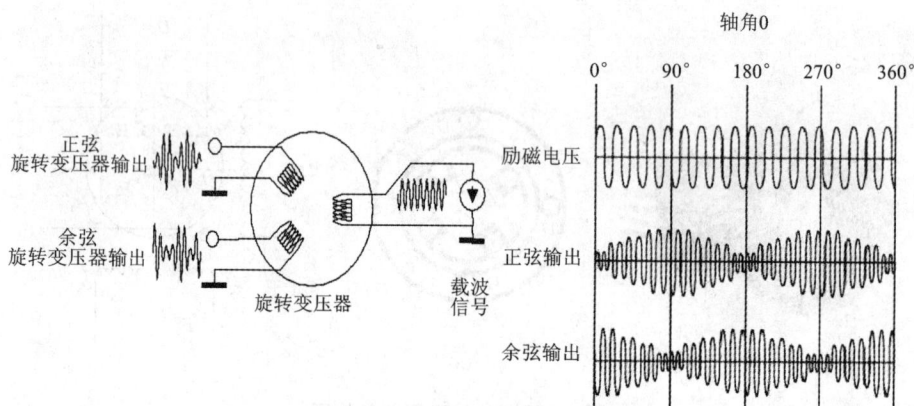

图 4－84　旋转变压器励磁与输出电压波形

第五部分　项目小结

本项目主要是对汽车直流电动机的学习。在汽车直流电动机中，以汽车起动机的检修为重点，分析了起动机起动无力的故障现象，学习了汽车直流电动机的结构、工作原理和机械特性及起动机的检测与维修。同时也学习了永磁电动机及步进电机的基本知识。

（一）维修项目：汽车起动机的检修

（1）故障现象：顾客陈述开大灯灯光明亮，将点火开关旋至起动挡时，有"嗒嗒嗒"的异响，起动机能运转，但功率明显不足，时转时停。

（2）汽车起动系统由蓄电池、起动机与控制线路三部分构成。

（3）故障原因：蓄电池容量、蓄电池桩头接柱、起动电磁开关主触头接柱和起动机内部。

（二）汽车直流电动机

（1）直流电动机主要由定子和转子两大部分组成。其电磁转矩为：$M = K_T \Phi I_a$。电压平衡方程：$U = E_f + I_a R_a$，其中，$E_f = K_e \Phi_n$。根据不同的励磁方式，直流电动机可分为他励电动机、并励电动机、串励电动机和复励电动机。

（2）直流电动机的启动方法有直接启动和降压启动。降压启动又有两种方法：一是降低电枢的端电压；二是在电枢回路中串联电阻。

（3）直流电动机的制动方式有机械制动和电气制动。

（4）直流电动机的转向取决于电磁转矩的方向，改变电磁转矩方向的方法有两种：①保持电枢电流方向不变，改变励磁电流的方向。②保持励磁电流的方向不变，改变电枢电流的方向。

（5）电动机调速是指通过改变电动机的电路参数来改变电动机的转速，从而改变生产机械的传动速度。由公式 $n = \dfrac{U - (R_f + R_a) I_a}{K_e \Phi}$ 可知，直流电动机的调速方法有三种（以并励式直流电动机为例说明）：

第一种：当负载不变时，通过改变电源电压 U 进行调速；

第二种：通过改变电枢电路中的电阻 R_a 来调速；

第三种：通过改变励磁磁通 Φ 进行调速。

(6)步进电动机按转矩产生的原理不同，可以分为反应式步进电动机和激磁式步进电动机两种。

(三)交流电动机

(1)三相异步电动机由两个基本部分构成：定子(固定不动)部分与转子(旋转)部分。

(2)三相异步电动机的启动方法有直接启动和降压启动。降压启动常用串电阻降压启动、星三角降压启动和自耦变压器降压启动等方法。

(3)三相异步电动机的制动方式有能耗制动、反接制动和发电反馈制动。

(4)三相异步电动机调速时，首先看电动机转速公式：

$$n = (1 - S)n_0 = (1 - S)\frac{60f_1}{p}$$

从公式中可以看出，改变电动机的转速有三种方法：一是改变电源频率；二是改变转差率；三是改变磁极对数。

(5)永磁同步电动机的转子磁场由永久磁体产生，并且转子磁场及转子与定子旋转磁场"同步"旋转。

(6)开关磁阻电动机的转矩是磁阻性质，电动机的运行原理遵循"磁阻最小原理"。

(四)汽车起动机

(1)汽车起动机由串励直流电动机、传动机构和操纵机构三个部分组成。

(2)其工作原理是利用了电的磁效应及电磁感应定律。

(3)串励直流电动机由电枢、磁极、换向器等主要部件构成。

(4)串励直流电动机的特点是起动转矩大，机械特性"软"。

(5)起动机由于其轻载或空载时转速很高，容易造成"飞车"事故，故对于功率较大的串励直流电动机，不允许在轻载或空载下长时间运行。

(五)汽车起动机的检测与检修

(1)检查蓄电池容量(用高效放电计检查)，若容量不足，可用容量充足的蓄电池辅助供电的方法加以排除。

(2)检查蓄电池桩头接柱及起动电磁开关主触头接柱的松动情况，若松动，加以紧固。

(3)若怀疑是起动机内部故障，可用同型号无故障的起动机替换加以排除。确认是起动机内部故障时，应进一步拆检起动机。

习 题

4-1 试分析直流电动机的组成及作用。

4-2 简述直流电动机的工作原理。

4-3 起动机由哪些部分组成？各组成部分的作用是什么？

4-4　汽车上为何采用直流串激式电动机?

4-5　试分析直流电动机转矩自动调节过程。

4-6　试分析直流串励电动机的机械特性。

4-7　起动机如何分类?

4-8　改变蓄电池的搭铁极性,起动机的旋转方向是否改变? 为什么?

4-9　起动机单向离合器有哪些? 单向离合器的作用是什么?

4-10　简述带起动继电器的起动控制电路的工作过程。

4-11　简述永磁电动机的特点。

4-12　简述汽车刮水电动机的工作原理。

4-13　简述汽车电动车窗电动机的工作原理。

4-14　简述汽车电动门锁电动机的工作原理。

4-15　简述步进电机在汽车上的应用。

4-16　简述三相异步电动机的工作原理。

4-17　简述永磁同步电动机的工作原理

汽车模拟电路的认知与检测

能力目标

通过本次项目的完成，你应能够：

1. 描述二极管的基本特性；
2. 描述三极管的三种工作状态；
3. 用万用表检测二极管的好坏；
4. 用万用表检测三极管的好坏；
5. 知道二极管和三极管在汽车上的应用；
6. 检测汽车晶体管电压调节器电路。

第一部分　项目描述

内搭铁型晶体管电压调节器电路原理图如图 5 - 1 所示，请分析相关电气元件和电路的原理：

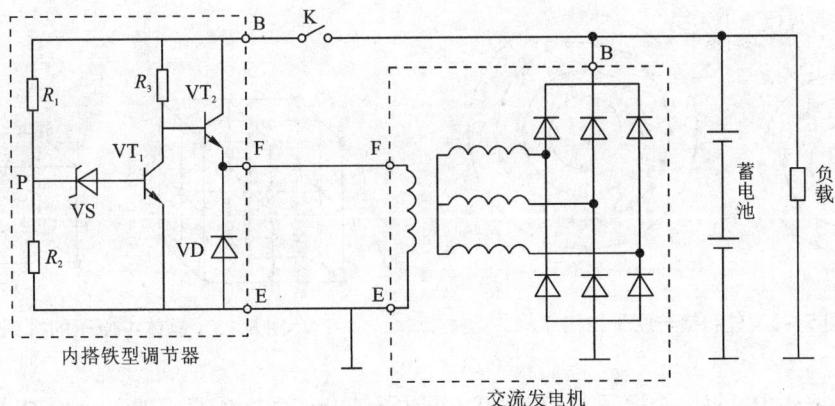

图 5 - 1　内搭铁型晶体管调节器电路原理图

(1)内搭铁型晶体管电压调节器电路原理。

(2)判断 JFT106 型晶体管电压调节器类型。

(3)JFT106 型晶体管电压调节器的测试方法。

(4)JFT106 型晶体管电压调节器的性能及故障检测。

第二部分　项目内容

第一节　半导体与 PN 结

电子技术发展到今天这样先进的水平，首先要归功于半导体材料的发现及半导体制造的日益完善。

一、半导体

1. 半导体概念

在自然界中，根据物质导电能力的不同，有绝缘体、导体与半导体之分。导体的导电能力很强，而绝缘体几乎不导电或导电能力很弱。所谓半导体，顾名思义，就是导电能力介于导体与绝缘体之间，它既不像导体那样容易导电，也不像绝缘体那样不导电。

自然界中，作为半导体的材料很多，目前用来制造半导体器件的材料主要是硅（Si）和锗（Ge），它们都是四价元素，图 5-2 为硅与锗的原子结构。

2. 半导体的导电机理

要理解半导体的导电机理，首先须了解半导体材料的原子结构。

用作半导体器件材料的硅或锗必须经过高纯度提纯，将提纯后几乎不含任何杂质的半导体，称为本征半导体。提纯后的锗或硅形成的单晶体，所有原子基本上整齐排列，其立体图如图 5-3 所示。每个原子都处在正四面体的中心，而四个其他原子位于四面体的顶点。半导体一般都具有这种晶体结构，所以半导体又称为晶体。

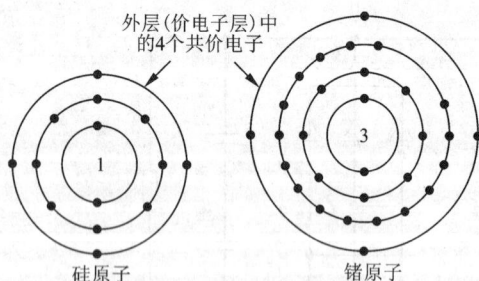

外层（价电子层）中的4个共价电子

硅原子　　　　锗原子

图 5-2　硅和锗与原子结构

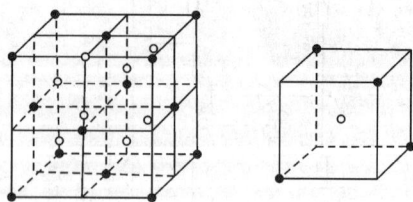

图 5-3　晶体中原子的排列

在晶体结构中，每一个原子与相邻的四个原子结合，每一个原子的一个价电子与另一个原子的一个价电子组成一个电子对，这对价电子是每两个相邻原子共有的，这就是所谓的共价键结构。图 5-4 为硅晶体的共价键结构。在共价键结构中，晶体的导电性能与原子最外层的价电子数及其所处的能级有关，最外层具有 8 个价电子处于较为稳定的状态。锗和硅的最外层价电子都是四个。在热力学温度零度下，价电子因无外界能量的激发完全被共价键束缚而无法参与导电，故呈绝缘体的特性。

硅和锗的最外层四个价电子显然没有 8 个价电子束缚得那么紧。在获得一定能量（温度升高或受光照）后，即可挣脱原子核的束缚，成为自由电子。在电子挣脱共价键的束缚成为自由电子后，共价键中就留下一个空位，称为空穴。本征半导体中的自由电子(带负电)与空穴(带正电)总是成对出现，又不断复合。在一定温度下，电子空穴对的产生与复合达到动态平衡，使维持一定的数目。如图 5 − 5 所示。

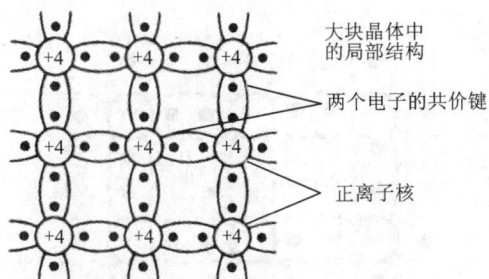

图 5 − 4　硅晶体共价键结构

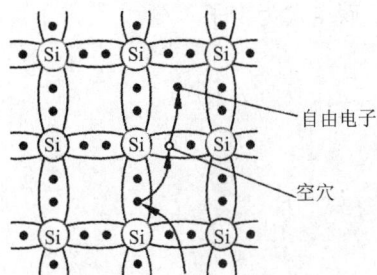

图 5 − 5　自由电子与空穴的形成

在外电场的作用下，有空穴的原子可以吸引相邻原子中的价电子，填补这个空穴。同时，在失去一个价电子的相邻原子的共价键中出现另一个空穴，它也可以由相邻原子中的价电子来递补。如此继续下去，就好像空穴在运动。而空穴运动的方向与价电子运动的方向相反，因此空穴运动相当于正电荷的运动。

当半导体两端加上外电压时，半导体中的将出现两部分电流，一是自由电子定向运动所形成的电子电流，二是仍被原子核束缚的价电子递补空穴所形成的空穴电流。在半导体中，同时存在着电子导电与空穴导电。因此，自由电子与空穴都称为载流子。

3. 半导体的特性

半导体具有热敏性。本征半导体的电子空穴对的浓度是很小的，仅为硅原子密度的 $1/10^{12}$，因此本征半导体有很大的电阻率。随温度的上升，价电子受到热激发，电子空穴对浓度上升，半导体电阻率会减小。温度越高，电子空穴对浓度越大，半导体的导电性能就越好。据计算，在常温附近，大约温度每升高 10℃，硅材料的电子或空穴浓度将增加一倍。因而温度对电阻率有较大的影响。利用半导体的这个特性可制成热敏元件，如汽车中温度传感器、电饭煲的热敏元件等。

半导体具有光敏性。同样，半导体在受到光照时，其导电性能会显著增强。利用此特性可以制成光敏元件，如光敏电阻、光电二极管、光电三极管等。半导体光敏元件广泛应用于精密测量、光通信、计算技术、摄像、夜视、遥感、制导、机器人、质量检查、安全报警以及其他测量和控制装置中。

半导体具有掺杂性。在本征半导体中掺入一定的微量元素作为杂质，可改变半导体的导电类型，并且其导电能力也会显著增加。这类半导体称为杂质半导体。只有经过精确掺杂控制的半导体材料才可以制造出不同用途的半导体器件。

4. P 型与 N 型半导体

根据杂质半导体导电类型的不同，可分为 N 型半导体与 P 型半导体两大类。

如果在本征半导体中采用高温扩散等特殊工艺，掺入微量的五价磷元素，就形成了 N 型半导体。磷原子的最外层有五个价电子，如图 5 − 6 所示。由于掺入的磷原子比硅原子少得多，因此整个晶体的结构基本不变，只是在某些位置上的硅原子被磷原子取代。磷原子参与共价键只需四个价电子，多余的第五个价电子很容易挣脱磷原子核的束缚而成为自由电子，如图 5 – 7 所示。于是半导体中的自由电子数目大量增加，它的数量远远超过了本征半导体激发下的电子空穴对，所以自由电子成为这种半导体的主要导电方式。在这里，自由电子为多子，而空穴为少子。

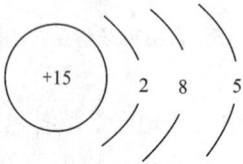

图 5 – 6　五价磷原子

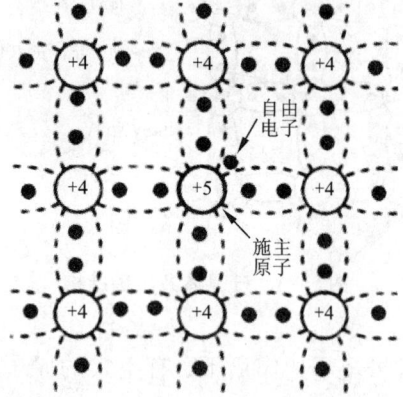

图 5 – 7　N 型半导体形成示意图

若在本征半导体中用同样的方法掺入微量三价硼元素，就形成 P 型半导体。硼原子的最外层价电子是三个，如图 5 – 8 所示。硼原子在取代硅原子参与共价键时只有三个价电子，故在构成共价键时因缺少一个价电子而产生一个空位，如图 5 – 9 所示。于是半导体中就形成了大量空穴，空穴成为这种半导体的主要导电方式。这里，空穴为多子，而自由电子为少子。

由以上可知，掺杂半导体中的多子浓度主要取决于杂质浓度，而与温度几乎没有关系；而少子的浓度则主要与本征激发有关，它的大小与温度有十分密切的关系。

值得注意的是，无论是 N 型半导体还是 P 型半导体，虽然它们都有一个载子为多数，但整个晶体仍然保持电中性。

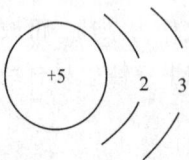

图 5 – 8　三价硼原子

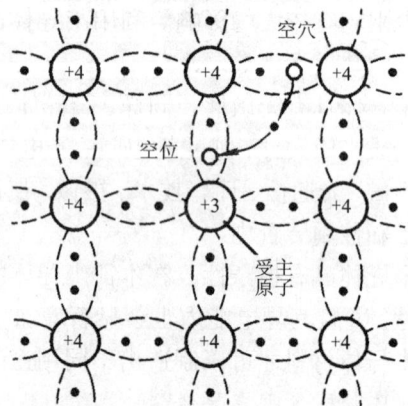

图 5 – 9　P 型半导体形成示意图

二、PN 结

1. PN 结的形成

如果在 N 型(或 P 型)半导体的基片上，采用特殊的工艺，掺入三价(或五价)元素作为补偿杂质，使之形成 P 型(或 N 型)区，则在 P 区与 N 区之间的交界面附近，将形成一个很薄的空间电荷区，称为 PN 结。

PN 结是如何形成的呢？首先，由于 P 型与 N 型半导体之间存在着多子的浓度差，N 型区自由电子为多子，空穴则为少子；P 型区空穴为多子，自由电子为少子。因此，在其交界处，P 区内的空穴就要向 N 区扩散，结果导致交界附近的 P 区侧因失去空穴而留下不能移动的负离子；同样，N 区内的自由电子向 P 区扩散，N 区一侧因失去电子而留下不能移动的正离子。扩散到对方的载流子便成为异型半导体中的少子而与该区内的多子相复合。这样，在两种半导体的交界面附近就逐渐露出由正、负离子电荷所组成的空间电荷区。由于交界面的 P 区一侧呈现出负电荷，N 区一侧呈现出正电荷，所以出现了由 N 区指向 P 区的内建电场，简称为内电场。如图 5 - 10 与图 5 - 11 所示。

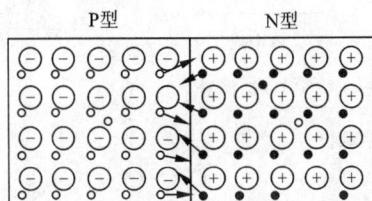

图 5 - 10　P 区与 N 区交界面

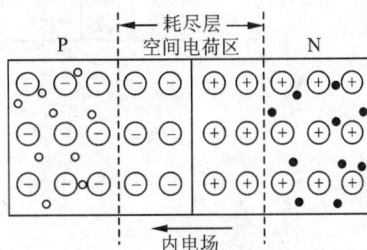

图 5 - 11　PN 结的形成

内电场的建立一方面将阻碍多子的继续扩散，另一方面在内电场的作用下将靠近 PN 结的少子漂移到对方。当扩散与飘移达到动态平衡时，空间电荷区的宽度和内电场相对稳定下来，此时流过 PN 结的净电流为零。

2. PN 结的特性

我们讨论了没有外加电压时，PN 结的形成过程与内电场的建立。若在 PN 结两端外加电压，又是怎样的呢？

(1)外加正向电压(称为正向偏置，简称正偏)

如图 5 - 12(a)所示，通过电阻 R(限流电阻)，在 P 区一侧接电源的正极，N 区一侧接电源的负极，则外电场与 PN 结的内电场方向相反，在此情况下，N 区中的多数载流子(电子)与 P 区中的多数载流子(空穴)向 PN 结移动。当 N 区的电子进入正空间电荷区后，和部分正离子中和，使区内的正空间电荷层的厚度与空间电荷减小。同样，P 区中的空穴进入负空间电荷区中，与部分负离子中和，使负空间电荷层的厚度和空间电荷量减小。结果是，PN 结的宽度变窄，内电场减弱，有利于多子的扩散运动。当外加电压增加到一定值以后，扩散电流大大增加，只要外加正向电压有微小的变化，便能使扩散电流发生显著变化。此时，即外电场抵消内电场，有电流从 P 区流向 N 区，称为正偏导通。

(2)外加反向电压(称为反向偏置，称反偏)

如图5-12(b)所示,当P区一侧接电源负极,N区一侧接电源正极,此时外电场与内电场方向一致,多数载流子将离开PN结而导致空间电荷区变宽,这样多子的扩散运动将受阻,电流不能由P区流向N区,此时扩散电流为零,称反向截止。

但内电场的增强可加速少子的漂移运动,形成了由N区流向P区的反向电流。由于少子的浓度由热激发引起,非常小,所以反向电流也非常小,通常可以忽略不计。当温度一定时,少子浓度也一定,反向电流不随外加电压而变化,所以该反向电流也称为反向饱和电流。

由此可见,PN结具有单向导电性,即正偏导通,反偏截止。PN结是各种半导体器件的基本结构。

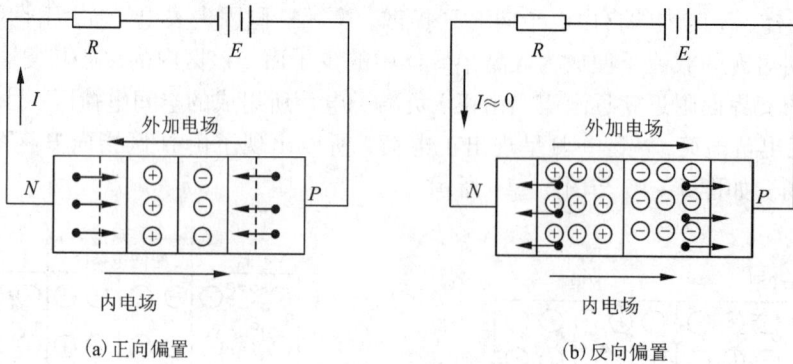

(a) 正向偏置　　　　　　　　　　(b) 反向偏置

图 5 - 12　PN 结的单向导电性

第二节　晶体二极管

二极管是最常用的电子器件之一,在电路中可以用作整流、开关、限幅、续流、检波、钳位、保护、变容、显示、稳压等。

一、二极管的基本结构

1. 二极管的结构与电路符号

如图5-13所示,从PN结P区引一个电极出来,称为正极或阳极;从N区引一个电极出来,称为负极或阴极,将其进行封装,就成为一个二极管。

二极管实质上就是一个PN结。电路符号的三角箭头方向代表正偏导通时电流方向。

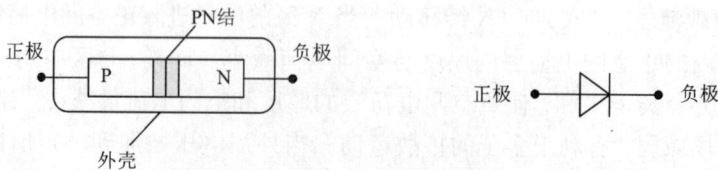

图 5 - 13　二极管的基本结构与电路符号

2. 二极管的类型

按二极管 PN 结结面积不同,二极管有点接触型、面接触型与平面型三种,如图 5 – 14 所示。

点接触型二极管,一般为锗管,它的 PN 结结面积很小,因此不能通过大电流,但其高频性能好,故一般用于高频和小功率电路,可用作数字电路中的开关元件。

面接触型二极管,一般为硅管,它的 PN 结结面积大,故可通过较大的电流,但其工作频率较低,整流二极管就是面接触型二极管。

平面型二极管,可作大功率整流管与数字电路中的开关管。

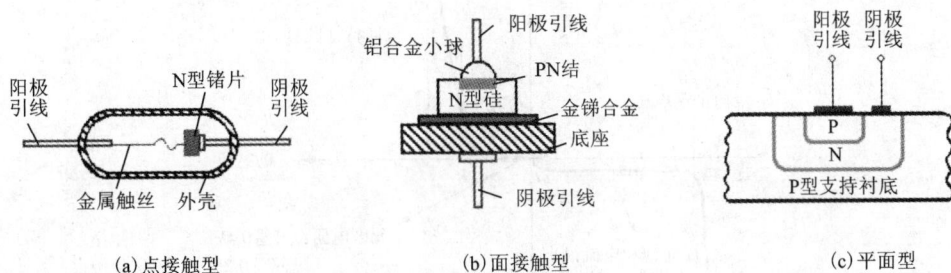

(a)点接触型　　　　　(b)面接触型　　　　　(c)平面型

图 5 – 14　二极管

二、二极管的伏安特性

二极管既然是一个 PN 结,当然具有 PN 结的基本特性——单向导电性。描绘二极管两端电压与流过二极管电流的关系曲线称为二极管的伏安特性曲线。图 5 – 15 为测量二极管正向特性与反向特性的电路图。由实验可知,当外加正向电压很低时,正向电流几乎为零。但当正向电压超过一定值后,正向电流增长很快。出现正向电流所对应的正向电压称为死区电压或门槛电压,其大小与材料及环境温度有关。通常,硅管的死区电压约 0.5 V,锗管的死区电压约 0.1 V。二极管一旦导通,其正向压降维持一个较小的值,硅管在 0.6 ~ 0.8 V 之间,锗管为 0.2 ~ 0.3 V。

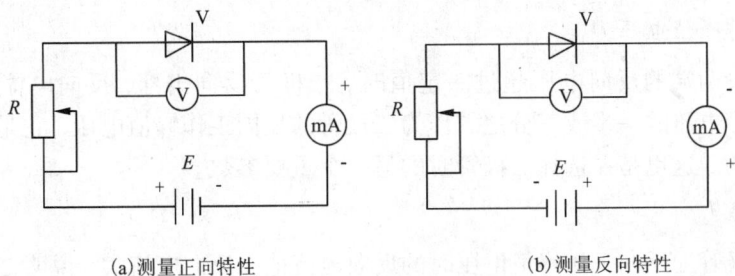

(a)测量正向特性　　　　　(b)测量反向特性

图 5 – 15　二极管伏安特性测量电路

当二极管加上反向电压时,有很小的反向电流。在一定温度下,当不超过一定反向电压时,反向电流的大小基本恒定,与反向电压高低无关,此为二极管的反向饱和电流(反向漏电流)。但反向电流会随温度的上升而增加很快。该反向饱和电流越小,则说明二极管的单向导电性能越好。当外加反向电压增高到某一数值时,反向电流会突然增大,二极管失去单向导电性,此种情况称为反向击穿。当二极管击穿后,一般情况下,二极管就已损坏,不能恢复其原来特性。击穿时加在二极管两端的反向电压称为反向击穿电压 $U_{(BR)}$。

图 5-16 为二极管的伏安特性曲线。

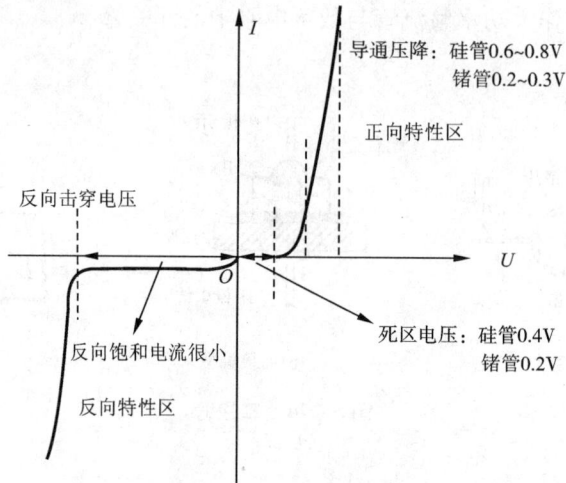

图 5-16　二极管的伏安特性曲线

三、二极管的主要参数

1. 最大整流电流 I_{OM}

由二极管伏安特性曲线可知,二极管一旦导通,外加电压微小的变化,都将导致正向电流急剧增加。当正向电流超过一定值时,将导致 PN 结过热而损坏。所以当二极管长时间工作时,允许流过二极管的最大正向平均电流,称为二极管的最大整流电流。这是在选择二极管时的一个重要参数。

2. 反向工作峰值电压 U_{RWM}

加在二极管两端的反向电压超过一定值时,二极管反向击穿,反向电流急增而导致损坏。通常将击穿电压的一半或三分之二作为二极管的反向工作峰值电压,它是保证二极管不被击穿而给出的。这也是在选择二极管时的另一个重要参数。

3. 反向电流 I_B

它是指二极管加反向工作峰值电压时的反向电流值。反向电流大,说明二极管的单向导电性差;反之,反向电流越小,二极管的单向导电性越好。

四、二极管的命名与测量

1. 常见二极管的外形与命名

图 5 – 17 为常见二极管的外形。

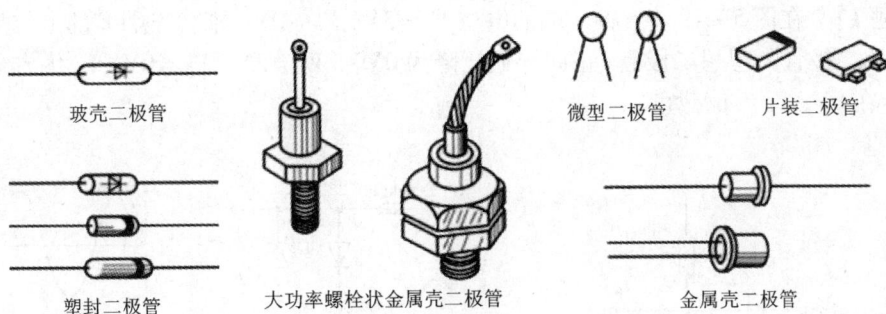

玻壳二极管　　　　　　　　　　　　　　　微型二极管　　片装二极管

塑封二极管　　　大功率螺栓状金属壳二极管　　　　　金属壳二极管

图 5 – 17　常见二极管的外形

国产二极管的命名分为五部分，如图 5 – 18 所示。

第五部分, 规格
第四部分, 产品序号
第三部分, 管子类型
第二部分, 材料及极性
第一部分, 用2表示, 为二极管

A——锗N型
B——锗P型
C——硅N型
D——硅P型

P——普通管
W——稳压管
Z——整流管
L——整流堆
N——阻尼管
U——光电管

图 5 – 18　国产二极管的命名方法

例如：2CW21D 表示 N 型硅材料稳压二极管；2AP9 表示 N 型锗材料普通二极管。

2. 二极管的测量

(1) 用数字万用表测量二极管

将数字万用表红表笔插入 V Ω 孔，黑表笔插入 COM 孔；选择为专用"二极管挡"；用两表笔任意搭接二极管两引脚，如果一次显示为溢出标志"1"，另一次有数据显示(700 左右为硅管。300 左右为锗管，单位为 mV。不同类型的二极管其数据不同)，则二极管是好的。如果两次都显示溢出标志"1"则说明二极管已断开。如果两次都显示较小的数字(或此时万用表嘀嘀声)则说明二极管已击穿。

如果测出二极管是好的，则测出显示数字的那一次红表笔所接为正，黑表笔所接为负。

(2) 用 500 型指针式万用表测量二极管

将指针万用表红表笔插入" + "，黑表笔插入" ＊ "端；选择电阻 R×100Ω 挡或者 R×1kΩ 挡；(不可用 R×1 或 R×10kΩ)；分别用红黑表笔搭接二极管两个电极，测出两个电阻值。

若测出两个电阻值一大一小，则小的一次黑表笔所接为正极，红表笔所接为负极。相反，所测电阻值大的一次，红表笔所接为正极，黑表笔所接为负极。两次所测电阻值相差越大越好。

若两次所测电阻均很小，说明二极管已击穿；若两次所测电阻值均很大，则说明已断开。若两次所测电阻相差较小，则二极管单向导电性差，性能不良。

【例题 1】 在图 5-19 中，输入端的电位 $V_A = 3V$，$V_B = 0V$，求输出端 F 的电位 V_F。

解： 设二极管为理想二极管（正向导通压降为 0V），$V_A = 3V$，$V_B = 0V$，V_2 优先导通，则 V_F 被钳定在 0V，V_1 反偏截止。

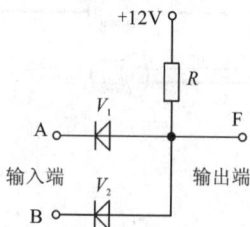

图 5-19 例 1 电路

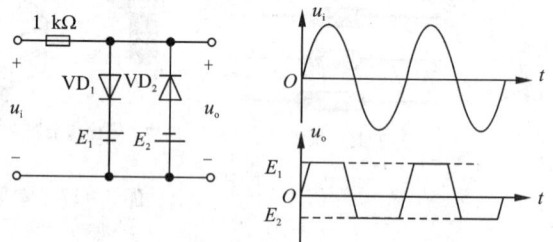

图 5-20 例 2 电路

【例题 2】 如图 5-20 所示，设输入电压 $U_i = 8\sin314t$，直流电源 $E_1 = 5V$，$E_2 = 3V$，画出输出信号 U_o 的电压波形。

解： 设二极管为理想二极管，其导通压降为 0V。

输入电压正半周：VD_2 反偏截止。当输入电压小于 5V 时，二极管 VD_1 反偏截止，则输出电压 $U_o = U_i$；当输入电压上升至大于 5V 时，VD_1 正偏导通，则 $U_o = 5V$。

输入电压负半周：VD_1 反偏截止。当输入电压大于 -3V 时，二极管 VD_2 反偏截止，则 $U_o = U_i$；当输入电压下降至小于 -3V 时，VD_2 导通，则 $U_o = -3V$，其输出波形如图 5-20 所示。

五、特殊二极管

1.稳压二极管

由分析二极管的反向特性曲线可知，当二极管反向击穿后，二极管的反向电流急剧增加。在反向电流从小增大的过程中，发现其两端的电压只有很微小的变化（基本保持不变）。若能限制反向电流大小（如串联限流电阻）使二极管反向击穿后不烧毁，则可以利用这一特点进行稳压。稳压二极管就是利用这一特点制成的。

图 5-21 为常见稳压二极管外形与电路符号。

图 5-22 为稳压二极管的伏安特性曲线，与普通二极管相似，不同点在于稳压二极管的反向特性曲线比较陡。

稳压二极管工作在反向击穿区。从反向特性曲线可以看出，当外加反向电压小于反向击穿电压时，反向电流很小，可视为反向截止。当外加反向电流增加到反向击穿电压时，反向电流急剧增大，稳压二极管反向击穿。此后，电流虽然在较大范围内变化，但稳压二极管两端的电压变化很小。经过特殊处理的稳压二极管反向击穿后不会损坏，当反向电压撤除，稳

玻壳式　　　贴片式　　　塑封式　　　金属壳式

（旧符号）　　　　　　（新符号）

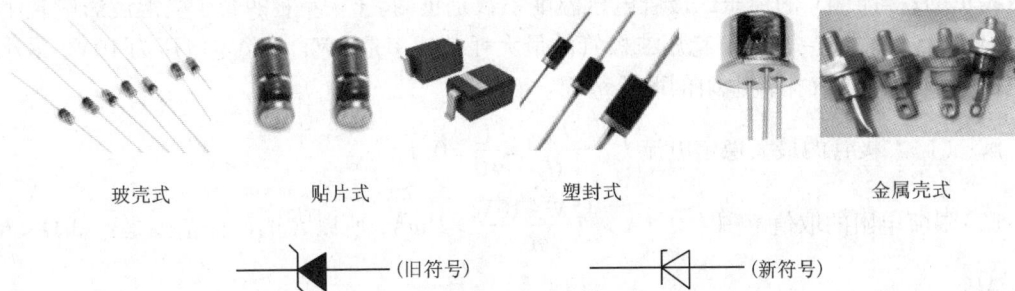

图 5 – 21　常见稳压二极管外形与电路符号

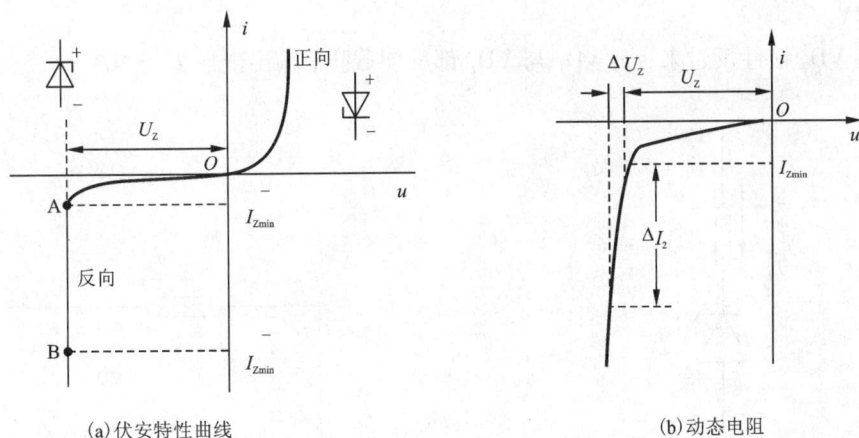

(a)伏安特性曲线　　　　　　(b)动态电阻

图 5 – 22　稳压二极管特性曲线

压二极管又恢复正常，并且这种现象的重复性很好。

　　恒量稳压二极管的稳压效果用动态电阻表示，它是反向击穿特性 AB 段斜率的倒数，用 r_Z 表示。

$$r_Z = \frac{\Delta U_Z}{\Delta I_Z}$$

　　稳压二极管的动态电阻越小，说明稳压二极管的稳压特性越好。r_Z 通常数值在几欧姆至几十欧姆之间，且随反向电流的增大而减小。

　　在设计选用稳压二极管时，还需考虑稳定电压 U_Z、最大稳定电流 I_{ZM}、电压温度系数以及最大耗散功率 P_{CM} 等主要参数。

　　稳定电压是稳压二极管反向击穿时管子两端的电压。由于工艺的原因，稳压值具有一定的分散性，即同一型号稳压管的稳定电压可允许在一定的范围波动。例如 2CW14 其稳定电压值在 6～7.5V 之间。

　　最大耗散功率是指管子不致发生热击穿的最大功率损耗 $P_{CM} = U_Z I_{ZM}$。根据实际情况，可确定最大稳定电流 I_{ZM}。

稳压二极管的稳压值受到温度变化的影响。一般来说，低于 6V 的稳压二极管电压温度系数是负的；高于 6V 的稳压二极管电压温度系数是正的。6V 左右的管子受温度影响较小。

【例题 3】 图 5 – 23 中，稳压二极管的最大耗散功率是 1W，其稳定电压为 10V，最小维持电流是 2 mA，求 R 限流电阻的取值范围。

解：(1) 二极管的最大稳定电流 $I_{ZM} = \dfrac{P_{CM}}{U_Z} = \dfrac{1}{10} = 0.1A$

(2) 限流电阻的取值范围为 $0.1A > \dfrac{15V - 10V}{R} > 2$ mA，所以 R 的取值范围是：$50\ \Omega < R < 2.5\ k\Omega$。

【例题 4】 如图 5 – 24 所示，设稳压二极管的正向压降为 0.7V，VD_1 的稳定电压为 6V，VD_2 的稳定电压为 7V，求输出电压 U_o。若将 VD_2 极性反过来接，其输出电压又为多少？

解：(1) VD_1 反向击穿，稳压 6V。VD_2 正向导通，管压降为 0.7V，则输出电压 $U_o = 6V + 0.7V = 6.7V$。

(2) 将 VD_2 极性反过来，则 VD_1 与 VD_2 都反向截止，输出电压 $U_o = 10V$。

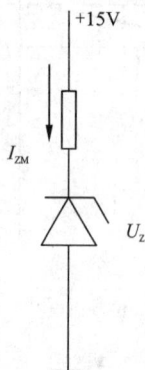

图 5 – 23　例 3 电路　　　　　　图 5 – 24　例 4 电路

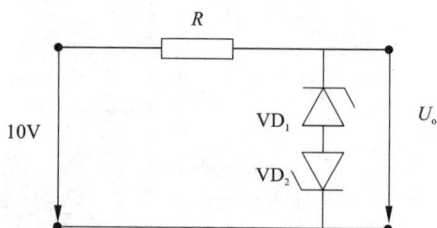

2. 发光二极管

发光二极管 (light emitting diode)，简称 LED，是一种能够将电能转化为可见光的半导体器件。LED 具有节能、环保、寿命长、体积小等特点，广泛应用于各种指示、显示、装饰、背光源、普通照明和城市夜景等领域。根据使用功能的不同，可以将其划分为信息显示、信号灯、车用灯具、液晶屏背光源、通用照明五大类。

发光二极管实质是由 P 型半导体和 N 型半导体组成的一个 PN 结，其结构、电路符号与伏安特性如图 5 – 25 所示。发光二极管简单工作原理是：PN 结的 N 侧和 P 侧的电荷载流子分别为电子和空穴，如果加一正向偏压，复合区中的空穴就穿过结进入 N 型区，复合区中的电子也会越过 PN 结进入 P 型区，在 PN 结的附近，多余的载流子会发生复合，在复合过程中会发光，即光子。不同的半导体材料，发出的光的颜色是不一样的，用砷化镓 (GaAs) 时，复合区发出的光是红色的；用磷化镓 (GaP) 时，则发出绿色的光。

由于发光二极管就是一个 PN 结，所以发光二极管具有正向导通、反向截止的单向导电性，其伏安特性曲线与普通二极管相似。不同的是其导通压降较普通二极管略高 (1 ~ 3V)。

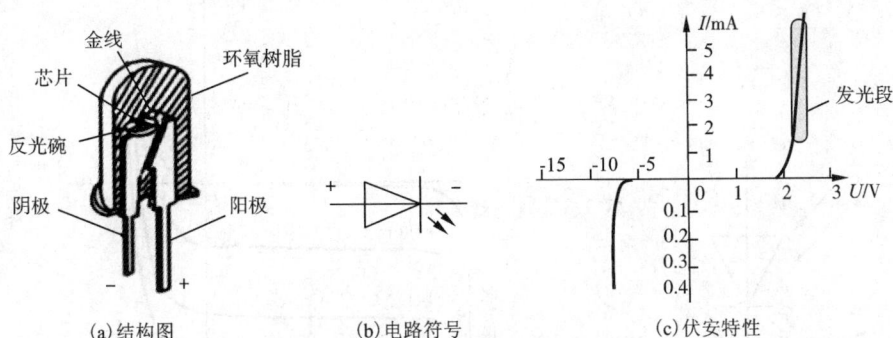

图 5 – 25　发光二极管

如图 5 – 25（c）所示。

发光二极管在使用时必须正向偏置，还应串接限流电阻，不能超过极限工作电流 I_{FM}，如图 5 – 26（a）所示。通常在实际应用电路中有两种接法，如图 5 – 26（b）所示。

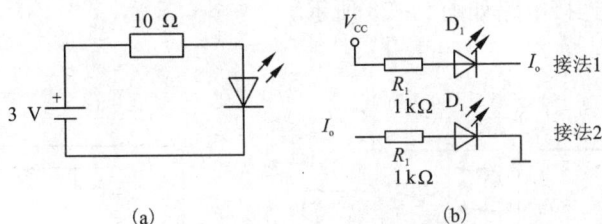

图 5 – 26　发光二极管实际连接电路

发光二极管发光亮度高、清晰度高、导通电压低（1.5 ~ 3 V）、反应快，因而广泛使用。在汽车电路中发光二极管随处可见，主要应用在仪表板上作为指示信号灯或报警信号灯。

发光二极管的测量与普通二极管相同。用数字万用表二极管挡测量，二极管正向导通时，会发光（稍暗），且读数在 1200 ~ 3000 mV 之间。

3. 感光二极管

感光二极管，又叫光电二极管（photodiode），它是一种能将光信号变成电信号的半导体器件。光电二极管的核心部分是一个具有光敏特性的 PN 结，对光的变化非常敏感，光强不同，其导通电流不同。它同样具有单向导电性，其电路符号与伏安特性曲线如图 5 – 27 所示。和普通二极管相比，在结构上不同的是，为了便于接受入射光照，PN 结面积尽量做得大一些，电极面积尽量小些，而且 PN 结的结深很浅，一般小于 1 μm。

光电二极管是在反向电压作用下工作的。没有光照时，反向电流很小（一般小于 0.1 μA），称为暗电流。当有光照时，携带能量的光子进入 PN 结后，把能量传给共价键上的束缚电子，使部分电子挣脱共价键，从而产生电子 - 空穴对，称为光生载流子。它们在反向电压作用下参加漂移运动，使反向电流明显变大，光的强度越大，反向电流也越大。这种特性称为"光电导"。光电二极管在一般照度的光线照射下所产生的电流叫光电流。如果在外电路

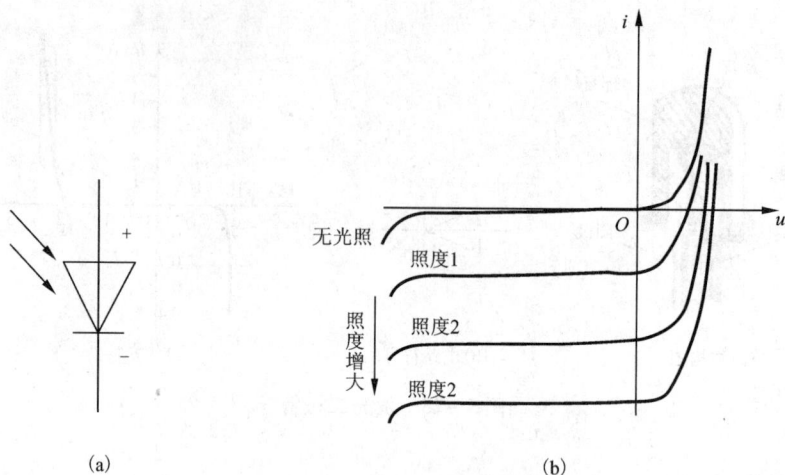

图 5－27　感光二极管的电路符号与伏安特性

上接上负载，负载上就获得了电信号，而且这个电信号随着光的变化而相应变化。光电二极管的工作原理及实际连接电路如图 5－28 所示。

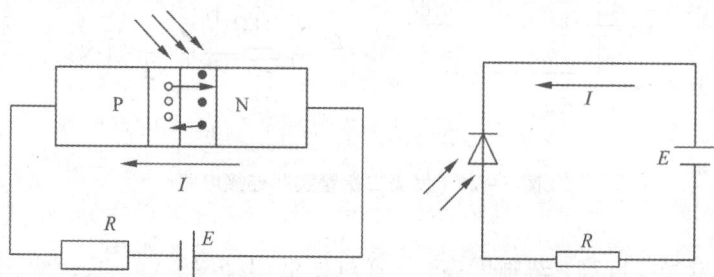

图 5－28　光电二极管的工作原理及实际连接电路

　　利用光电二极管制成光电传感器，可以把非电信号转变为电信号，以便控制其他电子器件。汽车上的许多传感器就是利用光电二极管制成的，用于汽车自动空调系统的日照强度传感器就是一个光电二极管（图 5－29）。

　　日照强度传感器可以把太阳的照射情况转换成电流的变化，车内自动空调微控制器对这种变化进行检测，来调节排风量和排风口温度。图 5－30 是应用在丰田凌志轿车上的电路图。

　　光电二极管作为光传感器还被应用到汽车灯光自动控制器中，用来检测车辆周围亮、暗程度。光电二极管大部分应用场合与稳压管类似，是反向工作，负极接高电位，正极接低电位。但在有些场合采用正向工作。

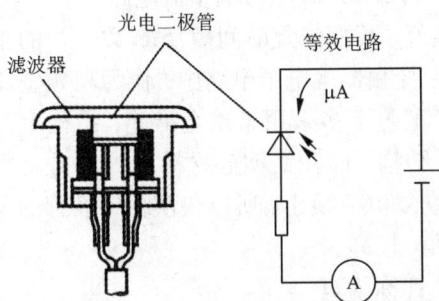

图 5 – 29 日照强度传感器及其应用等效电路   图 5 – 30 凌志自动空调系统日照强度传感器线路图

4. 变容二极管

变容二极管(varactor diodes)是特殊二极管的一种,是利用 PN 结之间电容可变的原理制成的半导体器件,材料多为硅或砷化镓单晶,在高频调谐、通信等电路中作可变电容器使用。其电路符号如图 5 – 31 所示。

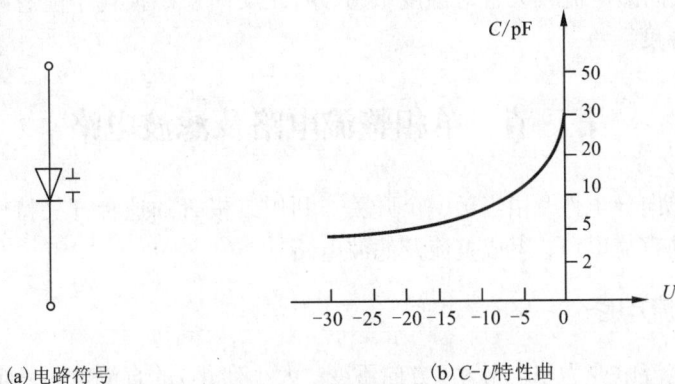

(a)电路符号   (b)C–U特性曲

图 5 – 31 变容二极管

变容二极管是通过施加反向电压,使 PN 结的静电容量发生变化而工作的。PN 结的两个区相当于电容的两个极板,当外加电压为零时,设其空间电荷区的宽度为 d。在 PN 结上加一个反向电压 U,N 型半导体内的电子被引向电源正极,P 型半导体内的空穴被引向电源负极,空间电荷区变宽,且随着反向电压 U 的增大而增宽,二极管的电容量 C 就减少(根据 $C = \dfrac{\varepsilon S}{d}$);而反向电压减小,则空间电荷区宽 d 变窄,二极管的电容量变大。反向电压 U 的改变引起空间电荷区的变化,从而改变了二极管的结容量 C,达到调整电容量的目的。

5. 电力二极管

前面所述的二极管一般都工作在低电压、小电流状态,其耗散功率很小。电力二极管工作于高电压、大电流状态,有较大的耗散功率。它的基本结构和工作原理与小功率二极管是一样的,都以半导体 PN 结为基础,实现正向导通、反向截止的功能。

电力二极管实际上就是一个面积较大的 PN 结。从外形上看,主要有螺栓型和平板型两种封装。其主要类型有普通二极管、快恢复二极管、肖特基二极管。

普通二极管又称整流二极管，多用于开关频率不高(1 kHz 以下)的整流电路中。

快恢复二极管，简称 FRD，是一种具有开关特性好、反向恢复时间短(5μs 以下) 的半导体二极管。主要应用于开关电源、PWM 脉宽调制器、变频器等电子电路中，作为高频整流二极管、续流二极管或阻尼二极管使用。快恢复二极管工艺上多采用了掺金措施，结构上有的采用 PN 结构类型，也有的采用对此加以改进的 PIN 结构，即在 P 型硅材料与 N 型硅材料中间增加了基区 I，构成 PIN 硅片。因基区很薄，反向恢复电荷很小，所以快恢复二极管的反向恢复时间较短，正向压降较低，反向击穿电压(耐压值)较高。

以金属和半导体接触形成的势垒为基础的二极管称为肖特基势垒二极管(SBD)，简称为肖特基二极管，如图 5 - 32 所示。肖特基二极管的优点在于：反向恢复时间很短，正向恢复过程中也不会有明显的电压过冲；在反向耐压较低的情况下其正向压降也很小，明显低于快恢复二极管。因此，其开关损耗和正向导通损耗都比快速二极管还要小，效率高。肖特基二极

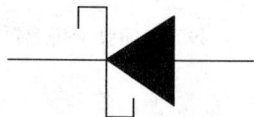

图 5 - 32　肖特基二极管

管的弱点在于：当反向耐压提高时其正向压降也会高得不能满足要求，因此多用于 200 V 以下的低压场合；反向漏电流较大且对温度敏感，因此反向稳态损耗不能忽略，而且必须更严格地限制其工作温度。

第三节　单相整流电路及滤波电路

二极管具有单向导电性，相当于一个开关。利用二极管的这种开关特性，可以将正弦交流电压转换为脉动直流电压，组成整流及滤波电路。

一、单相整流电路

整流就是将交流电变为单向脉动(方向不变、大小变化)的直流电，完成这一转换的电路称为整流电路。常用的二极管整流电路有单相半波整流电路和单相桥式整流电路。

1. 单相半波整流电路

单相半波整流电路如图 5 - 33 所示。图中，T 为整流变压器，将 50 Hz、220 V 交流电压变换为整流电路所要求的交流低电压，同时保证直流电源与市电电源有良好的隔离，VD 为整流二极管，R_L 为要求直流供电的负载等效电阻。半波整流电路的工作波形如图 5 - 34 所示。由图 5 - 34 可见，在负载上可以得到单方向的脉动电压。由于电路加上交流电压后，交流电压只有半个周期能够产生与二极管箭头方向一致的电流，这种电路称为半波整流电路。

半波整流电路输出电压的平均值 U_o 为

$$U_o = \frac{\sqrt{2}U_2}{\pi} = 0.45U_2$$

流过二极管的平均电流 I_D 为

$$I_D = I_o = \frac{U_o}{R_L} = 0.45\frac{U_2}{R_L}$$

二极管承受的反向峰值电压 U_{RM} 为

$$U_{RM} = \sqrt{2}U_2$$

半波整流电路结构简单,使用元件少,但整流效率低,输出电压脉动大。因此,它只适用于对效率要求不高的场合。

2. 单相桥式整流电路

为了克服单相半波整流电路的缺点,常常采用如图5-35所示的单相桥式整流电路。图5-35(a)中,$VD_1 \sim VD_4$ 四个整流二极管接成电桥形式,因此称为桥式整流。单相桥式整流电路的波形如图5-36所示。

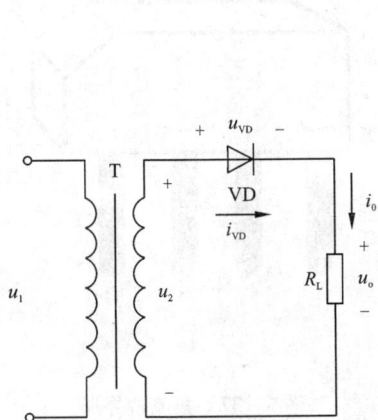

图5-33　单相半波整流电路

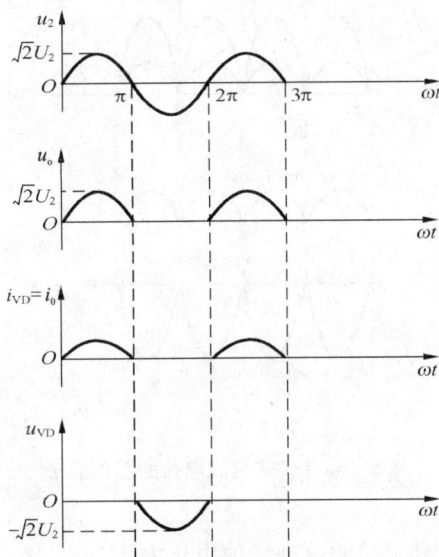

图5-34　半波整流电路的工作波形

由图5-36可知,桥式整流电路输出电压平均值为

$$U_o = 2 \times 0.45U_2 = 0.9U_2$$

桥式整流电路中,因为每两只二极管只导通半个周期,所以流过每个二极管的平均电流仅为负载电流的一半,如图5-36(c)所示,即

$$I_D = \frac{1}{2}I_o = \frac{U_o}{2R_L} = 0.45\frac{U_2}{R_L}$$

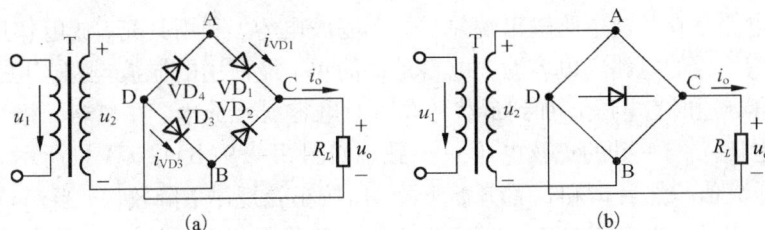

(a)

(b)

图5-35　单相桥式整流电路

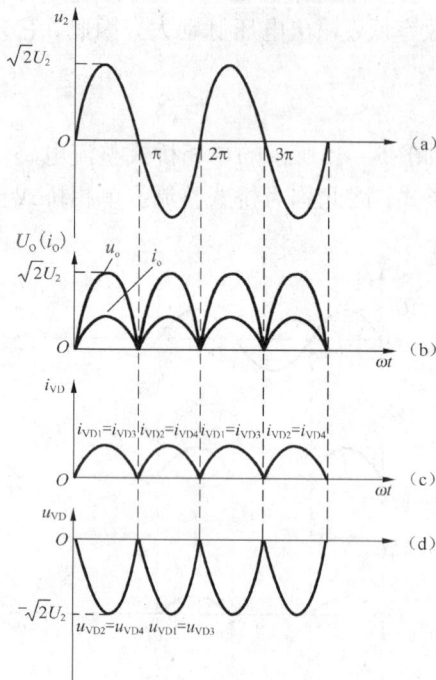

图 5 – 36 桥式整流电路的工作波形

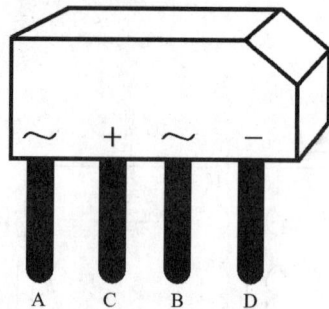

图 5 – 37 整流桥外形

其承受的反向峰值电压为

$$U_{RM} = \sqrt{2}U_2$$

桥式整流电路与半波整流电路相比较，具有输出直流电压高，脉动较小，二极管承受的最大反向电压较低等特点，在电源变压器中得到广泛利用。

将桥式整流电路的 4 个二极管制作在一起，封装成为一个器件就称为整流桥，其外形如图 5 – 37 所示。A、B 端接输入电压，C、D 为直流输出端，C 为正极性端、D 为负极性端。

二、电容滤波电路

整流电路虽能把交流电转变为直流电，但输出电压脉动较大，还需利用滤波电路将脉动的直流电压变为平滑的直流电压。

电容滤波电路是在整流电路输出端并联一个滤波电容，利用其充、放电作用使输出电压趋于平滑的原理组成的电路。电容滤波电路是最简单、最常用的滤波电路。电路如图 5 – 38 所示，在二极管导通时，电压 u_2 加到负载的同时对电容器 C 充电，在忽略二极管正向压降的情况下，充电电压 u_C 与上升的正弦电压 u_2 一致，如图 5 – 39(b) 中 OA 段所示。u_2 达到最大值，u_C 也达到最大值。然后 u_2 和 u_C 都开始下降，u_2 按正弦规律下降较快，当 $u_2 < u_C$ 时，二极管承受反向电压而截止，电容器对负载电阻 R_L 放电，负载中仍有电流，而 u_C 按放电曲线下降，如图 5 – 39(b) 中 AB 段所示。在 u_2 的下一个负半周内，当 $|u_2| > u_C$ 时，二极管将再次导通，电容器又被充电，重复上述过程。由图可知电容与负载并联，输出电压 $u_0 = u_C$，其波形如图 5 – 39(b) 所示。

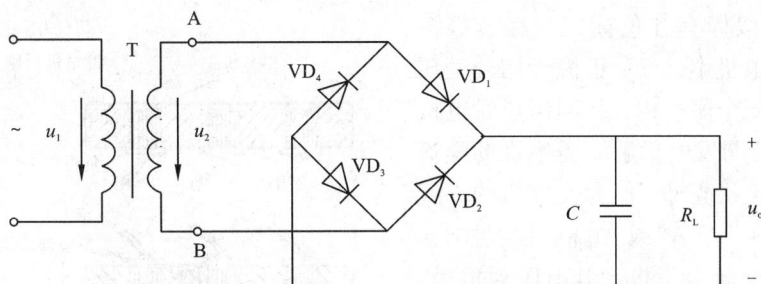

图 5 – 38　电容滤波电路

整流电路并联滤波电容 C 后，不仅输出电压的脉动程度大大减少，而且输出电压的平均值 U_o 也提高了。而输出电压的脉动程度大小和平均值高低，是由电容器放电快慢来决定的，放电时间常数 $\tau = R_L C$，若 τ 较大，则说明电容 C 放电较慢，输出波形较平滑，输出电压 U_o 较大。反之，若 τ 小，则说明电容 C 放电较快，输出波形就不够平滑，输出电压

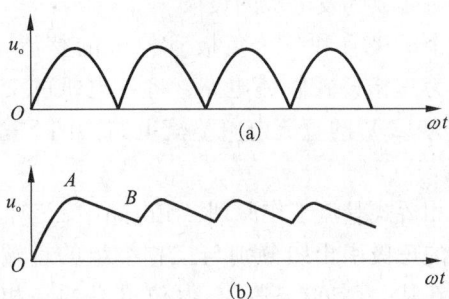

图 5 – 39　桥式整流电容滤波电路波形

U_o 也就较小。根据经验，在负载电流不太大的情况下，为了得到比较平直的输出电压，一般要求

$$R_L C \geqslant (3 \sim 5)\frac{T}{2}$$

式中，T 是电源交流电压的周期。选择电容时，除需考虑它的容量外，耐压也不容忽略，电容两端最大电压为 $\sqrt{2}U_2$，一般取电容的耐压为 $U_C = (1.5 \sim 2)U_2$。这时，$U_o \approx 1.2U_2$。

流过二极管的平均电流：

$$I_D = \frac{1}{2}I_o = \frac{1}{2} \times \frac{U_o}{R_L}$$

二极管截止时承受的最高反向电压：

$$U_{DRM} = \sqrt{2}U_2$$

第四节　汽车二极管控制电路

利用二极管的单向导电性，可以组成整流、续流、限幅及检波等电路应用到汽车电路中。

一、汽车二极管三相整流电路

将交流电变成直流电的过程叫做整流。在汽车交流发电机中，就是利用二极管组成的整流板将发电机发出的三相交流电整流为直流电。为了适应汽车发电机的需要，专门制作了用于汽车的整流二极管，它们分为正极管和负极管，如图 5 – 40 所示。

正极管的外壳为负极，引出极为正极，在管壳底上一般标有红色标记。在负极搭铁的硅整流发电机中，三个正极管的外壳压装在散热板的三个座孔内，共同组成发电机的正极，由一个与发电机后端盖绝缘的整流板固定螺栓通至机壳外，作为发电机的火线接线柱"B"（"＋"、"A"或"电枢"接线柱）。

负极管的外壳为正极，引出极为负极，在管壳底上一般标有黑色标记。三个负极管的外壳压装在后端盖的三个孔内，和发电机外壳一起成为发电机的负极。

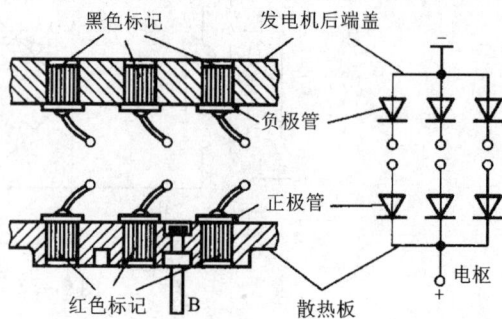

图5－40　汽车交流发电机整流二极管的安装示意图

三个正极管和三个负极管构成的整流电路称为三相桥式整流电路，将发电机的交流电变为12 V的直流电。整流电路如图5－41所示。

三相桥式整流工作原理：在电路中，三个正极管的正极引出线分别与三相绕组的首端相连。在某一瞬间，只有与电位最高的一相绕组相连的正极管导通。同样，三个负极管的引出线也分别同三相绕组的首端相连。在某一瞬间，只有与电位最低的一相绕组相连的负极管导通。

其整流过程如下：

在 $t=0$ 时，$U_A=0$，U_B 为负值，U_C 为正值，则二极管 VD_5、VD_4 获得正向电压而导通。电流从 u_C 相出发，经 $VD_5 \rightarrow$ 负载 $R_L \rightarrow VD_4 \rightarrow u_B$ 相构成回路。因为二极管内阻很小，所以此时 u_C、u_B 之间的电压都加在负载上。

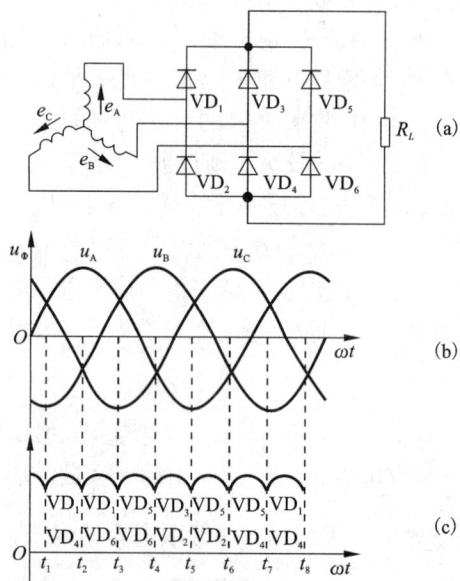

图5－41　三相桥式整流电路整流过程

在 $t_1 \sim t_2$ 时间内，u_A 相电压最高，u_B 相电压最低，所以 VD_1、VD_4 处于正向电压下而导通，u_A、u_B 之间的电压加在负载上。

在 $t_2 \sim t_3$ 时间内，u_A 相电压最高，u_C 相电压最低，所以 VD_1、VD_6 处于正向电压下而导通，u_A、u_C 之间的电压加在负载上。

在 $t_3 \sim t_4$ 时间内，u_B 相电压最高，u_C 相电压最低，所以 VD_3、VD_6 处于正向电压下而导通，u_B、u_C 之间的电压加在负载上。

这样反复循环，6只二极管轮流导通，在负载端便得到一个较平稳的直流电压。电压波形如图5－41(c)所示。

有些汽车交流发电机为了提高发电功率、提高电压调节精度等功能，采用的整流方式有8管电路、9管电路和11管电路等几种。

二、汽车二极管续流电路

二极管的续流电路在汽车电子电路中应用广泛，一般在继电器、线圈等旁边都并联一个二极管，这个二极管的作用就是续流保护。

一个通电的线圈，当突然断电时，就会在线圈中产生一个反向电动势，如果这个反向电动势叠加在电路中的其他电子元件上（一般为三极管），就会引起元件的损坏。为了避免这种现象的出现，一般都在线圈旁边并联一个二极管来吸收反向电动势，这种电路就是二极管的续流电路（图 5 – 42）。在这种电路中，二极管起到了对其他电子元件的保护作用，所以也称为保护二极管。与线圈并联的二极管一定是负极接高电位，正极接低电位。

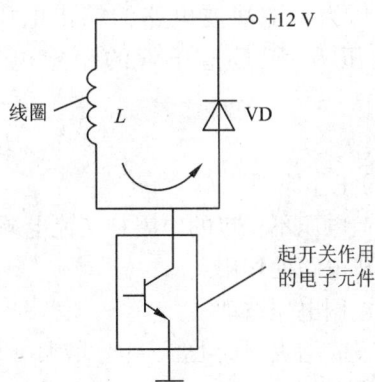

二极管的限幅电路是利用二极管在导通后正向压降为 0.7 V 的特性，使得二极管两端的电压维持在 0.7 V，达到限制电压幅度的作用；二极管的检波电路主要应用在汽车音响电路中。

图 5 – 42　二极管续流电路

第五节　汽车稳压管控制电路

交流电压经过整流电路将交流电变成脉动的直流电，滤波电路再将脉动的直流电转变成比较平滑的直流电，但是输出的直流中还含有交流成分，且当输出电压变化或负载变化时，输出的直流电压也随着变化。因此在整流和滤波之后还需稳压，以得到稳定的直流电压。

一、稳压管并联稳压电路

稳压管是一种经过特殊工艺制造成的二极管，它与电阻配合使用，具有稳定电压的功能。普通二极管加上反向电压不导通，可是当反向电压达到一定程度（大于 U_Z）时二极管会反向击穿，普通二极管就会烧毁。但是经过特殊工艺制造的稳压管就能够耐得住反向电流。稳压管的外形与普通二极管区别不大，它的符号和伏安特性如图 5 – 43 所示。

稳压管设计成能工作在击穿区，当反向电压达到 U_Z 时，大电流反向流过稳压管，阻止电压继续升高。这种特性使稳压管成为调节电压的电子器件。

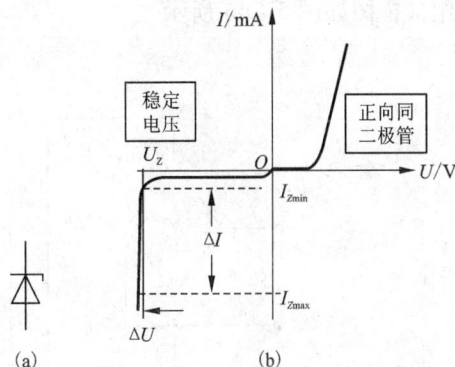

图 5 – 43　稳压二极管的电路符号和伏安特性

（1）电路组成

稳压管并联稳压电路如图5－44所示。稳压管 D_Z 与限流电阻 R 组成稳压电路。而 D_Z 与负载 R_L 并联。稳压电路的输入电压为整流滤波电路的输出电压；输出电压 U_o 则是稳压管的稳定电压 U_Z，即

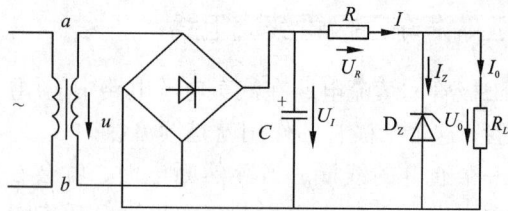

图5－44　稳压管并联稳压电路

$$U_o = U_Z = U_I - U_R$$

（2）工作原理

引起电压不稳定的原因是交流电源电压的波动和负载电流的变化。下面分析在这两种情况下稳压电路的作用。

①电网电压波动

假设 u 增大→U_I 增大→U_o 增大→U_Z 上升→I_Z 上升→$I = I_Z + I_o$ 上升→U_R 增加→U_o 下降，抑制了输出电压的升高，使负载端电压基本不变。

②负载发生变化

假设负载电流 I_o 增大→$I = I_Z + I_o$ 上升→U_R 增加→U_o 下降→U_Z 下降→I_Z 下降→I 下降，使流过 R 的电流和电阻上的电压降保持基本不变，因此负载电压 U_o 也稳定不变。

二、晶体管稳压电路

（1）电路组成

晶体管串联稳压电路如图5－45所示。

图中，R_3、R_4、R_P 组成分压器，称为取样电路；稳压管 VS 与限流电阻 R_2 组成稳压电路，提供基准电压 U_Z，它与取样电压 U_{B2} 比较产生一个差值电压，所以该稳压电路又称为基准电路；VT_2 与 R_1 组成放大电路，其输入电压就是取样电压 U_{B2} 与基准电压 U_Z 之差值电压，所以称为比较放大电路；VT_1 为调整管，与负载相串联，通过 U_{CE1} 的调整达到稳定输出电压的目的，称为调整电路。由于调整管 VT_1 与负载串联，所以称为串联型稳压电路。串联型稳压电路组成框图如图5－46所示。

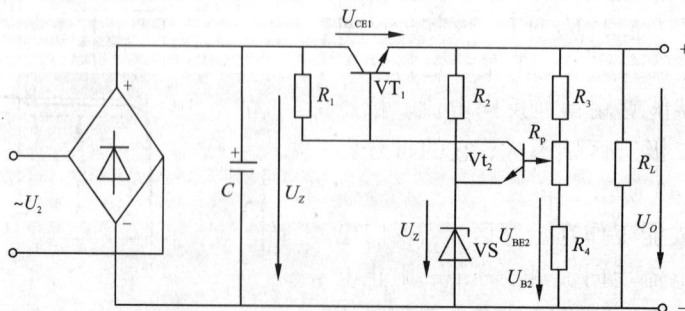

图5－45　晶体管串联稳压电路

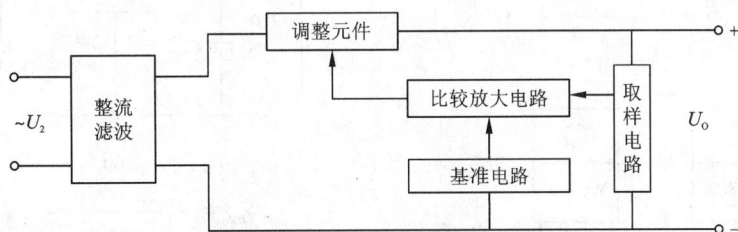

图 5 - 46　串联型稳压电路组成框图

(2)工作原理

假设由于电网电压变化或负载电流变化引起输出电压 U_o 下降→U_{B2} 减少→$U_{BE2} = U_{B2} - U_Z$ 减少(U_Z 不变)→I_{C2} 下降→U_{C2} 上升→I_{B1} 增大→I_{C1} 增大→U_{CE1} 减少→$U_o = U_i - U_{CE1}$ 增大,抵消了 U_o 的下降,使 U_o 保持不变。

U_o 增大时,U_o 上升→U_{B2} 增加→$U_{BE2} = U_{B2} - U_Z$ 增加(U_Z 不变)→I_{C2} 上升→U_{C2} 下降→I_{B1} 减小→I_{C1} 减小→U_{CE1} 增加→$U_o = U_i - U_{CE1}$ 减小,抵消了 U_o 的上升,使 U_o 保持不变。

如果放大管的放大倍数足够大,只要输出电压发生微小的变化,就可以使调整管立即产生调整作用。另外,调节 R_p,也可以改变 U_{B2},达到对输出电压 U_o 进行微调的目的。

三、集成稳压电路

集成稳压器因其体积小、性能好、使用简单等优点而得到广泛应用。目前小功率集成稳压器主要采用三端集成稳压电路。该集成电路有输入、输出和公共端三个端子,故因此而得名。按输出电压的不同,该电路可分为固定式和可调式、正输出和负输出几大类。下面就以常用的 W78×× 系列和 W79×× 系列为例来介绍三端固定式集成稳压器。

(1)三端固定式集成稳压器简介

三端固定式引出的三个接线端是输入端、输出端和输入输出的公共端。W78×× 系列为正电压输出,W79×× 系列为负电压输出。输出电压有 5 V、6 V、8 V、12 V、15 V、18 V、24 V 共 7 个挡次。×× 表示输出的电压挡次。例如 W7808 表示输出电压为 +8 V,W7915 表示输出电压为 -15 V。78×× 系列三端固定式集成稳压器的外形及引脚如图 5 - 47 所示。79×× 系列三端固定式集成稳压器的外形与 78×× 系列相同,但管脚排列与 78×× 系不同,79×× 系列管脚排列为:1 脚为公共端、2 脚为输入端、3 脚为输出端。

(2)应用电路

三端电压固定式集成稳压器的接线图如图 5 - 48 所示。其中,图 5 - 48(a)为固定正电压输出(78×× 系列)电路,图 5 - 48(b)是固定负电压输出(79×× 系列)电路。

图中,输入电压 U_i 为整流电路的输出电压,经过稳压器后,得到稳定的输出电压 U_o。输入端电容 C_1 是用来抑制输入电压的脉动,输出段电容 C_2 是用来抑制负载电压的突变。

图 5-47 集成稳压器外形及引脚

1—输入端；
2—公共端；
3—输出端

1—公共端；
2—输入端；
3—输出端

图 5-48 集成稳压器应用电路

（a）固定正电压输出（78××系列）电路；
（b）固定负正电压输出（79××系列）电路

四、汽车稳压管基本控制电路

在汽车电路中，由于各个电器总成或元件工作电流比较大，使汽车电源系统的电压会出现波动。在汽车的仪表电路和一部分电子控制电路中，一些需要精确电压值的地方经常利用稳压管来获取所需电压。如图 5-49 所示，它是利用稳压管为汽车仪表提供稳定电源的电路，图中的稳压管与电阻串联又与仪表并联。如果

图 5-49 汽车仪表简化稳压电路

仪表电压必须限定为 7 V，便可使用额定电压为 7 V 的稳压管。汽车电源电压一部分降落在电阻上，7 V 电压降落在稳压管上。即使电源电压发生变化，也只是引起不同大小的电流流过电阻和稳压管，改变降落在电阻上的电压，而稳压管始终维持 7 V 电压不变。

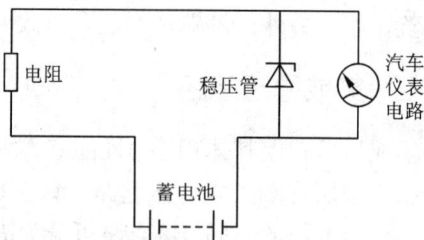

第六节 晶体三极管

晶体三极管，也称双极型晶体管（BJT）、半导体三极管，简称三极管。它是半导体基本元器件之一，电子电路的核心元件。其作用是放大微弱信号成幅值较大的电信号，也可作无触点开关，属于电流控制型半导体器件。

一、基本结构

三极管由三层半导体，两个 PN 结构成。按其结构，又可分为 NPN 型与 PNP 型两种。其基本结构与电路符号如图 5-50 所示。

三层半导体分别称为基区、发射区与集电区。从三层半导体引出三个电极，分别称为基

图 5 –50　三极管结构示意图与电路符号

B(base)极、发射极 E(emitter)与集电极 C(collector)。两个 PN 结分别称为发射结与集电结。

要使三极管具有放大作用，在制造三极时，其结构都有严格的要求。基区起到传递载流子的作用，要求足够薄且掺杂浓度低。发射区起到发射载流子的作用，其掺杂浓度高。集电区起到收集载流子的作用，要求其面积大。

二、电流放大原理

为了更好地理解三极管的放大作用及其放大本质，我们通过一个实验来了解。如图 5 –51为三极管电流放大实验电路。

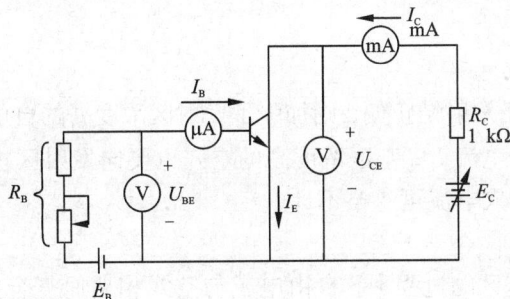

图 5 –51　三极管电流放大实验电路

以某一 NPN 管为例，要使三极管有电流放大作用，还需满足其外加电压条件：发射结正偏，集电结反偏。如图 5 –51 所示，发射结通过 E_B 加正向电压，以保证发射区的多数载流子（电子）及基区的多数载流子（空穴）很容易越过发射结互相向对方扩散。为了使集电结反偏，集电极通过一个更高的电源 E_C 供电，使 $V_C > V_B$。在此，发射极做为电路的公共端，此种放大电路称为共射放大电路。

调整 R_B，电流 I_B、I_C 及 I_E 均会发生变化，则可测得数据如表 5 –1 所示。

表 5 –1 三极管电流测量数据

I_B/mA	0	0.02	0.04	0.06	0.08	0.10
I_C/mA	<0.001	0.70	1.5	2.30	3.10	3.95
I_E/mA	<0.001	0.72	1.54	2.36	3.18	4.05

观察分析表中数据,可得到如下结论:

(1)对于每一列数据,有 $I_E = I_B + I_C$,该结果符合基尔霍夫电流定律。

(2)I_C 比 I_B 大得多,且 I_B 变化微小,I_C 变化较大。从第二列开始,I_C 与 I_B 的比值分别是:35、37.5、38.3、38.75、39.5。这就是电流的放大作用,称为直流电流放大倍数,用 $\bar{\beta}$ 表示。

$$\bar{\beta} = \frac{I_C}{I_B}$$

再比较集电极电流的变化量 ΔI_C 与基极电流的变化量 ΔI_B,第二列与第三列 ΔI_C 与 ΔI_B 的比值为 40、第三列与第四列其比值为 40、第四列与第五列变化比仍为 40。所以说,基极电流微小的变化即可引起集电极较大电流的变化,且在一定范围内保持其倍数一定,这就是三极管电流放大的本质。交流电流放大倍数为

$$\beta = \frac{\Delta I_C}{\Delta I_B}$$

由于 $\beta \approx \bar{\beta}$,在进行理论分析时,我们视作 $\beta = \bar{\beta}$。

(3)当基极电流 $I_B = 0$ 时,集电极 I_C 与发射极 I_E 也近似为零。

下面可以用载流子在三极管内部的运动来解释上述结论,以及对三极管基本结构的要求与三个电极的命名由来。

1. 发射区向基区扩散电子

以 NPN 管为例,由于发射结正偏,则加强了发射区浓度高的自由电子向浓度低的基区扩散运动,形成发射极电子电流 I_E;基区浓度高的空穴也要向发射区扩散,形成空穴电流。因自由电子浓度大得多,空穴电流可忽略不计。

2. 电子在基区扩散与复合

在自由电子扩散到基区的过程中,自由电子与空穴相遇而复合掉,因基区接电源正极,相当于不断补充基区中被复合掉的空穴,形成电流 I_{BE}。又由于基区足够薄且掺杂浓度低,被复合掉的电子很少,所以这个电流很小,它基本上等于基极电流 I_B。因而自由电子绝大多数继续向集电结方向扩散。

在自由电子扩散中途被复合掉的电子越少,扩散到集电结的电子就越多,就有利于三极管的放大作用。因此,基区足够薄且掺杂很小,这样才可大大减小电子与基区空穴的复合机会,使绝大多数自由电子能扩散到集电结边缘。

3. 集电区收集从发射区扩散过来的电子

由于集电结反偏,它阻挡集电区的自由电子向基区扩散;但可将发射区扩散到基区并达到集电区边缘的自由电子拉入集电区,从而形成电流 I_{CE},它基本上就等于集电极电流 I_C。其载流子运动示意图如图 5 –52 所示。

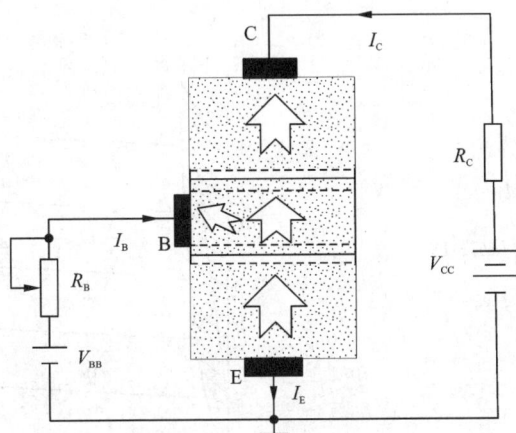

图 5 - 52 三极管中的电流

三、特性曲线

三极管的特性曲线是描绘各极电压与电流之间关系的曲线,它反映出三极管的性能,同时也是分析放大电路的重要依据。特性曲线可以用晶体管特性测试仪直观地显示出来,也可以用实验电路进行测绘。

在图 5 - 51 共射放大电路中,电路中有两个回路:一是三极管基极、发射极与基极电源 E_B、基极电阻 R_B 构成的输入回路;二是集电极、发射极与电源 E_C、集电极电阻 R_C 构成的输出回路。

1. 输入特性曲线

输入特性曲线是指当集 – 射极电压 U_{CE} 为一常数时,输入电路是基极电流 I_B 与基 – 射极电压 U_{BE} 之间的关系曲线。

以硅管为例,当 $U_{CE} > 1V$ 时,集电结已反偏,足可将扩散至集电结边缘的电子拉入集电区。此后,U_{CE} 对 I_B 的影响不明显。

在输入回路中,发射结本身就是一个 PN 结,所以其特性曲线与二极管相似,如图 5 – 53(a)。从特性曲线可以看出,只有当外加电压大于死区电压时,三极管基极才有电流 I_B。正常情况下,硅管的发射结电压为 $0.6 \sim 0.7$ V,锗管的电压为 $0.2 \sim 0.3$ V。一旦发射结导通,U_{BE} 电压微小的增加都会引起基极电流迅速上升,而且几乎呈线性变化。在实际电路中,正是利用这个线性段进行工作的。若微弱的电信号从基极输入,只要发射结导通,则输入电压微弱的变化都将引起基极电流线性变化。

2. 输出特性曲线

输出特性曲线指当基极电流 I_B 为常数时,输出电路中集电极电流 I_C 与集射极电压 U_{CE} 之间的关系曲线,如图 5 – 53(b)。通常将三极管的输出特性曲线分为三个区:截止区、放大区、饱和区。

(1)截止区

在 $I_B = 0$ 以下的区域称为截止区,截止区各电流与电压有如下关系:

各极电流关系:当 U_{BE} 小于死区电压,由前面分析可知则基极电流 $I_B = 0$,$I_C = I_E \approx 0$;

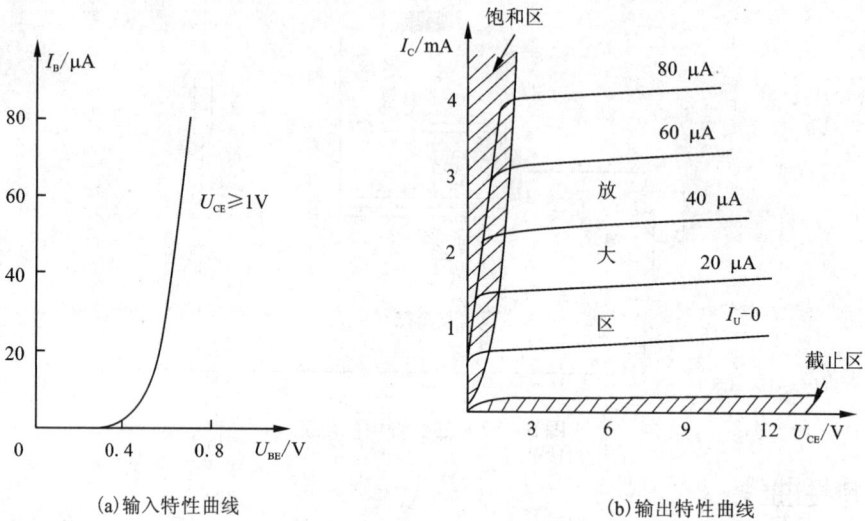

(a)输入特性曲线　　　　　　　(b)输出特性曲线

图 5 - 53　三极管的特性曲线

两个 PN 结状态：此时发射结反偏，集电结反偏；

各极电位关系：$V_B < V_E, V_B < V_C$；

各极电压关系：$U_{BE} = E_B, U_{CE} \approx E_C$；

三极管处于截止状态时，相当集电极与发射极之间的开关处于断开状态。

（2）放大区

输出特性近似水平部分是放大区。在放大区，曲线接近于平行且距离也接近相等。所以放大区也称线性区，因为 I_C 与 I_B 成正比关系。三极管工作在放大状态时，工作在此区。各电流电压关系如下：

电流关系：$I_B \neq 0, I_C = \beta I_B, I_E = I_C + I_B$；

两个 PN 结状态：发射结正偏、集电结反偏；

各电位关系：$V_C > V_B > V_E$；

各电压关系：$U_{BE} = 0.6 \sim 0.7\ V$（硅管），$U_{CE} = E_C - I_C R_C$。

（3）饱和区

当基极电流过大，导致 $U_{CE} = E_C - I_C R_C$ 过小，当 $U_{CE} < U_{BE}$ 时，三极管进入饱和区。此时各电流电压的关系为：

电流关系：$I_C \neq \beta I_B$；

两个 PN 结状态：发射结正偏，集电结正偏；

各电位关系：$V_B > V_E, V_B > V_C$；

各电压关系：$U_{BE} = 0.6 \sim 0.7 V$（硅管），$U_{CE} < 0.3 V$（随饱和深度减小，忽略时视为零）。

三极管处于饱和区时，集电极电流 I_C 已达到最大（忽略 U_{CE} 饱和压降，则 $I_{CM} = \dfrac{E_C}{R_C}$），此时集 - 射极间相当于一个开关闭合。

【例 5】　如图 5 - 54 电路中，已知三极管为硅管，$\beta = 40$，当输入端电压为 3V、1V、-1V 时，三极管处于何种工作状态？

（1）当 $U_I = 3V$ 时，其基极电流 $I_B = \dfrac{U_I - U_{BE}}{R_B} = \dfrac{3 - 0.7}{25 \times 10^3} = 0.092 \text{ mA}$

三极管饱和时，集电极最大电流为 $I_{CM} = \dfrac{V_{CC}}{R_C} = \dfrac{20}{6.8 \times 10^3} = 2.94 \text{ mA}$

则基极电流 $I_B = \dfrac{I_C}{\beta} = \dfrac{2.94}{40} \approx 0.012 \text{ mA}$ 时已进入饱和。

现基极电流 0.092 mA > 0.074 mA，三极管处于深度饱和状态。

（2）当 $U_I = 1V$ 时，

$I_B = \dfrac{U_I - U_{BE}}{R_B} = \dfrac{1 - 0.7}{25 \times 10^3} = 0.012 \text{ mA}$

$I_C = \beta I_B = 40 \times 0.012 \text{ mA} = 0.48 \text{ mA}$

$U_{CE} = V_{CC} - I_C R_C = 20 - 6.8 \times 10^3 \times 0.48 \times 10^{-3} \approx 16.75 \text{ V}$

三极管处在放大状态。

（3）当 $U_I = -1$ V 时，因发射结反偏，三极管可靠截止。

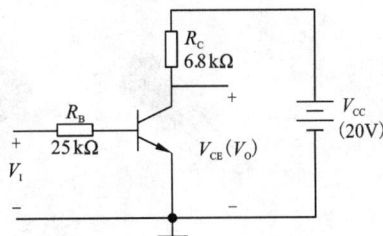

图 5 - 54　例 5 电路

四、主要参数

三极管的主要参数是设计电路、选择三极管的重要依据，主要有以下几个。

1. 电流放大倍数 $\bar{\beta}$，β

由于三极管的特性曲线是非线性的，只有在特性曲线近似水平部分，I_C 才随 I_B 呈正比变化，电流放大倍数才可以认为是恒定的。

2. 集电极最大允许电流 I_{CM}

集电极电流 I_C 超过一定值时，其 β 值就要下降。当下降为正常值的三分之二时所对应的电流称为集电极最大允许电流 I_{CM}。集电极电流超过最大允许值时不一定会损坏，但以牺牲电流放大倍数为代价。

3. 集电极最大允许耗散功率 P_CM

集电极电流流经集电结时产生热量，从而引起三极管参数发生变化。当三极管因受热而引起的参数变化不超过允许值时，集电极所消耗的最大功率为

$$P_{CM} = I_C U_{CE}$$

4. 集射极反向击穿电压 $U_{(BR)CEO}$

基极开路时，集电极与发射极之间有最大允许电压。该电压在高温下将会降低。

另外还有集 - 基极反向截止电流 I_{CBO} 与集 - 射极反向截止电流 I_{CEO}。这两个值均受温度影响，其值越小越好。

五、三极管的分类与命名

1. 常见三极管外形与分类

图 5 – 55 为常见三极管封装外形。通常三极管有塑料封装与金属封装两种。

图 5 – 55 常见三极管外形

三极管有多种分类法：按材料分有硅管与锗管；按结构分有 NPN 型与 PNP 型；按功能分有开关管、功率管、达林顿管、光敏管；按功率分有小功率管、中功率管与大功率管；按工作频率分有低频管、高频管与超高频管；按结构工艺分有合金管与平面管；按安装方式分有直插管与贴片管。

2. 三极管的命名

根据国家标准（GB249—74）国产半导体器型号的命名方法，三极管的命名分为五部分，如图 5 – 56 所示。

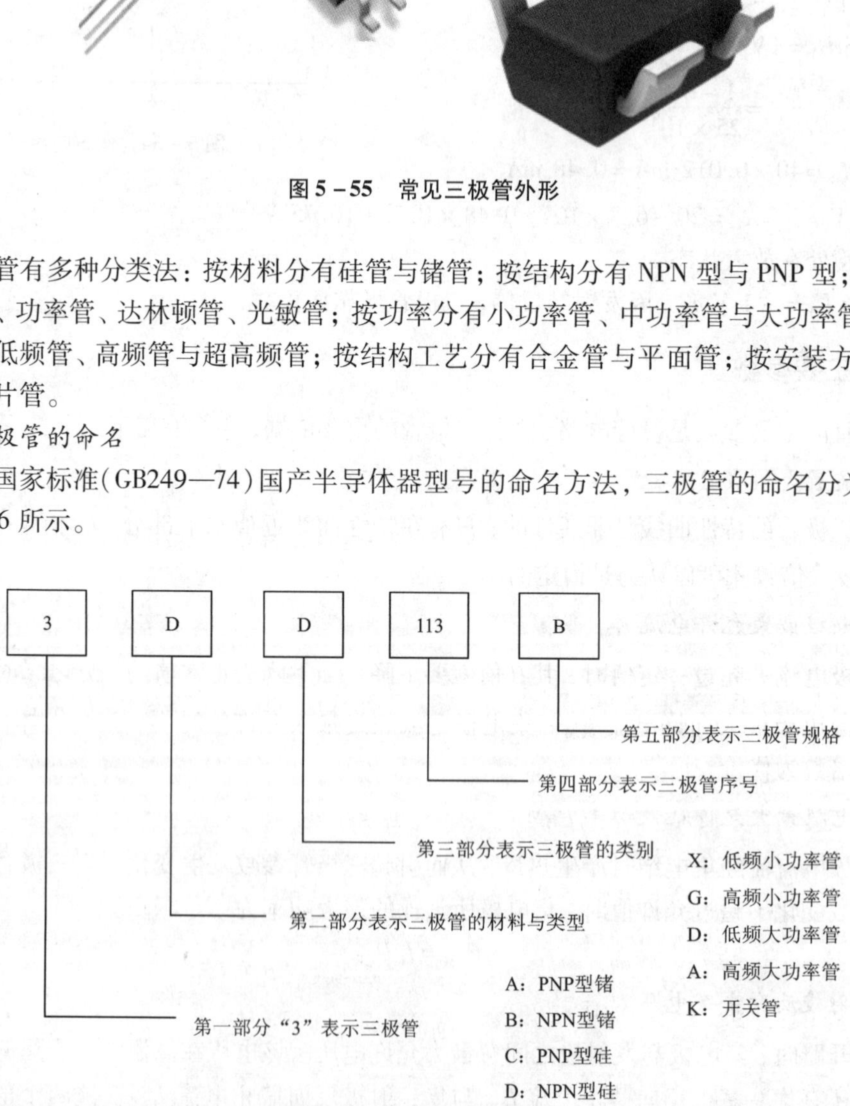

第五部分表示三极管规格

第四部分表示三极管序号

第三部分表示三极管的类别

X：低频小功率管
G：高频小功率管
D：低频大功率管
A：高频大功率管
K：开关管

第二部分表示三极管的材料与类型

A：PNP型锗
B：NPN型锗
C：PNP型硅
D：NPN型硅

第一部分"3"表示三极管

图 5 – 56 三极管的命名

六、三极管的测量

三极管的测量包括好坏判断、管脚判断、管型与材料判断、放大能力测量等，可选用数字万用表的专用二极管挡进行测量，也可用指针式万用表的电阻挡测量。以数字万用表为例，选择二极管挡进行测量。

1. 好坏判断

根据三极管的基本结构，三极管由两个 PN 结构成，因 PN 结具有单向导电性，正常情况下，只有当 PN 结正偏时有示数。具体方法是：用红黑表笔任意搭接三极管的三只引脚，应有 6 次不同组合的测量，其中两次导通有示数，四次截止无示数，则三极管是好的。否则就坏了。

2. 管脚、管型、材料判断

在上面测量两次有示数中，若红（黑）表接一只管脚，黑（红）表笔接另两只管脚，导通，则红表笔所接为基极且该管为 NPN（PNP）管。

记下两次所测量的数据，比较大小。数据显示大的一次另一只脚为发射极，小的一次另一只脚为集电极。若数据在 500 ~ 800 mV 之间，该管为硅管；若数据在 200 ~ 400 mV 之间，则为锗管。

3. 放大能力测量

数字万用表有专用 h_{FE} 挡，用来测量三极管的电流放大倍数 β。将挡位拨到该挡，找到数字万用表面板上标有 E、B、C、E(PNP 或 NPN)标志的 8 个小孔。将三极管的三只管脚插入对应的小孔中，正常显示 100 ~ 300 的数据，该数据即为 β 值。若数据太小，可能是放大能力不够或 C、E 极插接错误；若无数据显示，则可能是接触不良导致。

七、光电三极管

光电三极管又称光敏三极管，像光电二极管一样是一种能将光信号变成电信号的半导体器件。与光电二极管不同的是，光电三极管具有电流放大作用，因而比光电二极管灵敏度高，输出电流大。图 5 - 57 为常见光电三极管的外形。

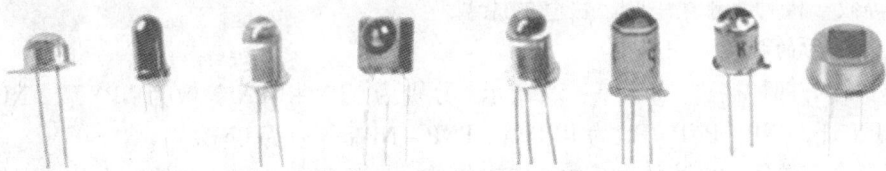

图 5 - 57 常见光电三极管

普通三极管是用基极电流 I_B 的大小来控制集电极电流的，而光电三极管是用入射光的强弱 E 来控制集电极电流的。因而两者的输出特性曲线相似，只是用 E 来代替 I_B。如图 5 - 58(c)所示。

光电三极管正常运用时，集电极加正电压。因此，集电结为反偏置，发射结为正偏置，集电结为光电结。当光照到集电结上时，集电结即产生光电流 I_p 向基区注入，同时在集电极电路即产生了一个被放大的电流 $I_c = I_e = (1+\beta)I_p$，β 为电流放大倍数。因此，光电晶体管的电流放大作用与普通晶体管在上偏流电路中接一个光电二极管的作用是完全相同的。其等效电路如图 5-58(a)所示。

光电三极管的光电特性不如光电二极管好，在较强的光照下，光电流与照度不成线性关系。所以光电晶体管多用来作光电开关元件或光电逻辑元件。

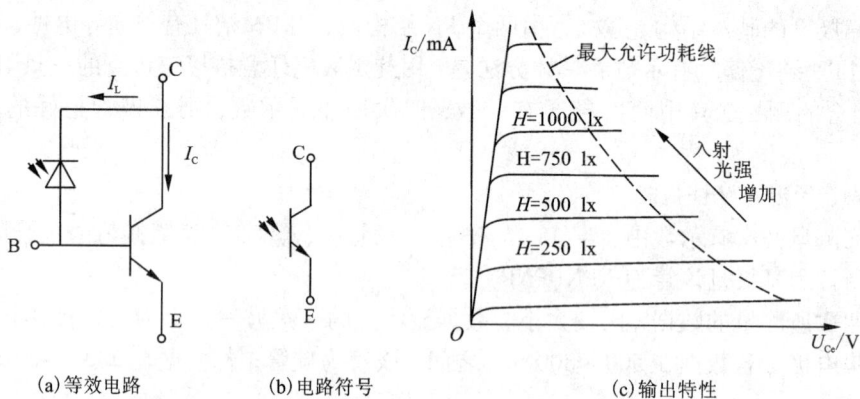

(a)等效电路　　(b)电路符号　　(c)输出特性

图 5-58　光电三极管

八、达林顿管

达林顿管又称复合管，是由两个三极管按一定的规则相连接，以组成一个新的等效三极管，该等效三极管的电流放大倍数约为各三极管电流放大倍数之积。因此达林顿管的特点的电流放大倍数很大，一般用于高灵敏度放大电路、功率放大电路或功率开关电路中。

1.达林顿管的组成原则

(1)在正确的外加电压作用下，两个三极管都必须工作在放大区；

(2)第一个三极管的集电极电流或发射极电流作为第二个三极管的基极电流，电流方向必须一致；

(3)等效三极管等于第一个三极管的原型。

2.达林顿管的接法

达林顿管有四种接法，如图 5-59 所示，分别为 NPN + NPN 等效为 NPN 管，NPN + PNP 等效为 NPN 管，PNP + PNP 等效为 PNP 管，PNP + NPN 等效为 PNP。

设第一个三极管的电流放大倍数为 β_1，第二个三极管的电流放大倍数为 β_2，则等效三极管总的电流放大倍数为：

$$\beta = \frac{I_C}{I_{B1}} = \frac{I_{C1} + I_{C2}}{I_{B1}} = \beta_1 + \frac{(I_{B1} + \beta I_{B1})\beta_2}{I_{B1}} = \beta_1 + \beta_2 + \beta_1\beta_2 \approx \beta_1\beta_2$$

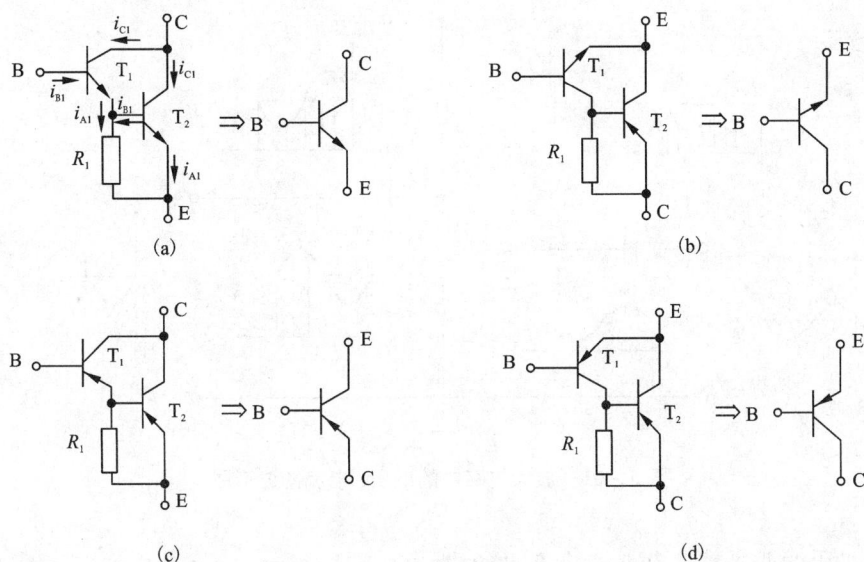

图 5 – 59 达林顿管的四种接法

第七节 汽车晶体三极管控制电路

三极管在汽车电子电路中通常有两种应用，一种是利用三极管的放大功能，对微弱的传感器信号进行放大后，传给 ECU（电子控制单元）；另一种是利用三极管的截止与饱和两种状态互相变换，作为一个电子开关，控制其他电子元件。

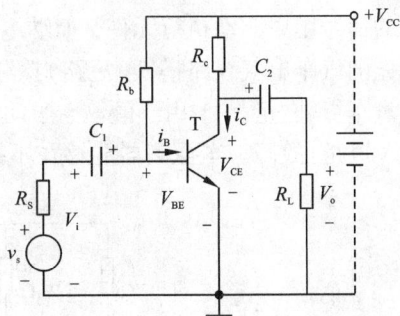

图 5 – 60 三极管共发射极放大电路

一、汽车晶体三极管放大电路

1. 三极管基本放大电路

晶体管电路具有放大作用，要保证晶体管导通并正常工作，要求晶体管的发射结正向偏置，集电结反向偏置。图 5 – 60 为 NPN 管放大电路。放大电路在工作时，NPN 管的集电极必须接高电位。需要被放大的信号从基极输入，经过三极管放大后，放大了的信号从集电极输出。三极管的放大电路能够将从传感器输出的微弱信号进行放大，然后传输到汽车电控单元（ECU）。另外，对于控制电路，三极管放大电路可以将功率较小的控制信号放大成为功率较大的信号用以驱动附件。

如图 5 – 61 所示，用信号发生器产生的电压波形 u_i，输入到图 5 – 60 电路中的基极，在集电极就会得到电压波形 u_o。对比输入、输出波形，信号经过三极管被放大。

单级放大器的放大倍数一般为几十倍左右，而实际的输入信号往往很微弱（毫伏级或微伏级）。为了推动负载工作，必须由多级放大电路对微弱信号连续放大。图 5 – 62 为多级放大电路的组成框图。

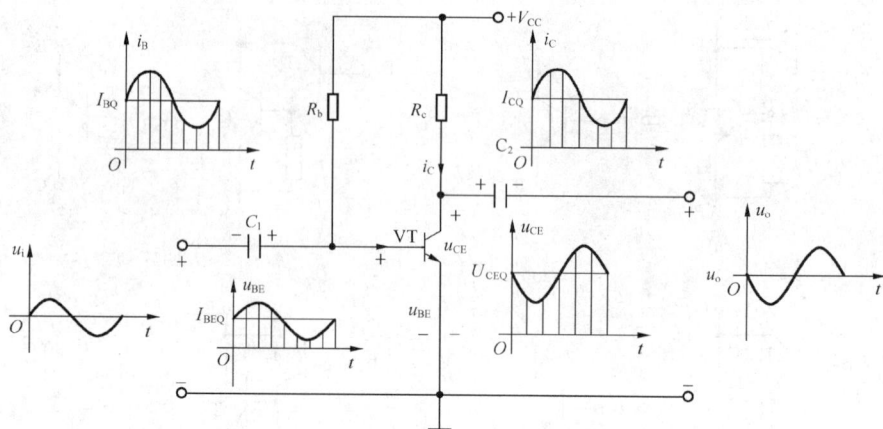

图 5 – 61　放大电路中的电压、电流的波形图

2. 三极管的基本放大电路在汽车电子中的应用

汽车上的三极管放大电路能够把传感器采集的微弱信号进行放大，然后传输到汽车电控单元(ECU)。对于控制电路，三极管放大电路可以将功率较小的控制信号放大成为功率

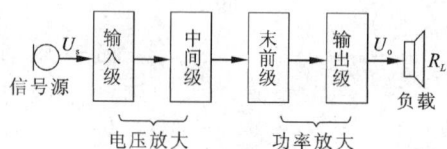

图 5 – 62　多级放大电路的组成框图

较大的信号用以驱动执行元件，如继电器、电磁阀等。图 5 – 63 所示为利用三极管的放大特性制作的汽车电气线路搭铁(短路)探测器。

汽车行驶过程中，由于颠簸、振动等原因，电气线路与车体摩擦而损坏其绝缘层，发生搭铁（短路)故障。本探测器能够在不拆解导线的情况下，快速查出搭铁故障所发生的部位。

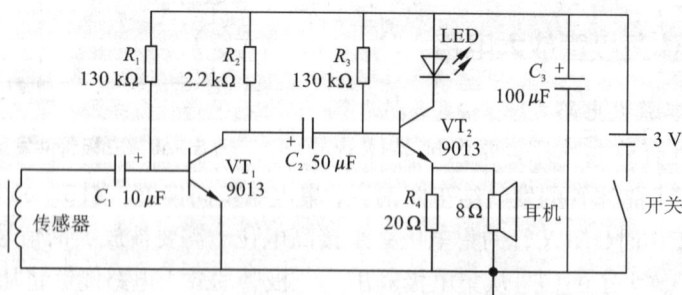

图 5 – 63　汽车电气线路搭铁探测器电路

探测器工作原理：当导线搭铁后，在搭铁点就会产生短路电流，短路点就会向周围发出高次谐波信号。这个信号就被由线圈和铁芯构成的传感器接收到，在传感器中产生交变的电信号。这个信号很微弱，经过三极管 VT_1 放大后，在 VT_1 的集电极就会得到放大了的交变信号，再送入 VT_2 的基极进行放大，使接在 VT_2 集电极的发光二极管闪烁发光，接在 VT_2 发射极的耳机发出声响。传感器越接近故障点，接收到的信号越强，经过放大后，发光二极管越

亮，耳机发出的声响越强。根据发光二极管亮度变化和耳机声音变化，就能快速找到故障点。

二、汽车晶体三极管开关电路

1. 三极管开关电路

（1）单级开关电路

当三极管在基极电流控制下，在截止与饱和两种状态交替变换，就如同一个开关的断开与闭合状态交替变换一样。图 5－64 所示为 NPN 管的开关状态。

$V_I = 0$：三极管截止，$I_C = 0$ mA，$V_o = 20$ V

$V_I = 3$ V：三极管饱和

因为　$i_S = \dfrac{3 - 0.7}{25} = 0.092$ mA，$i_C = \beta i_B = 3.96$ mA

所以　$v_{CE} = 20 - 3.96 \times 6.8 = -6.9$ V $< V_{CES}(= 0.7$ V$)$

当输入方波信号时，三极管交替工作在截止区和饱和区，类似于一个可控开关。当基极 B 输入一个高电位控制信号时，三极管 VT 进入饱和导通状态，集电极 C 与发射极 E 之间的电位差几乎为零，相当于 CE 之间闭合。当基极 B 高电位控制信号撤离后，三极管 VT 进入截止状态，集电极 C 与发射极 E 之间几乎没有电流流过，相当于 CE 之间断开。利用三极管的这种特性，就构成了三极管的开关电路。如图 5－64 所示，R_B 是基极限流电阻，防止基极电流过大。R_C 是集电极电阻，在本电路中是防止三极管导通时，电源短路。在实际开关电路中，R_C 的位置由被控电子元件取代。

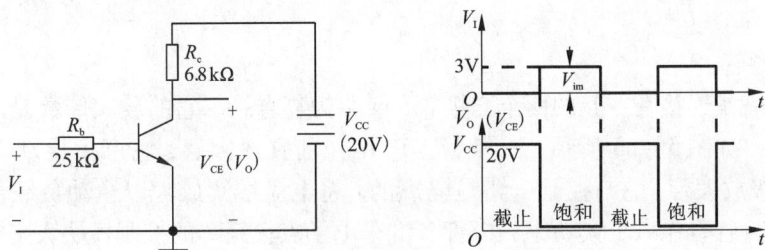

图 5－64　NPN 三极管的开关状态

图 5－65 为 NPN 管开关电路。开关电路在工作时，受控制的电子元件一般接在集电极 C 上，控制信号加在基极 B 上。当基极 B 有控制信号到来时，三极管 VT 处于饱和导通状态，CE 之间相当于开关闭合，接在集电极 C 上的电子元件得电工作；当控制信号与基极 B 断开时，三极管 VT 处于截止状态，CE 之间相当于开关断开，电子元件的电路被切断失电，恢复

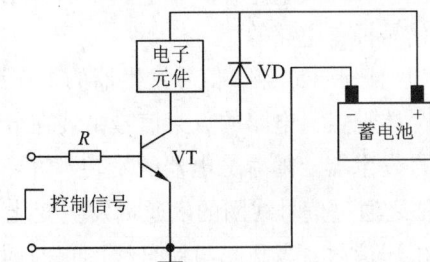

图 5－65　NPN 三极管开关电路

初始状态。在汽车电子电路中，功率较小的控制信号经过三极管开关电路，可以控制喷油器、继电器、指示灯等大功率器件的工作。电阻 R 起到限制基极电流的作用，防止因控制信

号过大损坏三极管。二极管 VD 起续流作用，保护三极管免受反向电动势的冲击。

（2）多级开关电路

在电路中为了控制的需要，有时要用到两级或三级开关电路，这些电路在汽车发电机电子调压器电路中经常用到。

图 5 – 66（a）为两级开关电路，图 5 – 66（b）为三级开关电路。

三级开关电路的工作原理如下：开关断开时，蓄电池电压经过 R_1 加到三极管 VT_1 上，VT_1 基极得到电流，VT_1 导通，B 点电位几乎为零，三极管 VT_2 基极没有电流，VT_2 截止，电源电压 12 V 经过 R_3 加到三极管 VT_3 的基极，VT_3 基极得到电流，VT_3 饱和导通，发光二极管发光。开关闭合时，A 点电位为零，VT_1 的基极没有电流，VT_1 截止，电源电压 12 V 经过 R_2 加到三极管 VT_2 的基极，VT_2 基极得到电流，VT_2 饱和导通，C 点电位几乎为零，三极管 VT_3 基极没有电流，VT_3 截止，发光二极管不发光。

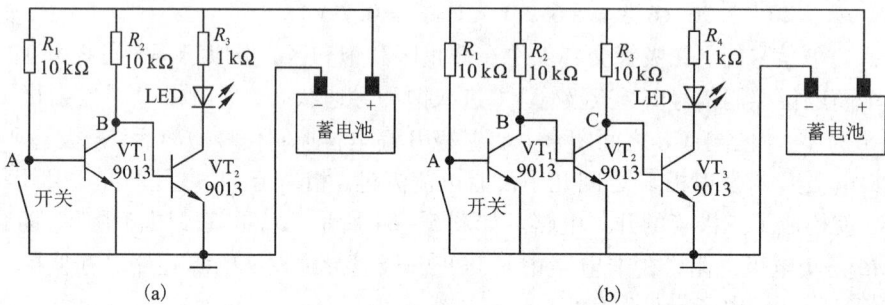

图 5 – 66　三极管多级开关电路

（3）达林顿管

达林顿管就是连接在一起的两个三极管，又称为复合管。它的放大倍数是两个三极管放大倍数的乘积。如图 5 – 66 所示，三极管 VT_1 用作前置放大管，它产生推动 VT_2 的基极电流，VT_2 是末级放大管，它与控制电路是隔离的，将电流继续放大以驱动负载部件。在电路中可以将达林顿管看作一个大功率三极管。汽车电子点火系统的控制模块大多采用达林顿管作为控制输出端。

2. 汽车电子电路中的三极管开关电路

三极管开关电路在汽车电路中的应用相当广泛，主要用于电子调压器、电子点火器以及各种信号报警电路等。

（1）磁脉冲式点火信号发生器的工作原理

晶体管点火电路的点火信号由装在分电器内的信号发生器提供，图 5 – 67 为一种磁感应式信号发生器。随着分电器的旋转，信号转子转动，它的凸起与信号线圈之间的间隙不断变化，随之通过信号线圈的磁通量发生变化，凸起接近信号线圈时磁通迅速增加，在线圈两端产生电压信号；当凸起与信号线圈正对时，磁通变化量最小，线圈两端电压为零；当凸起离开信号线圈时磁通迅速减小，线圈两端电压急剧地改变极性，产生负的电压信号，信号线圈输出交流信号，电压从正变为负就是点火时刻。

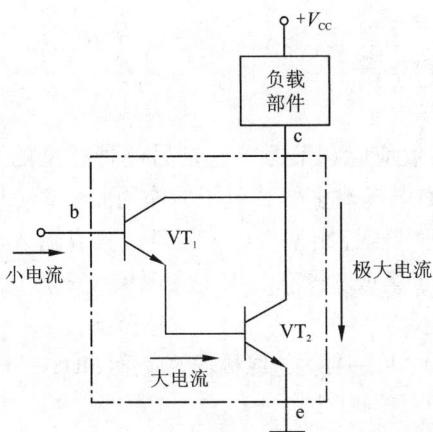

图 5-66　达林顿管结构示意图

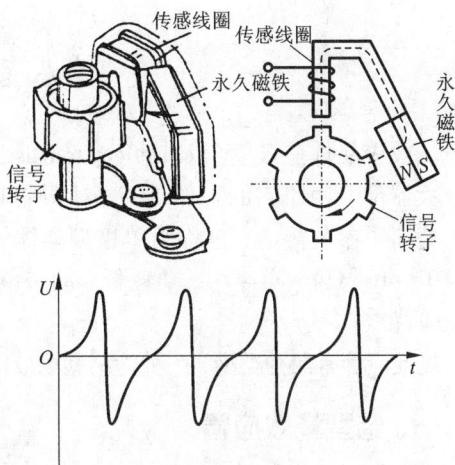

图 5-67　磁脉冲式点火信号发生器工作原理图

（2）电子点火器的工作原理

晶体管电子点火器的工作原理如图 5-68 所示。接通点火开关时，蓄电池的电压使 VT_1 导通，其直流电路为：蓄电池（或发电机）正极→点火开关→R_3→R_1→VT_1→信号线圈→搭铁→蓄电池（或发电机）负极构成回路。

当点火信号发生器产生正向脉冲时，信号电压与 VT_1 的正向电压降叠加后，高于 VT_2 的导通电压，VT_2 导通。VT_2 的导通使 VT_3 的基极电位下降而截止，VT_3 的截止使 VT_4 的基极电位上升而导通、VT_5 因 R_7 的正向偏置而导通。于是初级电流回路为：蓄电池（或发电机）正极→点火形状→点火线圈附加电阻 R_f→点火线圈初级绕组→VT_5→搭铁→蓄电池（或发电机）负极构成回路，点火线圈储能。

当点火信号发生器产生反向脉冲时，信号电压与 VT_1 的正向电压降叠加后，使 VT_2 的基极电位降低，VT_2 截止。VT_2 的截止使 VT_3 的基极电位上升而导通，VT_3 的导通使 VT_4 的基极电位下降而截止，晶体管 VT_5 没有正向偏置电压而截止。于是初级电流被切断，在次级绕组中产生高压，经配电器按点火次序分配到各缸火花塞点火，点燃可燃混合气使发动机做功。

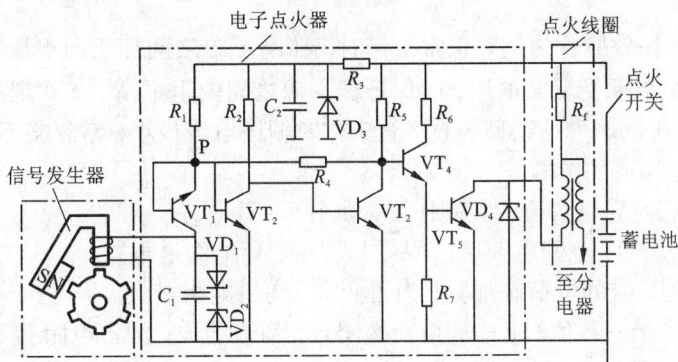

图 5-68　晶体管点火电路工作原理图

第八节　场效应管

场效应晶体三极管(field effect transistor)简称场效应管(FET)。它是另一种类型的半导体放大器件。由于它的工作是基于半导体内部或表面电场对多数载流子的作用而得名。因大多数载流子参与导电，也称为单极型晶体管。它属于电压控制型半导体器件。具有输入电阻高($10^7 \sim 10^{15}\Omega$)、噪声小、功耗低、动态范围大、易于集成、没有二次击穿现象、安全工作区域宽等优点。

场效应管有两种类型，一种为结型场效应管(JFET)；另一种为绝缘栅场效应管(MOS - FET)。

一、结型场效应管

1. 基本结构

结型场效应管有 N 沟道和 P 沟道两种。

在一块 N(P)型半导体材料(衬底)的两边扩散成两个高浓度的 P + (N +)区，使之形成两个 PN 结。在 N(P)区的两端各做一个电极，在两个 P + (N +)区上也做个电极，并把这两个 P + (N +)区连起来，就构成了一个场效应管。从 N(P)型区引出的两个电极分别为源极 S 和漏极 D，从两个 P(N)区引出的电极叫栅极 G，很薄的 N(P)区称为导电沟道。如图 5 -69 所示。

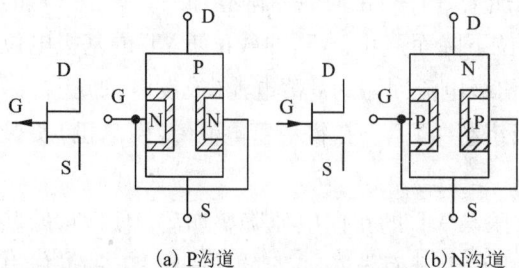

| (a) P沟道 | (b)N 沟道 |

图 5 -69　结型场效应管的结构与电路符号

图 5 -70　N 沟道结型场效应管电路

2. 工作原理

以 N 沟道结型场效应管为例。正常工作时，在漏 - 源之间加正向电压 V_{DD}，形成漏极电流 I_D。$U_{GS} < 0$，PN 结承受反向电压，既保证栅 - 源之间内阻很高，又实现 U_{GS} 对沟道电流的控制，如图 5 - 70 所示。可见结型场效应管工作时栅极电流极小，常忽略不计。

(1)U_{GS} 对导电沟道的影响

$U_{DS} = 0$ 时，U_{GS} 对导电沟道的控制作用，如图 5 - 71 所示。

$U_{DS} = 0$ 时，$U_{GS} = 0$，空间电荷区(耗尽层)很窄，导电沟道很宽。

U_{GS} 负向增大时，空间电荷区加宽，沟道变窄，沟道电阻增大。

U_{GS} 负向增大到某一数值时，空间电荷区闭合，沟道消失，沟道电阻趋于无穷大，称此时 U_{GS} 的值为夹断电压 $U_{GS(off)}$。

(2)U_{GS} 为 $U_{GS(off)}$ 至 0 中某一固定值时，U_{DS} 对漏极电流 I_D 的影响

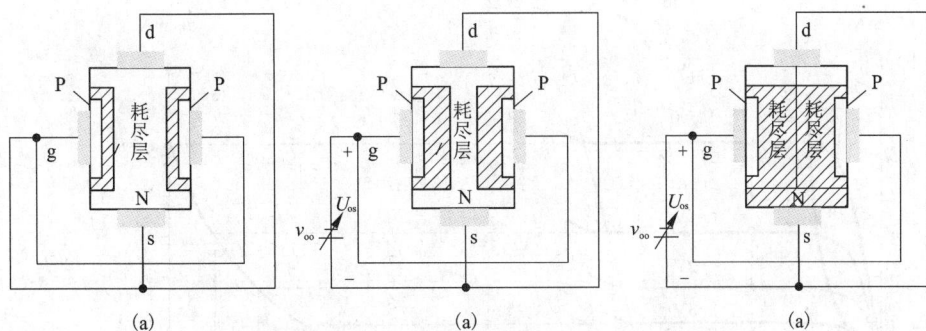

图 5 – 71 $U_{DS} = 0$ 时栅源电压 U_{GS} 对导电沟道的影响

$U_{DS} = 0$，由 U_{GS} 所确定的一定宽的导电沟道，但由于 d – s 间电压为零，多子不会产生定向移动，$I_D = 0$。

$U_{DS} > 0$，有电流 i_D 从漏极流向源极，从而使沟道各点与栅极间的电压不再相等，沿沟道从源极到漏极逐渐增大，造成靠近漏极一边的耗尽层比靠近源极一边的宽。如图 5 – 72(a) 所示。

U_{DS} 从零逐渐增大时，$U_{GD} = U_{GS} - U_{DS}$ 逐渐减小，靠近漏极一边的导电沟道随之变窄。电流 I_D 随 U_{DS} 线性增大。

U_{DS} 增大，使 $U_{GD} = U_{GS(off)}$，漏极一边耗尽层出现夹断区，称为预夹断，如图 5 – 72(b) 所示。

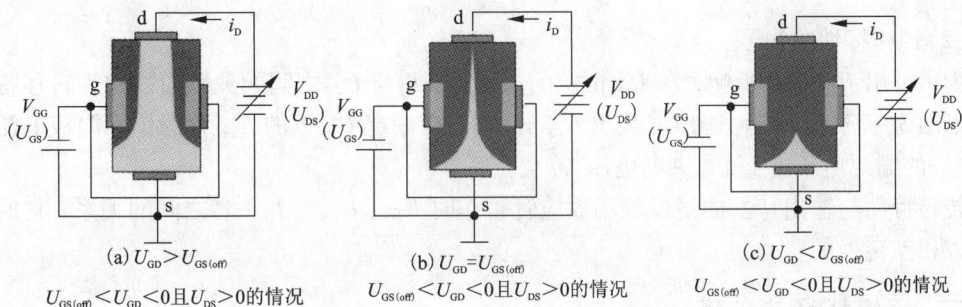

(a) $U_{GD} > U_{GS(off)}$　　　(b) $U_{GD} = U_{GS(off)}$　　　(c) $U_{GD} < U_{GS(off)}$
$U_{GS(off)} < U_{GD} < 0$ 且 $U_{DS} > 0$ 的情况　　　$U_{GS(off)} < U_{GD} < 0$ 且 $U_{DS} > 0$ 的情况　　　$U_{GS(off)} < U_{GD} < 0$ 且 $U_{DS} > 0$ 的情况

图 5 – 72 U_{DS} 对导电沟道的影响

U_{DS} 继续增大，$U_{GD} < U_{GS(off)}$，夹断区加长。如图 5 – 72(c) 所示。这时，一方面自由电子从漏极向源极定向移动所受阻力加大，从而导致 I_D 减小；另一方面，随着 U_{DS} 的增大，使 d – s 间的纵向电场增强，导致 I_D 增大。两种变化趋势相抵消，I_D 表现出恒流特性。此时，漏极电流的大小仅取决于栅源电压 U_{GS} 的大小。U_{GS} 越负，沟道电阻越大，I_D 便越小，直到 $U_{GS} = U_{GS(off)}$ 时，沟道全部夹断，$I_D = 0$。

3. 特性曲线

(1) 输出特性曲线

输出特性曲线表示以 U_{GS} 为参变量，漏极电流 I_D 与漏源电压 U_{DS} 之间的关系。其输出特性曲线与双极型三极管的输出特性曲线相似，如图 5 – 73(a) 所示。在特性曲线中，可根据不同的工作条件划分为四个区。

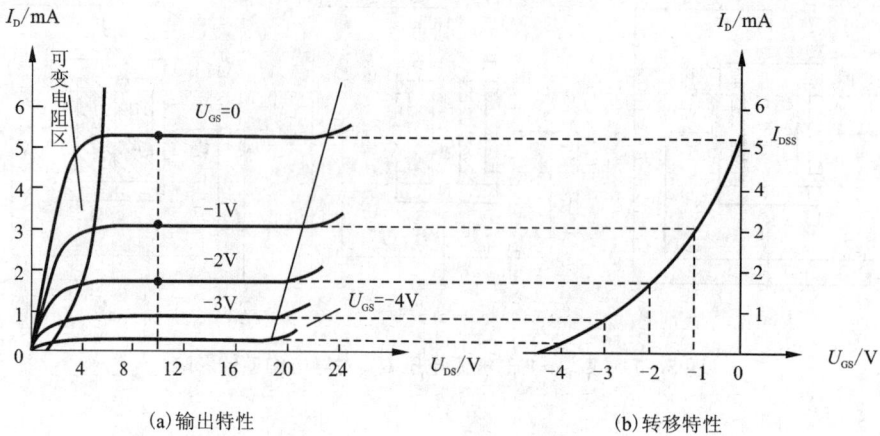

图 5 – 73　结型场效应管特性曲线

可变电阻区：位于输出特性曲线的起始部分。这一部分可看成是受 U_{GS} 控制的可变电阻，随 U_{GS} 负值增大则沟道变窄，电阻增大直到夹断。

恒流区也称放大区或饱和区：当场效应管作为线性放大器件使用时，工作在此区域。在这个区域，I_D 仅受 U_{GS} 控制，U_{GS} 越负，I_D 越小。

击穿区：当 U_{DS} 继续增大时，I_D 急剧上升，特性曲线进入击穿区。

截止区：当 U_{GS} 小于夹断电压时，导电沟道处于完全夹断状态，漏极电流 $I_D = 0$，场效应管截止。

（2）转移特性曲线

为了突出 U_{GS} 对 I_D 影响，在 U_{DS} 恒定的条件下，I_D 与 U_{GS} 之间的关系曲线称为转移特性曲线。如图 5 – 73（b）所示。图 I_{DSS} 表示 $U_{GS} = 0$ 时，在一定 U_{DS} 下的 I_D，称为饱和漏极电流。使 $I_D = 0$ 时的栅源电压 U_{GS} 就是夹断电压。

转移特性与输出特性曲线反映场效应管工作时 U_{DS}、U_{GS} 与 I_D 三者之间的关系，它们之间是可以相互转换的。

二、绝缘栅场效应管

绝缘栅场效应管有 N 沟道与 P 沟道，每一类又有增强型与耗尽型之分。以下将以 N 沟道增强型为例来说明其结构与工作原理。

1. 绝缘栅场效应管的基本结构

图 5 – 74（a）为 N 沟道增强型绝缘栅场效应管的基本结构示意图。将一块掺杂浓度较低的 P 型半导体做为衬底，然后在上面的左右两边掺杂浓度很高的 N + 区，再在 P 型硅表面生成一层很薄的二氧化硅绝缘层，并在二氧化硅的表面各自喷上一层金属铝。分别作为栅极 G、源极 S 与漏极 D。由于栅极与源极和漏极是绝缘的，故称为绝缘栅场效应管。电路符号如图 5 – 74（b）所示。

2. 绝缘栅场效应管的工作原理

图 5 – 75 为绝缘栅场效应管正常工作时外接电源连接，衬底与源极相连，U_{GS} 与 U_{DS} 均为正。源极与漏极两个 N 型区中间是 P 型衬底，相当于两个 PN 结面对面串联。

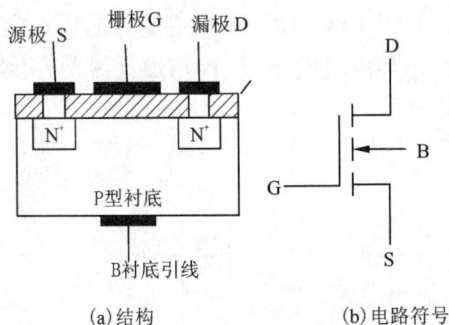

图 5 – 74 N 沟道增强型绝缘栅场效应管

图 5 – 75 N 沟道增强型场效应管工作原理

(1) $U_{GS} = 0$ 时, 无论 U_{DS} 为正还是为负, 总有一个 PN 结反偏, 漏极与源极之间不可能形成导电沟道, $I_D = 0$。

(2) 当 $U_{GS} > 0$ 时, 在二氧化硅中产生一个垂直于半导体表面由栅极指向 P 型衬底的电场。这个电场排斥空穴吸引电子, 使靠近二氧化硅一侧的 P 型半导体材料中形成 N 型层, 称为反型层。当栅源电压进一步增加, 反型层中的电子越来越多, 则会在源极与漏极间形成 N 型导电沟道。U_{GS} 越大, 则导电沟道越厚, 沟道电阻越小。

(3) 当栅源形成导电沟道后, 若 $U_{DS} > 0$, 便产生漏极电流 I_D。在漏源电压 U_{DS} 作用下, 开始产生漏极电流 I_D 时的栅源电压称为开启电压 $V_T(U_{GS(th)})$。由于这类场效应管在 $U_{GS} = 0$ 时 $I_D = 0$, 只有在 $U_{GS} > V_T$ 时才出现漏极电流 I_D, 故称为增强型。(对于耗尽型, 需预先在二氧化硅绝缘层中掺入大量正离子, 因而在 $U_{GS} = 0$ 时, 这些正离子就能在反型层中感应出较多的电子, 导电沟道就已形成, 只要接 U_{DS} 就可以形成漏极电流 I_D。当 $U_{GS} < 0$ 时, 导电沟道减弱, I_D 减小。当 U_{GS} 反向增加到一定值时, 导电沟道消失, $I_D = 0$。这种以调整 U_{GS} 负电压而消耗导电沟道的形式控制 I_D 的大小称为耗尽型。)

(4) $U_{GS} > 0$ 且 U_{DS} 增加到一定值($U_{DS} = U_{GS} - U_{GS(th)}$)后, 靠近漏极的沟道形成夹断区, 称为预夹断。$U_{DS}$ 继续增加, 夹断区向源极延伸, I_D 将呈现恒流特性。

3. 绝缘栅场效应管的特性曲线

(1) 转移特性曲线

指 U_{DS} 一定时, U_{GS} 与 I_D 之间的关系曲线, 如图 5 – 76(a) 所示。

由图 5 – 76(a) 可知, 转移特性类似于二极管的伏安特性。在 $U_{GS} < U_{GS(th)}$ 以前, 导电沟道尚未建立, I_D 为零。当 $U_{GS} > U_{GS(th)}$ 以后, 导电沟道建立, I_D 随 U_{GS} 的升高而几乎呈线性增大。

(2) 输出特性曲线

场效应管输出特性曲线与三极管的输出特性曲线相似, 分为可变电阻区、放大区

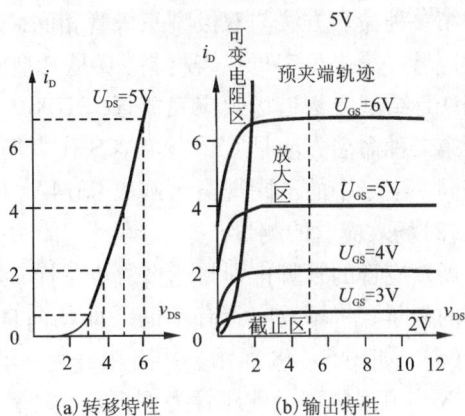

图 5 – 76 N 沟道增强型绝缘栅场效应管特性

（恒流区）、截止区。当 U_{DS} 过大，同样会出现击穿。

若将 P 型衬底改为 N 型衬底，左右两边掺杂高浓度 P + 区，就为 P 沟道绝缘栅场效应管。综上所述，MOS 场效应管有四种类型：N 沟道增强型和 P 沟道增强型、N 沟道耗尽型、P 沟道耗尽型，其电路符号如图 5 - 77 所示。

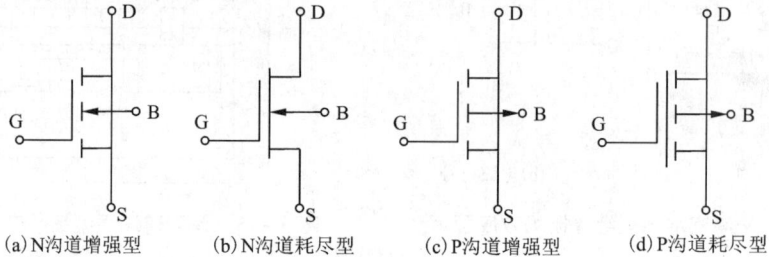

(a)N沟道增强型　　(b)N沟道耗尽型　　(c)P沟道增强型　　(d)P沟道耗尽型

图 5 - 77　绝缘栅场效应管电路符号

4. 场效应管的特点与应用

（1）场效应管较三极管制造工艺简单，体积仅为三极管的 15%，特别适合大规模集成电路。

（2）由于栅极电流几乎为零，其直流输入电阻很大，最高可达 $10^{15}\Omega$，是一种电压控制型放大器件。

（3）由于只有多子参与导电，属于单极型电子器件，因而其热稳定性好，在它的特性曲线中甚至可以找到一个几乎不受温度影响的工作点。因少了杂散载流子导电，所以有较低的噪声，还有较好的抗辐射性。

（4）因源极与漏极结构对称，两者可以互换使用。（若衬底与源极制成连在一起，则不能互换。）

利用场效应管的可变电阻区，场效应管可做可变电阻或阻抗转换；利用其放大区，可做电压放大器；利用其放大区与截止区可做为开关；利用放大区的恒流特性可做为恒流源。

5. 场效应管的命名与测量

（1）场效应管的型号与命名

第一种命名方法与双极型三极管相同，第三位字母 J 代表结型场效应管，O 代表绝缘栅场效应管。第二位字母代表材料，D 是 P 型硅，反型层是 N 沟道；C 是 N 型硅 P 沟道。例如，3DJ6D 是结型 P 沟道场效应三极管，3DO6C 是绝缘栅型 N 沟道场效应三极管。

第二种命名方法是 CS××#，CS 代表场效应管，××以数字代表型号的序号，#用字母代表同一型号中的不同规格。例如 CS14A、CS45G 等。

（2）场效应管的测量

场效应管的管脚排列与三极管不一样，其三个管脚的排列是确定不变的。所以无须进行管脚的判断。将场效应管有字的一面朝向自己，从左至右管脚分别为栅极（G）、漏极（D）、源极（S），如图 5 - 78 所示。用万用表判断场效应管是否有导通与关断能力，可判断其好坏。现以 N 沟道增强型场效应管为例，选用数字万用表的二极管挡进行测量。

测量之前，首先将三个管脚进行短接放电（将表笔金属部分同时连接三只管脚，每次重新测量前都进行一次）。

第一步：红黑表笔任意搭接 D 与 S，表笔对调再测一次，两次均不通(未建立沟道)；

第二步：红表笔接 G，黑表笔接 S(给 GS 一个正向电压，以建立导电沟道)；

第三步：黑表笔不动，松开红表笔，接 D，则 DS 间导通，有数据显示(加 U_{DS} 则有 I_D)；

第四步：黑表笔接 G，红表笔接 S(给 GS 一个反向电压)；

第五步：红表笔接 D，黑表笔接 S，不通(反向关断)。

若是 P 沟道则红黑表笔对调。若符合上述测量，则场效应管是好的。

为防止场效应管击穿，现在制造的场效应管很多都在源极与漏极间接了一个保护二极管，如图 5 - 79 所示。则在第一步测量时，有一次有显示数据。若红表笔接 D 黑表笔接 S，有 500(mV)左右的数据显示则为 P 沟道管；若红表笔接 S 黑表笔接 D，有数据显示则为 N 沟道，其他步骤相同。

图 5 -78　场效应管引脚排列

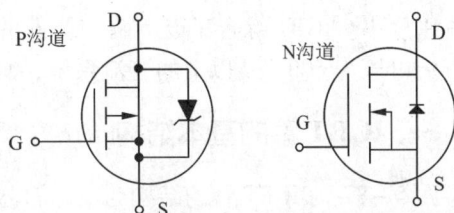

图 5 -79　绝缘栅场效应管内部二极管连接

三、功率场效应管

以上分析的场效应管与晶体三极管工作电压与电流都较小，属于小功率管。但 VMOS 功率场效应管(全称 V 型槽 MOS 场效应管)的面世使场效应管进入了大电流、高电压的应用场合，它不仅具有 MOS 管的所有优点，还具有耐压高、工作电流大、输出功率高、跨导线性好、开关速度快等优点。因此在电压放大器(可达数千倍)、功率放大器、开关电源与逆变器中得到广泛应用。

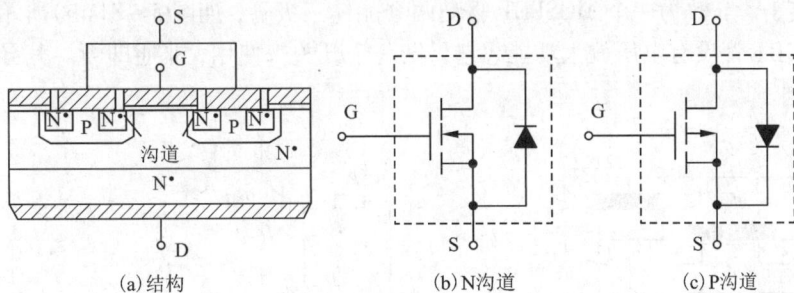

(a)结构　　　　　(b)N沟道　　　　　(c)P沟道

图 5 -80　**VMOS 场效应管结构与电路符号**

图 5 -80 为 VMOS 场效应管的结构与电路符号。用一块高掺杂的 N + 型硅片作为衬底，外延生长 N - 型高阻层，两者共同组成漏级。在 N - 型区内，扩散 P 型沟道体区，漏区与 P 型沟道体区的交界面就是漏区 PN 结。在 P 型沟道区内，又扩散 N + 型源区。跟 N 沟道增强型绝缘栅场效应管一样，当 $U_{GS} > U_{GS(th)}$ 时，在二氧化硅绝缘层下的 P 型沟道体区表层产生反

型层，产生漏极电流 I_D。由于漏极是从芯片的背面引出，所以 I_D 不是沿水平流动，而是自重掺杂区（源极）出发，经 P 沟道流入轻掺杂 N – 漂移区，最后垂直向下到达漏区。因为流通截面积大，故能通过大电流。金属栅极采用 V 形槽结构，栅极与芯片之间仍有二氧化硅绝缘层，所以它仍属于绝缘栅型场效应管。

第九节　绝缘栅双极型晶体管

绝缘栅双极型晶体管（insulated gate bipolar transistor），缩写为 IGBT，是由晶体三极管（BJT）和绝缘栅型场效应管（MOS）组成的复合全控型电压驱动式功率半导体器件，兼有 MOSFET 的高输入阻抗和功率三极管（GTR）的低导通压降两方面的优点。功率三极管饱和压降低，载流密度大，但驱动电流较大；MOSFET 驱动功率很小，开关速度快，但导通压降大，载流密度小。IGBT 综合了以上两种器件的优点，驱动功率小而饱和压降低。非常适合应用于直流电压为 600V 及以上的变流系统，如交流电机、变频器、开关电源、牵引传动等领域。

一、IGBT 管的基本结构

图 5 – 81 为 IGBT 管的结构与电路符号。

IGBT 是由一个 N 沟道的绝缘栅场效应管和功率三极管组成，实际是以 GTR 为主导，以 MOSFET 为驱动元件的复合管。

如图 5 – 81(a)所示，N + 区称为源区，引出的电极称为源极 S（即发射极 E）。P + 区称为漏区，引出的电极称为漏极（即集电极 C）。二氧化硅绝缘层引出的电极称为栅极（即门极 G）。沟道在紧靠栅区边界形成。在 D(C)、S(E)两极之间的 P 型区（包括 P + 和 P – 区）（沟道在该区域形成），称为亚沟道区。而在漏区另一侧的 P + 区称为漏注入区，它是 IGBT 特有的功能区，与漏区和亚沟道区一起形成 PNP 双极晶体管，起发射极的作用，向漏极注入空穴，进行导电调制，以降低器件的通态压降。漏注入区上的电极称为漏极 D（即集电极 C）。

IGBT 管是在功率 MOSFET 上增加了 P + 基片和一个 N + 缓冲层，在 P + 与 N + 之间创建了一个 PN 结 J_1，等效为一个 MOSFET 驱动两个晶体三极管，如图 5 – 81(b)所示。在实际电路应用中，IGBT 管没有电压放大功能，它只做一个开关来使用，非通即断。其导通与关断由栅源电压控制。

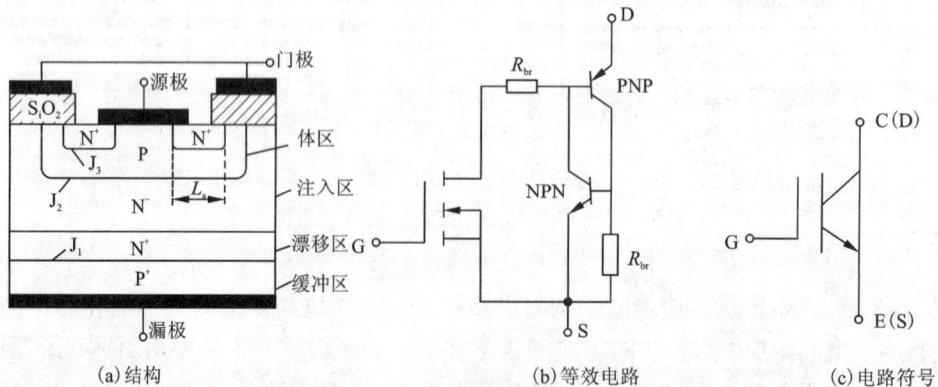

图 5 – 81　IGBT 管结构、等效电路及电路符号

二、基本工作原理

（1）导通

当 $U_{GE} > 0$，此时的门极正电压使其下面的 P 基区内形成一个 N 沟道，该沟道连通了源区与漂移区，出现一个电子流。如果这个电子流产生的电压在 0.7V 范围内，PN 结 J_1 将正向偏压，空穴注入 N - 区内，并启动了第二个电荷流，为 PNP 管提供基极电流。最后的结果是，在半导体层次内临时出现两种不同的电流：一个电子流（MOSFET 电流）；一个空穴电流（三极管）。U_{GE} 大于开启电压 $U_{GE(th)}$ 时，MOSFET 内形成沟道，为晶体管提供基极电流，IGBT 导通。此时从 P + 区注入到 N - 区的空穴对 N - 区进行电导调制，减小 N - 区的电阻 R_{dr}（基区扩展电阻），使通态压降减小。

（2）关断

栅射极间施加反压或不加信号时，MOSFET 内的沟道消失，晶体管的基极电流被切断，IGBT 关断。

（3）反向阻断

当集电极被施加一个反向电压时，J_1 就会受到反向偏压控制，耗尽层则会向 N - 区扩展，则 IGBT 管反向阻断。若过多地降低这个层面的厚度，将无法取得一个有效的阻断能力；若增加这个区域尺寸，就会连续地提高压降。

（4）正向阻断

当栅极和发射极短接并在集电极端子施加一个正电压时，PN 结 J_3 受反向电压控制。此时，仍然是由 N 漂移区中的耗尽层承受外部施加的电压。

（5）闩锁

IGBT 在集电极与发射极之间有一个寄生 PNPN 晶闸管。在特殊条件下，这种寄生器件会导通。这种现象会使集电极与发射极之间的电流量增加，对等效 MOSFET 的控制能力降低，通常还会引起器件击穿问题。晶闸管导通现象被称为 IGBT 闩锁。

三、IGBT 管的特性曲线

IGBT 的特性包括静态特性与动态特性。

静态特性主要有伏安特性、转移特性与开关特性，如图 5 - 82 所示。

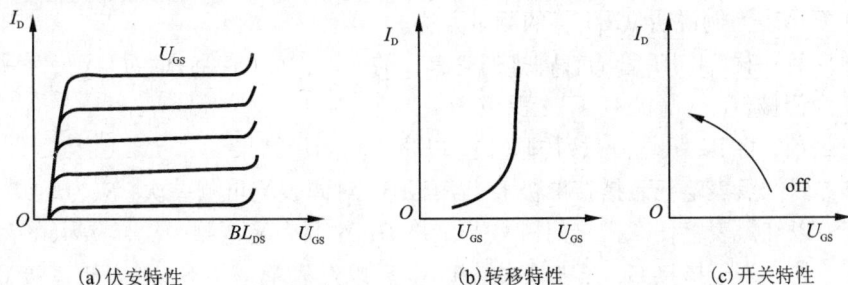

图 5 - 82 IGBT 管静态特性曲线

伏安特性是指当 U_{GS} 为参变量时，漏极电流 I_D 与漏源电压 U_{DS} 之间的关系曲线。它与晶体三极管的输出特性曲线相似，同样有饱和区、放大区（有源区）、截止区（正向阻断区）与击穿区,如图 5 – 82(a)所示。

转移特性是指输出漏极电流 I_D 与漏源电压 U_{DS} 之间的关系曲线。它与 MOS 的转移特性相同,在 U_{GS} 低于开启电压 $U_{GS(off)}$ 时,IGBT 管处于关断状态;IGBT 导通后,大部分范围 I_D 随 U_{GS} 呈线性增大,如图 5 – 82(b)所示。

开关特性指的是漏极电流 I_D 与漏源电压 U_{DS} 之间的关系,如图 5 – 82(c)所示。

动态特性如图 5 – 83 所示。

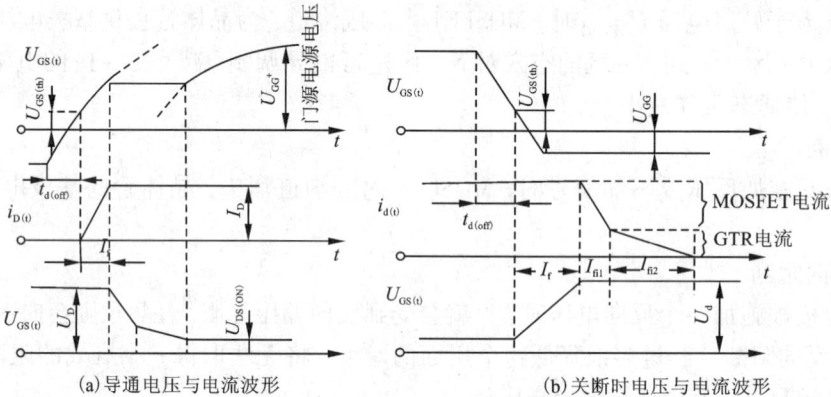

(a)导通电压与电流波形　　　　　　(b)关断时电压与电流波形

图 5 – 83　IGBT 管的动态特性

在 IGBT 管导通过程中,大部分时间为 MOSFET 运行,只有在 U_{DS} 下降过程后期,PNP 管由放大区进入饱和区,增加了一段延迟时间。图 5 – 83(a)为 IGBT 管导通时各电压与电流的波形图,$t_{d(on)}$ 为开通延迟时间,t_{ri} 为电流上升时间,漏源电压的下降时间由 t_{fe1} 与 t_{fe2} 组成。

在 IGBT 管关断过程中,漏极电流的波形变为两段,因为 MOSFET 关断后,PNP 管存储的电荷难以迅速消除,造成了漏极电流有较长的尾部电流。$t_{d(off)}$ 为关断延迟时间,t_{rv} 为电压 U_{DS} 上升时间。图 5 – 83(b)为关断时电压与电流波形。

四、IGBT 管的测量

IGBT 管的测量可用指针式万用表的 1 kΩ 电阻挡进行,也可用数字万用表的二极管挡。现以指针式万用表为例说明 IGBT 管的测量方法。

与场效应管一样,IGBT 管的管脚排列是有序的。以正面(有字)面对自己,管脚朝下,从左至右分别为门极(G)、漏极 D(C)、源极 S(E)。

在测量之前,将 IGBT 管三只引脚短接,以防影响测量结果。

第一步:以红黑表笔任意搭接漏极 D 与源极 S,对调表笔再测一次,应为无穷大。

第二步:以红黑表笔任意搭接门极 G 与漏极 D,对调表笔再测一次,应为无穷大。

第三步:先红表笔搭接 G,黑表笔去搭接 S,后以红表笔搭接 S,黑表笔搭接 G,应为无穷大。

第四步:接上测量,红表笔不动(接 S),黑表笔搭接 D,此时有电阻值显示。

经过以上步骤测量说明 IGBT 管已导通。

第五步:将红表笔接 G,黑表笔接 S;

第六步：再次将红表笔接 S，黑表笔接 D，此时电阻值为无穷大。

说明 IGBT 管已关断。

经以上测量说明 IGBT 管有导通与关断能力，正常。

用数字万用表测量与测 MOS 管方法一样。

有的 IGBT 管内含阻尼二极管，如图 5 - 84 所示，请读者根据其连接方法自行总结其测量方法。

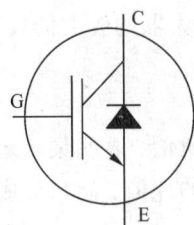

图 5 - 84　含阻尼二极管的 IGBT 管

第十节　集成运算放大器

一、集成运算放大器的基本概念

我们已经知道三极管具有放大作用，但是一个三极管的放大倍数是有限的，为了获得高倍数的放大，必须采用多个三极管级联的方式构成多级放大电路。随着电子技术的不断发展，分立元件的多级放大器已经被集成在一块半导体芯片内，构成了集成运算放大器（简称集成运放）。

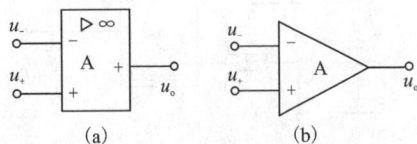

图 5 - 85　运算放大器图形符号

（a）运放符号；（b）运放的另一种表示符号

其图形符号如图 5 - 85 所示。图中有两个输入端，一个输出端，其中标"－"号端称为反相输入端，表示仅从这一端加输入信号时，输出电压与输入电压相位相反；标"＋"号端称为同相输入端，表示仅从这一端加输入信号时，输出电压与输入电压相位相同。∞表示为理想运放。

二、线性应用情况下理想运算放大器的特征

（1）理想运放的同相和反相输入端电流近似为零，$I_+ = I_- \approx 0$；

（2）理想运放的同相和反相输入端电位近似相等，$U_+ = U_-$。

虚断：由于理想运放的输入电阻非常高，在分析处于线性状态运放时，可以把两输入端视为等效开路，这一特性称为虚假开路，简称虚断。

虚短：在分析运算放大器处于线性状态时，可把两输入端视为等电位，这一特性称为虚假短路，简称虚短。

虚地：如将运放的同相端接地 $U_+ = 0$，则 $U_- = 0$，即反相端是一个不接"地"的"地"，称为虚地。

三、基本运算电路

根据输入方式的不同，构成三种最基本的实用放大器电路，成为其他各种应用电路的基础。

1. 反相比例运算放大电路

反相放大器电路如图 5 - 86 所示。输入信号 u_1 通过 R_1 加到运放反相输入端，称为反相输入放大器。R_f 接在反相输入端和输出端之间，形成负反馈电路。同相端经平衡电阻 R_2 接"地"。

反相放大器的放大倍数为

$$A_f = -\frac{R_f}{R_1}$$

式中：A_f为负值，表明集成运放输出电压与输入电压反相，所以叫反相放大器。而且，A_f仅取决于R_f/R_1的比值，而与集成运放本身无关。

2. 同相比例运算放大电路

同相放大器电路如图5-87所示。输入信号u_1通过R_2加到运放同相输入端，称为同相输入放大器。R_F接在反相输入端，形成负反馈电路。反相输入端经R_1接"地"。

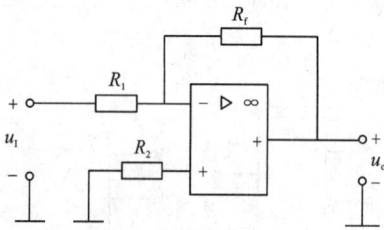

图5-86 反相比例运算放大电路

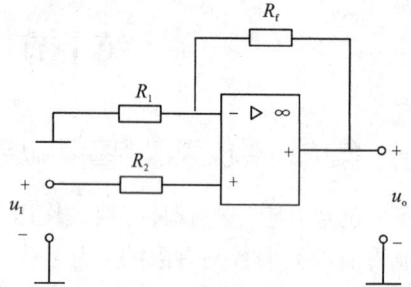

图5-87 同相比例运算放大电路

同相放大器的放大倍数为

$$A_f = 1 + \frac{R_f}{R_1}$$

A_f大于零，表明输出电压u_o与输入电压u_1同相。如果将$R_i = \infty$（开路）或$R_f = 0$，则$A_f = 1$，如图5-88所示。构成的电路称为电压跟随器。电压跟随器一般作为信号与其负载之间的缓冲隔离。

3. 差分运算放大电路

如果两个输入端都有信号输入，就构成了差分放大器，如图5-89所示。差分放大器放大的是两个输入信号的差，输出电压u_o与两个输入电压的关系为

$$u_o = \frac{R_f}{R_1}(u_{I2} - u_{I1})$$

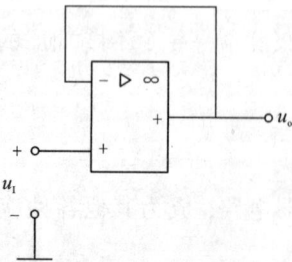

图5-88 电压跟随器

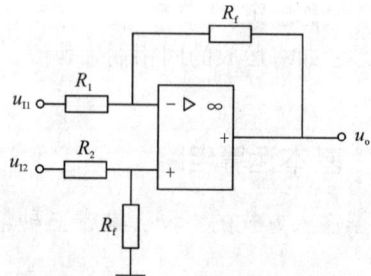

图5-89 差分运算放大电路

在汽车电子电路中,差分放大器常被用作传感器信号放大器。将传感器信号放大后,传送到 ECU。

四、集成运算放大器在汽车电子电路中的应用

如果需要对温度、压力或形变等进行检测,可采用图 5 – 90 所示的电桥信号放大电路。图中电桥的一个臂是由传感器构成的。

当传感器的阻值没有变化时,即 $\Delta R = 0$ 时,电桥平衡,电路输出电压 $u_o = 0$;当传感器因温度、压力或其他变化而使传感元件的电阻值发生变化时(用 ΔR 表示),电桥就失去平衡,变化量变成了电信号而产生输出电压 u_o,输出电压 u_o 一般很小,需要经过放大器进行放大。

汽车电喷发动机中,用来测量进气量的进气压力传感器就是由压敏电阻和集成运放制成的。这种传感器被美国通用汽车公司、日本丰田汽车公司等汽车公司广泛采用,国产桑塔纳 2000Gli 型轿车也采用了该传感器。图 5 – 91 为压敏电阻式进气压力传感器的结构示意图和工作原理。

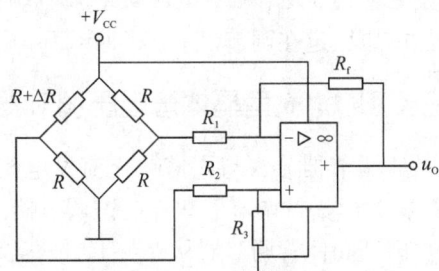

图 5 – 90 电桥信号放大电路

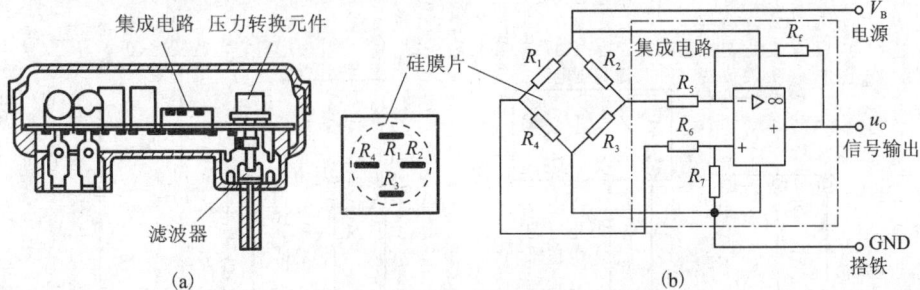

图 5 – 91 压敏电阻式进气压力传感器
(a)结构;(b)工作原理

第三部分 项目实施

一、JFT106 型晶体管电压调节器电路原理

当闭合点火开关 K,启动发动机后,其工作过程如下:

(1)当发电机转速较低,输出电压低于蓄电池端电压时,分压器 R_2 所分得的电压加在稳压管 DW_1 两端,由于此电压低于稳压管 DW_1 的稳定电压值,DW_1 截止,使 VT_1 截止,VT_2、VT_3 导通,这时蓄电池经大功率三极管 VT_3 供给励磁电流,其励磁电路为:蓄电池正极" + "→点火开关 K→发电机 B 接柱→发电机磁场接柱 F→调节器磁场接柱 F→大功率三极管 VT_3→搭铁→蓄电池负极" – "。发电机处于他励(由蓄电池提供励磁电流)状态。

(2)当发电机转速逐渐升高,发电机端电压高于蓄电池端电压时,但由于此时转速尚低,

输出电压未达到调节电压值，VT$_1$仍然截止，VT$_2$、VT$_3$仍然导通，励磁电路为：发电机输出端 B→点火开关 K→发电机 B 接柱→发电机磁场接柱 F→调节器磁场接柱 F→大功率三极管 VT$_3$ →搭铁→发电机负极"－"，发电机由他励转为自励(由发电机本身提供励磁电流)。

（3）当发电机转速继续升高到使输出电压达到调节值时，分压器 R_2 所分得的电压加在稳压管 DW$_1$ 两端，使 DW$_1$ 反向击穿导通，晶体管 VT$_1$ 因 R_4 的正向偏置而导通，使 VT$_2$、VT$_3$ 截止，断开了励磁电路，发电机输出电压便下降。当发电机端电压下降到调节值以下时，稳压管 DW$_1$ 两端的反向电压又低于稳定电压值截止，使 VT$_1$ 又截止，VT$_2$、VT$_3$ 又导通，又一次接通了励磁电路，发电机端电压又上升。如此反复，通过晶体管 VT$_3$ 的导通与截止，将发电机的输出电压恒定在调节值上。

二、JFT106 型晶体管电压调节器类型的判别

晶体调节器分为与内搭铁交流发电机配合使用和与外搭铁交流发电机配合使用的两大类，简称为内搭铁调节器和外搭铁调节器。两类调节器与发电机配合使用时的线路连接各不相同。国产晶体管调节器从外观上看两类调节器无法区分，一般均有"＋"、"F"、"－"3 个接线柱。因此首先必须确定晶体管调节器是外搭铁调节器还是内搭铁调节器。其判别方法是模拟调节器的工作电路，用试灯进行判别。具体方法如下：

（1）将晶体管调节器的"＋"、"－"接柱分别接蓄电池分压器或直流稳压电源的正、负极。将电压预调至 12 V，如图 5－92 所示。

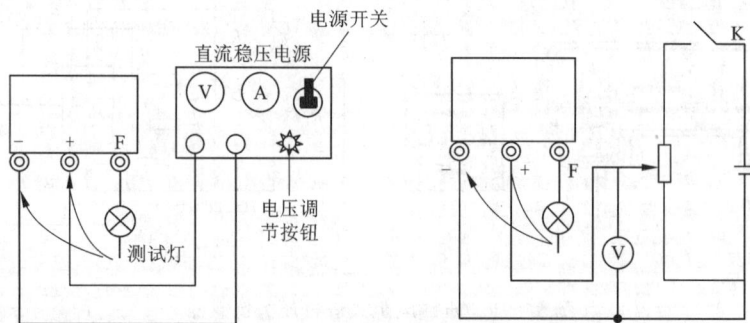

图 5－92　晶体管式调节器的识别与性能检测接线图

（2）用测试灯代替发电机磁场绕组，一端接调节器的"F"接线柱上，另一端先后去碰调节器的"＋"和"－"接线柱：

①当测试灯另一端碰接"＋"接线柱时灯亮，而碰接"－"接线柱时灯不亮，则晶体管调节器为外搭铁调节器。

②当测试灯另一端碰接"－"接线柱时灯亮，而碰接"＋"接线柱时灯不亮，则为内搭铁调节器。

③若测试灯另一端在碰接"＋"、"－"接线柱时均不亮，则晶体管调节器内部断路损坏。

三、晶体管调节器的性能检测

在判定晶体管调节器的类别后，应进一步检测晶体管调节器的好坏及调节电压。检测方

法如下：

（1）将晶体管调节器的"＋"、"－"接线柱按内搭铁和外搭铁的接线方式，分别接至蓄电池分压器或直流稳压电源的正、负极，将电压预调至 12 V。

（2）逐步调高直流电源电压，当电压上升 1.5 V 左右时，测试灯熄灭，则晶体管调节器工作正常。

（3）逐步调低直流电源电压，当电压下降 0.5 V 以内时，测试灯又重新发亮，则晶体管调节器工作正常。

（4）若测试灯始终不亮则为晶体管调节器内部断路故障。

（5）若测试灯始终不能熄灭，则晶体管调节器内部击穿短路故障。

四、晶体管调节器的故障检测

晶体管调节器故障率低，由于使用不当或者元器件质量不佳，常出现的故障有以下两种，故障的原因可能是半导体器件的损坏。

（1）发电机无电压。发电机电压建立不起来的原因可能为 VT_2 内部断路、或 VT_1 短路、或 VS 损坏。

（2）发电机电压过高。发电机电压过高的原因可能为 VT_2 内部短路、或 VT_1 断路、或 VS 断路。

第四部分　项目拓展

光电耦合器件

1. 结构与外形

光电耦合器件是一种电－光－电转换器件，它由发光源和受光器两部分组成。电路如图 5 - 93（a）所示，常见外形封装如图 5 - 93（b）所示。

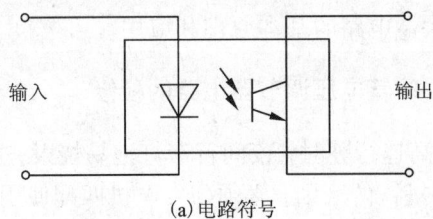

(a) 电路符号

(b) 常见外形封装

图 5 - 93　光电耦合器件

把发光源与受光器组装在同一密闭的壳体内，发光源为输入端，受光器为输出端。在输入端加上电信号，发光源发光，受光器在光照后立即生成光电流，由输出端引出。这样就实现了以光为介质的电信号传输。

2. 光耦合器件的特点与应用

光耦合器件具有体积小、抗干扰能力强、无触点、输入输出在电气上完全隔离、工作温度范围宽、使用寿命长等优点，因而在电子设备上得到了广泛应用。例如由光电耦合器件组成的开关电路，可方便地实现控制电路与开关电路之间很好的隔离。

图 5 - 94 为光耦合器件组成的开关电路。当输入端 U_1 为高电位时，三极管 V_1 导通，发光二极管发光，光电三极管导通，CE 间的电阻很小，相当于开关"闭合"。当输入端 U_1 为低电平时，三极管 V_1 截止，发光二极管截止，光电三极管截止，C、E 间的电阻很大，相当于开关"断开"。

图 5 - 94　光耦合开关电路

3. 光耦合器件的测量

第一步，确定输入端与输出端。用数字万用表的二极管挡，测量任意两引脚，若有数字显示，则表明这两个引脚为输入端且红表笔接的是发光二极管阳极，黑表笔所接就是发光二极管阴极。余下两引脚为受光器输出端。

第二步，确定好坏。用一只万用表红表笔接发光二极管正极，黑表笔接发光二极管负极；用另一只万用表二极管挡测量输出端，当红表笔接 C 端，黑表笔接 E 端时，万用表有数据显示，反之用红表笔接 E 端，黑表笔接 C 端则显示标志"1"。表明该光电耦合器件是好的。

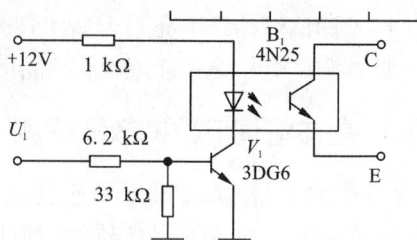

第五部分　项目小结

本项目主要是对汽车模拟电路的学习。在汽车模拟电路中，以汽车晶体管电压调节器电路的检修为重点，分析了汽车在高速行驶时，夜间行车灯泡易烧毁，蓄电池经常缺水的故障现象，学习了二极管、二极管整流电路、二极管在汽车上的应用、稳压二极管、发光二极管和光电二极管、三极管、三极管在汽车上的应用，及汽车晶体管电压调节器电路的检测与维修，同时也学习了集成运算放大器电路的基本原理和应用。

(一)维修项目：汽车晶体管电压调节器电路的检修

(1)故障现象：汽车在高速行驶时，夜间行车灯泡易烧毁，蓄电池经常缺水。

(2)电压调节器有内外搭铁的区别，必须与发电机匹配使用。

(3)故障分析与诊断：汽车晶体管电压调节器故障。

(二)模拟电路

(1)杂质半导体分为 N 型半导体和 P 型半导体。在 N 型半导体中，自由电子是多数载流子，空穴是少数载流子；而在 P 型半导体中，空穴是多数载流子，自由电子是少数载流子。无论是 P 型半导体还是 N 型半导体，整个晶体呈电中性。

(2)半导体二极管实质上是一个 PN 结，它也具有单向导电性，正向导通，反向截止。

(3)整流电路按交流电源相数可分为单相整流电路与三相整流电路；按整流电路形式又

可分为半波整流电路与全波整流电路。整流的原理是二极管的单向导电性。

(4)三极管的电流放大作用决定于两个方面，一是它的内部结构发射结应加正偏电压，集电结应加反偏电压(NPN型)；三极管有三个工作区：截止区、饱和区和放大区。

(5)场效应管有两种类型，一种为结型场效应管(JFET)，另一种为绝缘栅场效应管(MOS - FET)，结型场效应管有N沟道和P沟道两种，绝缘栅场效应管有N沟道与P沟道，每一类又有增强型与耗尽型之分。

(6)绝缘栅双极型晶体管(Insulated Gate Bipolar Transistor,缩写为IGBT。)是由晶体三极管(BJT)和绝缘栅型场效应管(MOS)组成的复合全控型电压驱动式功率半导体器件，兼有MOSFET的高输入阻抗和功率三极管(GTR)的低导通压降两方面的优点。

(7)理想运算放大器在线性应用时的两条重要结论：虚短和虚断；集成运放有三种输入方式：同相输入、反相输入和差动输入。

(8)光电耦合器件是一种电 - 光 - 电转换器件,它由发光源和受光器两部分组成。

(9)晶体管式电压调节器是利用晶体管的开关特性，来控制发电机的磁场电流，使发电机的输出电压保持恒定。

(10)集成电路电压调节器将所有的二极管、三极管的管芯都集成在一块基片上，实现了调节器的小型化，并将其装在发电机内部，减少了外部线，缩小了整个充电系统的体积。

(11)电压调节器有内外搭铁的区别，必须与发电机匹配使用。

(12)晶体管电压调节器的检查包括内搭铁式晶体管电压调节器的测试与外搭铁式晶体管电压调节器的测试。

(三)汽车晶体管电压调节器

(1)汽车晶体管式电压调节器按搭铁形式分，可分为内搭铁式(与内搭铁式交流发电机配套使用)和外搭铁式(与外搭铁式交流发电机配套使用)。

(2)国内外生产的晶体管调节器一般都是由2~4个三极管，1~2个稳压管和一些电阻、电容、二极管等组成，再由印刷电路板连接成电路，然后用轻而薄的铝合金外壳将其封闭。工作原理是利用晶体管的开关特性来控制发电机的磁场电流，使发电机的输出电压保持恒定。

(四)汽车晶体管电压调节器故障的检测与检修

晶体管调节器故障率低，由于使用不当或者元器件质量不佳，常出现故障的可能原因是半导体器件的损坏。

习 题

5 - 1 PN结有什么特性？

5 - 2 硅二极管和锗二极管的导通电压各为多少？

5 - 3 如何用万用表判别二极管的极性和好坏？

5 - 4 简述二极管在汽车上的应用。

5 - 5 画出单相桥式整流电路图。

5 - 6 画出发电机三相桥式整流电路图，并简述其原理。

5-7 三极管有哪几种工作状态？不同工作状态的外部条件是什么？

5-8 如何用万用表判别三极管的极性和好坏？

5-9 简述三极管在汽车上的应用。

5-10 用数字万用表的二极管挡测量 IGBT 管，正常情况下，请说明测量步骤与测量结果。若内部含有阻尼二极管，情况又如何？

5-11 请简述普通绝缘栅场效应管与 VMOS 场效应管的异同之处。

5-12 依照结型场效应管的结构及特点，请说明结型场效应管的检测方法。

5-13 场效应管与晶体三极管相比，有哪些优点？

5-14 简述集成运算放大器在汽车电子电路中的应用。

5-15 试分析 JFT106 型晶体管电压调节器的工作原理，并说明各主要电子元件的作用。

5-12 交流发电机与电压调节器在使用中应注意哪些事项？

5-13 如何对晶体管电压调节器搭铁形式及好坏进行测试？

项目六

汽车数字电路的认知与检测

能力目标

通过本次项目的完成,你应能够:

1. 掌握常用数制及数制之间的转换;
2. 掌握逻辑门电路的符号及逻辑功能;
3. 对组合逻辑电路进行分析或按要求设计组合逻辑电路;
4. 掌握时序逻辑电路的分析方法;
5. 识读相关电路原理图;
6. 检测集成电路闪光器组成的转向信号、危险警报灯电路。

第一部分 项目描述

汽车 555 转向灯闪光器电路如图 6-1 所示,请分析相关电气元件和电路的原理:

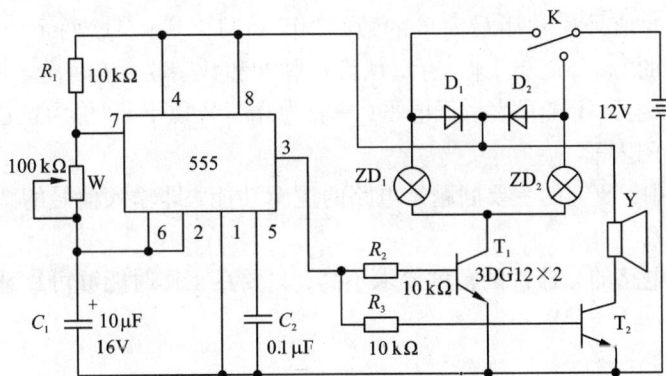

图 6-1 转向信号、危险警报灯电路图

(1)识读闪光继电器电路相关元器件。
(2)分析汽车 555 转向灯闪光器电路工作原理。
(3)检查和调整闪光继电器的频率。
(4)测试闪光继电器技术性能。
(5)转向灯电路常见故障分析。

第二部分 项目内容

第一节 逻辑代数及基本逻辑门电路

一、逻辑代数

1. 数字信号与数字电路

（1）数字信号和模拟信号

在观察自然界中形形色色的物理量时不难发现，尽管它们的性质各异，但就其变化规律的特点而言有两大类。

一类物理量的变化在时间上和数值上都是离散的。也就是说，它们的变化在时间上是不连续的，总是发生在一系列离散的瞬间。同时，它们的数值大小和每次的增减变化都是某一个最小数量单位的整数倍，而小于这个最小数量单位的数值没有任何物理意义。这一类物理量叫做数字量，把表示数字量的信号叫做数字信号，并且把工作在数字信号下的电子电路叫做数字电路。

另一类物理量的变化在时间上或数值上则是连续的。这一类物理量叫做模拟量，把表示模拟量的信号叫模拟信号，并把工作在模拟信号下的电子电路叫做模拟电路。

（2）数字电路的特点

①工作信号是二进制的数字信号，在时间上和数值上是离散的，反映在电路上就是低电平和高电平两种状态（即 0 和 1 两个逻辑值）。

在数字电路中的信号通常用最简单的数字"0"和"1"表示，这两个数字可以用脉冲的"有"和"无"、电平的"高"和"低"来表示，从而把脉冲和数字联系在一起。通常以"1"表示高电平（一般为 3 V 以上），以"0"表示低电平（一般为 0.3 V 以下），称为正逻辑；反之则为负逻辑，本书均采用正逻辑。

②在数字电路中，研究的主要问题是电路的逻辑功能，即输入信号的状态和输出信号的状态之间的逻辑关系。

③对组成数字电路的元器件的精度要求不高，只要在工作时能够可靠地区分 0 和 1 两种状态即可。

（3）数字电路的分析方法

数字电路主要是研究输入信号与输出信号之间的逻辑关系。在实际应用中，汽车上的 ECU 只能识别数字信号，而大多数传感器检测到的是模拟信号，实际使用的信号也往往是模拟信号，因此需要将两种信号进行相互转换，即 D/A（数/模）转换或 A/D（模/数）转换。

2. 数制

用数字量表示物理量的大小时，仅用一位数码往往不够用，因此经常需要用进位计数的方法组成多位数码使用。我们把许多数码中每一位的构成方法以及从低位到高位的进位规则称为数制。

在数字电路中经常使用的计数进制除了十进制以外，还经常使用二进制和十六进制。

（1）十进制

十进制是日常生活和工作中最常使用的进位计数制。在十进制数中，每一位有 $0 \sim 9$ 十个数码，所以计数的基数是 10。超过 9 的数必须用多位数表示，其中低位和相邻高位之间的关系是"逢十进一"，故称为十进制。

例如：$143.75 = 1 \times 10^2 + 4 \times 10^1 + 3 \times 10^0 + 7 \times 10^{-1} + 5 \times 10^{-2}$

所以任意一个十进制数 D 均可展开为

$$D = \sum K_i \times 10^i \tag{6-1}$$

其中，K_i 是第 i 位的系数，它可以是 $0 \sim 9$ 这十个数码中的任何一个。若整数部分的位数是 n，小数部分的位数是 m，则 i 包含从 $n-1$ 到 0 的所有正整数和从 -1 到 $-m$ 的所有负整数。

若以 N 取代式（6-1）中的 10，即可得到任意进制数展开式的普遍形式

$$D = \sum K_i \times N^i \tag{6-2}$$

式中，i 的取值与式（6-1）的规定相同。N 称为计数的基数，K_i 为第 i 位的系数，N^i 称为第 i 位的权。

（2）二进制

目前在数字电路中应用最广泛的是二进制。在二进制数中，每一位仅有 0 和 1 两个可能的数码，所以计数基数为 2。低位和相邻高位间的进位关系是"逢二进一"，故称为二进制。

根据式（6-2），任何一个二进制数均可展开为

$$D = \sum K_i \times 2^i \tag{6-3}$$

并由此式可计算出它所表示的十进制数值。例如

$$(101.11)_2 = 1 \times 2^2 + 0 \times 2^1 + 1 \times 2^0 + 1 \times 2^{-1} + 1 \times 2^{-2} = (5.75)_{10}$$

上式中分别使用下脚注的 2 和 10 表示括号里的数是二进制和十进制数。有时也用 B（Binary）和 D（Decimal）代替 2 和 10 这两个脚注。

（3）八进制

八进制数的每一位有 $0 \sim 7$ 八个数码，所以计数基数为 8，低位和相邻高位之间的关系是"逢八进一"。因此，任意一个八进制数均可展开为

$$D = \sum K_i \times 8^i \tag{6-4}$$

由此式可计算出它所表示的十进制数值。例如

$$(207.04)_8 = 2 \times 8^2 + 0 \times 8^1 + 7 \times 8^0 + 0 \times 8^{-1} + 4 \times 8^{-2} = (135.0625)_{10}$$

（4）十六进制

十六进制数的每一位有十六个不同的数码，分别用 $0 \sim 9$、A（10）、B（11）、C（12）、D（13）、E（14）、F（15）表示。因此，任意一个十六进制数均可展开为

$$D = \sum K_i \times 16^i \tag{6-5}$$

并由此式可计算出它所表示的十进制数值。例如

$$(D8.A)_{16} = 13 \times 16^1 + 8 \times 16^0 + 10 \times 16^{-1} = (216.625)_{10}$$

3. 数制转换

（1）二进制转换成十进制

把二进制转换为等值的十进制数称为二-十转换。在将一个二进制数转换成为它的等效十进制，只要将它按权展开，然后相加就可以了。例如

$$(1011.01)_2 = 1 \times 2^3 + 0 \times 2^2 + 1 \times 2^1 + 1 \times 2^0 + 0 \times 2^{-1} + 1 \times 2^{-2} = (11.25)_{10}$$

（2）十进制转换成二进制

整数部分采用基数连除法，先得到的余数为低位，后得到的余数为高位。小数部分采用基数连乘法，先得到的整数为高位，后得到的整数为低位。

例如把十进制数 44.375 转换成二进制数。

所以，$(44.375)_{10} = (101100.011)_2$

采用基数连除、连乘法，可将十进制数转换为任意进制数。

4. 逻辑代数的基本概念

逻辑代数是英国数学家乔治·布尔（George Boole）于 1849 年首先提出来的，所以又称布尔代数。逻辑代数是用来描述逻辑关系、反映逻辑变量运算规律的数学。

所谓逻辑，是指事物的因果之间所遵循的规律，即指条件对结果的关系，这种因果关系称为逻辑关系。逻辑代数正是反映这种逻辑关系的数学工具。在逻辑代数中最基本的逻辑关系有三种，即与逻辑、或逻辑和非逻辑，相应地也有三种基本的逻辑运算：与运算、或运算和非运算。

逻辑代数属数学范畴，与普通代数有类似之处，但也有本质上的区别。与普通代数一样，逻辑代数也用文字 A, B, C, …, X, Y, Z 等来表示变量，其逻辑关系也可表示为 $Y = f(A, B, C)$，在逻辑代数中称之为逻辑函数式或逻辑表达式。在普通代数中，变量可以取任意数值，而逻辑代数中的变量取值只有 0 和 1。我们把这种仅具有 0 和 1 的二值变量称为逻辑变量，因此，逻辑代数是二值代数。值得强调的是 0 和 1 不是表示数值的大小，而是代表逻辑变量的两种相互对立的逻辑状态。例如事物的真和假、是和非、好与坏、信号的有和无、电位的高和低、开关的通和断、灯泡的亮和灭等。换句话说，逻辑变量的数值不是数量的概念，而是表示一个问题的两种可能性。

既然逻辑代数只用 0 和 1 来表示两个相反的量，那么，0 和 1 的组合即形成二进制数码。

5. 逻辑电路与逻辑代数的关系

所谓逻辑电路是指输入量和输出量之间具有一定逻辑关系的电路。通常逻辑电路的输入量、输出量都是用脉冲信号的有无、电位的高低等来表示的。描述这种相互对立的逻辑关系，可以用逻辑代数中的二值变量来表示。例如，如果将有脉冲信号、高电位的逻辑状态用 1 表示，那么，无脉冲信号、低电位的逻辑状态就可用 0 表示。即用逻辑代数中的 0 和 1 来描述逻辑电路中的两种逻辑状态。

在逻辑代数中，有三种基本逻辑关系和基本运算，在逻辑门电路中，也有三种基本门电路与之相对应，即与门电路、或门电路和非门电路。

二、逻辑门电路

所谓门电路，乃是一种开关电路，它按一定条件进行开和关，从而控制着信号的通过或不通过。在电控单元中，这些电路是在一定条件下，按一定规律进行工作的。逻辑门所具有的功能称为逻辑功能，基本逻辑门有与门、或门和非门。理论研究和工程实践均已表明，任何复杂的数字系统，均可以用这三种基本门电路构成，这叫做逻辑电路的"完备性"。

1. "与"运算和"与"门电路

(1)"与"逻辑运算

"与"是和的意思。图6-2为两个开关 A、B 串联控制一盏灯 Y 的电路。只有当开关 A 与 B 全都接通时，灯 Y 才亮；只要有一个或一个以上的开关断开，该灯就灭。上述开关状态和灯亮、灯灭之间的逻辑关系如表6-1所示。这个例子表明，只有决定事物结果的全部条件同时具备时结果才发生。这种因果关系叫做与逻辑。

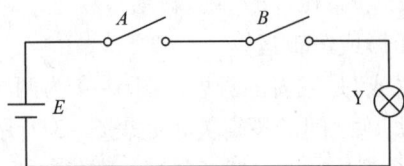

图6-2 与逻辑举例

如果用逻辑代数来描述这种电路的工作特点，就能在灯与开关之间建立起相应的逻辑函数关系。此时，开关 A、B 的状态为条件（即输入信号），灯 Y 的状态为结果（即输出信号）。设开关接通为1状态，断开为0状态；灯亮为1状态，灯灭为0状态，则可列出表6-2。这种用0和1表示输入状态与输出状态之间逻辑关系的表格，称为真值表。

表6-1 与逻辑关系表

条件		结果
A	B	Y
断开	断开	灭
断开	闭合	灭
闭合	断开	灭
闭合	闭合	亮

表6-2 与逻辑真值表

输入		输出
A	B	Y
0	0	0
0	1	0
1	0	0
1	1	1

真值表中，左栏为输入变量的各种可能的取值组合，右栏为其对应的输出状态。由该真值表可以看出：当有 $A=B=1$ 时，$Y=1$；否则 $Y=0$。这就是与逻辑功能，可用下式表示：

$$Y=A \cdot B \quad 或者 \quad Y=AB$$

其中符号"·"读作与，有时"·"可以省略，但 A 和 B 之间的逻辑关系仍表示与的关系。从逻辑运算的结果看，与运算和普通代数中的乘法运算规则是一致的，因此，与逻辑有时又称作逻辑乘。

(2)与门电路

能实现与逻辑功能的电路称为与门电路，其逻辑符号如图6-3所示。与门的输入端可以不止两个，但一般常用的与门，其输入端不超过8个，其输出端只有1个。

74 系列的与门有多种型号，常用的有 74LS08 和 74LS11 等。

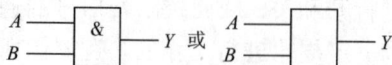

图 6-3   与门逻辑符号

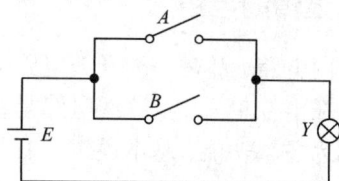

图 6-4   或逻辑举例

2.“或”运算和“或”门电路

（1）或逻辑运算

“或”是或者的意思。图 6-4 为两个开关 A、B 并联然后与灯 Y 及电源 E 串联的电路，开关与灯泡之间的逻辑关系如表 6-3 所示。很明显，只要开关 A 和 B 中有任何一个接通、或者两个都接通时，灯 Y 就亮；只有当两个开关都断开时，灯才灭。一般地，只要在决定某一种结果的各种条件中，有一个或一个以上的条件具备时，该结果就会发生，则这种逻辑关系称为或逻辑。其真值表如表 6-4 所示。

<table>
<tr><th colspan="2">表 6-3   或逻辑关系表</th></tr>
</table>

条件		结果
A	B	Y
断开	断开	灭
断开	闭合	亮
闭合	断开	亮
闭合	闭合	亮

<table>
<tr><th colspan="3">表 6-4   或逻辑真值表</th></tr>
</table>

输入		输出
A	B	Y
0	0	0
0	1	1
1	0	1
1	1	1

由该真值表可见，输入变量中只要有一个为 1，结果为 $Y=1$；只有 $A=B=0$，$Y=0$，这就是或的功能，其表达式为

$$Y = A + B$$

式中，符号 + 读作或而不读作加，但从形式上看，它和普通代数中的加法式子是一致的，因此，有时也称为逻辑加。

（2）或门电路

能实现或逻辑功能的电路称为或门电路，其逻辑符号如图 6-5。同样地，或门的输入端可以不止两个，但一般不超过 8 个，其输出端只有一个。

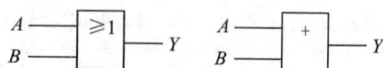

图 6-5   或门逻辑符号

3.“非”运算和“非”门电路

（1）非逻辑运算

“非”是否定的意思。如图 6-6 所示，开关 A 与灯 Y 并联后接到电路中。很显然，当开关 A 接通时，灯不亮；而当开关 A 断开时，则灯亮。上述开关状态与灯亮、灭之间的关系用

真值表来描述时,如表6-5所示。即在任何事物中,如果结果是其条件的逻辑否定,则这种特定的因果关系称为非逻辑。

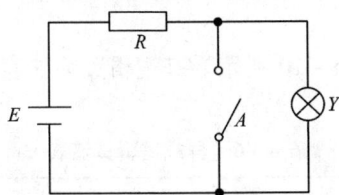

图6-6 非逻辑举例

表6-5 非逻辑真值表

输入	输出
A	Y
0	1
1	0

从真值表中可以看出,当 $A=1$ 时,$Y=0$;当 $A=0$,$Y=1$。这就是非逻辑的功能,其逻辑式为

$$Y = \overline{A}$$

式中,符号"-"读作"非",($\overline{A}$)读作 A 非。

(2)非门电路

能实现非逻辑功能的电路称为非门电路。由于非门的输出和输入信号电压相位相反,所以非门常被称作反相器。一般非门只有一个输入端和一个输出端,其逻辑符号如图6-7。

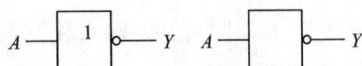

图6-7 非门逻辑符号

4. 复合门电路

由与门、或门、非门经过简单的组合,可构成另一些常用的复合逻辑门,如与非门、或非门、异或门等。

(1)与非门

将与运算和非运算相结合,就构成与非逻辑运算。这里的与非是指先"与"后"非"。其逻辑符号如图6-8。

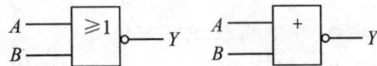

图6-8 与非门逻辑符号

图6-9 或非门逻辑符号

逻辑关系为

$$Y = \overline{AB}$$

与非门的逻辑功能可概括为:输入有0,输出为1;输入全1,输出为0。

常用的集成与非门有74LS00,它内部有四个二输入与非电路。

(2)或非门

将"或"运算和"非"运算相结合,就构成"或非"逻辑运算。这里的"或非"是指先"或"后"非"。其逻辑符号如图6-9。

逻辑关系为

$$Y = \overline{A+B}$$

或非门的逻辑功能可概括为：输入有1，输出为0；输入全0，输出为1。

（3）异或门电路、同或门电路

①异或门电路

异或门也是一个常用的组合逻辑门，图形符号如图6-10所示。其逻辑关系如表6-6。

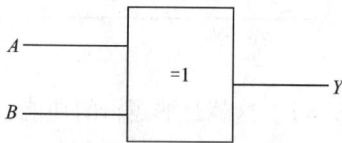

图6-10 异或门逻辑符号

表6-6 异或逻辑真值表

输入		输出
A	B	Y
0	0	0
0	1	1
1	0	1
1	1	0

从逻辑关系图可知：输入相同时，输出为0；输入相异时，输出为1。

逻辑表达式为

$$Y = \overline{A}B + A\overline{B} = A \oplus B$$

②同或门电路

同或运算的逻辑关系为

$$Y = AB + \overline{A}\,\overline{B}$$

由逻辑关系可知：输入相同时，输出为1；输入相异时，输出为0。这样异或与同或互为非，在实际集成电路中并没有专门的同或门芯片，需要时可在异或门后面加上一个非门来实现。

三、逻辑函数及其化简

1. 逻辑函数的表示方法

常用的逻辑函数表示方法有：逻辑函数式、真值表、逻辑图等。

（1）逻辑函数表达式

所谓逻辑函数，一般来讲，是指当输入逻辑变量A，B，C，…的值确定以后，输出变量Y的值也唯一地被确定，则我们就称Y是A，B，C，…的逻辑函数，记为

$$Y = F(A, B, C, \cdots)$$

这里无论输入逻辑变量A，B，C，…还是输出逻辑变量Y，仅能取逻辑值1或0。

逻辑运算约定的顺序为：括号、与、或，可按先"与"后"或"的规则省去括号。

逻辑函数表达式简洁、书写方便，它直接反映了变量间的运算关系，也便于逻辑图的实现。其缺点是不够直观，不能直观反映出变量取值间的对应关系。

（2）真值表

真值表：是由变量的所有可能取值组合及其对应的函数值所构成的表格，它直观、明了、

唯一地反映了变量取值和函数之间的对应关系。一个逻辑函数只有一个真值表，真值表是逻辑函数的不同种类的表示方法。因此，逻辑函数表达式和真值表之间可以相互转换。

真值表的列写方法：每一个变量均有0、1两种取值，n个变量共有2^n种不同的取值，将这2^n种不同的取值按顺序排列起来，同时在相应位置上填入函数的值，便可得到逻辑函数的真值表。

同时，由真值表可得到逻辑函数表达式。只要把真值表中逻辑函数等于1的各种变量的取值组合用"与"项来表示，把所有这些"与"项用"或"号连在一起，就可得到逻辑函数表达式。

例如表6-7，当A、B取值相同时，函数值为0；否则，函数值为1。

由真值表可写出函数表达式：$Y = \overline{A}B + A\overline{B}$。

（3）逻辑图

逻辑图所表示的是原理性电路，它比较接近工程设计，便于制作实际电路，而逻辑函数则是实际电路的抽象，所以，逻辑图是逻辑函数表达式的一种具体实现。这样，逻辑图、逻辑函数表达式、真值表之间可以相互转换。

表6-7　真值表

A	B	Y
0	0	0
0	1	1
1	0	1
1	1	0

由逻辑图写逻辑函数表达式的方法：根据逻辑图，从输入端到输出端逐级写出逻辑函数式。

2. 逻辑函数的化简

（1）基本公式

表6-8给出了逻辑代数的基本公式，这些公式是根据逻辑变量的特点和三种基本运算规则推导出来的，也可以用真值表来验证这些公式。

表6-8　逻辑代数的基本公式

类别		名称	逻辑与（非）	逻辑或
常量和变量的关系		01律	$A \cdot 1 = A \quad A \cdot 0 = 0$	$A + 1 = 1 \quad A + 0 = A$
变量间的关系	类似初等代数定律	交换律	$A \cdot B = B \cdot A$	$A + B = B + A$
		结合律	$A \cdot (BC) = (AB) \cdot C$	$A + (B + C) = (A + B) + C$
		分配律	$A \cdot (B + C) = AB + AC$	$A + (B \cdot C) = (A + B)(A + C)$
	逻辑代数特殊规律	互补律	$A \cdot \overline{A} = 0$	$A + \overline{A} = 1$
		重叠律	$A \cdot A = A$	$A + A = A$
		反演律	$\overline{AB} = \overline{A} + \overline{B}$	$\overline{A + B} = \overline{A} \cdot \overline{B}$
		还原律	$\overline{\overline{A}} = A$	

（2）常用公式

利用基本公式可以推出一些常用公式，这些公式有助于化简逻辑函数：

$$AB + A\overline{B} = A$$

$$A + AB = A$$

$$A + \overline{A}B = A + B$$

$$AB + \overline{A}C + BC = AB + \overline{A}C$$

（3）逻辑函数的化简

数字电路中，往往要根据实际问题进行逻辑设计，得出的逻辑函数要进行化简，只有最简的逻辑函数才能使得电路最简，逻辑表达式越简单，实现它的电路越简单，电路工作越稳定可靠。

①并项法

利用公式 $A + \overline{A} = 1$ 将两项合并为一项，并消去一个变量。

例如：

$$Y = ABC + \overline{A}BC + B\overline{C} = (A + \overline{A})BC + B\overline{C}$$
$$= BC + B\overline{C} = B(C + \overline{C}) = B$$

②吸收法

利用公式 $A + AB = A$，消去多余的乘积项。

例如：$Y = \overline{A}B + \overline{A}BCD(E + F) = \overline{A}B$

③消去法

利用公式 $A + \overline{A}B = A + B$，消去多余的因子。

例如：

$$Y = AB + \overline{A}C + \overline{B}C = AB + (\overline{A} + \overline{B})C$$
$$= AB + \overline{AB}C = AB + C$$

④利用公式 $A + \overline{A} = 1$、$A + A = A$、$A \cdot A = A$ 等给逻辑函数式适当增项，进而消去更多的余项。

例如：

$$Y = AC + \overline{BC} + A\overline{B} = AC + \overline{BC} + A\overline{B}(C + \overline{C})$$
$$= AC + \overline{BC} + A\overline{B}C + A\overline{B}\,\overline{C} = AC + \overline{BC}$$

四、集成门电路举例

制动灯故障监视电路如图 6－11 所示，根据逻辑图写出逻辑表达式，并分析逻辑功能。

A、B、C 代表三个制动灯，灯亮用 1 表示，灯灭用 0 表示；输出 Y 为 1，故障指示灯亮，表示制动灯有故障，输出 Y 为 0，故障指示灯灭，表示制动灯正常。

解：由逻辑图列出函数表达式：

$$Y = \overline{A} + \overline{B} + \overline{C}$$

根据函数表达式列出真值表，如表 6－9 所示。当 A、B、C 三个制动灯，任意一个出现故障都将在仪表台上有故障指示，以提醒驾驶员及时进行检修。

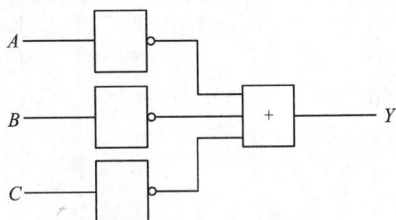

图 6 - 11 故障监视器逻辑图

表 6 - 9 故障监视器真值表

输入			输出
A	B	C	Y
0	0	0	1
0	0	1	1
0	1	0	1
0	1	1	1
1	0	0	1
1	0	1	1
1	1	0	1
1	1	1	0

第二节 基本组合逻辑电路

数字逻辑电路按逻辑功能的不同特点,可分为组合逻辑电路和时序逻辑电路。

在逻辑电路中,若任意时刻的输出状态仅取决于该时刻的输入信号状态,而与信号作用前的电路所处的状态无关,则这种电路称为组合逻辑电路。它的显著特点是无记忆功能。

组合逻辑电路应用广泛,常用的有编码器、译码器、加法器、比较器和数据选择器等。

一、组合逻辑电路的分析与设计

1. 组合逻辑电路的分析

(1)分析步骤

组合逻辑电路分析的目的是为了明确组合电路的逻辑功能和应用方法。组合逻辑电路分析大致可分为以下几个步骤:

①根据组合逻辑电路的逻辑图,写出电路输出函数的逻辑表达式;

②对逻辑表达式进行化简,得到最简的逻辑表达式;

③列真值表、将输入输出变量及所有可能的取值列成表格;

④确定功能,根据真值表和逻辑表达式确定电路的逻辑功能。

(2)例题分析

例:分析图 6 - 12 的逻辑功能。

①根据逻辑图,写出电路输出函数的逻辑表达式。

$$P = \overline{ABC}$$

$$Y = AP + BP + CP = A\,\overline{ABC} + B\,\overline{ABC} + C\,\overline{ABC}$$

②化简与变换。

$$Y = \overline{ABC}(A + B + C) = \overline{\overline{ABC} + \overline{A + B + C}} = \overline{\overline{ABC} + \overline{\overline{A}\,\overline{B}\,\overline{C}}}$$

③由表达式列出真值表 6 - 10。

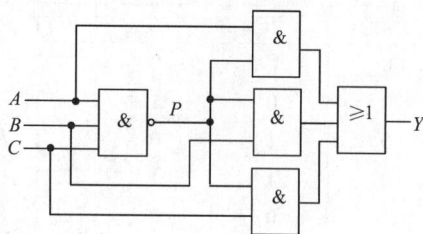

表 6-10 真值表

A	B	C	Y
0	0	0	0
0	0	1	1
0	1	0	1
0	1	1	1
1	0	0	1
1	0	1	1
1	1	0	1
1	1	1	0

图 6-12 例题图

④分析逻辑功能

当 A、B、C 三个变量不一致时，输出为 1，所以这个电路称为不一致电路。

2. 组合逻辑电路的设计

（1）分析步骤

组合逻辑电路的设计是分析的逆过程，它是根据给定的逻辑功能设计出逻辑电路。一般步骤为：

①分析实际问题。确定需要哪些是输入变量，哪些是输出变量，并以二值逻辑给输入和输出变量赋值，分析变量间的逻辑关系，把实际问题归纳为逻辑问题，并确定它们之间的逻辑关系。

②列出真值表。若有 n 个变量，则共有 2^n 种输入变量组合，列出所有可能情况下输出变量的取值，即采用"穷举法"。

③根据真值表，写出输出逻辑函数表达式，并化简成所需要的最简单的表达式。

④根据实际问题、技术和材料的要求设计出逻辑电路。

（2）例题分析

例如：设有甲、乙、丙三人进行表决，若有两人以上（包括两人）同意，则通过表决，用 ABC 代表甲、乙、丙，用 L 表示表决结果。试写出真值表，逻辑表达式，并画出用与非门构成的逻辑图。

①分析题意，列出真值表

用 1 表示同意，0 表示反对或弃权。可列出真值表如下：

②由真值表写出表达式

$$L = A\bar{B}C + AB\bar{C} + ABC + \bar{A}BC$$

③化简函数表达式

$$L = A\bar{B}C + AB\bar{C} + ABC + \bar{A}BC$$
$$= AC + AB + BC$$
$$= \overline{\overline{AC + AB + BC}}$$
$$= \overline{\overline{AC} \cdot \overline{AB} \cdot \overline{BC}}$$

ABC	L
000	0
001	0
010	0
011	1
100	0
101	1
110	1
111	1

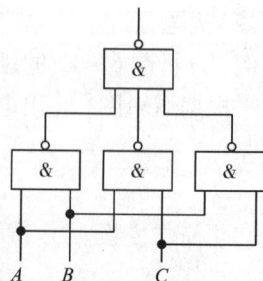

图 6-13 表决器真值表和逻辑图

④画出逻辑电路图(图6-13)

二、常见组合逻辑电路

1. 编码器

为了区分一系列不同的事物,将其中的每个事物用一个二值代码表示,这就是编码的含意。在二值逻辑电路中,信号都是以高、低电平的形式给出的。因此编码器的逻辑功能就是把输入的每一个高、低电平信号编成一个对应的二进制代码。

(1)3位二进制编码器

目前经常使用的编码器有普通编码器和优先编码器两类。在普通编码器中,任何时刻只允许输入一个编码信号,否则输出将发生混乱。

现以3位二进制普通编码器为例,分析一下普通编码器的工作原理。它的输入是 $I_0 \sim I_7$ 8个高电平信号,输出是3位二进制代码 $Y_2 Y_1 Y_0$。为此,又把它叫做8线-3线编码器。输出与输入的对应关系如表6-11所示。

表6-11 3位二进制编码器真值表

输入	输出		
	Y_2	Y_1	Y_0
I_0	0	0	0
I_1	0	0	1
I_2	0	1	0
I_3	0	1	1
I_4	1	0	0
I_5	1	0	1
I_6	1	0	0
I_7	1	1	1

表6-12 8421码编码器真值表

输入 I	输出			
	Y_3	Y_2	Y_1	Y_0
I_0	0	0	0	0
I_1	0	0	0	1
I_2	0	0	1	0
I_3	0	0	1	1
I_4	0	1	0	0
I_5	0	1	0	1
I_6	0	1	1	0
I_7	0	1	1	1
I_8	1	0	0	0
I_9	1	0	0	1

由真值表列出逻辑函数表达式:

$$Y_2 = I_4 + I_5 + I_6 + I_7 = \overline{\overline{I_4} \overline{I_5} \overline{I_6} \overline{I_7}}$$

$$Y_1 = I_2 + I_3 + I_6 + I_7 = \overline{\overline{I_2} \overline{I_3} \overline{I_6} \overline{I_7}}$$

$$Y_0 = I_1 + I_3 + I_5 + I_7 = \overline{\overline{I_1} \overline{I_3} \overline{I_5} \overline{I_7}}$$

用门电路实现逻辑电路如图6-14所示。

(2)8421码编码器

8421码编码器的输入端输入一个一位十进制数,通过内部编码,输出四位8421BCD码二进制代码,每组代码与相应的十进制数对应表6-12。

①真值表

从真值表可以看出:输入10个互斥的数码,输出4位二进制代码。

②逻辑表达式

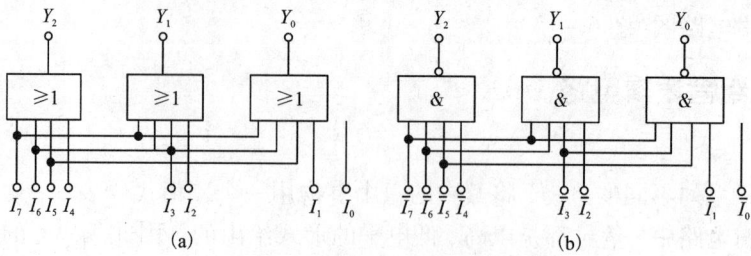

图 6 – 14　3 位二进制编码器

$$Y_3 = I_8 + I_9 = \overline{\overline{I}_8\ \overline{I}_9}$$

$$Y_2 = I_4 + I_5 + I_6 + I_7 = \overline{\overline{I}_4\ \overline{I}_5\ \overline{I}_6\ \overline{I}_7}$$

$$Y_1 = I_2 + I_3 + I_6 + I_7 = \overline{\overline{I}_2\ \overline{I}_3\ \overline{I}_6\ \overline{I}_7}$$

$$Y_0 = I_1 + I_3 + I_5 + I_7 + I_9 = \overline{\overline{I}_1\ \overline{I}_3\ \overline{I}_5\ \overline{I}_7\ \overline{I}_9}$$

③逻辑电路图如图 6 – 15 所示。

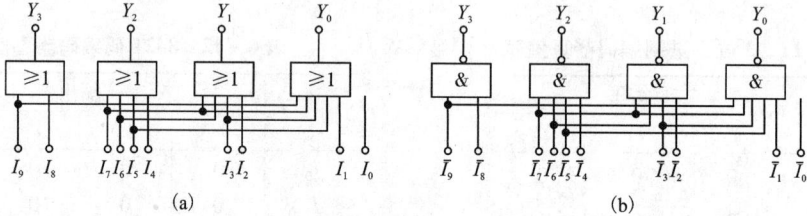

图 6 – 15　8421 码编码器

（3）优先编码器

在优先编码器电路中，允许同时输入两个以上编码信号。不过在设计优先编码器时已经将所有的输入信号按优先顺序排了队，当几个输入信号同时出现时，只对其中优先权最高的一个进行编码。

现以 8 线 – 3 线优先编码器为例进行分析。在优先编码器中优先级别高的信号排斥级别低的，即具有单方面排斥的特性。设 I_7 的优先级别最高，I_6 次之，依此类推，I_0 最低。

①真值表

根据优先级别的高低，列出真值表（表 6 – 13）。

表 6 – 13　8 线 – 3 线优先编码器真值表

输　　　　入								输　　出		
I_7	I_6	I_5	I_4	I_3	I_2	I_1	I_0	Y_2	Y_1	Y_0
1	×	×	×	×	×	×	×	1	1	1
0	1	×	×	×	×	×	×	1	1	0
0	0	1	×	×	×	×	×	1	0	1
0	0	0	1	×	×	×	×	1	0	0
0	0	0	0	1	×	×	×	0	1	1
0	0	0	0	0	1	×	×	0	1	0
0	0	0	0	0	0	1	×	0	0	1
0	0	0	0	0	0	0	1	0	0	0

②逻辑表达式

$$\begin{cases} Y_2 = I_7 + \overline{I}_7 I_6 + \overline{I}_7 \overline{I}_6 I_5 + \overline{I}_7 \overline{I}_6 \overline{I}_5 \overline{I}_4 \\ \quad = I_7 + I_6 + I_5 + I_4 \\ Y_1 = I_7 + \overline{I}_7 I_6 + \overline{I}_7 \overline{I}_6 \overline{I}_5 \overline{I}_4 \overline{I}_3 + \overline{I}_7 \overline{I}_6 \overline{I}_5 \overline{I}_4 \overline{I}_3 \overline{I}_2 \\ \quad = I_7 + I_6 + \overline{I}_5 \overline{I}_4 \overline{I}_3 + \overline{I}_5 \overline{I}_4 \overline{I}_2 \\ Y_0 = I_7 + \overline{I}_7 \overline{I}_6 I_5 + \overline{I}_7 \overline{I}_6 \overline{I}_5 \overline{I}_4 I_3 + \overline{I}_7 \overline{I}_6 \overline{I}_5 \overline{I}_4 \overline{I}_3 \overline{I}_2 I_1 \\ \quad = I_7 + \overline{I}_6 I_5 + \overline{I}_6 \overline{I}_4 I_3 + \overline{I}_6 \overline{I}_4 \overline{I}_2 I_1 \end{cases}$$

③逻辑电路图(图6-16)

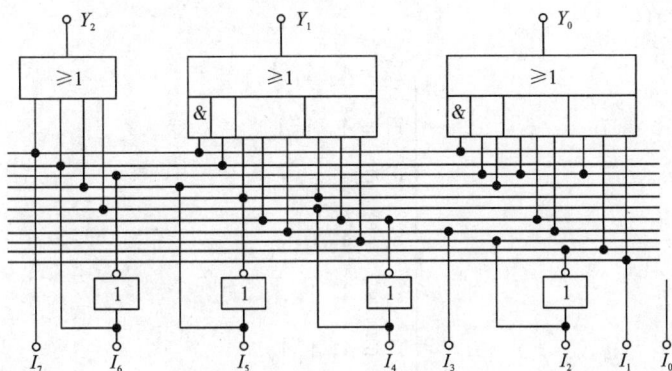

图6-16 8-3线优先编码器逻辑图

2. 译码器

把代码状态的特定含义翻译出来的过程称为译码,实现译码操作的电路称为译码器。译码器就是把一种代码转换为另一种代码的电路。常用的译码器电路有二进制译码器、二-十进制译码器和显示译码器三类。

(1)二进制译码器

设二进制译码器的输入端为 n 个,则输出端为 2^n 个,且对应于输入代码的每一种状态,2^n 个输出中只有一个为1(或为0),其余全为0(或为1)。

二进制译码器可以译出输入变量的全部状态,故又称为变量译码器。

现以3线-8线译码器为例进行分析。

①3线-8线译码器真值表

从真值表(表6-14)可以看出:输入为3位二进制代码,输出为8个互斥的信号。

表6-14　3线-8线译码器真值表

A_2	A_1	A_0	Y_0	Y_1	Y_2	Y_3	Y_4	Y_5	Y_6	Y_7
0	0	0	1	0	0	0	0	0	0	0
0	0	1	0	1	0	0	0	0	0	0
0	1	0	0	0	1	0	0	0	0	0
0	1	1	0	0	0	1	0	0	0	0
1	0	0	0	0	0	0	1	0	0	0
1	0	1	0	0	0	0	0	1	0	0
1	1	0	0	0	0	0	0	0	1	0
1	1	1	0	0	0	0	0	0	0	1

②逻辑表达式

$$
\begin{cases}
Y_0 = \overline{A}_2\,\overline{A}_1\,\overline{A}_0 \\
Y_1 = \overline{A}_2\,\overline{A}_1 A_0 \\
Y_2 = \overline{A}_2 A_1 \overline{A}_0 \\
Y_3 = \overline{A}_2 A_1 A_0 \\
Y_4 = A_2\,\overline{A}_1\,\overline{A}_0 \\
Y_5 = A_2\,\overline{A}_1 A_0 \\
Y_6 = A_2 A_1\,\overline{A}_0 \\
Y_7 = A_2 A_1 A_0
\end{cases}
$$

③逻辑图(图6-17)

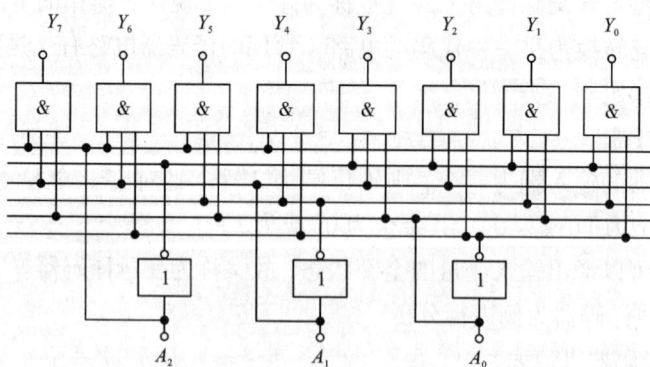

图6-17　3线-8线译码器

常见的3线-8线译码器有74LS138。

（2）二-十进制译码器(8421码译码器)

把二-十进制代码翻译成10个十进制数字信号的电路，称为二-十进制译码器。二-十进制译码器的输入是十进制数的4位二进制编码(BCD码)，分别用 A_3、A_2、A_1、A_0 表示；

输出的是与 10 个十进制数字相对应的 10 个信号，用 $Y_9 \sim Y_0$ 表示。由于二－十进制译码器有 4 根输入线，10 根输出线，所以又称为 4 线－10 线译码器。

①真值表(表 6－15)

②逻辑表达式

$$Y_0 = \overline{A_3}\,\overline{A_2}\,\overline{A_1}\,\overline{A_0} \quad Y_1 = \overline{A_3}\,\overline{A_2}\,\overline{A_1}A_0 \quad Y_2 = \overline{A_3}\,\overline{A_2}A_1\overline{A_0} \quad Y_3 = \overline{A_3}\,\overline{A_2}A_1A_0$$

$$Y_4 = \overline{A_3}A_2\overline{A_1}\,\overline{A_0} \quad Y_5 = \overline{A_3}A_2\overline{A_1}A_0 \quad Y_6 = \overline{A_3}A_2A_1\overline{A_0} \quad Y_7 = \overline{A_3}A_2A_1A_0$$

$$Y_8 = A_3\overline{A_2}\,\overline{A_1}\,\overline{A_0} \quad Y_9 = A_3\overline{A_2}\,\overline{A_1}A_0$$

表 6 – 15　二 – 十进制译码器真值表

A_3	A_2	A_1	A_0	Y_9	Y_8	Y_7	Y_6	Y_5	Y_4	Y_3	Y_2	Y_1	Y_0
0	0	0	0	0	0	0	0	0	0	0	0	0	1
0	0	0	1	0	0	0	0	0	0	0	0	1	0
0	0	1	0	0	0	0	0	0	0	0	1	0	0
0	0	1	1	0	0	0	0	0	0	1	0	0	0
0	1	0	0	0	0	0	0	0	1	0	0	0	0
0	1	0	1	0	0	0	0	1	0	0	0	0	0
0	1	1	0	0	0	0	1	0	0	0	0	0	0
0	1	1	1	0	0	1	0	0	0	0	0	0	0
1	0	0	0	0	1	0	0	0	0	0	0	0	0
1	0	0	1	1	0	0	0	0	0	0	0	0	0

③逻辑图(图 6 – 18)

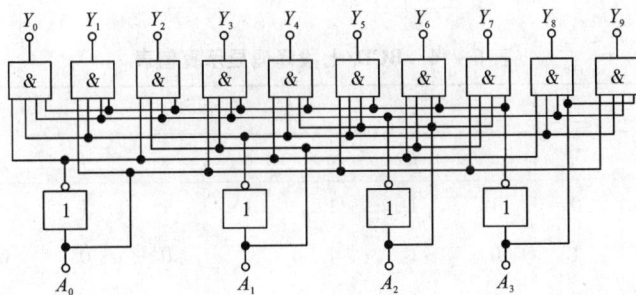

图 6 – 18　二 – 十进制译码器

(3)数字显示译码器

为了能以十进制数码直观地显示数字系统的运行数据，目前广泛使用了数字译码显示器。显示译码器随显示器件的类型不同而异，如与辉光数码管相匹配的是 BCD/十进制译码器，常用的发光二极管数码管、液晶数码管、荧光数码管等是由 7 个或 8 个字段构成字型，因而与之相匹配的有 BCD/七段或 BCD/八段显示译码器。这里我们将简单介绍驱动发光二极管数码管的 BCD/七段译码器。

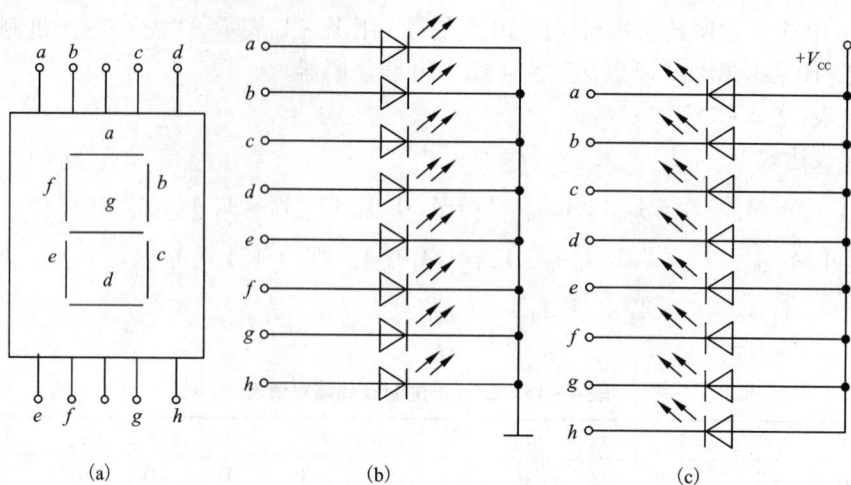

图 6 - 19　七段字型显示

发光二极管由特殊的半导体材料砷化镓、磷砷化镓等制成，可单独使用，也可组装成分段式显示器件，分段式显示器件由 7 条线段围成字型，如图 6 - 19 所示。每一段包含一个发光二极管，分别用 a、b、c、d、e、f、g 表示，外加正向电压时二极管导通，发出清晰的红、绿、黄等光色。只要按规律控制各发光段的亮灭，就可以显示各种字型和符号。发光二极管有共阴、共阳极之分，共阴式发光二极管使用时公共阴极接地，七个阳极 $a \sim g$ 由相应的 BCD/七段译码器来控制。

BCD/七段译码器的输入是一位 BCD8421 码，输入端用 A_3、A_2、A_1、A_0 表示，输出用数码管的各段信号 Ya、Yb、Yc、Yd、Ye、Yf、Yg 来表示。用 BCD/七段译码器驱动共阴发光二极管时，输出信号为高电平有效，即输出为 1 时，相应各段显示发光，其真值表如表 6 - 16。

表 6 - 16　BCD/七段译码显示真值表

输　　入				输　　　出							显示字形
A_3	A_2	A_1	A_0	a	b	c	d	e	f	g	
0	0	0	0	1	1	1	1	1	1	0	
0	0	0	1	0	1	1	0	0	0	0	
0	0	1	0	1	1	0	1	1	0	1	
0	0	1	1	1	1	1	1	0	0	1	
0	1	0	0	0	1	1	0	0	1	1	
0	1	0	1	1	0	1	1	0	1	1	
0	1	1	0	0	0	1	1	1	1	1	
0	1	1	1	1	1	1	0	0	0	0	
1	0	0	0	1	1	1	1	1	1	1	
1	0	0	1	1	1	1	1	0	0	1	

3. 加法器

两个二进制数之间的算术运算无论是加、减、乘、除，目前在数字计算机中都是化着若干步加法运算进行的。因此，加法器是构成算术逻辑运算的基本部件。

(1)半加器

如果不考虑由低位来的进位，只考虑两个 1 位二进制本身加法的运算叫半加运算。能实现半加运算的电路叫半加器。

①真值表

由半加运算的定义可知，输入端由被加数的某一位 A 和加数的某一位 B 组成；输出有两个：一个是半加和 S，另一个是向高位的进位 C。列出这一输入、输出的真值表(表6–17)。

②逻辑表达式

根据真值表可得到逻辑函数表达式：

$$S = \overline{A}B + A\overline{B} = A \oplus B$$
$$C = AB$$

③逻辑图

根据逻辑表达式画出逻辑图(图 6–20)。

表 6–17　半加器真值表

输　　入		输　　出	
被加数 A	加数 B	和数 S	进位数 C
0	0	0	0
0	1	1	0
1	0	1	0
1	1	0	1

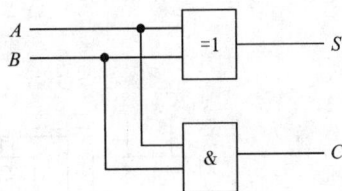

图 6–20　半加器

(2)全加器

在多位数加法运算中，既要考虑被加数和加数的某一位，又要考虑来自较低位的进位，这就是全加器。所谓全加器，是由两个加数和一个来自较低位的进位三者相加的运算。能实现全加运算的逻辑电路叫全加器。

①1 位全加器

1 位全加器的输入变量是：被加数 A_i、加数 B_i 及较低位的进位 C_{i-1}，输出函数为本位和 S_i 及向较高位的进位 C_i。由全加运算定义及加法运算法则，其真值表如表6–18。

表 6–18　1 位全加器真值表

输　　入			输　　出	
A_i	B_i	C_{i-1}	S_i	C_i
0	0	0	0	0
0	0	1	1	0
0	1	0	1	0
0	1	1	0	1
1	0	0	1	0
1	0	1	0	1
1	1	0	0	1
1	1	1	1	1

由真值表写出逻辑函数式，并化简得到：

$$S_i = \overline{A_i} \cdot \overline{B_i} C_{i-1} + \overline{A_i} B_i \overline{C_{i-1}} + A_i \overline{B_i} \cdot \overline{C_{i-1}}$$
$$= \overline{(A_i \oplus B_i)} C_{i-1} + (A_i \oplus B_i) \overline{C_{i-1}} = A_i \oplus B_i \oplus C_{i-1}$$
$$C_i = \overline{A_i} B_i C_{i-1} + A_i \overline{B_i} C_{i-1} + A_i B_i \overline{C_{i-1}} + A_i B_i C_{i-1}$$

$$= A_i B_i + (A_i \oplus B_i) C_{i-1}$$

由逻辑函数式画出逻辑图，如图 6 – 21 所示。

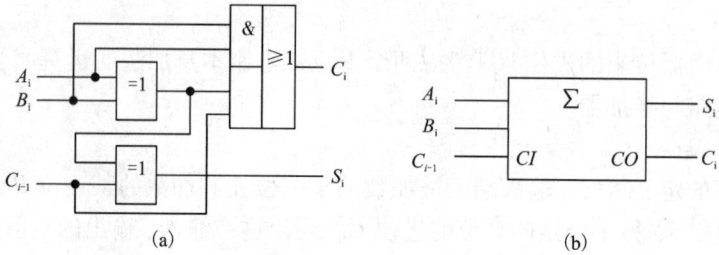

图 6 – 21　1 位全加器

(a)逻辑图；(b)逻辑符号

②多位加法器

将多个 1 位全加器适当地组合就能构成多位加法器。例如，只要依次将低位的进位输出，接到高位的进位输入，就组成串行进位加法器。图 6 – 22 是 4 位串行进位加法器，被加数、加数是并行输入，和数也是并行输出，但各位全加器间的进位却是串行传递。就是说，最高位的进位数需经过四个全加器才能传递出去，耗费时间多，所以，串行进位加法器速度较慢。

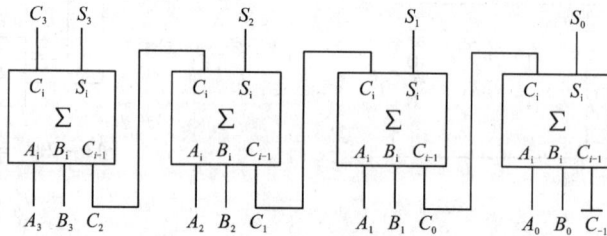

图 6 – 22　4 位串行进位加法器

若要提高运算速度，必须直接由输入数码产生各位所需的进位信号，消除串行进位所耗费的时间，就是实行提前进位。能实现提前进位的加法器叫超前进位加法器。

三、组合逻辑电路在汽车上的应用举例

在数字仪表和各种数字系统中，都需要将数字量直观地显示出来，一方面供人们直接读取测量和运算的结果；另一方面用于监视数字系统的工作情况。因此，数字显示电路是许多数字设备不可缺少的部分。数字显示电路通常由译码器、驱动器和显示器等部分组成，如图 6 – 23 所示。

中规模七段译码器有 74LS47、74LS48、7448 芯片等类型，类型不同，它们的输出结构也各不相同，因而使用时一定要正确选择。目前已广泛采用将计数器、译码驱动电路制在同一芯片上的集成器件，有的还是连同数码显示器也集成在一起的四合一电路。

7448 七段显示译码器（引脚图如图 6 – 24 所示）。

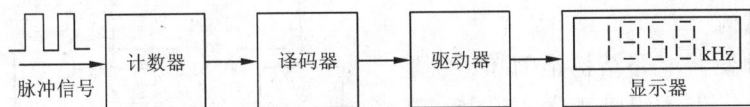

图 6-23　数字显示电路组成方框图

①正常译码显示。LT = 1，BI/RBO = 1 时，对输入为十进制数 1 ~ 15 的二进制码（0001 ~ 1111）进行译码，产生对应的七段显示码。

②灭零。当 LT = 1，而输入为 0 的二进制码 0000 时，只有当 RBI = 1 时，才产生 0 的七段显示码，如果此时输入 RBI = 0，则译码器的 a ~ g 输出全 0，使显示器全灭，所以 RBI 称为灭零输入端。

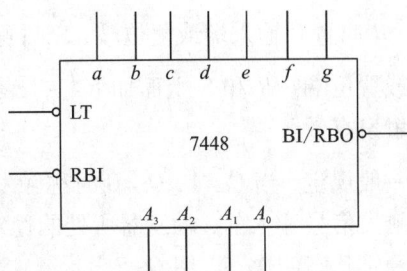

图 6-24　7448 引脚图

③试灯。当 LT = 0 时，无论输入怎样，a ~ g 输出全 1，数码管七段全亮。由此可以检测显示器七个发光段的好坏。LT 称为试灯输入端。

④特殊控制端 BI/RBO。BI/RBO 可以作输入端，也可以作输出端。

作输入端使用时，如果 BI = 0 时，不管其他输入端为何值，a ~ g 均输出 0，显示器全灭。因此 BI 称为灭灯输入端。

作输出端使用时，受控于 RBI。当 RBI = 0，输入为 0 的二进制码 0000 时，RBO = 0，用以指示该片正处于灭零状态。所以，RBO 又称为灭零输出端。

第三节　基本时序逻辑电路

在各种复杂的数字电路中不但需要对二值信号进行算术运算和逻辑运算，还经常需要将这些信号和运算结果保存起来。为此，需要使用具有记忆功能的基本逻辑单元。这些具有记忆功能的逻辑电路称为时序逻辑电路。与组合逻辑电路相比较，它的输出状态不仅取决于当时的输入信号，还与电路原来所处的状态有关。我们把能够存储一位二进制数字信号的电路叫触发器。触发器是一种最简单的时序逻辑电路，是构成其他时序逻辑电路的最基本的单元电路。

触发器有两个稳定状态，一个称为 0 态，另一个称为 1 态。在没有外来信号作用时，它将一直处于某一种稳定状态。只有在一定的输入信号控制下，才有可能从一种稳定状态转换到另一种稳定状态（翻转），并保持这一状态不变，直到下一个输入信号使它翻转为止。

触发器按逻辑功能分类有 RS 触发器、JK 触发器、D 触发器、T 和 T′触发器；按照结构形式的不同，又可分为基本 RS 触发器、同步触发器、主从触发器和边沿触发器。

一、RS 触发器

RS 触发器按电路结构分类，有基本 RS 触发器、可控 RS 触发器和主从 RS 触发器。

1. 基本 RS 触发器

（1）电路结构

基本 RS 触发器电路结构最简单，它是构成触发器的一个基本组成部分，如图6-25所示，它是由两个与非门的输入端和输出端相互交叉连接构成。它有两个信号输入端 $\overline{R}$ 和 $\overline{S}$，$\overline{R}$ 叫置 0 输入端或复位端，$\overline{S}$ 叫置 1 输入端或置位端。$\overline{R}$ 和 $\overline{S}$ 上面加上"–"表示低电平触发有效。

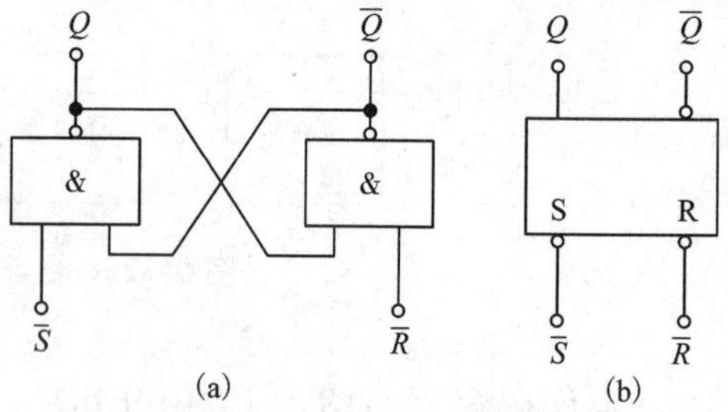

图 6-25　基本 RS 触发器

一般规定，当 $Q=1$，$\overline{Q}=0$ 时称触发器处于 1 态；当 $Q=0$，$\overline{Q}=1$ 时称触发器为 0 态。我们把触发信号输入前，触发器所处的稳定状态叫现态，用 Q_n 表示；触发信号输入后触发器所处的稳定状态叫次态，用 Q_{n+1} 表示。

（2）逻辑功能分析

根据输入信号的不同组合，可以得出基本触发器的逻辑功能。

①当 $\overline{R}=0$，$\overline{S}=1$ 时，根据与非门的逻辑功能可知，无论原来 Q 的状态是 0 还是 1，都有 $Q=0$，即触发器被置为 0 态。

②当 $\overline{R}=1$，$\overline{S}=0$ 时，无论原来 Q 的状态是 0 还是 1，都有 $Q=1$，即触发器被置为 1 态。

③当 $\overline{R}=1$，$\overline{S}=1$ 时，根据与非门的逻辑功能不难推知，触发器保持原有状态不变，即原来的状态被触发器存储起来，这体现了触发器具有记忆能力。

④当 $\overline{R}=0$，$\overline{S}=0$ 时，$Q=\overline{Q}=1$，不符合触发器的逻辑关系。并且由于与非门延迟时间不可能完全相等，在两输入端的 0 同时撤除后，将不能确定触发器是处于 1 状态还是 0 状态，我们把触发器的这种状态叫作不定态。触发器正常工作时不允许出现这种情况，对基本 RS 触发器的输入信号应遵守 $\overline{R}+\overline{S}=1$ 的约束。

根据上面的分析我们可以列出基本 RS 触发器的逻辑功能表，如表 6-19 所示。

基本 RS 触发器的输入信号是以电平信号直接控制触发器的翻转的。在实际应用中，当采用多个触发器工作时，往往要求各触发器的翻转在某一时刻同时进行，这就需要引入一个时钟控制信号，简称时钟脉冲，用 CP 表示。这种触发器只有当时钟脉冲信号到达时，才能根据输入信号一起翻转。我们将具有时钟信号控制的触发器称为可控触发器。

表 6-19　基本 RS 触发器功能表

$\overline{R}$	$\overline{S}$	Q_{n+1}
0	0	不定
0	1	0
1	0	1
1	1	Q_n

可控触发器按触发方式分类，有同步 RS 触发器和主从 RS 触发器。

2. 同步 RS 触发器

（1）电路结构

同步 RS 触发器是在基本 RS 触发器中增加两个与非门组成时钟控制门，其逻辑图如图

6 - 26 所示。

（2）逻辑功能分析

图 6 - 26 同步 RS 触发器

（a）逻辑图；（b）逻辑符号

表 6 - 20 同步 RS 触发器功能表

CP	R	S	Q^{n+1}	功能
0	×	×	Q^n	保持
1	0	0	Q^n	保持
1	0	1	1	置1
1	1	0	0	置0
1	1	1	不定	不允许

①当 $CP=0$ 时，输入信号 R、S 不起作用，触发器的状态保持不变。

②当 $CP=1$ 时，工作情况与基本 RS 触发器相同。其逻辑功能如表 6 - 20 所示。

3. 主从 RS 触发器

为了提高触发器工作的可靠性，希望在每个 CP 周期里输出端的状态只能改变一次。为此在同步 RS 触发器的基础上设计出了主从 RS 触发器。

（1）电路结构

主从 RS 触发器是由两个同步 RS 触发器组成，但它们的时钟信号相位相反，如图 6 - 27 所示。与非门 $G_1 \sim G_4$ 组成从触发器，与非门 $G_5 \sim G_8$ 组成主触发器。逻辑符号"∧"表示正边沿触发，即 CP 由 0 变 1 时刻，触发器才能被触发翻转；在∧下边加个小圆圈表示负边沿触发，即 CP 由 1 变 0 时刻，触发器才能被触发翻转。

（2）逻辑功能分析（表 6 - 21）

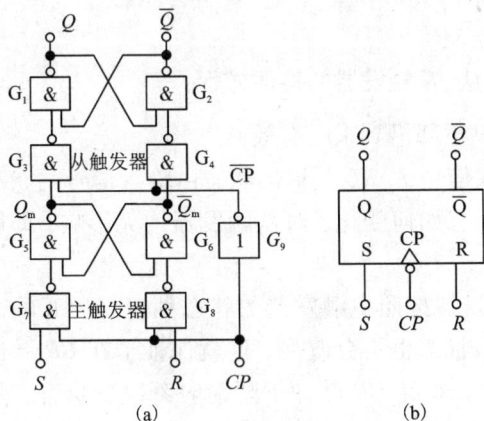

图 6 - 27 主从 RS 触发器

表 6 - 21 主从 RS 触发器逻辑功能表

CP	S	R	Q_{n+1}
⌐_	0	0	Q_n
⌐_	0	1	0
⌐_	1	0	1
⌐_	1	1	不定

①$CP = 1$ 期间：主触发器控制门 G_7、G_8 打开，接收输入信号 R、S，从触发器控制门 G_3、G_4 封锁，其状态保持不变。

②CP 下降沿到来时，主触发器控制门 G_7、G_8 封锁，在 $CP = 1$ 期间接收的内容被存储起来。同时，从触发器控制门 G_3、G_4 被打开，主触发器将其接收的信号送入从触发器，输出端随之改变状态。

③$CP = 0$ 期间，由于主触发器保持状态不变，因此受其控制的从触发器的状态也不可能改变。

由上述分析可得出主从 RS 触发器的特性方程：

$$\begin{cases} Q_m^{n+1} = S + \overline{R} Q_m^n \\ RS = 0 \end{cases}$$

二、JK 触发器

为了克服 RS 触发器存在不定态的缺点，在主从 RS 触发器的基础上增加两条反馈线。为了和主从 RS 触发器区别开，把两个信号输入端称 J 和 K，它的逻辑符号如图 6-28 所示。

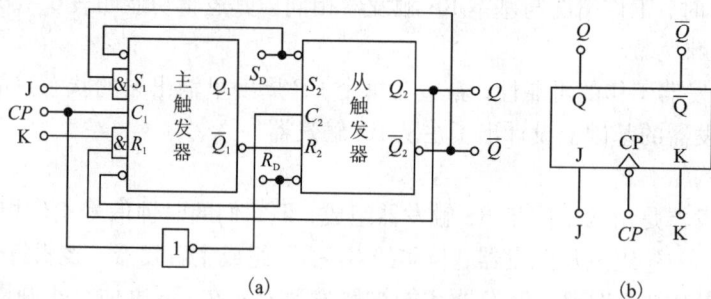

图 6-28 主从 JK 触发器

根据逻辑图可列出逻辑表达式：

$$S = J\overline{Q^n},\ R = KQ^n$$

代入主从 RS 触发器的特性方程，即可得到主从 JK 触发器的特性方程：

$$Q^{n+1} = S + \overline{R}Q^n = J\overline{Q^n} + \overline{KQ^n}Q^n = J\overline{Q^n} + \overline{K}Q^n（CP 下降沿到来时有效）$$

当 $CP = 1$ 时，主触发器被打开，可以接收输入信号 J、K，其输出状态由输入信号的状态决定。但从触发器被封锁，无论主触发器的输出状态如何变化，对从触发器均无影响，即触发器的输出状态保持不变。

当 CP 由 1 变 0 时刻，主触发器被封锁，从触发器按照主触发器的状态翻转。J、K 输入状态的改变不会引起主触发器的变化，而从触发器状态也不会改变，这就保证了在 CP 脉冲的一个周期内，触发器的输出状态只改变一次，而且是在 CP 脉冲下降沿时刻改变状态。具体分析如下：

(1) $J = 0$，$K = 0$

设触发器初态为 0，即 $Q = 0$。当 $CP = 1$ 时，由于主触发器 $S = \overline{J}Q = 0$，$R = KQ = 0$，所以

状态保持不变,即 $Q_主=0$。当 CP 由1变0时,从触发器 $S_从=Q_主=0$, $R_从=\overline{Q}_主=1$, $Q=0$。状态保持不变。

(2) $J=0$, $K=1$

设触发器初态为0,当 $CP=1$ 时,由于主触发器 $S=\overline{J}Q=0$, $R=KQ=0$,状态不变。当 CP 由1变0时,从触发器状态与主触发器状态一致, $Q=Q_主=0$。若初态为1,当 $CP=1$ 时,主触发器 $S=\overline{J}Q=0$, $R=KQ=1$,状态翻转为0。

即不论触发器原来处于何种状态,下一个状态是0。

(3) $J=1$, $K=0$

通过类似(2)的过程分析可知,不论触发器原来处于何种状态,下一个状态是1。

(4) $J=1$, $K=1$

设触发器初态为0,主触发器 $S=\overline{J}Q=1$, $R=KQ=0$,当 $CP=1$ 时主触发器输出 $Q_主=1$。当 CP 从1变0时,从触发器状态与主触发器变为一致, $Q=1$。若触发器初态为1,主触发 $S=\overline{J}Q=0$, $R=KQ=1$,当 $CP=1$ 时,主触发器输出 $Q_主=0$。当 CP 由1变为0时,触发器输出 $Q=0$。

即当 $J=1$, $K=1$ 的情况下,每一脉冲时钟到来时,触发器的状态发生翻转,与原状态相反,此时 JK 触发器具有计数功能。

三、D 触发器

D 触发器又叫 D 锁存器,只有一个信号输入端 D,逻辑功能最简单,常用来储存一位二进制数。 CP 脉冲有效时,触发器接收信号 D,逻辑符号如图 6 – 29 所示,逻辑功能表见表6 – 22。

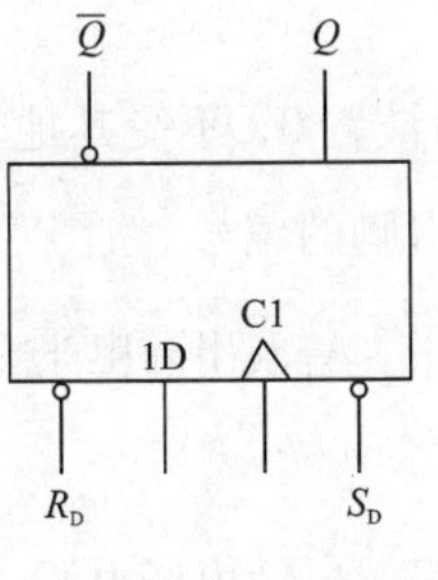

图 6 – 29 D 触发器逻辑符号

表 6 – 22 D 触发器的功能表

D	Q^{n+1}	功能
0	0	置0
1	1	置1

由 D 触发器的功能表可以得出其特性方程:

$$Q_{n+1}=D_n$$

四、集成电路应用举例——555 定时器

555 定时器是一种多用途的数字 – 模拟混合集成电路,利用它能极方便地构成施密特触发器、单稳态触发器和多谐振荡器。由于使用灵活、方便,所以 555 定时器在波形的产生与变换、测量与控制、电器、电子玩具等许多领域中都得到了广泛的应用。

目前国际上各电子器件公司生产的 555 定时器产品型号繁多，但总体来说分为双极型和 CMOS 两种类型。双极型产品型号最后的三位数码都 555，CMOS 产品型号的最后四位数码都是 7555，它们的结构、工作原理以及外部引脚排列基本相同。

1. 555 定时器的结构

图 6-30 是 5G555 定时器内部电路图，它由分压器、比较器、触发器和开关及输出等四部分组成。

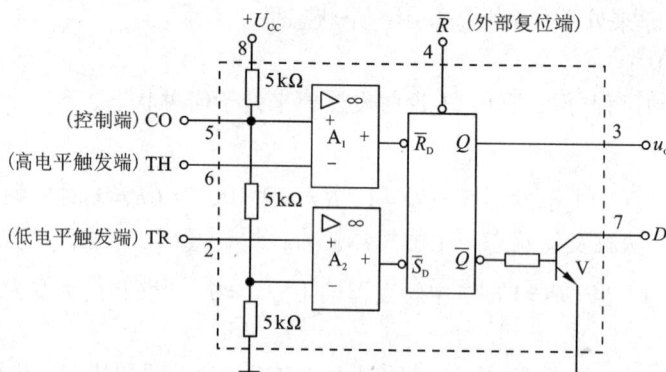

图 6-30 5G555 定时器内部电路

2. 555 定时器工作原理

TH 是比较器 A_1 的输入端，$\overline{TR}$ 是比较器 A_2 的输入端。A_1 和 A_2 的参考电压由 U_{CC} 经三个 5 kΩ 电阻分压给出。当控制电压输入端 CO 悬空时，比较器 A_1 和 A_2 的比较电压分别为 $\frac{2}{3}U_{CC}$ 和 $\frac{1}{3}U_{CC}$。

$\overline{R}$ 是复位端，只要在 $\overline{R}$ 端加上低电平，输出端 u_o 便立即被置 0，不受其他输入端状态的影响。正常工作时必须使 $\overline{R}$ 处于高电平。图中 1~8 为器件引脚的编号。

(1) 当 $U_{TH} > \frac{2}{3}U_{CC}$，$U_{\overline{TR}} > \frac{1}{3}U_{CC}$ 时，比较器 A_1 输出低电平，A_2 输出高电平，基本 RS 触发器被置 0，放电三极管 V 导通，输出端 U_0 为低电平。

(2) 当 $U_{TH} < \frac{2}{3}U_{CC}$，$U_{\overline{TR}} < \frac{1}{3}U_{CC}$ 时，比较器 A_1 输出高电平，A_2 输出低电平，基本 RS 触发器被置 1，放电三极管 V 截止，输出端 U_0 为高电平。

(3) 当 $U_{TH} < \frac{2}{3}U_{CC}$，$U_{\overline{TR}} > \frac{1}{3}U_{CC}$ 时，比较器 A_1 输出高电平，A_2 输出高电平，基本 RS 触发器状态不变，电路保持原态不变。

由以上分析可以得到 5G555 定时器的功能表(表 6-23)。

表 6 – 23　5G555 的功能表

输　　入			输　　出	
复位端 $\overline{R}$	高电平触发端 U_{TH}	低电平触发端 $U_{\overline{\mathrm{TR}}}$	输入 u_0	V 状态
0	×	×	低	导通
1	$> \dfrac{2}{3}U_{\mathrm{CC}}$	$> \dfrac{1}{3}U_{\mathrm{CC}}$	低	导通
1	$< \dfrac{2}{3}U_{\mathrm{CC}}$	$> \dfrac{1}{3}U_{\mathrm{CC}}$	不变	不变
1	$< \dfrac{2}{3}U_{\mathrm{CC}}$	$< \dfrac{1}{3}U_{\mathrm{CC}}$	高	截止
1	$> \dfrac{2}{3}U_{\mathrm{CC}}$	$< \dfrac{1}{3}U_{\mathrm{CC}}$	高	截止

第四节　模拟量与数字量的转换

　　所有的物理现象，例如电压、电流、温度、压力、速度、流量等，在自然界中都是以模拟量的形式发生的，这些变量可以取任意值，它们是连续变化的。然而在现代控制、通信及检测领域中，对信号的处理广泛采用了数字计算技术，这就需要将这些模拟信号转换成数字信号；经过计算机分析、处理后输出的数字量往往也需要将其转换成为相应的模拟信号才能为执行机构所接收。这样就需要一种能在模拟信号和数字信号之间起桥梁作用的电路——模 – 数转换电路和数 – 模转换电路。

　　能将模拟信号转换成数字信号的电路，称为模 – 数转换器（简称 A/D 转换器）；能将数字信号转换成模拟信号的电路称为数 – 模转换器（简称 D/A 转换器）。

　　本节主要介绍几种常用的 A/D、D/A 转换器的电路结构、工作原理，并结合典型集成芯片介绍其应用。

一、数 – 模转换器

　　数字 – 模拟转换器是将包含在数字编码中的数字信息转换为等价的模拟信号。为了将数字量转换成模拟量，必须将每 1 位的代码按其权的大小转换成相应的模拟量，然后将这些模拟量相加，即可得到与数字量成正比的总模拟量。输入、输出关系框图如图 6 – 31 所示。

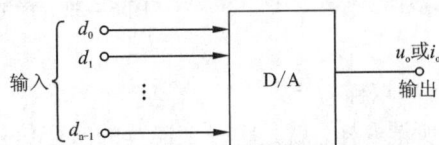

图 6 – 31　D/A 转换器输入、输出关系框图

　　1. D/A 转换器分类

　　目前常见的 D/A 转换器中，有权电阻 D/A 转换器、倒 T 形电阻网络 D/A 转换器、权电流型 D/A 转换器、开关树型 D/A 转换器等类型。

　　2. D/A 转换器的主要技术指标

　　（1）分辨率

分辨率用输入二进制数的有效位数表示。在分辨率为 n 位的 D/A 转换器中，输出电压能区分 2^n 个不同的输入二进制代码状态，能给出 2^n 个不同等级的输出模拟电压。

分辨率也可以用 D/A 转换器的最小输出电压与最大输出电压的比值来表示。10 位 D/A 转换器的分辨率为：$\dfrac{1}{2^{10}-1} = \dfrac{1}{1023} \approx 0.001$。

（2）转换精度

D/A 转换器的转换精度是指输出模拟电压的实际值与理想值之差，即最大静态转换误差。

（3）输出建立时间

从输入数字信号起，到输出电压或电流到达稳定值时所需要的时间，称为输出建立时间。

二、模-数转换器

1. A/D 转换的基本原理

在 A/D 转换器中，因为输入的模拟信号在时间上是连续的而输出的数字信号是离散的，所以转换只能在一系列选定的瞬间对输入的模拟信号取样，然后再把这些取样值转换成输出的数字量。一般的 A/D 转换过程是通过取样、保持、量化和编码这四个步骤完成的，如图 6-32 所示。

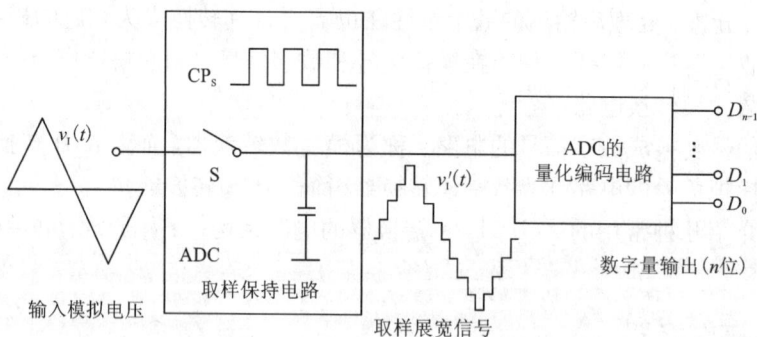

图 6-32　模拟量到数字量的转换过程

（1）取样

所谓取样，就是将一个连续的时变信号转换为在时间上不连续的模拟量。

如图 6-33 所示，为了能正确无误地用取样信号 V_s 表示模拟信号 V_I，取样信号必须有足够高的频率。可以证明，为了保证能从取样信号将原来的被取样信号恢复，必须满足：

$$f_s \geqslant 2f_{i(\max)} \tag{6-6}$$

式中：f_s 为取样频率；$f_{i(\max)}$ 为输入模拟信号的最高频率分量的频率。式（6-6）就是所谓的取样定理。

在满足取样定理的条件下，可以用一个低通滤波器将信号 V_s 还原为 V_I，这个低通滤波器的电压传输系数在低于 $f_{i(\max)}$ 的范围内应保持不变，而在 $f_s - f_{i(\max)}$ 以前应迅速下降为零，如图 6-34 所示。

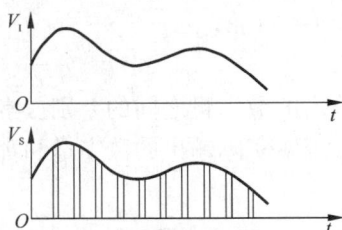

图 6-33 对输入模拟信号的取样

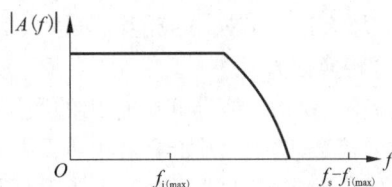

图 6-34 还原取样信号所用滤波器的频率特性

因此,A/D 转换器工作时的取样频率必须高于式(6-6)所规定的频率。取样频率提高以后留给每次进行转换的时间也相应地缩短了,这就要求转换电路必须具备更快的工作速度。但也不能无限制地提高取样频率,通常取 $f_s = (3 \sim 5)f_{i(max)}$ 就可以满足要求。

因为每次把取样电压转换为相应的数字量都需要一定的时间,所以在每次取样以后,必须把取样电压保持一段时间。可见,进行 A/D 转换时所用的输入电压,实际上是每次取样结束时的 V_i 值。

(2)取样-保持电路

取样电路输出的脉冲宽度由取样时间决定,通常取样时间是很短的,所以取样输出的脉冲宽度也很小。要把一个已取样的信号通过量化、编码需要一定的时间,所以必须在取样电路后面接一个保持电路。保持电路的作用是将取样电路输出的信号暂时保存起来,以便将它量化。一般

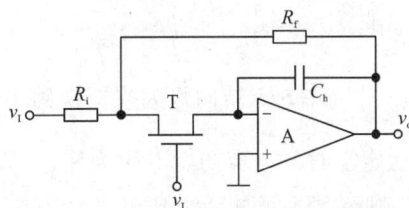

图 6-35 取样-保持电路的基本形式

地,取样-保持电路常做在一起,如图 6-35 所示。N 沟道 MOS 管 T 作取样开关。

当 v_L 为高电平时,T 导通,v_i 经过 T 向电容 C_h 充电。若取 $R_i = R_f$,则充电结束后 $v_o = -v_i$ $= v_C$。

当 v_L 返回低电平后,T 截止。C_h 无放电回路,所以 v_o 的数值可被保存下来。

电路的缺点是取样过程中需要通过 R_i 和 T 向 C_h 充电,所以使取样速度受到了限制。

(3)量化和编码

我们知道数字信号不仅在时间上是离散的,而且数值大小的变化也是不连续的。这就是说,任何一个数字量的大小只能是某个规定的最小数量单位的整数倍。在进行 A/D 转换时,必须把取样电压表示为这个最小单位的整数倍。这个转化过程叫做量化,所取的最小数量单位叫做量化单位,用 Δ 表示。显然,数字信号最低有效位的 1 所代表的数量大小就等于 Δ。

把量化的结果用代码(可以用二进制,也可以是其他进制)表示出来,称为编码。这些代码就是 A/D 转换的输出结果。

2. A/D 转换器的主要技术指标

(1)分辨率

它是 A/D 转换器在量化时对输入模拟电压的分辨能力,一般用二进制数表示,如 8 位、10 位、12 位、14 位等。从理论上讲,n 位输出的 A/D 转换器能区分 2^n 个不同等级的输入模拟电压,能区分输入电压的最小值为满量程输入的 $1/2^n$。在最大输入电压一定时,输出位数

愈多,量化单位愈小,分辨率愈高。例如 A/D 转换器输出为 8 位二进制数,输入信号最大值为 5 V,那么这个转换器应能区分输入信号的最小电压为 19.53 mV。

（2）转换误差

它表示 A/D 转换器实际输出的数字量和理论上的输出的数字量之间的差别。常用最低有效位的倍数表示。例如给出相对误差 ≤ ±LSB/2,这就表明实际输出的数字量和理论上应得到的输出数字量之间的误差小于最低位的半个字。

（3）转换时间

它指从输入模拟电压开始,到获得稳定的数字输出为止所需的时间。该时间随着模拟电压的变化而变化。如果模拟输入电压增加,则转换时间也增加。该时间与时钟频率和位数有关。

3. A/D 转换器的类型

根据工作原理的不同,可以把 A/D 转换器分为直接 A/D 转换器和间接 A/D 转换器两大类。在直接 A/D 转换器中,输入的模拟电压直接转换成数字代码,不经过任何中间变量;而在间接 A/D 转换器中,首先需要把输入的模拟电压转换成某一种中间变量,最后再把这个中间变量转换为输出的数字代码。

第三部分　项目实施

（一）汽车 555 转向灯闪光器电路工作原理

假定零时刻电容初始电压为零,8 脚电压为 U_{CC},接通转向开关后,因电容两端电压不能突变,则有 555 定时器的高电平触发端（6 脚）和低电平触发端（2 脚）电压均为零,根据表 6-23 可得到,555 定时器的输出端（3 脚）为高电平。三极管 T_1 导通,有电流流经转向灯,转向灯亮。电流路径为：蓄 +→转向开关 K →转向灯（ZD_1 或 ZD_2）→三极管 T_1（C - E）→蓄 -。同时 555 定时器的放电管截止,7 脚与地断路,电源通过 R_1、W 向电容 C_1 充电,电容电压开始上升。

当电容两端电压 $U_{C1} \geq \frac{2}{3}U_{CC}$ 时,高电平触发端（6 脚）和低电平触发端（2 脚）电压均大于等于 $\frac{2}{3}U_{CC}$,555 定时器的输出端（3 脚）为低电平,三极管 T_1 截止,转向灯灭。由于此时 555 定时器的放电管导通,电容 C_1 不再充电,反而通过电阻 W 和放电端向地放电,电容电压开始下降。

当电容两端电压下降到 $U_{C1} \leq \frac{1}{3}U_{CC}$ 时,高电平触发端（6 脚）和低电平触发端（2 脚）电压均小于等于 $\frac{1}{3}U_{CC}$,那么 555 定时器的输出端就由低电平变为高电平,转向灯亮,同时放电管由导通变为截止,电源通过 R_1、W 重新向电容 C_1 充电,重复上述过程。如此周而复始,转向灯就以一定的频率闪烁。

通过调节电阻 W 的阻值,可以改变电容 C_1 的充放电时间常数,以调节闪烁频率。

（二）检查和调整闪光继电器的频率

（1）将闪光继电器按图 6-36 所示正确接线,接通转向开关,同时起动计时电子秒表,记下 1 min 内转向灯的闪光次数，即为被测闪光器的频率值。

（2）调整转向灯的闪光频率，一般为 60 ~120 次/min，但以 60 ~90 次/min 为宜。低于或超出规定值应进行调整。调节图 6 - 1 的 W 可改变其闪烁频率。

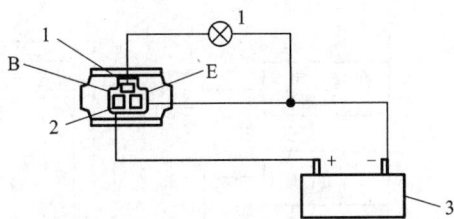

图 6 - 36　闪光继电器的闪光试验电路

（三）闪光继电器技术性能测试

（1）将闪光继电器 B 接 12 V 直流稳压电源 + ，E 接 12 V 直流稳压电源 - ，L 接试灯后再接直流稳压电源 - 。

（2）开 12 V 直流稳压电源开关，观察灯泡的闪光频率，若能正常闪烁，则闪光继电器完好，如灯泡不亮或长亮不闪，为闪光继电器故障，应调整或更换继电器。

（四）转向灯电路常见故障分析

1. 转向灯均不亮

（1）故障现象：接通转向开关，转向灯均不亮。

（2）故障原因：熔断器熔断、闪光继电器损坏、转向灯开关损坏等。

（3）故障排除：检查熔断器、闪光继电器、转向灯开关的好坏。

2. 转向灯闪光频率不正常

（1）故障现象：接通转向开关，转向灯闪光频率不正常。

（2）故障原因：接触不良、灯泡功率不当、某灯泡烧坏等。

（3）故障排除：下车检查是否有灯泡不亮，查看灯泡功率、检查线路接触情况，看是否存在接触不良。

第四部分　项目拓展

微机控制电控点火系统

（一）微机控制电控点火系统的结构

该系统一般由传感器、模 - 数转换器、微型计算机和点火控制器等部分组成，它是整个发动机燃油及排放电子控制系统（简称 ECCS）的重要组成部分。其组成框图如图 6 - 37 所示。

（二）微机控制电控点火系统的工作原理

曲轴转速与转角传感器安装在曲轴端或分电器内，一般是磁电式或光电式信号发生装置，用来测定发动机转速和发出曲轴位置的信号。

真空传感器实际上是一种由硅膜片半导体应变片。膜片的一端通大气，一端接发动机的进气管。因膜片的电阻随进气真空度变化，故能输出与进气管真空度成比例的直流电压作为

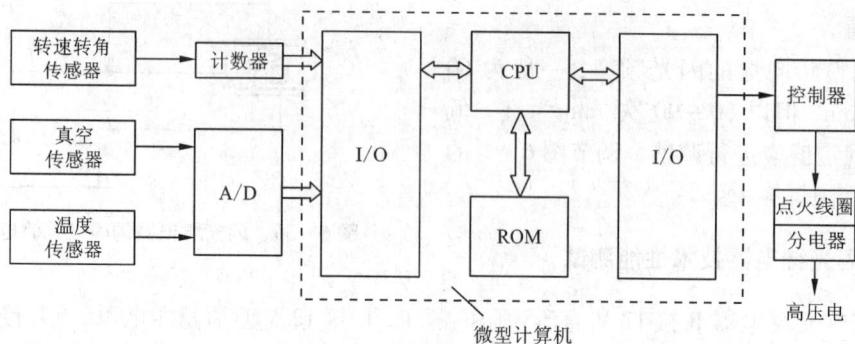

图 6 - 37　微机控制系统原理框图

发动机的负荷信号。

　　发动机温度传感器一般由热敏电阻组成,安装在发动机冷却水套壁中,有的车型则接在机油滤清器中。

　　模 - 数转换器(A/D)将真空传感器、水温传感器等输出的模拟信号(直流电压信号)转换成计算机能接收的数字信号。

　　微型计算机包括具有运算器和控制器的中央处理器(CPU)、用以储存数据和程序的只读存储器(ROM)、用以在 CPU 和外部设备之间转送信息的输出输入线接口(I/O)等主要集成电路。微机 3 能根据各传感器传送来的信号,按预先编好的程序处理数据,并在规定的时间向点火装置发出控制信号。

　　发动机在工作期间,各种传感器分别将每一瞬间发动机的转速、进气真空度和冷却水温度信号,经计算机的输入接口电路,送入计算机的中央处理器 CPU 中,CPU 根据输入的曲轴转角、转速和进气真空度信号,对照存贮在只读存储器中的最佳点火提前角的数据,查出与发动机该工况相应的最佳点火提前角及初级电路通电时间,并根据冷却水的温度计算最佳点火提前角的修正值。修正后的最佳点火提前角即为二者的代数和。CPU 根据计算结果,在最佳的时刻,经输出接口电路向点火控制电路发出点火控制信号,接通点火线圈的初级电路。经过一个最佳的储能时间后,发出控制信号,切断初级电路,使点火线圈的次级绕组中产生高压,经分电器送往火花塞,点燃混合气。

第五部分　项目小结

　　本项目主要是学习数字电路相关知识。以集成电路闪光器组成的汽车转向信号系统为载体,学习了逻辑门相关知识,组合逻辑电路、时序逻辑电路及 A/D、D/A 转换器。

　　数字电路是处理数字信号的电路,数字信号是以 1、0 代替高、低电平的离散信号,故数字信号又称脉冲信号。

　　门电路是数字电路的基本逻辑单元,基本门电路有与门、或门和非门;复合门电路有与非门、或非门、异或门和同或门等。

　　逻辑函数有三种基本表示法,即逻辑函数表达式、真值表和逻辑图,它们是一一对应、相互等价的。

　　组合逻辑电路是由基本逻辑电路单元组成，其特点是不论任何时候，输出信号仅仅取决于当时的输入信号，而与电路原来所处的状态无关；组合逻辑电路无记忆元件；介绍了最常用的组合逻辑电路组件：编码器、译码器、加法器等。

　　分析组合逻辑电路的方法是从所给的逻辑图开始，逐级写出描述该逻辑电路的逻辑函数，并进行化简，列出真值表，然后分析其逻辑功能，得出结论。

　　组合逻辑电路的设计方法是根据实际问题要求列出真值表，根据真值表列出逻辑函数式，并化简，由最简函数式画出逻辑图。

　　时序逻辑电路与组合逻辑电路相比，它的显著特点是有记忆功能，其输出信号不仅与当时的输入信号有关，而且还与电路原来所处的状态有关。

　　触发器是时序逻辑电路中的基本逻辑单元，它的各种组合构成计算机中最常用的部件，按逻辑功能来分有 RS 触发器、JK 触发器、D 触发器、T 和 T′ 触发器；按照结构形式的不同，又可分为基本 RS 触发器、同步触发器、主从触发器和边沿触发器。

　　将模拟量转换为数字量的电路，叫做模 – 数转换器；将数字量转换为模拟量的电路叫做数 – 模转换器。常见的 D/A 转换器中主要介绍了权电阻 D/A 转换器、倒 T 形电阻网络 D/A 转换器。

　　A/D 转换器包括取样、保持、量化和编码四个步骤。

习　题

　　6–1　用公式将下列函数化简成最简与或表达式。

　　$(1) Y = ABC + A\bar{B} + A\bar{C}$

　　$(2) Y = A\bar{B} + \bar{A}B + AB$

　　$(3) Y = (\overline{A + B})C + \overline{AB\bar{C}}$

　　$(4) Y = A\bar{B}C + AB\bar{C} + A + \bar{A}B$

　　6–2　在击剑比赛中，若有 A、B、C 三名裁判，A 为主裁判，当两名以上裁判(必须包括 A 在内)认为运动员得分，按动电钮，发出得分信号，设计该组合电路。

　　6–3　用红、黄、绿三个指示灯表示三台设备的工作情况：绿灯亮表示全部正常；红灯亮表示有一台不正常；黄灯亮表示两台不正常；红、黄全亮表示三台都不正常。试设计出组合电路。

　　6–4　触发器的触发方式有几种？分别是哪几种？

　　6–5　请分别写出 RS、JK、D 触发器的真值表和特征方程。

　　6–6　555 定时器主要由哪几部分组成？每部分各起什么作用？应用电路的基本形式有哪几种？

　　6–7　举例说明 D/A 转换器、A/D 转换器在现实生活中的应用情况。

项目七 汽车单片机控制电路的认知与检测

能力目标

通过本次项目的完成，你应能够：

1. 描述 MCS-51 单片机内部的基本组成及引脚功能；
2. 描述 MCS-51 单片机存储器的结构特点；
3. 分析 MCS-51 单片机的基本工作过程；
4. 分析 MCS-51 单片机最小应用系统电路的工作原理；
5. 完成单片机最小应用系统电路的焊接和检测；
6. 用编程器完成对 MCS-51 单片机程序的烧录。

第一部分 项目描述

汽车小功率车灯单片机控制电路如图 7-1 所示，请分析相关电气元件和电路的原理：

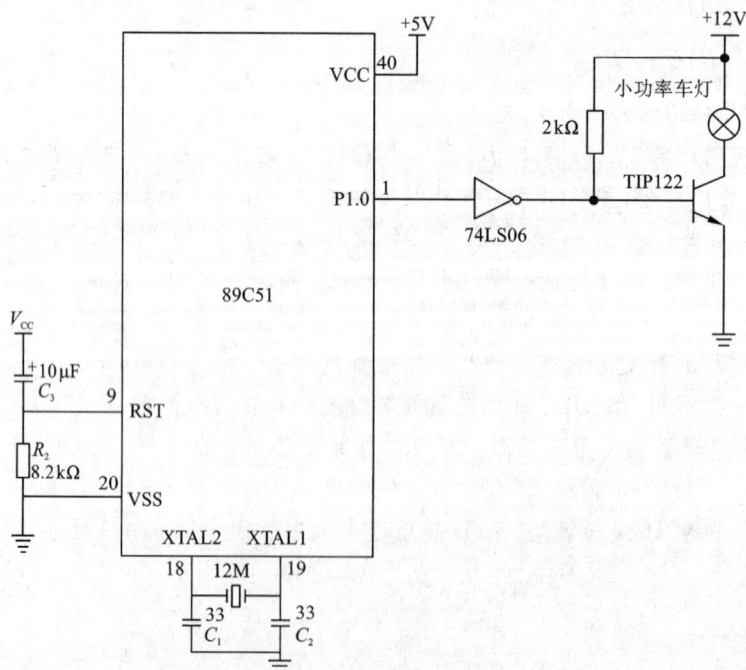

图 7-1 汽车小功率车灯单片机控制电路

(1)单片机的基本组成和特点；

(2)分析单片机时钟电路；

(3)分析单片机复位回路；

(4)分析汽车小功率车灯控制电路工作原理；

(5)分析汽车小功率车灯单片机控制电路工作过程。

第二部分 项目内容

第一节 单片机基本概念

一、ECU 的工作原理

ECU(electronic control unit)，"电子控制单元"缩写，俗称汽车电脑。其基本构成如图 7-2所示。ECU 的主要工作是按照特定的程序对输入信号进行处理，并形成相应的控制指令，向执行器输出驱动信号。由图可知，它由输入信号处理电路、输出信号电路和微机系统构成。ECU 的主要工作过程由微处理器进行，而微处理器是通过读取系统指令进行工作的。在存储器的特定区段中存储着指令和数据，其中存放处理器下一指令所在地址的寄存器称为程序计数器，用于临时存放从存储器中读出指令的寄存器称为指令寄存器。

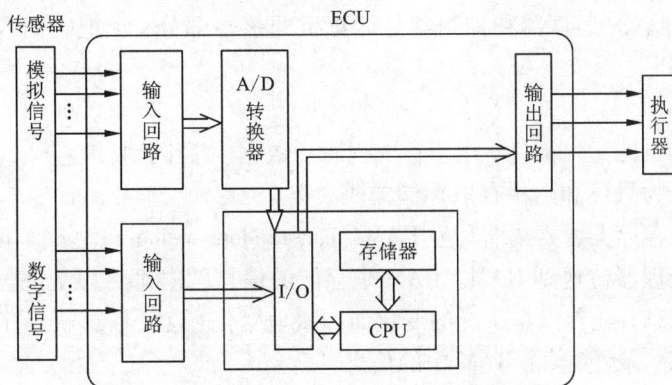

图 7-2 汽车电子控制单元(ECU)的基本构成

微处理器工作是根据程序计数器中的地址将指令读入指令寄存器中，然后对指令进行翻译，而程序计数器则存储下一条指令所在的地址。微处理器在获得执行该指令所必需的信息以后，将执行该指令所定义的过程，指令定义的过程主要包括对数据进行存储、运算、逻辑判断和函数转换等。当一条指令执行结束以后，微处理器将重复进行确定指令存储器地址、读取指令、解译指令和执行指令这一循环过程，执行下一条指令，直到程序中的全部指令执行完毕。为了改善程序的结构，程序中往往会包含一些子程序，每个子程序用于实现一个特定的功能，主程序需要调用子程序时，将有一条指令使程序计数器设置为子程序第一条程序所在的地址，然后微处理器将运行该子程序，当子程序运行结束时，子程序的最后一条指令又使微处理器返回到当初离开主程序的位置。

微处理器的另一个重要工作是对来自输入、输出和反馈电路的优先信号作出反应，当这些优先信号输入微处理器时，微处理器将停止正在进行的工作，转向运行处理这些优先信号的子程序，这一过程称为中断服务，这些需要优先处理的信号称为中断信号。中断服务功能可以使微处理器不必对控制系统进行连续监测，又可以在进行其他控制过程中按照需要对中断信号进行处理，使处理这些信号的时效性得到保证。例如，发动机点火过于提前导致爆燃发生时，由爆燃传感器反馈的爆燃信号将使微处理器中断正在进行的工作，而转向运行延迟点火正时的子程序，使爆燃燃烧得到抑制。

二、微型计算机及微型计算机系统

微型计算机(microcomputer)简称微机，是计算机的一个重要分支。微型计算机不但具有比其他计算机快速、精确、程序控制等特点，最突出的是它具有体积小、重量轻、功耗低、价格便宜等优点。个人计算机简称 PC(personal computer)机，是微型计算机中应用最为广泛的一种，也是近年来计算机领域中发展最快的一个分支。

1. 运算器

运算器是计算机的运算部件用于实现算术和逻辑运算。计算机的数据运算和处理都在这里进行(相当于算盘)。

2. 控制器

控制器是计算机的指挥控制部件，使计算机各部分能自动协调地工作(相当于使用纸、笔、算盘的人的大脑)。运算器和控制器是计算机的核心部分，常把它们合在一起称之为中央处理器，简称 CPU。

3. 存储器

存储器是计算机的记忆部件，用于存放程序和数据(相当于纸和笔)。

按功能可以分为只读和随机存取存储器两大类。

所谓随机存取存储器，英文缩写为 RAM(read random memory)。汽车运行时，需要暂时存储的信息由微处理器传送到 RAM。RAM 中存储的信息随时都可以更改。由于传感器输出到微型计算机的信息，随着汽车工况的变化而频繁地变化，这类信息就得存在 RAM 中，也能从 RAM 中读出信息，还能擦除 RAM 中的信息。

所谓只读存储器，英文缩写为 ROM(read only memory)。微处理器能从 ROM 中读取信息，但不能把信息写入 ROM 中，而且，微处理器不能擦除 ROM 中的信息。在 ROM 芯片的制造过程中，各种永久性的程序和数据经编程送入 ROM 内，如电子控制燃油喷射发动机系统中的一系列控制程序软件、喷油特性脉谱、点火控制特性脉谱以及其他特性数据等；即使蓄电池的接线断开，ROM 中的信息也不会丢失。

ROM 中有查询表，其中包括汽车该如何运行的信息。如图 7-3 所示是点火提前角和混合气空燃比脉谱图，微处理器根据传感器的输入信息获知发动机的转速和负荷信息，从 ROM 中查取相应的理想点火提前角和理想空燃比，并进行相应的控制。

注意：所谓的只读和随机存取都是指在正常工作情况下而言，也就是在使用这块存储器的时候，而不是指制造这块芯片的时候。

程序存储器的类型：

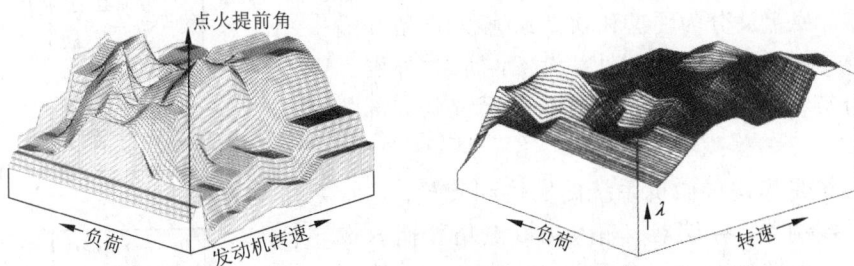

图 7 - 3　点火提前角和混合气空燃比脉谱图

PROM，称之为可编程程序只读存储器。这就像我们的练习本，买来的时候是空白的，可以写东西上去，可一旦写上去，就擦不掉了，所以它只能写一次，要是写错了，就报销了。

EPROM，称之为紫外线擦除的可编程只读存储器。它里面的内容写上去之后，如果觉得不满意，可以用一种特殊的方法去掉后重写，这就是用紫外线照射，紫外线就像"消字灵"，可以把字去掉，然后再重写。

EEPROM，称之为电可擦除的可编程只读存储器。这种存储器和 EPROM 类似，写上去的东西也可以擦掉重写，但它要方便一些，不需要光照了，只要用电学方法就可以擦除，所以就方便许多。它是上述几种只读存储器中价格最贵的一种，常用于在使用过程中需要时常修改其重要数据的存储器。汽车里程表的数据存储器就常用这种存储器。根据需要更改汽车里程数据或更换微机时，都需要将原来存储的数据擦掉，写入新的数据。

Flash ROM，称之为闪速存储器，Flash ROM 是一种新型的电可擦除、非易失性存储器，使用方便，价格低廉，可多次擦写，近年来应用广泛。

串行 EEPROM，称之为 I^2C 接口存储器，内部有页写入缓冲器，页写入缓冲器容量 P 的大小与芯片生产厂家、型号有关，例如汽车 AT93C46/56/57/66 型防盗芯片和 AT24C01A/02/04/08/16 型音响防盗芯片。

4. 接口

一种在微处理器和外围设备之间控制数据流动和数据格式的电路称为接口。简单地说，接口就是连接两个电子设备单元的部件。单片机要通过外部设备与外界联系，例如在发动机的优化控制中，CPU 要在极短的时间内对发动机的许多工况(通过传感器)进行巡回检测，另外 CPU 又要对点火提前角、燃油喷射、自动变速等进行自动控制或是优化控制。因此，许多输入、输出设备与微机连接时，必须有其专用的接口电路。

5. 输入设备

输入设备用于将程序和数据输入到计算机中，如键盘。

汽车上用的微机系统一般尺寸很小，不便于安装键盘。微机是专门用于汽车检测与自动控制(如点火、喷油、防滑制动等)的。它的程序是固定不变的，是事先编好存在微机存储器内的。只要通过传感器等信号启动相应的程序即可完成相应的自动控制。如果汽车的自动控制系统出现问题，需要调用系统的自诊断程序时，可以通过开关或简单的连接线即可实现人机对话的目的。有的高级汽车装有微型键盘，以方便进行较多的人机对话。

6. 输出设备

输出设备用于把计算机数据计算或加工的结果，以用户需要的形式显示或保存，如显示

器、打印机。通常把外存储器(微机用得较多的外部存
储器是磁盘,磁盘又分为硬盘和软盘)、输入设备和输
出设备合在一起称为计算机的外部设备,简称"外设"。

微型计算机系统由硬件系统和软件系统两大部分
组成。

硬件系统是指构成微机系统的实体和装置,通常
由运算器、控制器、存储器、输入接口电路和输入设
备、输出接口电路和输出设备等组成。其中,运算器
和控制器一般做在一个集成芯片上,统称中央处理单
元(central processing unit),简称 CPU,是微机的核心
部件,配上存放程序和数据的存储器、输入输出
(Input/Output,简称 I/O)接口电路及外部设备即构成
微机的硬件系统(图7-4)。

软件系统是指微机系统所使用的各种程序的总
体。软件的主体驻留在存储器中,人们通过它对整机进行控制并与微机系统进行信息交换,
使微机按照人的意图完成预定的项目。

软件系统与硬件系统共同构成实用的微机系统,两者是相辅相成、缺一不可的。

三、单片微型计算机

单片微型计算机(single chip microcomputer)简称单片机,又称微控制器或嵌入式计算机,
是指集成在一个芯片上的微型计算机,也就是把组成微型计算机的各种功能部件,包括 CPU
(central processing unit)、随机存取存储器 RAM(random access memory)、只读存储器 ROM
(read-only memory)、基本输入/输出(input/output)接口电路、定时器/计数器等部件制作在一
块集成芯片上,构成一个完整的微型计算机,从而实现微型计算机的基本功能。

单片机应用系统是以单片机为核心,配以输入、输出、显示、控制等外围电路和软件,能
实现一种或多种功能的实用系统。本书的项目电路也是一个单片机的应用系统,它除了有单
片机芯片以外,还有许多的外围电路,再配以后续章节一系列的项目程序可以完成很多功
能。所以说,单片机应用系统是由硬件和软件组成,硬件是应用系统的基础,软件是在硬件
的基础上对其资源进行合理调配和使用,从而完成应用系统所要求的项目,二者相互依赖,
缺一不可。

第二节　MCS-51单片机的内部组成及信号引脚

MCS-51 单片机的典型芯片是 8031、8051、8751。8051 内部有 4 KB 掩膜 ROM,8751 内
部有 4 KB EPROM,8031 片内无 ROM;除此之外,三者的内部结构及引脚完全相同。因此以
8051 为例,说明本系列单片机的内部组成及信号引脚。

一、8051 单片机的基本组成

8051 单片机的基本组成如图7-5所示。各部分情况介绍如下:

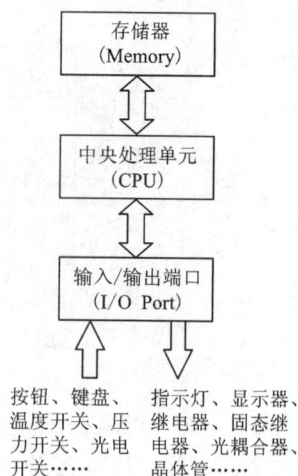

存储器
(Memory)

中央处理单元
(CPU)

输入/输出端口
(I/O Port)

按钮、键盘、
温度开关、压
力开关、光电
开关……

指示灯、显示器、
继电器、固态继
电器、光耦合器、
晶体管……

图7-4　微型计算机硬件系统示意图

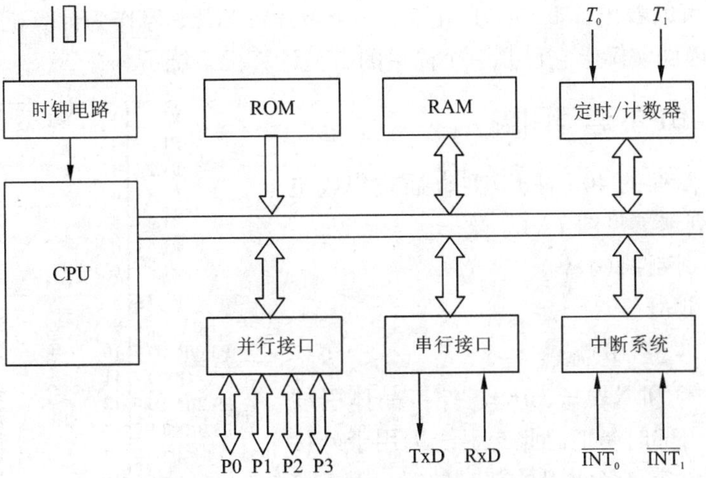

图 7 - 5　MCS - 51 单片机结构框图

1. 中央处理器(CPU)

中央处理器是单片机的核心,完成运算和控制功能。MCS - 51 的 CPU 能处理 8 位二进制数或代码。

2. 内部数据存储器(内部 RAM)

8051 芯片中共有 256 个 RAM 单元,但其中后 128 单元被专用寄存器占用,能作为寄存器供用户使用的只是前 128 单元,用于存放可读/写的数据。因此通常所说的内部数据存储器就是指前 128 单元,简称内部 RAM。

3. 内部程序存储器(内部 ROM)

8051 共有 4 KB 掩膜 ROM,用于存放程序和原始表格常数,因此称之为程序存储器,简称内部 ROM。

4. 定时器/计数器

8051 共有两个 16 位的可编程定时/计数器,以实现定时或计数功能,当定时/计数器产生溢出时,可用中断方式控制程序转向。

5. 并行输入输出(I/O)口

MCS - 51 共有四个 8 位的并行 I/O 口(P0、P1、P2、P3),以实现数据的并行输入输出。在项目中我们已经使用了 P1 口,通过 P1 口 P1.0 连接 1 个汽车信号灯。

6. 全双工串行口

MCS - 51 单片机有一个全双工的串行口,以实现单片机和其他设备之间的串行数据传送。该串行口功能较强,既可作为全双工异步通信收发器使用,也可作为同步移位器使用。

7. 中断控制系统

MCS - 51 单片机的中断功能较强,以满足控制应用的需要。8051 共有 5 个中断源,即外中断 2 个,定时/计数中断 2 个,串行中断 1 个。全部中断分为高级和低级共两个优先级别。

8. 时钟电路

MCS - 51 芯片的内部有时钟电路,但石英晶体和微调电容需外接。时钟电路为单片机产生时钟脉冲序列。系统允许的晶振频率一般为 6 MHz 和 12 MHz。

从上述内容可以看出，MCS – 51 虽然是一个单片机芯片，但作为计算机应该具有的基本部件它都包括，因此实际上它已是一个简单的微型计算机系统了。

二、MCS – 51 的信号引脚

MCS – 51 是标准的 40 引脚双列直插式集成电路芯片，引脚排列请参见图 7 – 6。

1. 电源及时钟引脚(4 个)

· V_{SS}(20)：地线；

· V_{CC}(40)：+5 V 电源；

· XTAL1(19) 和 XTAL2(18)：外接晶体引线端。当使用芯片内部时钟时，此二引线端用于外接石英晶体和微调电容；当使用外部时钟时，用于接外部时钟脉冲信号。

2. 控制线引脚(4 个)

· ALE(30)：地址锁存控制信号；

在系统扩展时，ALE 用于控制把 P0 口输出的低 8 位地址锁存器锁存起来，以实现低位地址和数据

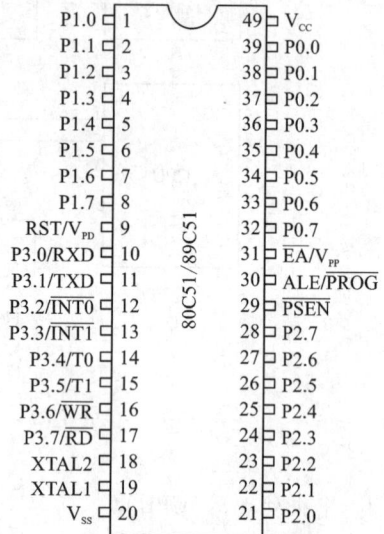

图 7 – 6　MCS – 51 引脚图

的隔离。此外由于 ALE 是以晶振六分之一的固定频率输出的正脉冲，因此可作为外部时钟或外部定时脉冲使用。

· PSEN(29)：外部程序存储器读选通信号。在读外部 ROM 时 PSEN 有效(低电平)，以实现外部 ROM 单元的读操作。

· EA(31)：访问程序存储控制信号。当 EA 信号为低电平时，对 ROM 的读操作限定在外部程序存储器；而当 EA 信号为高电平时，则对 ROM 的读操作是从内部程序存储器开始，并可延至外部程序存储器。

· RST(9)：复位信号。当输入的复位信号延续 2 个机器周期以上高电平即为有效，用以完成单片机的复位初始化操作。

3. 并行 I/O 引脚(32 个，分成 4 个 8 位口)

· P0.0 ~ P0.7：通用 I/O 引脚或数据/低位地址总线复用引脚；

· P1.0 ~ P1.7：通用 I/O 引脚；

· P2.0 ~ P2.7：通用 I/O 引脚或数高位地址总线引脚；

· P3.0 ~ P3.7：通用 I/O 引脚或第二功能引脚。

第三节　MCS – 51 单片机的数据存储器

MCS – 51 单片机的数据存储器分为内部 RAM 和外部 RAM，RAM 的配置如图 7 – 7 所示。8051 片内 RAM 共有 128 B，分成工作寄存器区、位寻址区、通用 RAM 区三部分。

基本型单片机片内 RAM 地址范围是 00H ~ 7FH。增强型单片机(如 80C52)片内除地址范围在 00H ~ 7FH 的 128 B RAM 外，又增加了 80H ~ FFH 的高 128 B 的 RAM。增加的这一部

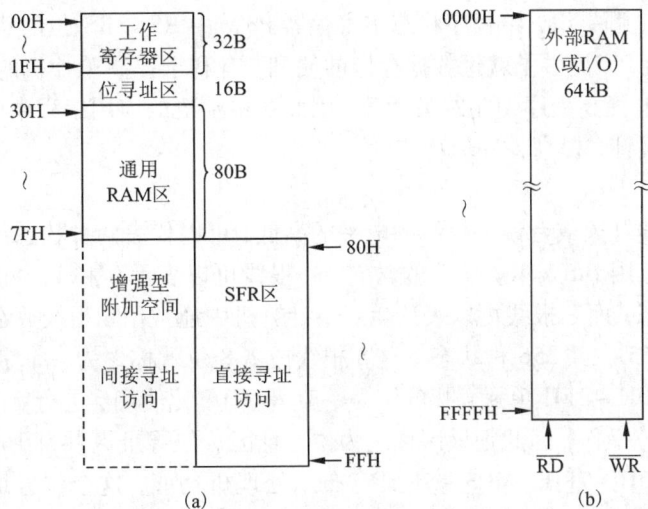

图 7 – 7　MCS – 51 单片机 RAM 的配置图

分 RAM 仅能采用间接寻址方式访问(以与特殊功能寄存器 SFR 的访问相区别)。

片外 RAM 地址空间为 64 KB, 地址范围是 0000H ~ FFFFH。与程序存储器地址空间不同的是, 片外 RAM 地址空间与片内 RAM 地址空间在地址的低端 0000H ~ 007FH 是重叠的。这就需要采用不同的寻址方式加以区分。访问片外 RAM 时采用专门的指令 MOVX 实现, 这时读($\overline{RD}$)或写($\overline{WR}$)信号有效；而访问片内 RAM 使用 MOV 指令, 无读写信号产生。另外, 与片内 RAM 不同, 片外 RAM 不能进行堆栈操作。

一、内部数据存储器低 128 单元

8051 的内部 RAM 共有 256 个单元, 通常把这 256 个单元按其功能划分为两部分：低 128 单元(单元地址 00H ~ 7FH)和高 128 单元(单元地址 80H ~ FFH), 低 128 单元的配置情况如表 7 – 1 所示。

低 128 单元是单片机的真正 RAM 存储器, 按其用途划分为三个区域。

1. 寄存器区

8051 单片机片内 RAM 低端的 00H ~ 1FH 共 32B 分成 4 个工作寄存器组, 每组占 8 个单元。

·寄存器 0 组：地址 00H ~ 07H

·寄存器 1 组：地址 08H ~ 0FH

·寄存器 2 组：地址 10H ~ 17H

·寄存器 3 组：地址 18H ~ 1FH

表 7 – 1　低 128 单元的配置

地址区间	低 128 单元
00H ~ 07H	工作寄存器 0 区(R0 ~ R7)
08H ~ 0FH	工作寄存器 1 区(R0 ~ R7)
10H ~ 17H	工作寄存器 2 区(R0 ~ R7)
18H ~ 1FH	工作寄存器 3 区(R0 ~ R7)
20H ~ 2FH	位寻址区(00H ~ 7FH)
30H ~ 7FH	数据缓冲区

在任一时刻，CPU 只能使用其中的一组寄存器，并且把正在使用的那组寄存器称之为当前寄存器组。到底是哪一组，由程序状态字寄存器 PSW 中 RS_1、RS_0 位的状态组合来决定。

通用寄存器为 CPU 提供了就近数据存储的便利，有利于提高单片机的运算速度。此外，使用通用寄存器还能提高程序编制的灵活性，因此在单片机的应用编程中应充分利用这些寄存器，以简化程序设计，提高程序运行速度。

2. 位寻址区

位的含义：一盏灯灭或者说一根线的电平的高低，可以代表两种状态：0 和 1。实际上这就是一个二进制位，用 Bit 表示。字节的含义：一根线可以表示 0 和 1，两根线可以表示 00、01、10、11 四种状态，而三根线可以表达 0～7，计算机中通常用 8 根线放在一起，同时计数，就可以表示到 0～255 一共 256 种状态。这 8 根线或者 8 位就称之为一个字节（Byte）。

内部 RAM 的 20H～2FH 单元，既可作为一般 RAM 单元使用，进行字节操作，也可以对单元中每一位进行位操作，因此把该区称之为位寻址区。位寻址区共有 16 个 RAM 单元，计128 位，位地址为 00H～7FH。MCS－51 具有布尔处理机功能，这个位寻址区可以构成布尔处理机的存储空间。这种位寻址能力是 MCS－51 的一个重要特点。表 7－2 为位寻址区的位地址表。

表 7－2 片内 RAM 位寻址区的位地址表

字节地址	位地址							
	D7	D6	D5	D4	D3	D2	D1	D0
2FH	7F	7E	7D	7C	7B	7A	79	78
2EH	77	76	75	74	73	72	71	70BH
2DH	6F	6E	6D	6C	6B	6A	69	68
2CH	67	66	65	64	63	62	61	60
2BH	5F	5E	5D	5C	5B	5A	59	58
2AH	57	56	55	54	53	52	51	50
29H	4F	4E	4D	4C	4B	4A	49	48
28H	47	46	45	44	43	42	41	40
27H	3F	3E	3D	3C	3B	3A	39	38
26H	37	36	35	34	33	32	31	30
25H	2F	2E	2D	2C	2B	2A	29	28
24H	27	26	25	24	23	22	21	20
23H	1F	1E	1D	1C	1B	1A	19	18
22H	17	16	15	14	13	12	11	10
21H	0F	0E	0D	0C	0B	0A	09	08
20H	07	06	05	04	03	02	01	00

3. 用户 RAM 区

在内部 RAM 低 128 单元中，通用寄存器占去 32 个单元，位寻址区占去 16 个单元，剩下

80 个单元，这就是供用户使用的一般 RAM 区，其单元地址为 30H～7FH。对用户 RAM 区的使用没有任何规定或限制。但在一般应用中常把堆栈开辟在此区中。

二、内部数据存储器高 128 单元

内部 RAM 的高 128 单元是供给专用寄存器使用的，其单元地址为 80H～FFH。因这些寄存器的功能已作专门规定，故而称之为专用寄存器（Special Function Register），也可称为特殊功能寄存器。

1. 专用寄存器（SFR）简介

8051 共有 21 个专用寄存器，现把其中部分寄存器简单介绍如下。

（1）程序计数器（program counter，PC）

PC 是一个 16 位的计数器，它总是存放着下一个要取的指令的 16 位存储单元地址，它的作用是控制程序的执行顺序。其内容为将要执行指令的地址，寻址范围达 64 KB。PC 有自动加 1 功能，从而实现程序的顺序执行。PC 没有地址，是不可寻址的。因此用户无法对它进行读写。但可以通过转移、调用、返回等指令改变其内容，以实现程序的转移。因地址不在 SFR 之内，一般不计作专用寄存器。

（2）与运算器相关的寄存器（3 个）

① 累加器（accumulator，ACC）

累加器为 8 位寄存器，是最常用的专用寄存器，功能较多，地位重要。它既可用于存放操作数，也可用来存放运算的中间结果。MCS－51 单片机中大部分单操作数指令的操作数就取自累加器，许多双操作数指令中的一个操作数也取自累加器。

② B 寄存器

B 寄存器是一个 8 位寄存器，主要用于乘除运算。乘法运算时，B 是乘数。乘法操作后，乘积的高 8 位存于 B 中，除法运算时，B 是除数。除法操作后，余数存于 B 中。此外，B 寄存器也可作为一般数据寄存器使用。

③ 程序状态字（program status word，PSW）

程序状态字，内部含有程序在运行时的相关信息，其详细情况如表 7－3 所示。现说明如下：

进位标志 CY（carry），可简写为 C，它的用途如下：

· 当 CPU 在做加法运算时，若有进位，则 CY＝1；否则 CY＝0。

· 当 CPU 在做减法运算时，若有借位，则 CY＝1；否则 CY＝0。

· 作为位处理的运算中心即位累加器。

辅助进位标志 AC（auxiliary carry）

· 在相加的过程中，若两数的 bit3 相加后有进位产生，则 AC＝1；否则 AC＝0。

· 在相减的过程中，若 bit3 不够减，必须向 bit4 借位，则 AC＝1；否则 AC＝0。

用户标志位 F0（flag zero）

· 由用户根据程序执行的需要通过软件来使它置位或清除。

RS1、RS0：工作寄存器组选择位

· 80C51 的 RAM 区域地址 00H～1FH 单元（32 字节）为工作寄存器区，共分四组，每组有 8 个 8 位寄存器，用 R0～R7 表示。

· RS1、RS0 可以用软件来置位或清零以确定当前使用的工作寄存器组。

溢出标志 OV(overflow)

· 当两个数相加时,若 bit6 及 bit7 同时有进位或没有进位,则 OV = 0;否则 OV = 1。

· 当两个数相减时,若 bit6 及 bit7 同时有借位或没有借位,则 OV = 0;否则 OV = 1。

· 根据执行运算指令后 OV 的状态,可判断累加器中的结果是否正确。

奇偶位标志 P(parity)

· 对于累加器的内容,若等于 1 的位有奇数个,则 P = 1;否则 P = 0。

表 7 - 3   程序状态字 PSW

程序状态字PSW,位寻址							
PSW: CY	AC	F0	RS1	RS0	OV	–	P

符号	地址	说　明
CY	PSW.7	进位标志位,在指令中以C表示
AC	PSW.6	辅助进位标志位
F0	PSW.5	一般用途进位标志位,可供任意应用
RS1	PSW.4	寄存器库选择位
RS0	PSW.3	寄存器选择位 说明: <table><tr><td>RS1</td><td>RS0</td><td>寄存器区</td><td>地址</td></tr><tr><td>0</td><td>0</td><td>0</td><td>00H~07H</td></tr><tr><td>0</td><td>1</td><td>1</td><td>08H~0FH</td></tr><tr><td>1</td><td>0</td><td>2</td><td>10H~17H</td></tr><tr><td>1</td><td>1</td><td>3</td><td>18H~1FH</td></tr></table>
OV	PSW.2	溢出标志位
–	PSW.1	保留未用
P	PSW.0	同位标志位(parity flag) P=1,表示累加器中为 "1" 的位有奇数个 P=0,表示累加器中为 "1" 的位有偶数个

（3）与指针相关的寄存器（3 个）

①数据指针（DPTR）

数据指针为 16 位寄存器，它是 MCS–51 中一个 16 位寄存器。编程时，DPTR 既可以按 16 位寄存器使用，也可以按两个 8 位寄存器分开使用，即

DPH DPTR 高位字节

DPL DPTR 低位字节

DPTR 通常在访问外部数据存储器时作地址指针使用，由于外部数据存储器的寻址范围为 64 KB，故把 DPTR 设计为 16 位。

②堆栈指针（stack pointer，SP）

堆栈是一个特殊的存储区，用来暂存数据和地址，它是按先进后出的原则存取数据的。堆栈共有两种操作：进栈和出栈。

MCS–51 单片机由于堆栈设在内部 RAM 中，因此 SP 是一个 8 位寄存器。系统复位后，SP 的内容为 07H，使得堆栈实际上从 08H 单元开始。但 08H ~ 1FH 单元分别属于工作寄存器 1 ~ 3 区，如程序中要用到这些区，则最好把 SP 值改为 1FH 或更大的值。一般地，堆栈最好在内部 RAM 的 30H ~ 7FH 单元中开辟。SP 的内容一经确定，堆栈的位置也就跟着确定下来，由于 SP 可初始化为不同值，因此堆栈位置是浮动的。

（4）与接口相关的寄存器（7 个）

·并行 I/O 接口 P0、P1、P2、P3，均为 8 位；通过对这 4 个寄存器的读和写，可以实现数据从相应接口的输入和输出；

·串行接口数据缓冲器 SBUF；

·串行接口控制寄存器 SCON；

·串行通信波特率倍增寄存器 PCON（一些位还与电源控制相关，所以又称为电源控制寄存器）。

（5）与中断相关的寄存器（2 个）

·中断允许控制寄存器 IE；

·中断优先级控制寄存器 IP。

（6）与定时/计数器相关的寄存器（6 个）

·定时/计数器 T0 的两个 8 位计数初值寄存器 TH0、TL0，它们可以构成 16 位的计数器，TH0 存放高 8 位，TL0 存放低 8 位；

·定时/计数器 T1 的两个 8 位计数初值寄存器 TH1、TL1，它们可以构成 16 位的计数器，TH1 存放高 8 位，TL1 存放低 8 位；

·定时/计数器的工作方式寄存器 TMOD；

·定时/计数器的控制寄存器 TCON。

第四节　MCS–51 单片机的程序存储器

MCS–51 的程序存储器用于存放编好的程序和表格常数，如图 7 – 8 所示。8051 片内有 4 KB 的 ROM，8751 片内有 4 KB 的 EPROM，8031 片内无程序存储器。MCS–51 的片外最多能扩展 64K 字节程序存储器，片内外的 ROM 是统一编址的。如EA端保持高电平，8051 的程

序计数器 PC 在 0000H ~ 0FFFH 地址范围内(即前 4 KB 地址)是执行片内 ROM 中的程序,当 PC 在 1000H ~ FFFFH 地址范围时,自动执行片外程序存储器中的程序,当$\overline{EA}$保持低电平时,只能寻址外部程序存储器,片外存储器可以从 0000H 开始编址。

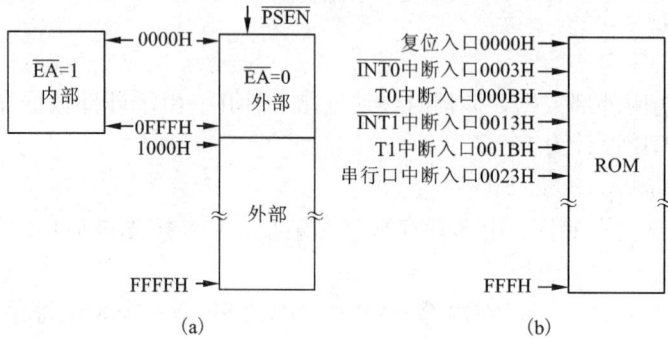

图7-8　8051 程序存储器配置图

MCS-51 的程序存储器中有些单元具有特殊功能,使用时应予以注意。

其中一组特殊单元是 0000H ~ 0002H。系统复位后,PC = 0000H,单片机从 0000H 单元开始取指令执行程序。如果程序不从 0000H 单元开始,应在这三个单元中存放一条无条件转移指令,以便直接转去执行指定的程序。

还有一组特殊单元是 0003H ~ 002AH。共 40 个单元,这 40 个单元被均匀地分为五段,作为五个中断源的中断地址区。其中:

· 0003H ~ 000AH 外部中断 0 中断地址区;

· 000BH ~ 0012H 定时器/计数器 0 中断地址区;

· 0013H ~ 001AH 外部中断 1 中断地址区;

· 001BH ~ 0022H 定时器/计数器 1 中断地址区;

· 0023H ~ 002AH 串行中断地址区。

中断响应后,按中断种类,自动转到各中断区的首地址去执行程序。因此在中断地址区中理应存放中断服务程序。但通常情况下,8 个单元难以存下一个完整的中断服务程序,因此通常也是从中断地址区首地址开始存放一条无条件转移指令,以便中断响应后,通过中断地址区,再转到中断服务程序的实际入口地址去。

第五节　时钟电路与复位电路

时序:即时间的顺序。一个由人组成的单位工作尚且要有一定的时序,计算机当然更要有严格的时序。计算机要完成的事更复杂,所以它的时序也更复杂。我们已知,计算机工作时,是一条一条地从 ROM 中取指令,然后一步一步地执行,我们规定:计算机访问一次存储器的时间,称之为一个机器周期。

时钟电路用于产生单片机工作所需要的时钟信号,而时序所研究的是指令执行中各信号之间的相互关系。单片机本身就如一个复杂的同步时序电路,为了保证同步工作方式的实现，电路应在唯一的时钟信号控制下严格地按时序进行工作。

一、时钟电路与时序

1. 时钟信号的产生

（1）内部时钟方式

内部时钟方式如图 7-9 所示。在 8051 单片机内部有一振荡电路，只要在单片机的 XTAL1 和 XTAL2 引脚外接石英晶体（简称晶振），就构成了自激振荡器并在单片机内部产生时钟脉冲信号。

一般电容 C_1 和 C_2 取 30pF 左右，晶体的振荡频率范围是 1.2 MHz～12 MHz。晶体振荡频率高，则系统的时钟频率也高，单片机运行速度也就快。MCS-51 在通常应用情况下，使用振荡频率为 6 MHz 或 12 MHz。

（2）外部时钟方式

在由多片单片机组成的系统中，为了各单片机之间时钟信号的同步，应当引入唯一的公用外部脉冲信号作为各单片机的振荡脉冲。这时外部的脉冲信号是经 XTAL2 引脚注入，其连接如图 7-10 所示。

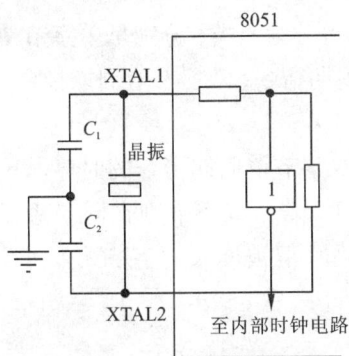

图 7-9 内部时钟方式

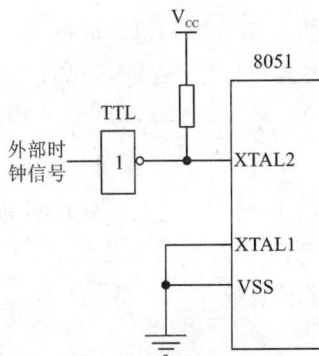

图 7-10 外部时钟方式

2. 时序

时序是用定时单位来说明的。MCS-51 的时序定时单位共有 4 个，从小到大依次是节拍与状态、机器周期、指令周期。下面分别加以说明。

（1）节拍与状态

把振荡脉冲的周期定义为拍节（用 P 表示）。振荡脉冲经过二分频后，就是单片机的时钟信号的周期定义为状态（用 S 表示）。

这样，一个状态就包含两个拍节，具前半周期对应的拍节叫拍节 1（P_1），后半周期对应的拍节 2（P_2）。

（2）机器周期

MCS-51 采用定时控制方式，因此它有固定的机器周期。规定一个机器周期的宽度为 6

个状态,并依次表示为 S1～S6。由于一个状态又包括两个节拍,因此一个机器周期总共有 12 个节拍,分别记作 S1P1,S1P2,…,S6P2。由于一个机器周期共有 12 个振荡脉冲周期,因此机器周期就是振荡脉冲的十二分频。

当振荡脉冲频率为 12 MHz 时,一个机器周期为 1 μs。

当振荡脉冲频率为 6 MHz 时,一个机器周期为 2 μs。

(3)指令周期

指令周期是最大的时序定时单位,执行一条指令所需要的时间称之为指令周期。它一般由若干个机器周期组成。不同的指令,所需要的机器周期数也不相同。通常,包含一个机器周期的指令称为单周期指令,包含两个机器周期的指令称为双周期指令,等等。

指令的运算速度和指令所包含的机器周期有关,机器周期数越少的指令执行速度越快。MCS－51 单片机通常可以分为单周期指令、双周期指令和四周期指令等三种。四周期指令只有乘法和除法指令,其余均为单周期和双周期指令。

单片机执行任何一条指令时都可以分为取指令阶段和执行指令阶段。ALE 引脚上出现的信号是周期性的,在每个机器周期内两次出现高电平。第一次出现在 S1P2 和 S2P1 期间,第二次出现在 S4P2 和 S5P1 期间。ALE 信号每出现一次,CPU 就进行一次取指操作,但由于不同指令的字节数和机器周期数不同,因此取指令操作也随指令不同而有小的差异。

按照指令字节数和机器周期数,8051 的 111 条指令可分为六类,分别是单字节单周期指令、单字节双周期指令、单字节四周期指令、双字节单周期指令、双字节双周期指令、三字节双周期指令。

图 7－11(a)、(b)所示分别给出了单字节单周期和双字节单周期指令的时序。单周期指令的执行始于 S1P2,这时操作码被锁存到指令寄存器内。若是双字节则在同一机器周期的 S4 读第二字节。若是单字节指令,则在 S4 仍有读出操作,但被读入的字节无效,且程序计数器 PC 并不增量。

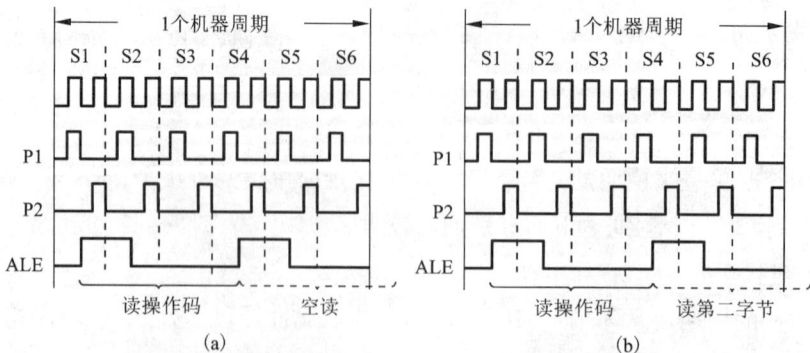

图 7－11 MCS－51 单周期指令时序

图 7－12 给出了单字节双周期指令的时序,两个机器周期内进行 4 次读操作码操作。因为是单字节指令,后三次读操作都是无效的。

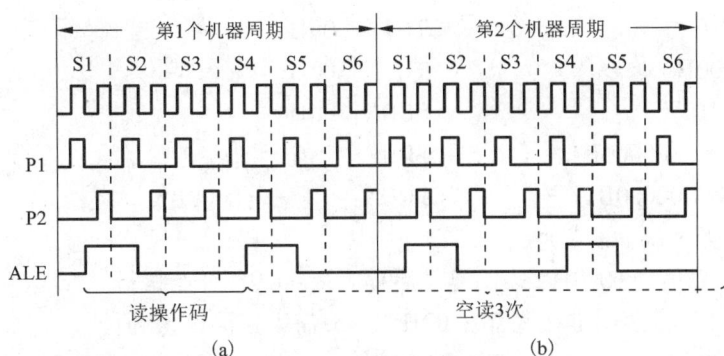

图 7 - 12 MCS - 51 单字节双周期指令时序

二、单片机的复位电路

单片机复位如同计算机在启动运行前需要复位一样，也是使 CPU 和系统中的其他功能部件都处在一个确定的初始状态，并从这个状态开始工作，例如复位后 PC = 0000H，使单片机从第一个单元取指令。无论是在单片机刚开始接上电源时，还是断电后或者发生故障后都要复位。所以我们必须弄清楚 MCS - 51 型单片机复位的条件、复位电路和复位后状态。

单片机复位的条件是必须使 RST 引脚(9)加上持续两个机器周期(即 24 个振荡周期)的高电平。例如：若时钟频率为 12 MHz，每机器周期为 1 μs，则只需 2 μs 以上时间的高电平。在 RST 引脚出现高电平后的第二个机器周期执行复位。单片机常见的复位电路如图7 - 13(a)、(b)所示。

图 7 - 13(a)为上电自动复位电路，它是利用电容充电来实现的。在加电瞬间，RST 端的电位与

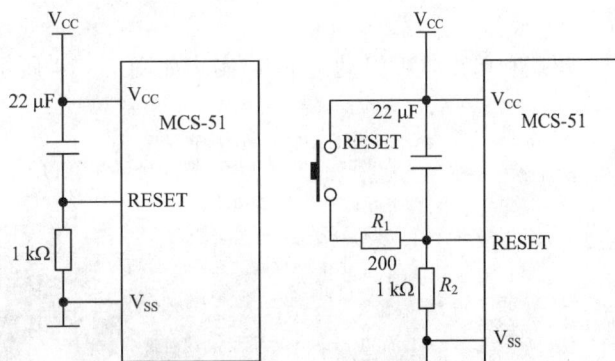

图 7 - 13 单片机常见的复位电路

(a)上电复位电路；(b)按键复位电路

V_{CC}相同，随着充电电流的减少，RST 的电位逐渐下降。只要保证 RST 为高电平的时间大于 2 个机器周期，便能正常复位。

图 7 - 13(b)为按键复位电路。该电路除具有上电复位功能外，若要复位，只需按图 7 - 13(b)中的 RESET 键，此时电源 V_{CC}经电阻 R_1、R_2 分压，在 RST 端产生一个复位高电平。

单片机复位期间不产生 ALE 和$\overline{PSEN}$信号，即 ALE = 1 和$\overline{PSEN}$ = 1。这表明单片机复位期间不会有任何取指操作。复位后，内部各专用寄存器状态如下：

PC： 0000H   TMOD：00H

ACC： 00H   TCON：00H

B： 00H   TH0： 00H

PSW： 00H   TL0： 00H

SP:	07H	TH1:	00H
DPTR:	0000H	TL1:	00H
P0 ~ P3:	FFH	SCON:	00H
IP:	＊＊＊00000B	SBUF:	不定
IE:	0＊＊00000B	PCON:	0＊＊＊0000B

其中＊表示无关位。请注意：

（1）复位后 PC 值为 0000H，表明复位后程序从 0000H 开始执行。

（2）SP 值为 07H，表明堆栈底部在 07H。一般需重新设置 SP 值。

（3）P0 ~ P3 口值为 FFH。P0 ~ P3 口用作输入口时，必须先写入 1。单片机在复位后，已使 P0 ~ P3 口每一端线为 1，为这些端线用作输入口做准备。

第六节　8 位单片机 MC68HC11F1 在汽车控制技术中的应用

MOTOROLA 系列单片机在汽车中的应用。摩托罗拉拥有丰富的微处理单元（MCU），可广泛用于电控发动机、车身控制、乘员安全、车门和座椅控制、车窗控制、通风和空调、天窗和灯光、汽车局域网的网关、通信设备、全球定位系统及其他汽车控制单元中。其产品主要包括 8/16 位微控制器（包括 HC08/HCS08、HC12/HCS12 等）、32 位微控制器（包括 PowerPC、ColdFire 等）。

玛瑞利单点电喷发动机 ECU 实物如图 7 – 14 所示。自玛瑞利推出单点电喷发动机管理

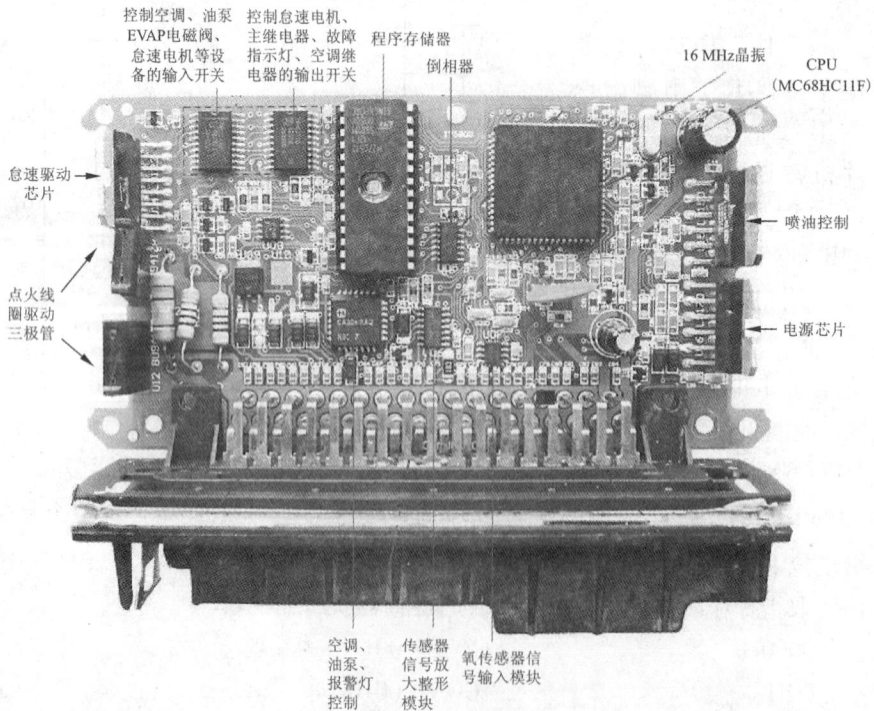

图 7 – 14　玛瑞利单点电喷发动机 ECU 实物图

系统起，包括沈阳金杯海狮客车、金杯中华轿车、安徽奇瑞轿车、天津夏利轿车等车型都已采用这种基于玛瑞利单点电控发动机管理系统。下面以此为例，介绍 MC68HC11F1 在汽车电子中的应用。

一、金杯单点玛瑞利逻辑电路系统组成

图 7－15 为金杯单点玛瑞利逻辑电路的原理框图，它主要由以下部件组成：

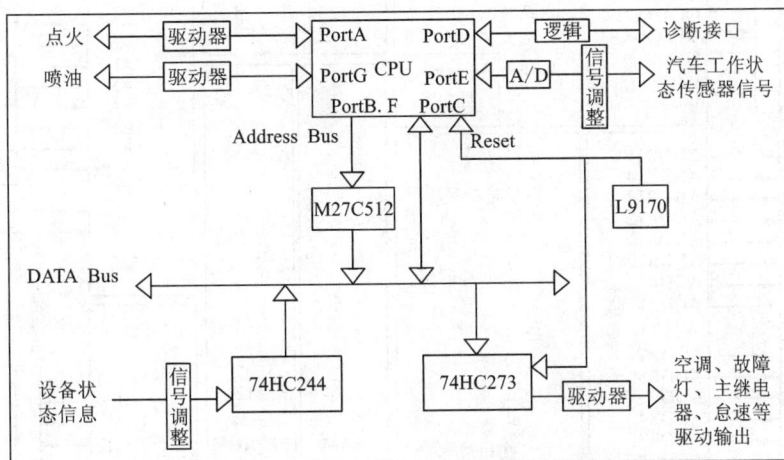

图 7－15 金杯单点玛瑞利逻辑电路的原理框图

（1）MC68HC11F1

本电路的控制核心：MC68HC11F1（CPU）为摩托罗拉 8bit 汽车专用 MCU，其内部资源如图 7－16 所示。MC68HC11F1 8 位微控制器是基于 8 位 HC08 CPU 的高性能闪存技术的低成本芯片。

MC68HC11F1 的主要特征有：

· 两种省电模式，停止和等待；

· 3.0 ~ 5.5 V 电压均可正常工作；

· 1024B 的片内 RAM，RAM 数据在待机时保留；

· 512B 的片内 EEPROM，带区域数据保护功能；

· 8 通道，8 位 A/D 转换器；

· 增强的 16 位定时器系统；

· 8 位脉冲累加器；

· 实时中断电路；

· CPU 看门狗系统；

· 可达 5 MHz 的总线时钟；

· 异步串行通信接口 SCI；

· 同步外围设备接口 SPI；

· 两种封装形式：它包括 68 引脚 PLCC 及 80 引脚 TQFP 封装。

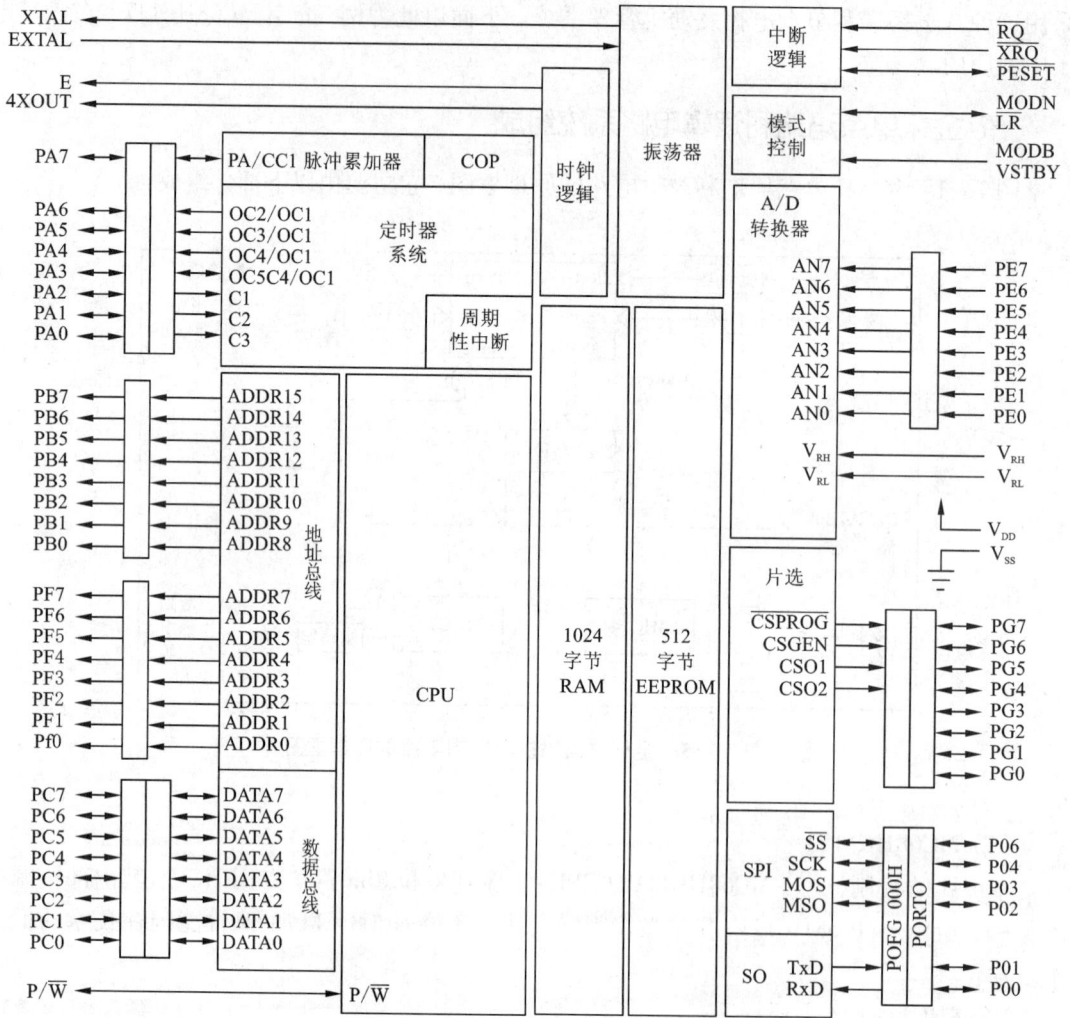

图 7－16 MC68HC11F1 内部资源图

（2）74HC244

作为空调、油泵、EVAP 电磁阀、怠速电机等设备的状态信息输入开关，74HC244 是带使能端的三态总线驱动器，输出端直接与数据总线相连。引脚功能如图 7－17 所示。

（3）74HC273

作为怠速电机、主继电器、故障指示灯、空调继电器等驱动信号的输出开关，74HC273 是带复位端的 8 路上升沿有效的 D 触发器，引脚功能如图 7－18 所示。

（4）M27C512

用来存储电脑的主程序及各种数据表格，M27C512 是 64KB 的 8 位只读存储器，引脚功能如图 7－19 所示。

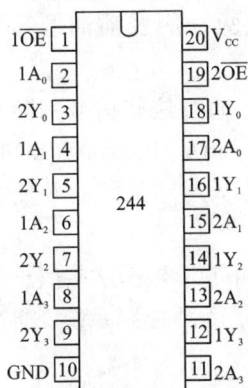

图 7-17 74HC244 引脚功能图 图 7-18 74HC273 引脚功能图 图 7-19 27C512 引脚功能图

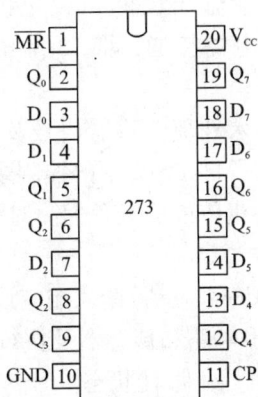

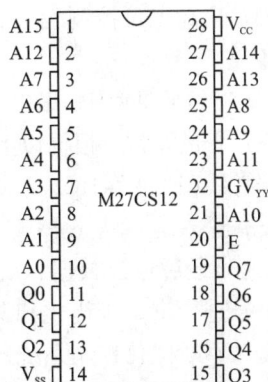

二、金杯单点玛瑞利逻辑电路工作原理

(1)电源接通后如图 7-20 所示,由电源芯片 L9170 提供工作电源、工作能量及传感器的参考电压,并且 8 号脚输出低电位的复位信号送至 CPU 的复位端(17 脚),同时送到74HC273 的清零端使其输出清零。

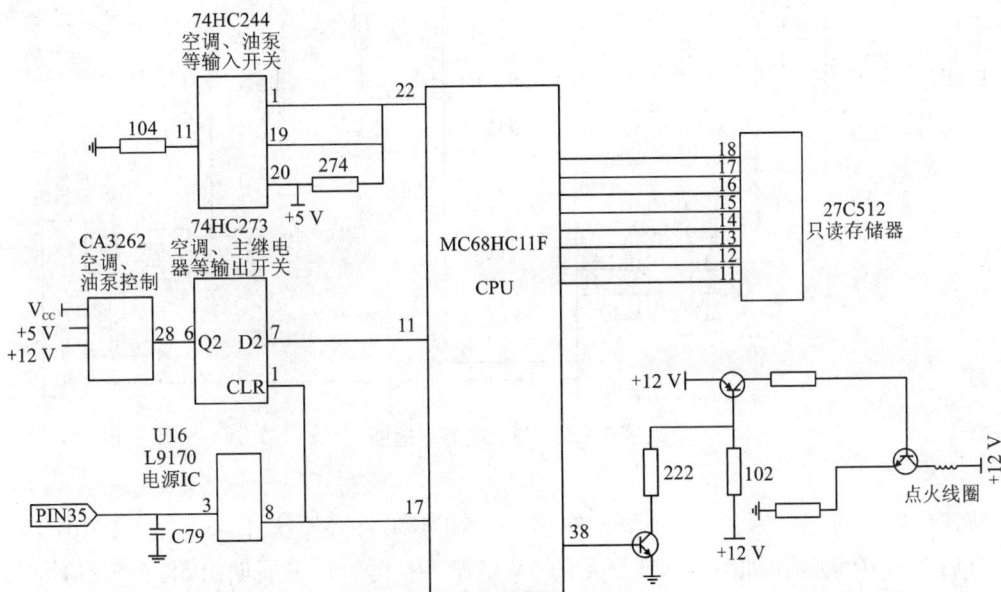

图 7-20 逻辑电路原理图

(2)CPU 进入启动状态,首先对内部硬件进行复位设置相应的寄存器,然后开始 Boot loader 程序,进行程序装载;将 27C512 中的主程序读入到内部的 RAM 中,并通过跳转指令进入程序运行状态。

（3）主程序首先从数据总线 D2 上输出逻辑 1（高电位），该信号经 74HC273 锁存后从 6 号脚输出高电位控制信号，使主继电器接通，将 12 V 电源加到点火线圈及喷油器等外部设备。

（4）然后通过 PortE、PortA 口读入外部传感器信号及转速信号，通过这些信号判断车辆当前运行的工况，根据以上信息调用 M27C512 中的控制规则图，从 PortA、PortD、PortG 口及数据总线（通过 74HC273 锁存）输出相应的驱动信号，对汽车进行点火与喷油控制并使相应的设备进入运行状态。

（5）最后通过数据总线（经 74HC244 驱动）读入相应设备的状态信息，根据这些信息对控制信号进行进一步优化和调整。逻辑电路和传感器及执行机构构成了闭环控制系统，通过反馈信号不断优化控制系统，使发动机处于最佳状态。

三、金杯单点玛瑞利电脑点火控制电路

玛瑞利单点电脑的点火控制电路是典型的直接点火系统，点火系统是由 CPU 的端口 A 来控制的，电路如图 7-21 所示。系统复位后主程序将端口 A 配置成定时器口，来自电脑引脚的转速信号（PIN11、PIN28），经电阻送至芯片 L9101 的第 6、7 脚。

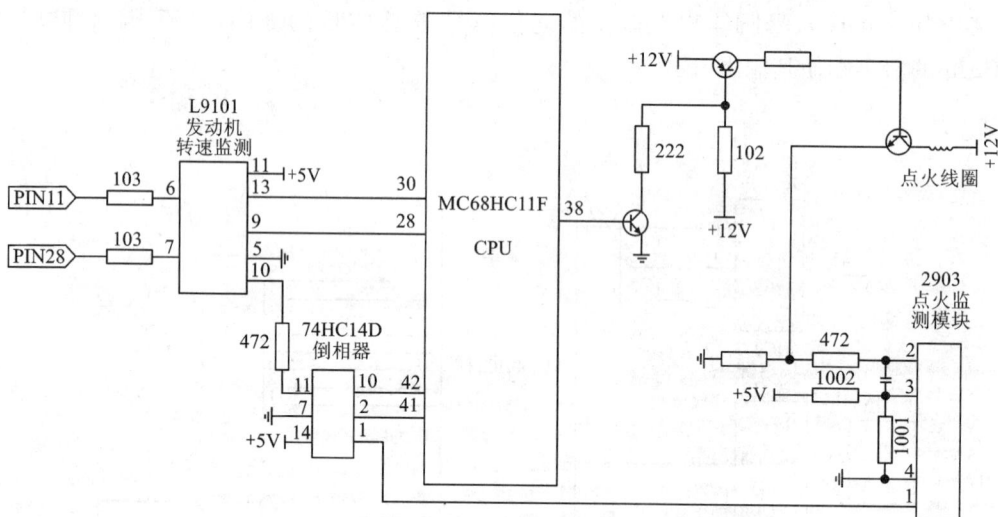

图 7-21　点火电路原理图

转速信号波形（图 7-22）每个周期有 58 个小正弦波和一个大正弦波，经 L9101 内部波形整形后由第 10 脚输出如图 7-23 所示的 5V 低脉冲信号，每个周期由 58 个窄脉冲和一个宽脉冲组成。该信号送到反相器 74HC14D 的第 1 脚，取反后由第 10 脚送至 CPU 端口 A 的 35 脚（PA7 驱动 CPU 内部的脉冲累加器）和 42 脚（PA0 定时器的输入端口 OC1），产生脉冲波形如图 7-24 所示。CPU 根据 OC1 收到的脉冲信号对点火时间做出判断：当收到宽脉冲（对应两个缺齿）后开始计数，当 20 个连续窄脉冲（对应连续齿）出现后判断为 1 缸或 4 缸的上止点，而当 50 个窄脉冲出现后判断为 2 缸或 3 缸上止点，由此 CPU 可计算出 1、4 缸和 2、3 缸的基本点火提前角，然后根据发动机冷却液温度传感器、进气温度传感器、节气门位置传感

器等输入信号,通过存储器中的点火提前角修正表对基本点火提前角进行修正以获得精确的点火时间,然后由 CPU 的 38 脚 PA4(OC4)和 36 脚 PA6(OC2)分别输出给 1、4 缸和 2、3 缸的点火驱动信号(图 7 - 25),每路经过两个晶体管驱动后送至点火晶体管控制点火线圈进行点火。点火成功后经运算放大器构成的电压比较器 LM2903 输出端产生点火确认信号,该信号经反相器驱动后送至 CPU,CPU 通过该点火确认信号对点火情况进行监视。

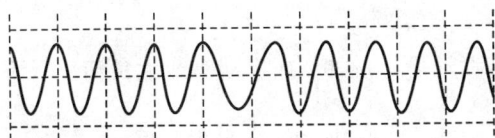

图 7 - 22　转速信号波形

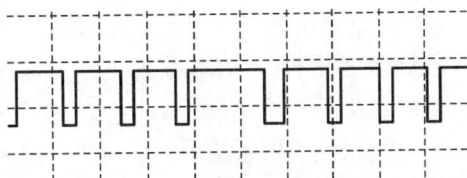

图 7 - 23　经 L9101 内部波形整形后输出波形图

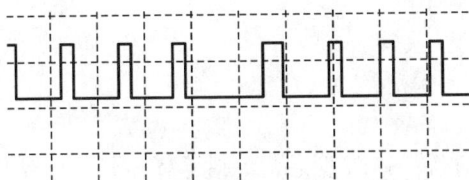

图 7 - 24　经 74HC14D 反向后输出波形

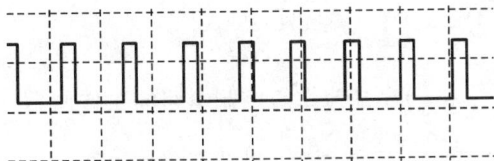

图 7 - 25　点火驱动波形

　　从上面的单点玛瑞利电脑工作原理可以看出,点火电路要正常工作有 4 个不可缺少的要素:①有正常的传感器信号(转速信号)送至 CPU 系统;②CPU 系统能进行正常的信息处理并输出相应的点火驱动信号;③执行机构(点火及驱动电路)能正常工作;④点火反馈信号能正常送到 CPU 系统。

四、金杯单点玛瑞利电脑喷油控制电路

　　玛瑞利单点电脑的喷油控制主要是由 CPU 来完成的,电路如图 7 - 26 所示。CPU 首先根据点火频率确定喷油频率(喷油频率为点火频率的一半),由 CPU 的 37 输出喷油驱动脉冲信号至喷油模块 L9150 的 5 脚,经 L9150 放大后由 2 脚输出到喷油器,在喷油过程中,CPU 还要根据 A/D 转换器送来的各种传感器信号,判断当前的工况,并根据工况信息调整喷油驱动脉冲信号的脉冲宽度,

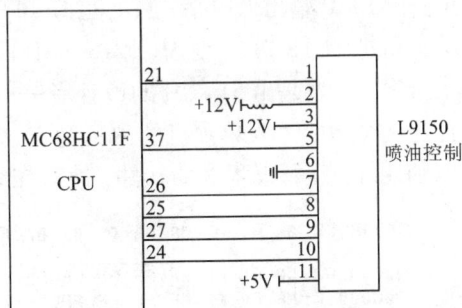

图 7 - 26　喷油控制电路原理图

从而控制喷油器喷射适量的燃油或中断燃油,以满足发动机各种工况的需要。喷油器的喷油量分基本喷油量和补充(额外)喷油量两部分。

　　CPU 的 21 输出片选信号至喷油模块 L9150 的第 1 脚,来控制喷油电路的启动和停止;L9150 的 7 ~ 10 分别接至 CPU 的 26、25、27、24 脚;通过反馈喷油脉宽的二进制信息,使

CPU 时刻了解喷油控制是否达到了控制目标，这是个典型的闭环控制系统，通过不断的反馈和控制最终使喷油量与发动机的实际工况相一致。

（1）基本喷油量

发动机只要一转动就产生两个信号：发动机转速信号和负荷状况信号。发动机转速信号由转速传感器提供；发动机负荷信号由空气流量传感器或进气管压力传感器所测量的进气量而决定。CPU 根据这两个信号所决定的喷油量称为基本喷油量。

（2）补充喷油量

在许多工况下，除基本喷油量外，尚需有额外喷油量。例如，在启动时或大负荷工况下，需供给发动机补充喷油量。

在电控汽油喷射系统中，精确地提供补充喷油量是由 CPU 收集各种传感器送来的信号加以计算后决定的。可见，电控汽油喷射系统供油多少是根据实际需要而提供的。故使用电控汽油喷射系统的发动机不但省油，而且动力性好、污染小等一系列优点。

第三部分　项目实施

（一）小功率车灯控制电路的工作原理

如图 7 - 1 所示，小功率车灯（包括左转向灯、右转向灯、应急灯、刹车灯和驻车灯等）控制的工作原理为：通过 P1 口变化影响反向器开、关触发三极管开关，达到开关灯的目的。方式为：在 P1 口加上反向器，并用上拉电阻提高输出端电压，以达到通过控制三极管开关来控制车灯的效果。

（二）汽车单个信号灯单片机控制系统工作过程

要用单片机点亮一只汽车信号灯，按照图 7 - 1 的接法，当 1 脚是高电平时，小功率车灯不亮，只有 1 脚是低电平时，小功率车灯才发亮。因此我们要能够让 1 引脚按要求变为高或低电平。让一个引脚输出低电平的指令是 CLR，让一个引脚输出高电平的指令是 SETB。因此，我们要 P1.0 输出低电平，只要写 CLR P1.0；要 P1.0 输出高电平，只要写 SETB P1.0。

我们得把 SETB P1.0 变为（D2H，90H），把 CLR P1.0 变为（C2H，90H），至于为什么是这两个数字，这也是由 51 芯片的设计者——INTEL 规定的。第二步，在得到这两个数字后，怎样让这两个数字进入单片机的内部呢？这要借助于一个硬件工具"编程器"。我们将编程器与电脑连好，运行编程器的软件，然后在编辑区内写入（C2H，90H），如图 7 - 27 所示。

```
ADDRESS  00 01 02 03 04 05 06 07-08 09 0A 0B 0C 0D 0E 0F      ASCII

00000000: C2 90 FF FF FF FF FF FF-FF FF FF FF FF FF FF FF   ................
00000010: FF FF FF FF FF FF FF FF-FF FF FF FF FF FF FF FF   ................
00000020: FF FF FF FF FF FF FF FF-FF FF FF FF FF FF FF FF   ................
00000030: FF FF FF FF FF FF FF FF-FF FF FF FF FF FF FF FF   ................
00000040: FF FF FF FF FF FF FF FF-FF FF FF FF FF FF FF FF   ................
```

图 7 - 27　编程器编程界面

写入这些程序后，拿下片子，把片子插进电路板，接电灯亮了。因为我们写入的就是让 P1.0 输出低电平的指令。

第四部分　项目拓展

汽车电脑原理

汽车电脑是按照预定程序自动地对各种传感器的输入信号进行处理,然后输出信号给执行器,从而控制汽车运行的电子设备。现代汽车是采用电脑为控制中心的高度自动化控制系统,该系统随着汽车功能的不断增加而日渐完善和复杂,并在解决汽车所面临的安全、能源和污染三大问题上起着重要作用。

1. 汽车电脑的分类

目前,汽车电脑控制装置主要有:

(1)发动机电脑控制装置:主要包括电控汽油喷射系统、电控汽油点火系统、发动机怠速控制系统、废气再循环控制系统、汽油机进气控制系统、气缸变排量控制系统、可变压缩比系统、柴油机电控系统等。

(2)汽车传动系统微电脑控制装置:主要有电控自动变速器、四轮驱动系统控制、防滑差速器控制等。

(3)汽车转向和行驶系统电控装置:动力转向系统控制、电脑控制主动悬架系统、巡航行驶控制系统等。

(4)保证行车安全的电控装置:主要有电子控制防抱死制动系统(ABS)、电子防滑系统(ASR)、电子控制安全气囊和安全带装置、电子车身稳定控制(ESP)、系统防撞报警系统、电子防盗系统等。

(5)舒适性和娱乐性的电控装置:包括电脑控制的全自动空调系统、自动驾驶系统、DVD电子语音导航系统、车载电视等。

(6)汽车工况监视及信息管理系统:主要有数字式仪表、油耗指示仪、维修间隔指示仪、倒车监视、电子地图等。

2. 汽车电脑的构成

ECU(electronic control unit),电子控制单元的缩写,俗称汽车电脑。其基本构成如图 7 - 28 所示。汽车电脑作为控制系统的核心,按照预定程序和数据自动地对各种传感器和开关的输入信号进行运算、分析、判断、处理,并根据信号处理的结果输出信号指令控制执行器工作。

它由输入信号处理电路、输出信号电路和微机系统构成。

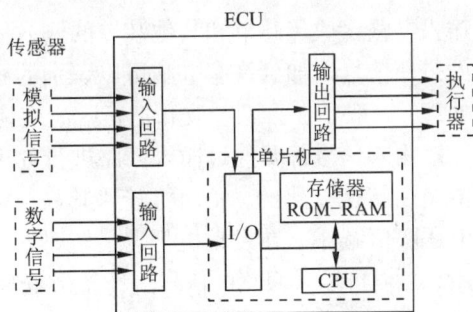

图 7 - 28　汽车电子控制单元(ECU)的基本构成

输入信号处理电路是把传感器输入的各种信号进行放大、滤波、整形、变换等一系列的处理,转换为计算机可以识别的标准信号。

输出信号处理电路把计算机发出的控制指令信号,经过放大、变换等处理转换成可以驱动各执行器工作的电信号。

微机系统其主要部分是单片机,单片机普遍都是将中央处理器(CPU)、随机存取数据存储(RAM)、只读程序存储器(ROM)、并行和串行通信接口,中断系统、定时电路、时钟电路集成在一块单一的芯片上,增强型的单片机集成了如 A/D 转换器、PMW(脉宽调制电路)、WDT(看门狗)、有些单片机将 LCD(液晶)驱动电路都集成在单一的芯片上,这样单片机包含的单元电路就更多,功能就越强大。

微处理器是单片机的核心部件,微处理器将输入模拟信号转化为数字信号,并根据存储的参考数据进行对比处理,计算出输出值,输出信号经过功率放大后控制执行器,例如喷油器和继电器等。随着单片机计算能力和内存容量越来越大,汽车电脑的功能也越来越多。汽车发动机电喷系统实物图如图 7 - 29 所示。

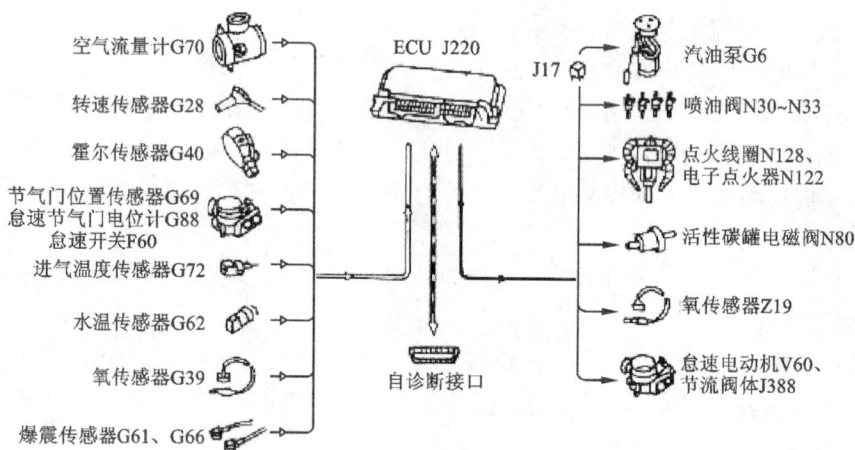

图 7 - 29　汽车发动机电喷系统实物图

3. 汽车电脑的工作过程

(1)输入接口

输入电路接收传感器和其他装置的输入信号,并对信号进行过滤和放大。输入信号放大的目的是使信号增加到汽车电脑可以识别的程度,输入信号的处理如图 7 - 30 所示,信号进行预处理,一般是在去除杂波和把正弦波变为矩形波后,再转换成输入电平。

一般输入信号都要经过输入回路进行处理。如磁电式曲轴位置传感器输入微机的信号,其幅值是随转速变化的,发动机转速升高时,输出的电压幅值增大,发动机转速降低时,输出的电压幅值减小。在发动机低速运转时,电压信号显得很弱,为了使信号能够送入微机并被采用,必须将输入回路的信号进行整形处理,将其信号放大并将波形变成整齐的矩形波。

另外一般曲轴位置传感器的齿盘只有几十个齿,如果仅用这些齿数产生的几十个脉冲来代表曲轴每一转中的步数,就显得太粗糙,会引起较大的误差。为了保持一定的精度,转角的步长设定为 0.5°(或 1°),为此在输入回路设立一个转角脉冲发生器,把齿盘上产生的几十个脉冲转变成曲轴转一圈产生 720 个脉冲(或 360 个脉冲),这样一个脉冲就代表曲轴转角的 0.5°(或 1°)。

某些传感器,例如氧传感器,产生一个小于 1 V 的低电压信号,只能产生极小的电流,这样的信号送入电脑内的微处理器之前必须放大，这个放大作用由电脑中输入芯片中的放大电路来完成。

（2）A/D 转换器（模拟/数字转换器）

从传感器送出的信号，有模拟信号和数字两种。其中相当一部分传感器输入的信号都是模拟信号，如空气流量计，水温传感器，节气门位置传感器等向微机输入的都是变化缓慢的连续信号，它们经过传感器及输入回路处理后，都已变成相应的电压信号，但这些信号微机不能直接处理，需经过相应的 A/D 转换器，将模拟信号转换成数字信号后才能输入微机，如从空气流量计输入的为 $0 \sim 5 \text{V}$ 的模拟电压信号，当输入电平与 A/D 转换器设定的量程相同时，则模拟信号经 A/D 转换器转换成数字量后，才能输入微机。

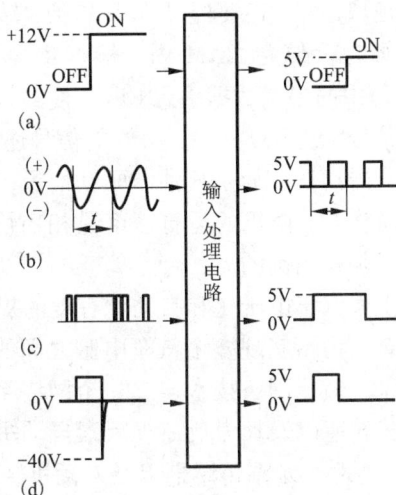

图 7 - 30 输入信号的处理

（3）输出接口

输出接口为微机与执行器之间建立联系的一部分装置。它将微机发出的决策指令，转变成控制信号来驱动执行器工作。输出回路一般起着控制信号的生成和放大等功能。微机输出的是数字信号，而且输出的电流很小，用这种信号一般不能驱动执行器工作，需要输出电路将其转换成可以驱动执行器工作的控制信号，如喷油器驱动信号、点火控制信号、燃油泵控制信号等，控制输出回路中，通过功率管（实际电路不只是一个三极管）的导通和截止，为喷油器提供一定宽度的脉冲驱动信号，使喷油器喷油。喷油嘴输出信号的处理回路如图 7 - 31所示。

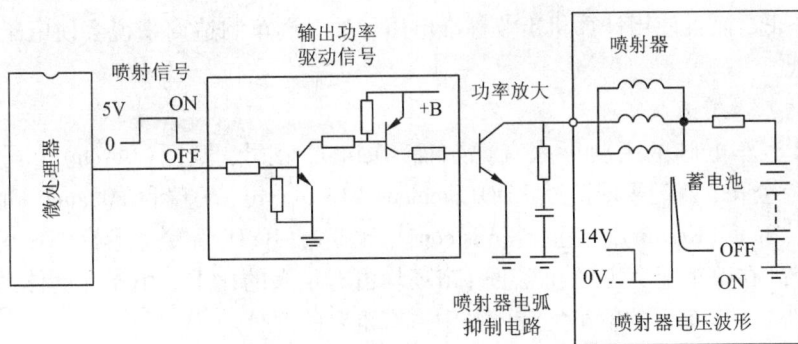

图 7 - 31 输出信号的处理回路

（4）发动机电子控制系统的工作过程

发动机启动时，电子控制器进入工作状态，通过 CPU 的控制，一个个指令逐个地进行循环。执行程序过程中，所需的发动机信息，来自各个传感器。从传感器来的信号首先进入输入回路，对其信号进行处理。如是数字信号，根据 CPU 的安排，经 I/O 接口直接进入微机；

如是模拟信号，还要经过 A/D 转换，转换成数字信号后，才能经 A/D 接口进入微机。大多数信号暂时存储在 RAM 内，根据指令再从 RAM 送至 CPU。下一步是将存储在 ROM（或 PROM）中的参考数据引入 CPU，使输入传感器的信息与之进行比较。对来自有关传感器发出指令信号，经 I/O 接口，必要的信号还经 D/A 转换器转变成模拟信号，最后经输出回路去控制执行器动作。如是喷油器驱动信号，则控制喷油正时和喷油脉宽，完成控制喷油功能。发动机工作时，微机的运行速度是相当快的，如点火正时，每秒钟可以修正上百次，因此其控制精度是相当高的。

随着汽车电子化和自动化程度的提高，汽车电脑将越来越多，这样必将导致车身线束日益复杂。为了实现多个汽车电脑之间的信息快速传递、简化电路以及降低成本，汽车电脑之间要采用通信网络技术连成一个网络系统。例如变速器需要与发动机协调配合，根据车速、发动机转速以及动力负荷等因素自动进行换挡，因此变速器电脑需要得到气门位置传感器、车速传感器、水温传感器以及发动机转速传感器等信号，这就要实现变速器电脑与发动机电脑之间的信息传递，为了满足各子系统的实时性要求，有必要对汽车公共数据实行共享，CAN 总线正是为满足这些要求而设计的。

4. 汽车电脑的特点

（1）汽车需要在不同的道路和气候条件下行驶，汽车电脑的工作环境较差，经常需要承受振动以及温度和湿度的变化。汽车电脑的电源电压变化较大，而且还受到车内外电磁波的干扰，因此汽车电脑需要很高的可靠性和对环境的耐久性。

（2）汽车电脑必须具有足够的智能化，具有自诊断和检测能力，能及时发现系统中存在的故障，并存储故障码，告知维修人员故障可能存在的部位，以便于维修。例如安全气囊在关键时刻必须要及时、正确、迅速地打开，但在大多数时候气囊是处于待命状态，因此安全气囊电脑必须具有自检能力，不断确认气囊系统是否正常工作。

（3）除少数例外，所有汽车电脑都使用 5 V 电源驱动其传感器。在电子工业中，5 V 电压几乎普遍作为传送信息的标准。这个电压对传送可靠性来说已经足够高，而对电脑芯片的安全性来说足够低，而且使用计算机工业标准电压，对于汽车制造商来说会使电子零部件制造规范且成本低。

5. 汽车电脑生产厂家

全球生产汽车电脑的主要厂家有德尔福（Delphi）公司、博世（Bosch）公司、摩托罗拉（MOTOROLA）公司、西门子威迪欧 VDO（Siemens VDO）公司、玛瑞利（Magneti Marelli）、电装（Denso）公司、京滨（Keihin）、伟世通（Visteon）、比亚迪（BYD）和锐意泰克（Troitec）等跨国公司，它们的产品在整车配套市场和零部件市场均占有很大的比重。由于配套体系的原因，它们的产品分别在本国车系的整车配套体系中占有重要的部分。

第五部分　项目小结

本项目主要是对汽车单片机控制系统的学习。在单片机控制系统中，以汽车小功率车灯单片机控制电路的检修为重点，分析了汽车小功率车灯控制电路的工作原理，学习了单片机的基本概念、单片机的基本组成、MCS－51 单片机的数据存储器的基本结构、MCS－51 的程序存储器的基本结构、时钟电路、复位电路及汽车小功率车灯控制电路的检测与维修。同时也学习了 CAN 总线的基本原理和故障类型。

（一）维修项目：汽车小功率车灯单片机控制电路的检修

（1）故障现象：汽车小功率车灯不亮。

（2）汽车小功率车灯单片机控制系统由单片机、时钟电路、复位电路和小功率车灯接口电路构成。

（3）故障分析与诊断：单片机控制系统硬件故障和软件故障。

（二）MCS – 51 单片机

MCS – 51 单片机是由一个 8 位 CPU，一个片内振荡器及时钟电路，4 KB ROM（8051 有 4 KB 掩膜 ROM，8751 有 4 KB EPROM，8031 片内无 ROM），128B 片内 RAM，21 个特殊功能寄存器，2 个 16 位定时/计数器，4 个 8 位并行 I/O 口，1 个串行输入/输出口和 5 个中断源等电路组成。

芯片共有 40 个引脚，除电源、地两个时钟输入/输出脚以及 32 个 I/O 引脚外，还有 4 个控制引脚：ALE（低 8 位地址锁存允许）、$\overline{PSEN}$（片外 ROM 读选通）、RST（复位）、$\overline{EA}$（内外 ROM 选择）。

MCS – 51 单片机片内有 256B 的数据存储器，它分为低 128B 的片内 RAM 区和高 128B 的特殊功能寄存器区，低 128B 的片内 RAM 又可分为工作寄存器区（00H ~ 1FH）、位寻址区（20H ~ 2FH）和数据缓冲器（30H ~ 7FH）。累加器 A、程序状态寄存器 PSW、堆栈指针 SP、数据存储器地址指针 DPTR、程序存储器地址指针 PC，均有着特殊的用途和功能。

MCS – 51 单片机有四个 8 位的并行 I/O 口。当片外扩展 RAM 和 ROM 时，P0 口分时传送低 8 位地址和 8 位数据，P2 口传送高 8 位地址，P3 口常用于第二功能，通常情况下只有 P1 口用作一般的输入/输出引脚。

指挥单片机有条不紊工作的是时钟脉冲，执行指令均按一定的时序操作。我们必须掌握节拍、状态、机器周期、指令周期的概念，了解时钟电路以及复位条件、复位电路、复位后的状态。

智能电子产品在汽车中的应用越来越广泛，而单片机是这些电子新产品中必不可少的器件。摩托罗拉半导体器件可用于所有的汽车电子系统控制单元（ECU）中。

习　题

7 – 1　微型计算机系统由哪几部分组成？试描述微型计算机、单片机和汽车电脑的三者的区别和关系。

7 – 2　什么是单片机？内部包含哪些主要逻辑功能部件？

7 – 3　MCS – 51 型单片机控制线有几根？每一根控制线的作用是什么？

7 – 4　MCS – 51 型单片机片内 RAM 的组成是如何划分的？各有什么功能？

7 – 5　8051 单片机有多少个特殊功能寄存器？它们分布在何地址范围？

7 – 6　位地址 7CH 与字节地址 7CH 有何区别？位地址 7CH 具体在内存中什么位置？

7 – 7　简述程序状态寄存器 PSW 各位的含义。单片机如何确定和改变当前的工作寄存器区？

7 – 8　MCS – 51 型单片机 ROM 空间中，0003H ~ 002BH 有什么用途？用户应怎样合理安排?

7-9　什么是机器周期? 机器周期和时钟频率有何关系? 当时钟频率为 6 MHz 时, 机器周期是多长时间?

7-10　MCS-51 型单片机常用的复位方法有几种? 应注意哪些事项? 画电路图说明其工作原理。

7-11　简述玛瑞利单点电脑逻辑电路的原理。

7-12　简述玛瑞利单点电脑点火电路的原理。

7-13　简述玛瑞利单点电脑喷油电路的原理。

项目八

汽车总线系统的认知与检测

能力目标

通过本次项目的完成，你应能够：

1. 描述汽车网络的分类与基本特征；
2. 完成 CAN 总线系统的维修与检测；
3. 分析 CAN 控制器与收发器芯片的基本原理与功能；
4. 分析丰田凯美瑞 CAN 通信总线的特点。

第一部分　项目描述

凯美瑞轿车的多路通信系统图如图 8 – 1 所示，请分析相关电气元件和电路的原理。

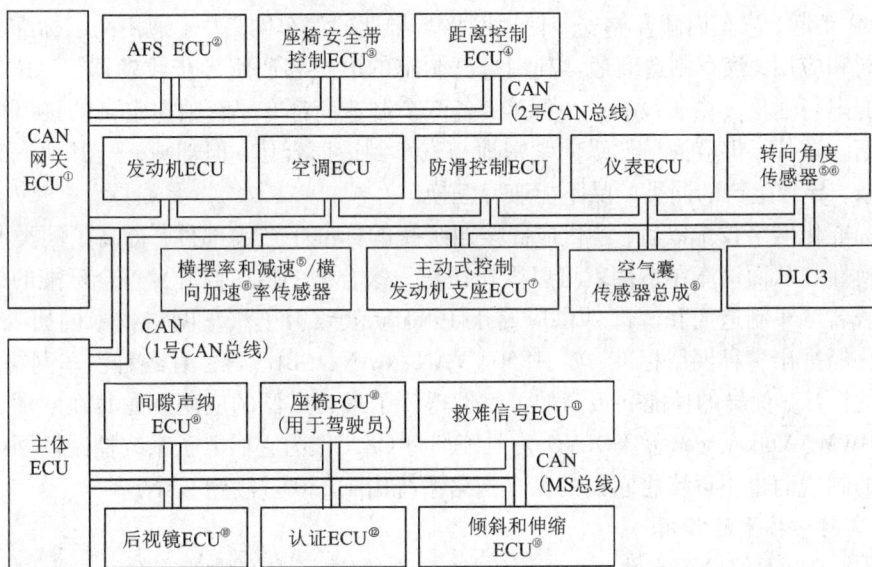

图 8 – 1　凯美瑞轿车的多路通信系统图

①仅在使用 2 号 CAN 总线时安装；②带智能 AFS 的型号；③带预防碰撞安全系统的型号；④带动态雷达巡航控制系统的型号；⑤澳大利亚和 G. C. C. 国家配备 2AZ – FE 发动机，带车辆稳定性控制（VSC）系统的型号除外；⑥适用于澳大利亚和 G. C. C. 国家配备 2AZ – FE 发动机，带车辆稳定性控制（VSC）系统的型号；⑦带电动倾斜和电动伸缩转向柱的型号；⑧带 SRS 空气囊系统的型号；⑨带丰田驻车辅助系统的型号；⑩带记忆系统的型号；⑪带丰田连杆系统的型号；⑫带智能进入和起动系统的型号

(1)丰田汽车总线系统的基本组成和特点；

(2)丰田凯美瑞总线系统零部件位置认知；

(3)分析丰田凯美瑞总线之间的数据传输；

(4)分析丰田凯美瑞CAN通信总线的特点和检测方法。

第二部分　项目内容

第一节　汽车车载网络系统的组成和基本原理

20世纪90年代以来，汽车上的电控装置越来越多。随着集成电路和单片机在汽车上的应用，汽车上的电子控制器的数量越来越多，线路越来越复杂。如果采用常规的布线方式，将导致汽车上电线数目急剧增加。在一些高级轿车上，电线的质量占到整车质量的4%左右甚至更高。汽车新技术的应用发展与汽车线束根数及线径急剧增加的矛盾日益加剧。

汽车电控系统的增加虽然提高了汽车的动力性、经济性和舒适性，但如果不采用网络技术，则汽车电控单元相互之间进行通信时，有几个信号就要有几条信号传输线。在不懈追求汽车的小型化及实用化的当今，线束不但占用了汽车内宝贵的空间资源，使布线越来越困难，而且使线路复杂、故障率增多、可靠性降低、维修困难。为了简化线路，提高通信速度，降低故障频率，以CAN数据总线为典型代表的汽车网络技术应运而生。

1. 汽车网络技术的发展历史

从1980年起，汽车内就开始安装使用网络。早期的汽车网络中，通用网络标准并未得到广泛的认同和应用，汽车制造商通常利用自己制定的电路和通用异步收发器(UART)设备来实现简单的串行通信。由于没有统一标准，各汽车制造商都有一套独立定义的接口规范和专门的供应商。这样，供应商虽然纵向紧密地与汽车制造商合作，但却缺乏与其他汽车制造商的横向联系，导致生产的同类产品不能兼容互换。

采用标准化网络技术以后，各供应商按照统一的标准生产零部件，提高了同类产品的兼容性和互换性。从而汽车制造商就可以委托任意一家合格的供应商开发符合标准的模块。

国际著名汽车制造商和零部件供应商于1980年就致力于汽车网络技术的研究与应用，迄今为止已经推出多种网络标准，如J1850、VAN、CAN、ABUS等。在各种汽车网络中，CAN以其独特的设计、优异的性能和极高的可靠性得到了最为广泛的应用。尤其在欧洲，Daimler Chrysler、BWM、Volkswagen及VOLVO公司等都将CAN作为它们电子系统控制器网络化的手段。美国的制造商也正逐步将它们的汽车网络系统由J1850过渡到CAN。

2. 汽车网络技术的作用

(1)提高控制系统的可靠性。采用网络技术后，解决了汽车内部存在的集中控制与分散控制的矛盾。分散控制是指汽车电子技术发展初期一个部件采用一个单片机进行控制，一旦该系统出现故障，整个系统将瘫痪。集中控制分为完全集中控制、分级集中控制和分布集中控制。完全集中控制是指一个单片机控制多个系统。如美国通用公司的电子控制系统，一个单片机控制了发动机点火与爆震、超速报警、ABS、牵引力控制、自动门锁和防盗系统等。分级集中控制是指一个中央控制单片机控制多个单片机。如日产公司的分级集中控制系统，发动机燃油喷射、点火与爆震、ABS及数据传输分别采用了一个单片机控制。分布集中控制指分块进行集中控制。如五十铃公司的 I – TEC 系统，发动机燃油喷射、点火、怠速以及 EGR 等系统分别进行集中控制。这些控制方式存在一个致命缺点：一旦其中的一个单片机出现故障，整个系统将不能工作。而利用网络技术后，传感器及其他硬件资源、数据信息等可以实现共享，一两个单片机出现故障不会影响系统工作。

（2）网络组成灵活方便。可针对不同需要进行组合，无须对整车进行重新设计。

（3）降低生产成本。可以最大程度实现硬件和软件等资源的共享，节省传感器、线束及连接器，减少工作量。

（4）扩充功能方便。在不增加硬件的条件下，修改软件即可开发新功能、新的子系统。

3. 汽车网络的拓扑结构

汽车网络拓扑结构常见有星形、总线形和环形网络，如图 8 – 2 所示。

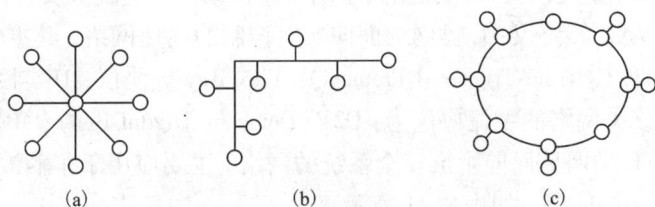

（a）　　　　　　　　（b）　　　　　　　　（c）

图 8 – 2　网络的拓扑结构

（1）星形拓扑

星形拓扑中，每个站点通过点 – 点连接到中央节点，任何两站之间的通信都通过中央节点进行。星形拓扑采用电路交换，一个站点的故障只会影响本站点，而不会影响到全网。但是在这种结构中，通信极大地依赖中央节点，对中央节点的可靠性和容量性要求很高；另外每个站点都要同中央节点连接，耗费大量电缆。

（2）总线形拓扑

总线形拓扑采用单一信道作为传输介质，所有站点通过相应硬件接口接至这个公共信道（总线）上，任何一个站点发送的信息，所有其他站都能接收。因此，总线形拓扑称为多点式或广播式。信息也是按组发送，达到各站点后，经过地址识别（滤波），符合的站点将信息复制下来。由于所有节点共享一条公共信道，当多点同时发送信号时，信号会相互碰撞而造成传输失败。这种现象称为冲突。为了避免冲突，每次只能由一个站点发送信号，因此，必须有一种仲裁机制来决定每次由哪个站点使用信道，这是属于数据链路层的任务。总线网中通常采用分布式的控制策略，如 CSMA/CD 协议就是常用的规范。

总线形拓扑的优点是，所需电缆长度短，布线容易。总线仅仅是一个传输信道，没有任何处理功能，从硬件的角度看，它属于无源器件，工作的可靠性较高，增加和减少站点都很方便。缺点是系统范围受到限制（由于数据速率和传输距离的相互制约关系）。一个站点的故障可能影响整个网络，故障的检测需要在各站点上进行。

（3）环形拓扑

在环形拓扑中，站点和连接站点的点 – 点链路组成一个闭合环路，每个站点从一条链路上接收数据，然后以同样的速率从另一条链路发送出去。链路大多数是单方向的，即数据沿一个方向在网上环行。

环形拓扑也同总线形拓扑一样，存在冲突问题，必须采用某种控制机制来决定每个站点在什么时候可以将数据送到环上。环形网络通常也采用分布式控制策略，这里主要包含一种特殊信息帧——"令牌"。

环形拓扑的优点是，所需介质长度较短，它的链路都是单方向性的，因而可以用光纤作为传输介质。环形拓扑的缺点是一个站点的故障会引起全网的故障。

汽车网络大多采用总线形拓扑结构。

4. 汽车网络的类型

汽车网络技术从 20 世纪 80 年代提出以来，至今存在许多侧重功能不同的汽车网络标准，为方便研究和设计应用，20 世纪 90 年代中期 SAE（Society of Automotive Engineer）把车用网络分为 A、B、C、D、E 等类型。其中，A 类网为面向执行器、传感器的低速网络，LIN、TTP/A 为其主流协议；B 类网为面向数据共享的中速网络，其主流协议将是 CAN（ISO 11898 –3）、SAE J1850、VAN 等协议；C 类网为面向实时控制的高速网络，其主流协议为高速 CAN（ISO11898 –2）、TTP/C（Time-Triggered Protocol）、Flex Ray 等协议；D 类网主要面向多媒体、导航系统等。目前该类网络的主流协议为：D2B（Domestic Digital Bus）、MOST（Media Oriented Systems Transport）；E 类网是面向乘员安全系统的网络，主要应用于车辆被动安全性领域，该类网络的协议有 Byteflight 等，如表 8 – 1 所示。

表 8 – 1　SAE 的汽车网络分类

网络分类	位传输速率	应用场合
A	低速，< 20 kbps	应用于只需传输少量数据的场合，如控制行李箱开启和关闭。
B	中速，30 ~ 125 kbps	应用于一般的信息传输场合，例如仪表。
C	高速，125 k ~ 1 Mbps	应用于实时控制的场合，例如动力系统。
D	高速，> 1 Mbps	应用于更严格的实时控制场合及多媒体控制。
E	高速，> 5 Mbps	应用于车辆被动安全性领域，例如乘员的安全系统。

5. 汽车网络技术的发展趋势

（1）在汽车中应用迅速普及

短短几年内，汽车网络技术的发展速度惊人，仅以上海大众的三款引进车型为例，几年前，作为中档车的 PASSAT B5 采用了 CAN 总线控制技术，如今作为经济型轿车推出的 POLO 也已全面采用网络控制技术，TOURAN 汽车在这方面表现更为突出，TOURAN 汽车车载局域网（LAN）的构成如图 8 – 3 所示。从目前情况看，世界各大汽车公司的车身网络控制和动力系统网络控制技术平台均已基本建立，在新推出的车型中，全面采用网络控制技术已成为可能。

（2）高速、实时、容错的网络控制技术

线控概念（x-by-wire）是一种新的汽车工程概念，目前已有使用线控系统的概念车出现。2002 年 1 月初在底特律举行的北美国际车展上，展出的跑车 Autonomy 就首次在汽车中使用了 x-by-wire 技术。x-by-wire 技术在未来将是十分重要的技术，该技术极大改善了汽车的可操

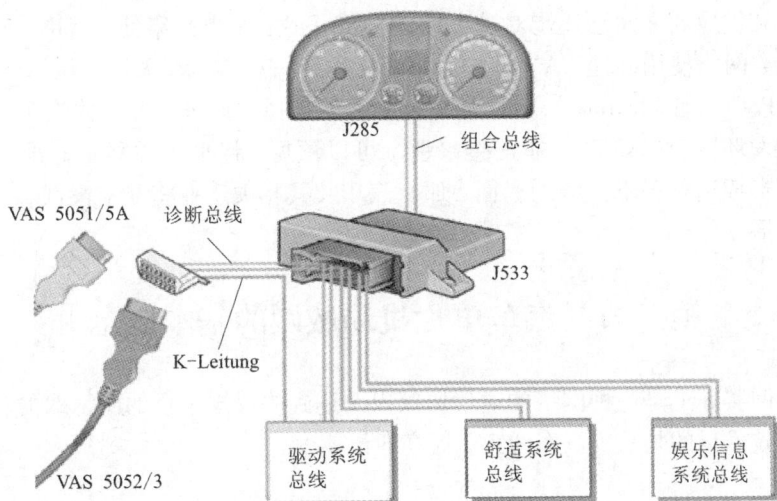

图 8 – 3　TOURAN 汽车车载局域网(LAN)的构成

纵性、安全性、设计的灵活度及总体结构。驾驶员和方向盘之间将没有任何机械部分的连接，使用这种技术使汽车的操纵系统、制动系统及其他辅助系统能够通过电子方式进行控制，这就是说，像汽车内的刚性传动件将会被基于网络控制的各种传感器、控制器和电液式电动执行器所组成的线控系统取而代之。x-by-wire 技术必将促进高速、实时、容错网络通信技术的发展。

(3)多媒体、高带宽的网络

未来汽车网络同时将是一个多媒体、高带宽的网络。它能使车主生活更轻松，并在某种程度上将办公室移入车内。若从长远来看，汽车甚至可以成为一个网站，人们可以下载软件以提高汽车的性能。目前，此类技术尚处于研发阶段，与蜂窝移动电话技术相结合，如全球定位系统(GPS)和导航系统等少数技术已在高档汽车得到应用。作为最早的汽车电子产品的汽车收音机，现在不止是一种娱乐工具，还可以适配导航系统的接口等。

(4)丰富的软件设计

未来汽车将成为软件产品，此断言可能是一种幻想，因为现在无法想象除了机械之外，还有什么能使汽车运动、关闭车窗和天窗、打开气门或电动机。然而，这说明在未来的汽车中软件主导硬件的趋势是不可避免的，软件在汽车设计中已无处不见，可以说未来汽车市场竞争的热点之一就是软件的竞争。这也正是 OSEK 产生的原因，使用 OSEK 将大大缩短开发新型模块的周期。将来汽车制造商必须与配件制造商、芯片供应商紧密协作，三方各尽所能以确保汽车工程项目的成功。在汽车设计过程中，软件开发正变得与发动机或者车身设计一样重要。据估计，将来会出现汽车专用软件供应商，现有零部件供应商可能转移研发的重点和方向。一方面，汽车软件设计的分工会更明细和模块化；另一方面，专用软件的开发也是一个趋势。

(5)统一网络协议

目前在汽车行业中存在许多网络通信协议，由于缺乏全世界统一的标准，实际上提高了汽车的制造成本。虽然建立一个统一的汽车网络协议体系是一件十分复杂和困难的工作，但在汽车制造商和供应商之间已逐步对这一问题达成一致：A 类网络使用 LIN；B 类网络使用低速 CAN；C 类网络使用高速 CAN 已作为事实上的统一标准；在采用 x-by-wire 技术的下一代汽车中，TTP/C 或者 FlexRay 协议将是一种必然的选择。此外，大多数汽车公司和零配件厂商对统一开发环境 OSEK/VDX 非常感兴趣。可以预见，将来各类网络标准将被合并成为一个。若真的形成这种天下一统的局面，那么汽车及其相关工业将受益匪浅，从而大大加快汽车技术的发展。

第二节　汽车单片机局域网的基本概念

车载局域网实际上是一种网络的通信协议以及达到协议规定目的所采取的各种措施和方法。采用网络技术目的是减少汽车线束，提高通讯速度。

1. 多路传输

多路传输就是在同一通道或线路上同时传输多条信息，又叫多路复用。事实上数据是依次传输的，但速度非常快，似乎就是同时传输的。许多单个的数据都能被一段一段传输，这就叫做分时多路传输。汽车上用的是单线或双线制分时多路传输系统。

常见的多路传输技术有：

（1）分时多路传输又叫时分多路复用(time division multiplexing, TDM)，是多路复用技术的一种，是用时间分割信道的方法，使每个控制系统独占信道时隙而共享总线的频率资源。

（2）频分多路复用(frequently division multiplexing, FDM)，频分多路复用是用频率分割信道的方法，使每个控制系统独占信道频道而共享总线的时间资源。

（3）码分多路复用(code division multiple access, CDMA)，码分多路复用是分配给每个控制系统不同的扩频编码以区分不同的信号，就可以同时使用同一频率进行通信。

（4）波分多路复用（wavelength division multiplexing, WDM)，在全光纤通信中采用。

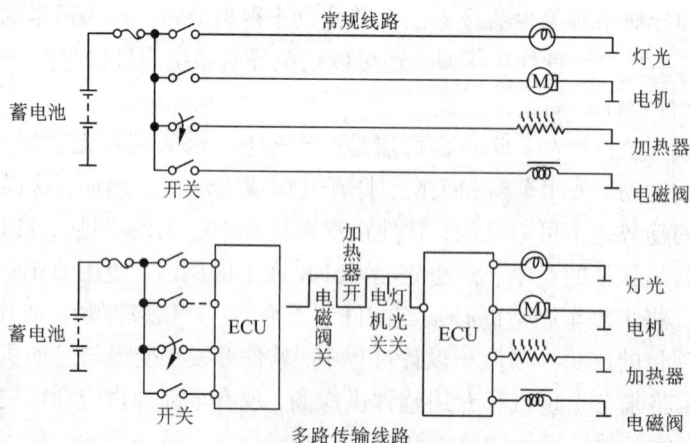

图 8-4　常规线路和多路传输线路的对比

从图 8-4 中可以看出，常规线路要比多路传输线路简单得多，然而请注意：多路传输系统 ECU 之间所用的导线比常规线路系统所用导线少得多。由于 ECU 可以触发仪表板上的警告灯或灯光故障指示灯等，又由于多路传输可以通过一根线(数据总线)执行多个指令，因此可以增加许多功能装置。

2．模块/节点

模块就是一种电子装置，简单一点的如温度和压力传感器，复杂的如计算机(微处理器)。传感器是一个模块装置，根据温度和压力的不同可产生不同的电压信号。这些电压信号在计算机的输入接口被模数转换器(ADC)转变成数字信号。在计算机多路传输系统中一些简单的模块被称为节点。

3．数据总线

数据总线(BUS)是控制单元之间传递数据的通道。数据总线可以达到在一条数据线上传递的信息能被多个系统(控制单元)共享的目的，从而最大限度地提高系统整体效率，充分利用有限的资源。

如果系统可以发送和接收数据，则该数据总线称为双向数据总线。数据总线可以单线式或是双线式。双线式的其中一条导线不是用作额外的通道，它的作用是一旦数据通道出了故障，它让数据换向通过或是在两条数据总线中未发生故障的部分通过。为了抗电磁干扰，双线式数据总线的两条线是绞接在一起的(双绞线)。各汽车制造商一直在设计各自的数据总线，如果不兼容，就称为专用数据总线。如果是按照某种国际标准设计的，就是非专用的。为使不同厂家生产的零部件能在同一辆汽车上协调工作，必须制定标准。按照 ISO 有关标准，CAN 的拓扑结构为总线式，因此也称为 CAN 总线(CAN-BUS)。

4．网络

网络是为了实现信息共享而把多条数据总线或者把数据总线和模块当作一个系统连在一起。车载网络一般采用几种不同速率的总线协议构成功能各异的网段，并通过网关连接，达到信息共享和集中管理控制的目的。如图 8-5 所示，其中包括高速主干网 IEEE1394b 协议标准、多媒体网段 MOST、高速 CAN 协议和低成本的串行通信 LIN 协议。

5．通信协议

通信协议是控制通信实体间有效完成信息交换的一组约定和规则。要实现车内各 ECU 之间的通信，必须制定规则保证通信双方能相互配合，即通信方法、通信时间、通信内容，这是通信双方同样能遵守、可接受的一组规定和规则。也就是说，要想成功交流信息，通信双方必须"说同样的语言"(如相同的语法规则和语速等)。

(1)协议的三要素。

①语法：确定通信双方之间"如何讲"，即通信信息帧的格式。

②语义：确定通信双方之间"讲什么"，即通信信息帧的数据和控制信息。

③定时规则：确定事件传输的顺序以及速度匹配。

(2)协议的功能。

①差错监测和纠正：面向通信传输的协议常使用"应答-重发"和通信校验进行差错的检测和纠正工作。一般来说，协议中对异常情况的处理说明要占很大的比重。

②分块和重装：为符合协议的格式要求，需要对数据进行加工处理。分块操作将大的数据划分成若干小块，如将报文划分成几个子报文组；重装操作则是将划分的小块数据重新组

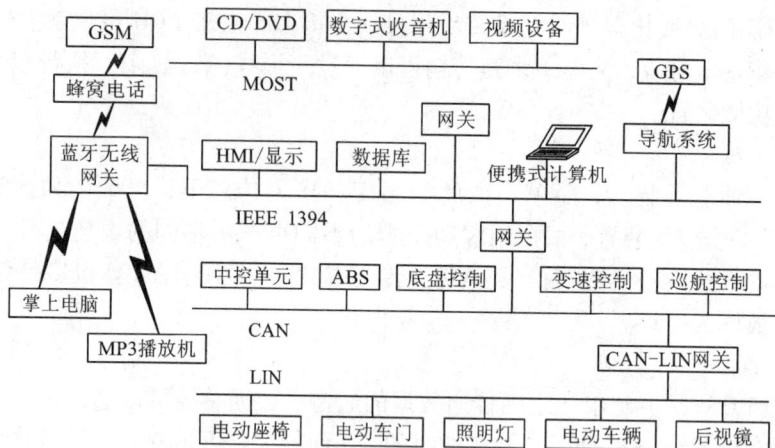

图 8 - 5　汽车电子网络体系结构示意图

合复原,如将几个子报文组还原成报文。

③排序:对发送的数据进行编号以标识它们的顺序,通过排序,可以达到按序传递、信息流控制和差错控制等目的。

④流量控制:通过限制发送的数据量或速率,以防止在信道中出现堵塞现象。

6. 总线速度

总线速度是数据总线的速度,有波特率(每秒传输的码元数)和比特率(每秒传输的二进制位数)之分,如果一个码元只携带一个比特的信息,则波特率和比特率在数值上相等。

传输速度快并不能说明一切。高速数据总线及网络容易产生电噪声(电磁干扰),这种电噪声会导致数据传输出错。数据总线有多种检错方法,如检测一段特定数据的长度。如果出错,数据将重新传输,但这就会导致各系统的运行速度减慢。解决的方法有:使用价格高、功能更强大、结构更复杂的模块、使用屏蔽双绞线。为了使价格适中,数据总线及网络必须避免无谓的高速和复杂。大多数的设计都有 3 种基本型,即低速型、中速型和高速型。

7. 总线介质访问控制方式

由于各节点利用总线来传输信息,在总线上某一时刻若两个节点同时发送数据,则这两个数据将会在总线上发生"冲突",造成所发送的数据不能被目的节点正确接收。为了避免冲突产生,就要有一个解决"争用"总线的方法,以使各节点充分利用总线的信道空间和时间来传送数据而不会发生冲突,这正是介质访问控制方式的管理机制。

CSMA/CD 是"载波侦听多路访问/冲突检测"(carrier sense multiple access with collision detect)的缩写,是一种总线访问控制方式。

利用 CSMA 访问总线,可对总线上的信号进行检测,只有当总线处于空闲状态时,才允许发送数据。利用这种方法,可以允许多个节点挂接到同一网络上。当检测到一个冲突位时,所有节点重新回到"监听"总线状态,直到该冲突时间过后,才开始发送。

第三节　汽车网络参考模型

一、OSI 参考模型

在计算机网络发展的初期，许多研究机构、计算机厂商和公司都大力发展计算机网络。这些自行发展的网络，在体系结构上差异很大，以至于它们之间互不相容，难以相互连接成更大的网络系统。为此，国际标准化组织（ISO）在 1979 年提出了开放系统互连模型，简称ISO/OSI 参考模型。ISO 提出七层网络系统结构参考模型的目的，就是要在各种终端设备、微机、操作系统进程之间以及人们互相交换信息的过程中，能够逐步实现标准化。ISO/OSI参考模型如图 8-6 所示，从第一层到第七层依次为物理层、数据链路层、网络层、传输层、会话层、表示层和应用层。每个层次都在完成信息交换任务中担当一个相对独立的特定功能。而中继开放系统只有下三层。对于每一层 OSI 都至少制定有服务定义和协议规范两个标准。对不同的实用系统，同一个服务可以由不同协议提供，因此可能有多个协议规范。表8-2中简单地说明了 OSI 开放式互连模型的各层功能。

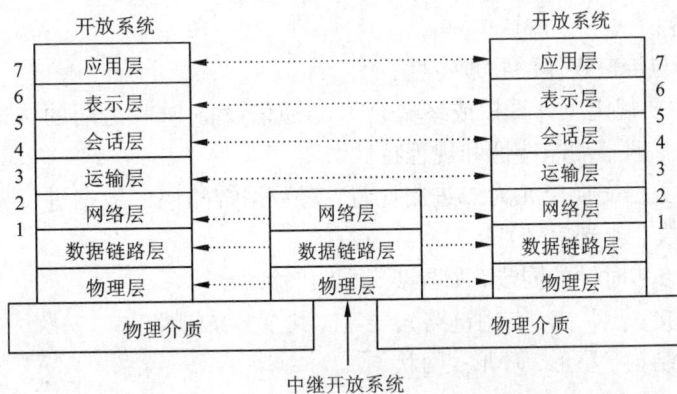

图 8-6　OSI 的七层体系结构

表 8-2　OSI 开放系统互连模型

7	应用层	最高层。用户、软件、网络终端等之间用来进行信息交换，如 DeviceNet
6	表示层	将两个应用不同数据格式的系统信息转化为能共同理解的格式
5	会话层	依靠低层的通信功能来进行数据的有效传递
4	传输层	两通信节点之间数据传输控制。操作如数据重发、数据错误修复
3	网络层	规定了网络连接的建立、维持和拆除的协议。如路由和寻址
2	数据链路层	规定了在介质上传输的数据位的排列和组织。如数据校验和帧结构
1	物理层	规定通信介质的物理特性。如电气特性和信号交换的解释

二、汽车网络参考模型

汽车网络应为总线形结构，它应简单但必须满足现场的需要。在现场总线的通信结构只采用了 ISO/OSI 的三层模型：物理层、数据链路层和应用层，如图 8-7 所示。

这种结构简单、层次较少的通信结构主要是针对过程控制的特点，使数据在网络流动中尽量减少中间环节，加快数据传递速度，提高网络通信及数据处理的实时性。

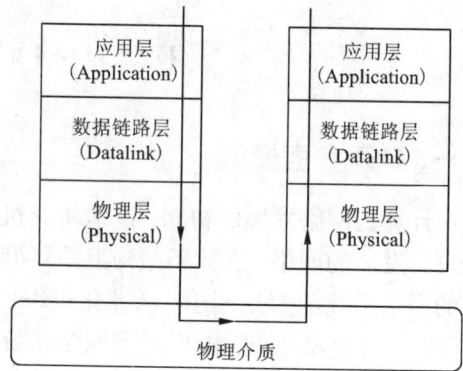

图 8-7　汽车局域网的参考模型

三、汽车网络参考模型各层的功能

1. 物理层

直接与物理信道直接相连，起到数据链路层和传输媒体之间的逻辑接口作用。功能：提供建立、维护和释放物理连接的方法，实现在物理信道上进行比特流的传输。传送的基本单位：比特(bit)。

物理层的内容：

(1)通信接口与传输媒体的物理特性；

物理层协议主要规定了计算机或终端 DTE 与通信设备 DCE 之间的接口标准，包括接口的机械特性、电气特性、功能特性和规程特性。

(2)物理层的数据交换单元为二进制比特：对数据链路层的数据进行调制或编码，成为传输信号(模拟、数字或光信号)。

(3)比特的同步：时钟的同步，如异步/同步传输。

(4)线路的连接：点-点(专用链路)，多点(共享一条链路)。

(5)物理拓扑结构：星形，环形，网状。

(6)传输方式：单工，半双工，全双工。

物理层能够使用很多物理介质，例如双绞线、光纤等，最常用的就是双绞线。

双绞线是有两根各自封装在彩色塑料套内的铜线缠绕而成的，其结构如图 8-8 所示，缠绕在一起的目的是降低它们之间的干扰。多对双绞线之外再套上一层保护套就构成了双绞线电缆。

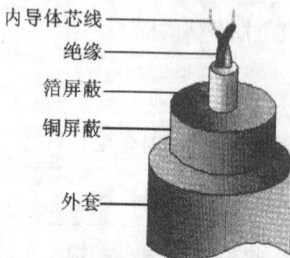

图 8-8　双绞线的结构

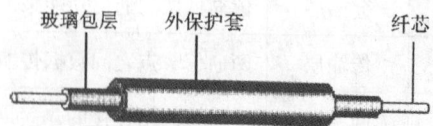

图 8-9　单芯光缆

光纤是有线传输介质中性能最好的一类，其结构如图 8 - 9 所示。它是一种直径为 50 ~ 100 μm 柔软的传导光波的介质，一般由玻璃纤维和塑料构成，在折射率较高的纤芯外面，再用折射率较低的包层包住，再在包层的外面加上一层保护套，就构成了一根单芯光缆。

光纤传输数字信号的是利用光脉冲的有无来代表 1 和 0 的。典型的光纤传输系统如图 8 - 10 所示。在发送端，可用发光二极管(LED)或激光二极管(LD)等光电转换器件把电信号转换成光信号，再耦合到光纤中进行传输；在接收端，通过光电二极管(PIN)等器件进行逆变换，把光纤传来的光脉冲转换成电信号输出。

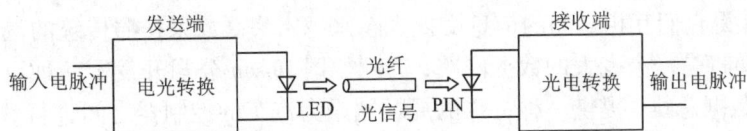

图 8 - 10　光纤传输系统

2. 数据链路层

在物理线路上，由于噪声干扰、信号衰减等多种原因，数据传输过程中常常出现差错，而物理层只负责透明地传输无结构的原始比特流，不可能进行任何差错控制。因此，当需要在一条线路上传送数据时，除了必须有一条物理线路(链路)外，还必须有一些必要的规程来控制这些数据的传输。把实现这些规程的硬件和软件加到链路上，就构成了数据链路层(data link layer)。

数据链路层最重要的作用就是通过一些数据链路层的协议，在不可靠的物理链路上实现可靠的数据传输。为此，通常将原始数据分割成一定长度的数据单元(帧)，一帧内应包含同步信号(例如帧的开始与结束)、差错控制(各类检错码或纠错码，大多数采用检错重发的方式)、流量控制(协调发送方和接收方的速率)、控制信息、数据信息、地址信息(在信道共享的情况下，保证每一帧都能到达正确的目的节点，收方也能知道信息来自何处)等。

3. 应用层

应用层协议是基于低层协议的上层协议，目前主流的协议有用于轿车的 OSEK 和用于大客车和载重车的 SAE J1939，另外，还有一些大的汽车制造商制定自己的应用层协议。

OSEK/VDX 是开放式标准化的系统，规范了及时的作业系统、软件界面以及网络管理和通信功能，它包括三个基本的部分：操作系统规范(OSEK OS)、网络通信管理(OSEK COM)以及网络管理规范(OSEK NM)，另外还包括一些辅助标准。目前，OSEK/VDX 组织正在开发 OSEK/VDX 调试规范。

SAE J1939 标准是美国汽车工程师协会发布的以 CAN2.0B 为核心的车辆网络串行通信和控制协议，并由 SAE 负责组织维护和推广。它是按照 ISO 的开放式数据互联模型的七层基准参考模型制定的，其中包括物理层、数据链路层、网络管理层和应用层。通信速率为 250 kbit/s，是目前在大型汽车和货车上应用最广泛的应用层协议。

第四节 CAN 总线的特点

一、CAN – BUS 概述

1. CAN – BUS 的由来

由于现代汽车的技术水平大幅提高，要求能对更多的汽车运行参数进行控制，因而汽车控制器的数量在不断地上升，从开始的几个发展到几十个以至于上百个控制单元。控制单元数量的增加，使得它们互相之间的信息交换也越来越密集。如果按照传统的汽车数据传输方式建立数据传递将是一个庞大的数据网路，为此德国 Bosch 公司开发了一种设计先进的解决方案——CAN 数据总线，提供一种特殊的局域网来为汽车的控制器之间进行数据交换，实现了各种控制器的相互通信，做到了全车信息及时共享(图 8 – 11)。

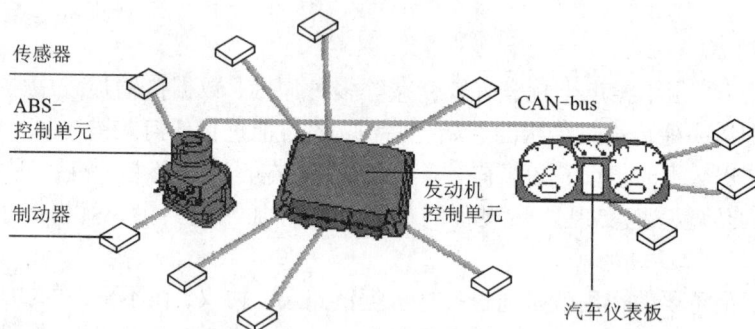

图 8 – 11　CAN – BUS 数据传送实物简图

2. CAN – BUS 系统组成(图 8 – 12)

(1)CAN 控制器

接受在控制单元中的微处理器中的数据。处理数据并传给 CAN 收器，接受在控制单元中的微处理器中的数据。处理数据并传给 CAN 收发器。同时控制器接受收发器的数据，处理并传给微处理器。

(2)CAN 收发器

安装在控制器内部，同时兼具接收和发送的功能，将控制器传来的数据化为电信号并将其送入数据传输线。

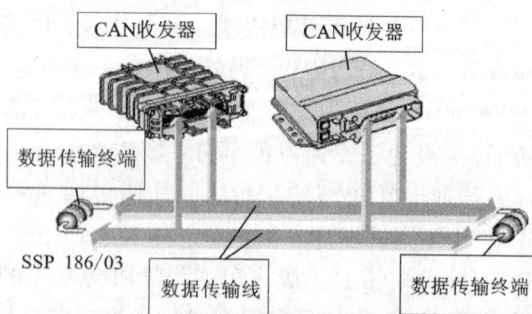

图 8 – 12　CAN – BUS 系统组成

(3)数据传输终端

数据传输终端是一个电阻，防止数据在线端被反射，以回声的形式返回，影响数据的传输。

（4）数据传输线

双向数据线，由高低双绞线组成，分为CAN 高线（CAN – HIGH）和 CAN 低线（CAN – LOW）。CAN – BUS 采用双绞线自身校验的结构，既可以防止电磁干扰对传输信息的影响，也可以防止本身对外界的干扰。系统中采用高低电平两根数据线，控制器输出的信号同时向两根通讯线发送，高低电平互为

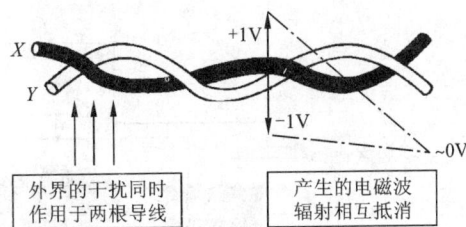

图 8 – 13　双绞线的结构

镜像；并且每一个控制器都增加了终端电阻，以减少数据传送时的过调效应（图 8 – 13）。

（5）网关

把不同速度的网络连接起来，实现数据传输。实现方式有硬件方式和软件方式。由于不同区域 CAN – BUS 总线的速率和识别代号不同，因此一个信号要从一个总线进入到另一个总线区域，必须把它的识别信号和速率进行改变，能够让另一个系统接受，这个任务由网关（Gateway）来完成。另外，网关还具有改变信息优先级的功能。如车辆发生相撞事故，气囊控制单元会发出负加速度传感器的信号，这个信号的优先级在驱动系统是非常高，但转到舒适系统后，网关调低了它的优先级，因为它在舒适系统的功能只是打开门和灯。

（6）诊断总线

诊断总线是用于诊断仪器和相应控制单元之间的信息交换（图 8 – 14），它被用来代替原来的 K 线或者 L 线的功能（废气处理控制器除外）。诊断总线大众公司目前只能在 VAS5051 和 VAS5052 下工作，而不能适用于原来的诊断工具，如 1552 等。诊断总线通过网关转接到相应的 CAN – BUS 上，然后再连接相应的控制器进行数据交换。随着诊断总线的使用，大众集团将逐步淘汰控制器上的 K 线存储器，而采用 CAN 线作为诊断仪器和控制器之间的信息连接线，我们称之为虚拟 K 线。

3. CAN – BUS 应用实例

由于汽车不同控制器对 CAN 总线的性能要求不同，因此最新版本的 CAN 总线系统人为设定为 5 个不同的区域，分别为驱动系统、舒适系统、信息系统、多功能仪表、诊断总线等 5 个局域网（图 8 – 15）。其速率分别为（kbit/s）：

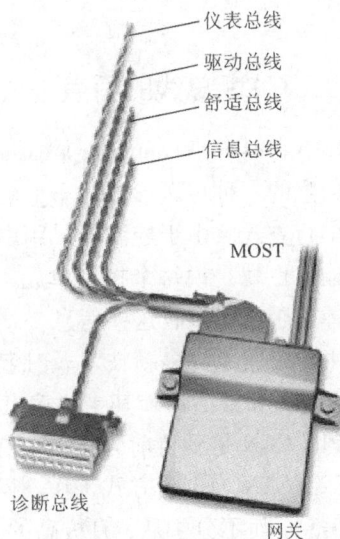

图 8 – 14　诊断总线的结构

驱动系统（由 15 号线激活）：500；舒适系统（由 30 号线激活）：100

信息系统（由 30 号线激活）：100；诊断系统（由 30 号线激活）：500

仪表系统（由 15 号线激活）：100；Lin 总线：20

最大承载：1000

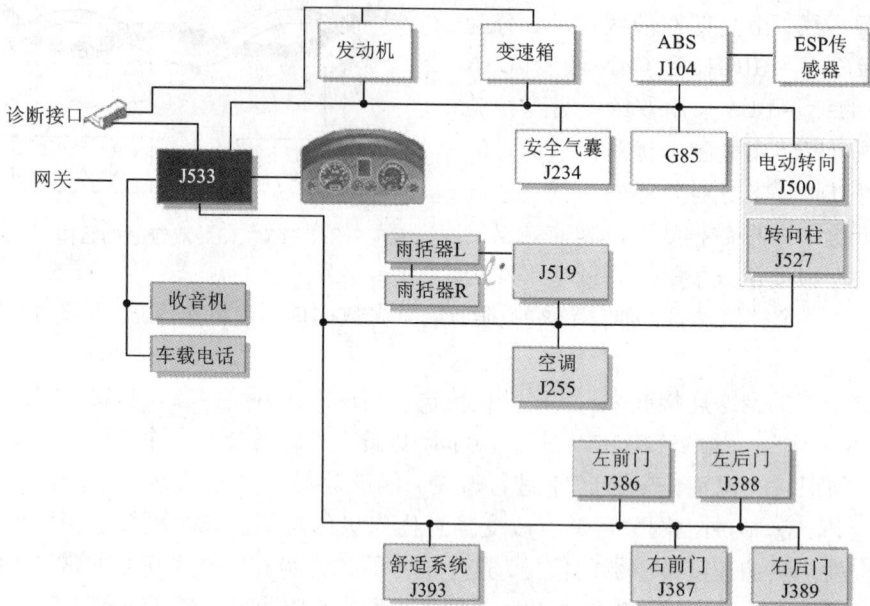

图 8-15　CAN 控制区域图

二、CAN 总线的特点

CAN - BUS 是 controller area network 的缩写，称为控制单元的局域网，它是车用控制单元传输信息的一种传送形式。车上的布线空间有限，CAN - BUS 系统的控制单元连接方式采用铜缆串行方式。由于控制器采用串行复用方式，因此不同控制器之间的信息传送方式是广播式传输。也就是说每个控制单元不指定接收者，把所有的信息都往外发送；由接收控制器自主选择是否需要接收这些信息。

由于采用了许多新技术及独特的设计，CAN 总线与一般的总线相比，具有突出的可靠性、实时性和灵活性。其主要特点可归纳为：

（1）CAN 是到目前为止唯一具有国际标准且成本较低的现场总线。

（2）CAN 为多主方式工作。网络上任一节点均可在任意时刻主动地向网络上其他节点发送信息，而不分主从，有极高的总线利用率。

（3）在报文标识符上，CAN 上的节点分成不同的优先级，可满足不同的实时要求，优先级高的数据最多可在 134 μs 内得到传输。

（4）CAN 采用非破坏总线仲裁技术。当多个节点同时向总线发送信息出现冲突时，优先级低的节点会主动退出发送，而最高优先级的节点可不受影响地继续传输数据，从而大大节省了总线冲突仲裁时间。尤其是在网络负载很重的情况下，也不会出现网络瘫痪的情况。

（5）CAN 节点只需通过报文的标识符滤波即可实现点对点、一点对多点及全局广播等几种方式传送/接收数据。

（6）CAN 的直接通信距离最远可达 10 km（速率 5 kb/s 以下）；通信速率最高可达1 Mb/s（此时通信距离最长为 40 m）。

（7）CAN 上的节点数主要取决于总线驱动电路，目前可达 110 个。在 CAN 2.0A 标准帧报文中标识符有 11 位，而在 CAN 2.0B 扩展帧报文中标识符有 29 位，使节点的个数几乎不受限制。

（8）报文采用短帧结构，传输时间短，受干扰概率低，使数据的出错率降低。

（9）CAN 的每帧信息都有 CRC 校验及其他检错措施，具有极好的检错效果。

（10）CAN 的通信介质可选择双绞线、同轴电缆或光纤，选择十分灵活。

（11）CAN 节点在错误严重的情况下，具有自动关闭输出的功能，以使总线上其他节点的操作不受影响；而且发送的信息遭到破坏后，可以自动重发。

如前所述，各节点直接挂接在总线上，从而构成了多主机结构，即每一个节点都是一个主机，因而 CAN 是一种多主方式的串行通信总线。CAN 能够使用多种物理介质，如差分驱动平衡双绞线、单线（加地线）、光纤等。最常用的就是双绞线。总线上的数据可具有两种互补的逻辑值之一，显性（主控）和隐性。显性表示为逻辑 0，隐性表示为逻辑 1。在 ISO 的标准中两条总线上的电平如表 8 - 3 所示。如果总线上的两个控制器同时向总线上发送显性电平（主控电平）和隐性电平，则总线上始终是显性电平（线与操作）。

在 CAN 总线中，以报文为单位进行信息传递且各节点使用相同的位速率。

表 8 - 3　ISO 标准对电平值的定义

CAN		显性电平	隐性电平
高速 CAN	CAN - H	3.5	2.5
	CAN - L	1.5	2.5
低速 CAN	CAN - H	5	0
	CAN - L	0	5

CAN 总线上任意两个节点之间的最大通信距离与位速率有关，表 8 - 4 列出了相关的数据。这里的最大通信距离指的是同一总线上两节点间的距离。

表 8 - 4　CAN 总线任意两个节点间的最大通信距离

位速率/$(kb \cdot s^{-1})$	1000	500	250	125	100	50	20	10	5
最大距离/m	40	130	270	530	620	1300	3300	6700	10000

第五节　CAN 协议

一、CAN 的分层结构

CAN 遵从 OSI 模型，按照 OSI 标准模型，CAN 结构划分为两层：数据链路层和物理层。而数据链路层又包括逻辑链路控制子层 LLC 和媒体访问控制子层 MAC，而在 CAN 技术规范

2.0A 的版本中，数据链路层的 LLC 和 MAC 子层的服务和功能被描述为目标层和传送层。CAN 的分层结构和功能如图 8 – 16 所示。

CAN 物理层中，PLS(physical signaling) 子层的功能主要由 CAN 控制芯片完成，PMA(physical medium attachment) 子层的功能主要由 CAN 发送器/接收器电路完成，MDI(medium dependent interface) 子层主要定义了电缆和连接器的特性。目前，很多支持 CAN 的微控制器内部嵌入了 CAN 控制器和发送/接收电路。PMA 和 MDI 两层有很多不同的国际或国家或行业的实施标准，也可以自行定义，目前有 ISO11898 定义的高速 CAN 发送/接收器标准。

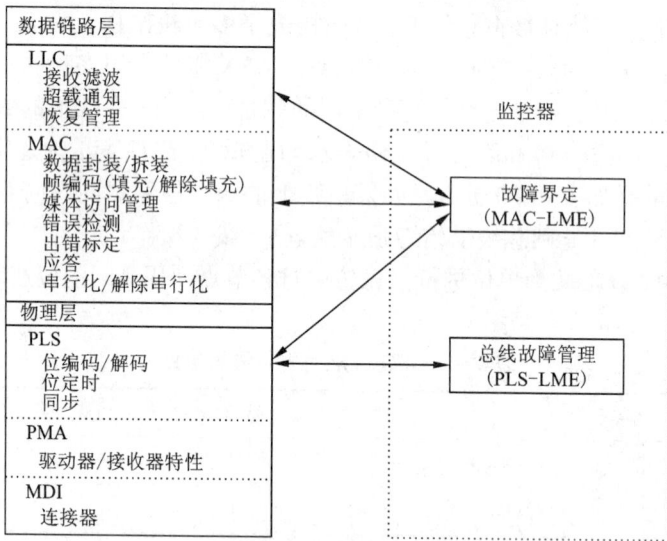

图 8 – 16　CAN 的分层结构和功能

LLC 子层的主要功能是：为数据传送和远程数据请求提供服务，确认由 LLC 子层接收的报文实际已被接收，并为恢复管理和通知超载提供信息。在定义目标处理时，存在许多灵活性。MAC 子层的功能主要是传送规则，亦即控制帧结构、执行仲裁、错误检测、出错标定和故障界定。MAC 子层也要确定，为开始一次新的发送，总线是否开放或者是否马上开始接收。位定时特性也是 MAC 子层的一部分。MAC 子层特性不存在修改的灵活性。物理层的功能是有关全部电气特性在不同节点间的实际传送。在一个网络内，物理层的所有节点必须是相同的，然而，在选择物理层时存在很大的灵活性。

CAN 技术规范 2.0B 定义了数据链路中的 MAC 子层和 LLC 子层的一部分，并描述与 CAN 有关的外层。物理层定义信号怎样进行发送，因而，涉及位定时、位编码和同步的描述。在这部分技术规范中，未定义物理层中的驱动器/接收器特性，以便允许根据具体应用，对发送媒体和信号电平进行优化。MAC 子层是 CAN 协议的核心。它描述由 LLC 子层接收到的报文和对 LLC 子层发送的认可报文。MAC 子层可响应报文帧、仲裁、应答、错误检测和标定。MAC 子层由称为故障界定的一个管理实体监控，它具有识别永久故障或短暂扰动的自检机制。LLC 子层的主要功能是报文滤波、超载通知和恢复管理。

二、报文传送和帧结构

在进行数据传送时，发出报文的单元称为该报文的发送器。该单元在总线空闲或丢失仲裁前恒为发送器。如果一个单元不是报文发送器，并且总线不处于空闲状态，则该单元为接收器。

对于报文发送器和接收器，报文的实际有效时刻是不同的。对于发送器而言，如果直到帧结束末尾一直未出错，则对于发送器报文有效。如果报文受损，将允许按照优先权顺序自动重发。为了能同其他报文进行总线访问竞争，总线一旦空闲，重发送立即开始。对于接收器而言，如果直到帧结束的最后一位一直未出错，则对于接收器报文有效。

构成一帧的帧起始、仲裁场、控制场、数据场和 CRC 序列均借助位填充规则进行编码。当发送器在发送的位流中检测到 5 位连续的相同数值时，将自动在实际发送的位流中插入一个补码位。数据帧和远程帧的其余位场采用固定格式，不进行填充，错误帧和超载帧同样是固定格式，也不进行位填充。位填充方法如表 8 - 5 所示。

报文中的位流按照非归零（NRZ）码方法编码，这意味着一个完整位的位电平要么是显性，要么是隐性。

表 8 - 5 位填充方法

未填充位流	100000xyz	011111xyz
填充位流	1000001xyz	0111110xyz

其中：$xyz \in \{0, 1\}$

报文传送由 4 种不同类型的帧表示和控制：数据帧携带数据由发送器至接收器；远程帧通过总线单元发送，以请求发送具有相同标识符的数据帧；出错帧由检测出总线错误的任何单元发送；超载帧用于提供当前的和后续的数据帧的附加延迟。

数据帧和远程帧借助帧间空间与当前帧分开。

（1）数据帧

数据帧由 7 个不同的位场组成，即帧起始、仲裁场、控制场、数据场、CRC 场、应答场和帧结束。

在 CAN2.0B 中存在两种不同的帧格式，其主要区别在于标识符的长度，具有 11 位标识符的帧称为标准帧，而包括 29 位标识符的帧称为扩展帧。

（2）远程帧

激活为数据接收器的站可以借助于传送一个远程帧初始化各自源节点数据的发送。远程帧由 6 个不同分位场组成：帧起始、仲裁场、控制场、CRC 场、应答场和帧结束。

同数据帧相反，远程帧的 RTR 位是隐性位。远程帧不存在数据场。DLC 的数据值是没有意义的，它可以是 0 ~ 8 中的任何数值。

（3）错误帧

错误帧由两个不同场组成，第一个场由来自各帧的错误标志叠加得到，后随的第二个场是错误界定符。

（4）过载帧

过载帧包括两个位场：超载标志和过载界定符。

（5）帧间空间

数据帧和远程帧同前面的帧相同，不管是何种帧均为帧间空间的位场分开。相反，在超载帧和出错帧前面没有帧间空间,并且多个超载帧前面也不被帧间空间分隔。

三、CAN 协议的特点

(1)具有错误检测、通告和还原功能。

①所有节点都可以检测错误(错误检测功能);当检测出错误时,该节点立即向其他节点发送出错的通知(错误通告功能)。当发送信息的节点检测出错误时,其发送状态将被强制结束。被强制结束的节点会再反复传送信息,直到其信息可以正确传送为止(错误还原功能)。

②CAN 协议的媒体访问控制层 MAC(media access control)具有检测总线,填充规则校验,帧校验,CRC(cyclic redundancy check)循环冗余校验和应答检测等错误检测功能,可保证数据出错率极低。错误严重的 CAN 节点能自动切断该节点与总线连接,避免对总线上其他节点造成影响。

(2)具有错误界定与处理功能。

①CAN 总线出现的错误分为:总线上的数据临时产生的错误(外部干扰引起)与总线上的数据连续产生的错误(节点内部错误,驱动产生故障以及总线断线、搭铁等引起的故障)。CAN 控制器具有判别错误种类的功能。当总线上的数据连续产生错误时,CAN 控制器能自动切断该节点与总线连接,避免对总线上其他节点造成影响。

②CAN 控制器内部设有出错计数器,根据出错是本地的还是全局的,计数器决定加 1 还是加 8。每当收到信息时,该计数器中的数值就会增加或减少。如果每次收到的信息正确,则计数器减 1;如果信息出现本地错误,则计数器加 8;如果信息出现整个网络错误,则计数器加 1;通过查询出错计数器中的数值就可以知道网络通信质量。

③出错计数器的计数方式能够确保单个故障节点不会阻塞整个 CAN 网络。如果某个节点出现本地错误,其计数值将很快达到 96、127 或 255。当计数值达到 96 时,出错计数器向 CAN 控制器发出中断,提示当前通信质量差;当计数值达到 127 时,该节点假定其处在"被动出错状态",即继续接收信息,停止要求对方重发信息;当计数值达到 255 时,该节点脱离总线不再工作,只有硬件复位后,才能恢复工作状态。

四、CAN 控制器局域网

1. 控制器局域网的连接

(1)CAN 总线与 CPU 之间的接口电路通常包括 CAN 控制器和 CAN 收发器(图 8-17)。

(2)动力与传动系统的控制器采用 C 类高速 CAN 总线连接,传输速度可达 500 kb/s,以实现高速实时控制。

(3)车身控制系统的控制器采用低数据传输速率的 B 类 CAN 网络连接,传输速度可达 125 kb/s。

(4)各电控单元之间依据 CAN 通信协议互相通信,从而完成各种数据的交换。在中央控制电子组件(CEM)中,CAN 控制器有双通道(CRX0、CTX0 通道;CRX1、CTX1 通道)的 CAN 接口,经过 CAN 收发器分别与高速(500 kb/s)CAN 总线和低速 CAN 总线连接,各电控单元通过 CAN 总线与 CAN 收发器相互交换数据。

(5)在汽车内部网络中,CAN 总线是由 2 根线 CAN-H(CAN-High 或 CAN+)和 CAN-L(CAN-Low 或 CAN-)构成,在一些高档轿车的控制器局域网中设有第 3 条 CAN 总线,用于

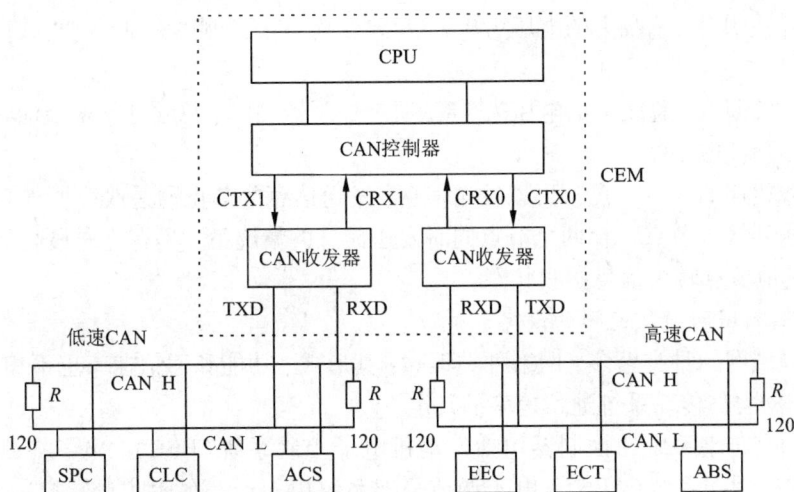

图 8 - 17　CAN 总线与 CPU 之间的接口电路

卫星导航和智能通信系统。

①CAN 控制器根据 2 根总线的电位差(由于每根总线受到的外来干扰是相同的,故其差值不受影响,这种总线有很强的抗干扰能力)来判定总线的电平。

②总线电平分为显性电平与隐性电平

显性电平:逻辑 0 电平,有电流通过电阻;隐性电平:逻辑 1 电平,没有电流通过电阻。

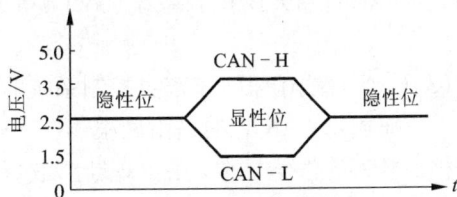

图 8 - 18　显性与隐性状态

总线上的接收节点,在 CAN-High 与 CAN-Low 的差值小于 0.5 V 时,认为总线是隐性状态;如果 CAN-High 与 CAN-Low 的差值大于 0.9 V 时,认为总线是显性状态,如图 8 - 18 是总线状态的一个例子。

③CAN - BUS 的收发器如图 8 - 19 所示,使用一个电路进行控制,这样也就是说控制单元在某一时间段只能进行发送或接受一项功能。

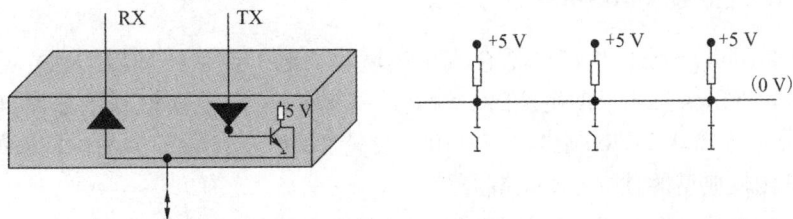

图 8 - 19　CANBUS 收发器

逻辑 1:所有控制器的开关断开;总线电平为 5 V 或 3.5 V;CAN - BUS 未通信。

逻辑 0:某一控制器闭合;总线电平为 0 V;CAN - BUS 进行通信。

当用 2 个以上的控制器连接在 CAN – BUS 总线上,采用线与逻辑如下:

①任何开关闭合,总线上的电压为 0 V,只要任何一个控制器激活,则总线激活的总线称为显性电平。

②所有开关断开,总线上的电压为 5 V,所有控制器关闭,总线处于未激活状态未激活的总线电平称为隐性电平。

③与总线相连的所有节点都可以发送信息,发送信息的节点通过改变所连总线的电平就可将信息发送到接收节点。在两个节点同时发送信息的情况下,具有优先最高信息的节点获得发送权,其他节点转为信息接收状态。

2. 控制器局域网通信速率的设定

控制器局域网的种类繁多,网络种类不同,其形式、功能和通信速率也不相同。

(1)汽车动力与传动系统通信速率的设定。

汽车动力与传动系统的控制器包括发动机电子控制系统(EEC)、电子控制自动变速器(ECT)、防抱死制动系统(ABS)、电子调节悬架系统(EMS)、车轮防滑转控制系统(ASR)、电子控制制动力分配系统(EBD)、电子控制制动辅助系统(EBA)、动态稳定控制系统(DSC)和巡航控制系统(CCS)等。由于汽车动力与传动系统控制的对象与汽车行驶或发动机转速直接相关,要求有很好的实时性,其控制器局域网采用 C 类网络。

(2)汽车车身控制系统通信速率的设定。

汽车车身控制系统包括座椅安装位置调节系统(SPC)、中央门锁控制系统(CLC)、自动空调系统(ACS)和天窗控制系统(TWC)等,这些系统一般以低速率进行通信,可选用 B 类总线。

(3)CAN 总线用于汽车车身控制系统的连接时,一般采用容错式总线,即总线内置容错功能。汽车内部 CAN 总线是由两根线(CAN – H、CAN – L)构成,采用双线串行通信方式传输数据,当 2 条总线中的 1 条出现断路或短接而搭铁时,网络可切换到 1 线工作方式。CAN 要求通信协议从 2 线切换至 1 线工作期间不丢失数据位,为此其物理层芯片比动力传动系统更复杂,数据传输速度较低(125 kb/s),此类总线由于成本较高逐渐被低成本的 LIN 代替。

第六节　CAN 芯片

一、CAN 控制器 SJA1000

SJA1000 是 Philips 公司生产的适合汽车环境和一般工业系统环境的独立 CAN 控制器,是 PCA82C200(Philips 公司早期生产的一种支持基本 CAN 的独立控制器芯片)的换代产品,它的软件和硬件与 PCA82C200 兼容。SJA1000 支持 CAN2.0B,而且具有一些新的特性,应用非常广泛,是比较典型的独立 CAN 控制器。

SJA1000 有两种操作模式:基本 CAN 模式(与 PCA82C200 完全兼容)和具有很多扩展功能的 PeliCAN 模式。

1. SJA1000 的基本特性

SJA1000 具有以下基本特性:

(1)引脚与独立 CAN 控制器 PCA82C200 兼容。

（2）电气指标兼容 PCA82C200。

（3）具有与 PCA82C200 兼容的软件模式。

（4）扩展了的接收缓冲器（64 字节的 FIFO）。

（5）支持 CAN2.0B 标准。

（6）支持 11 位标准标识符格式和 29 位扩展的标识符格式。

（7）传输速度可达 1Mbps。

（8）PeliCAN 模式功能扩展：

——可以读写故障计数器

——可编程设置故障报警错误计数上限

——最新故障码登记

——每一个 CAN 总线错误都可触发中断

——具有位置描述（在哪一位上丧失仲裁）的仲裁丧失中断

——具有非重发发送方式

——具有只听模式（listen mode，只监听总线，不作响应）

——支持热接插（软件驱动的位速率检测）功能

——扩展的接收过滤（4 字节编码，4 字节屏蔽码）

——具有接收自身发送的信息功能

（9）24 MHz 时钟频率。

（10）支持多种微控制器接口模式。

（11）CAN 输出驱动配置可编程。

（12）适应汽车使用环境温度：－40 ~ 125 ℃。

2．SJA1000 的硬件结构

如图 8 - 20 所示，SJA1000 由接口管理逻辑、发送缓冲寄存器、接收缓冲寄存器、接收过滤器、位流处理器、位定时逻辑和错误处理逻辑七个主要功能模块和复位、时钟电路构成。

（1）CPU 接口管理逻辑（interface management logic，IML）

这部分逻辑电路是 SJA1000 与 CPU 之间的总线接口。它的功能是解释 CPU 的命令，实现 CAN 寄存器的寻址，向 CPU 提供中断信息和 CAN 控制器状态信息。

（2）发送缓冲寄存器（transmit buffer，TXB）

发送缓冲寄存器是 CPU 与位流处理器（BSP）之间的接口。它可以存储要通过 CAN 发送的整个信息。这个缓冲寄存器为 13 个字节长，由 CPU 写入，由位流处理器读出。

（3）接收缓冲寄存器（receive buffer，RXB）

接收缓冲寄存器是接收过滤器和 CPU 之间的接口。它用于存储从 CAN 总线上接收的信息，是 CPU 访问接收先进先出存储器（RXFIFO）的一个 13 字节长的窗口。SJA1000 的 RXFIFO 存储区共有 64 个字节。由于这 64 个字节存储区的缓存作用，CPU 在处理一个信息时，SJA1000 可以接收其他的信息。

（4）接收过滤器（acceptance filter，ACF）

接收过滤器通过把接收信息的标识符与接收过滤器寄存器的内容进行比较，决定是否接受这个信息，通过过滤的整个信息被接收并存入 RXFIFO 中。

（5）位流处理器（bit stream processor，BSP）

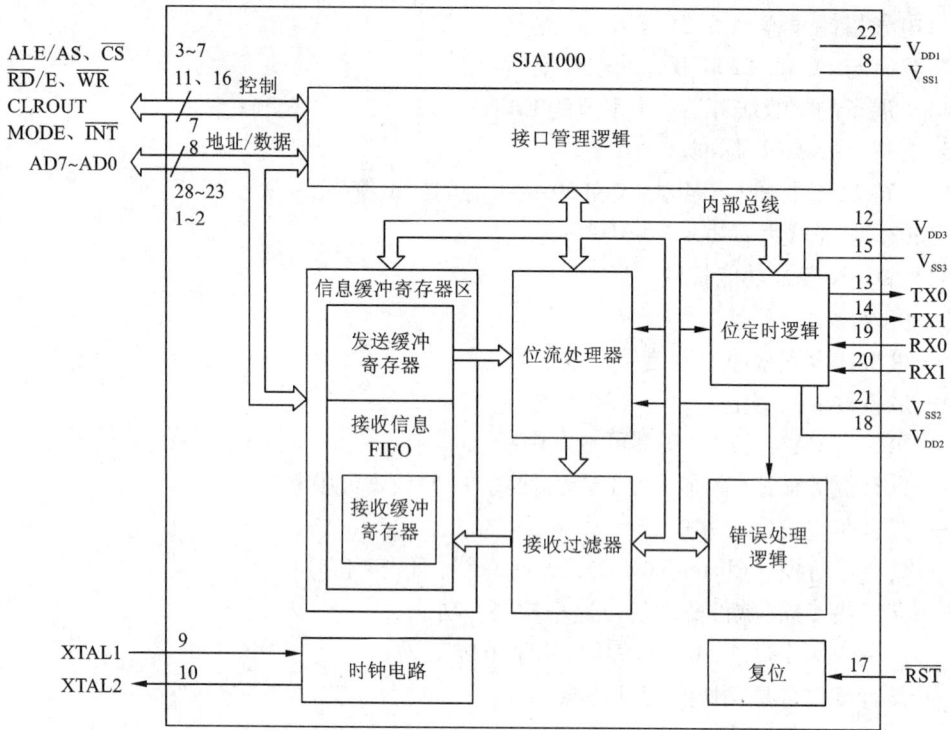

图 8-20 SJA1000 硬件结构

位流处理器完成信息位流在发送缓冲寄存器、RXFIFO 和 CAN 总线之间的传送控制。在控制传送的过程中，还完成错误检测、优先权仲裁、位填充和在 CAN 总线上发布错误信令等功能。

（6）位定时逻辑（bit timing logic，BTL）

位定时逻辑监控 CAN 总线和完成总线相关的定时功能。它通过总线状态由隐性到显性的变化进行信息启动传送的同步（硬同步），在传送过程中调节位时间关系以保持同步（软同步）。位定时逻辑具有对位时间段编程的功能，以补偿或调节位传送中的延迟或相移，确保在正确的时间采样总线状态。

（7）错误处理逻辑（error management logic，EML）

错误处理逻辑完成传输层的错误处理。它接收位流处理器传来的错误消息，然后向位流处理器和上层错误处理逻辑发出错误状态。

3. SJA1000 的封装与引脚

引脚功能定义如表 8-6。SJA1000 的封装如图 8-21所示。

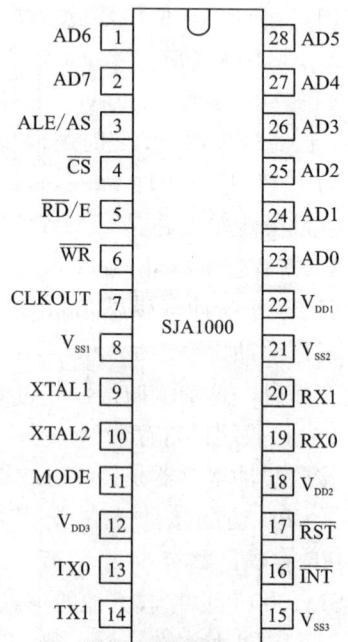

图 8-21 SJA1000 引脚排列与名称

表 8 - 6 SJA1000 的引脚功能

符号	引脚	功能
AD7 ~ AD0	1, 2, 24 ~ 28	地址/数据复用线
ALE/AS	3	ALE—Intel 模式时的地址锁存信号；AS—Motorola 模式的地址有效信号
CS	4	SJA1000 的片选信号，低电平有效
RD/E	5	RD—Intel 模式时的 CPU 读信号；E—Motorola 模式的使能信号
WR	6	Intel 模式时的 CPU 写信号，Motorola 模式的读/写信号
CLKOUT	7	由 SJA1000 发出的时钟输出信号
V_{SS_1}	8	逻辑电路地
XTAL1	9	振荡器放大器输入，外部振荡器信号输入
XTAL2	10	振荡器放大器输出，当使用外部时钟时必须开路
MODE	11	模式选择：0—Motorola 模式；1—Intel 模式
V_{DD3}	12	输出驱动的 5 V 电源
TX0	13	CAN 驱动器输出端 0
TX1	14	CAN 驱动器输出端 1
V_{SS3}	15	输出驱动电路地
INT	16	中断请求输出。当内部中断寄存器的任何一个位置位时，INT 变低，发出中断请求；OC 门输出；当外部电位位为低时，唤醒 SJA1000
RST	17	复位输入。低电平有效，使用 RC 上电复位电路时，R 可以取 50 Ω，C 取 1 μF
V_{DD2}	18	输入比较器的 5 V 电源
RX0，RX1	19, 20	SJA1000 总线输入端 0 和 1。如果 SJA1000 在休眠状态，输入显性状态信号将唤醒 SJA1000；如果 RX1 高于 RX0，为显性状态；相反，如果 RX0 高于 RX1，为隐性状态；当只有 RX0 有效时，其高表示为隐性状态，低为显性状态
V_{SS2}	21	输入比较器的地
V_{DD1}	22	逻辑电路的 5 V 电源

二、CAN 总线驱动器 TJA1050

1. 总述

TJA1050 是控制器区域网络(CAN)协议控制器和物理总线之间的接口。TJA1050 可以为总线提供不同的发送性能，为 CAN 控制器提供不同的接收性能。

TJA1050 是 PCA82C250 高速 CAN 收发器的后继产品。TJA1050 在以下方面作了重要的改进：

- CANH 和 CANL 理想配合，使电磁辐射减到更低。
- 在有不上电节点时，性能有所改进。

TJA1050 的主要特征如下：

- 与 ISO11898 标准完全兼容；
- 速度高（最高可达 1M 波特）；
- 低电磁辐射（EME）；
- 具带有宽输入范围的差动接收器，可抗电磁干扰（EMI）；
- 没有上电的节点不会对总线造成干扰；
- 发送数据（TXD）控制超时功能；
- 发送禁能时的静音模式；
- 在暂态时自动对总线引脚进行保护；
- 输入级与 3.3 V 装置兼容；
- 热保护；
- 对电源和地的防短路功能；
- 可以连接至少 110 个节点。

2. TJA1050 功能框图

TJA1050 的功能框图如图 8－22 所示；其各引脚功能如表 8－7 所示；TJA1050 的引脚排列与名称如图 8－23 所示。

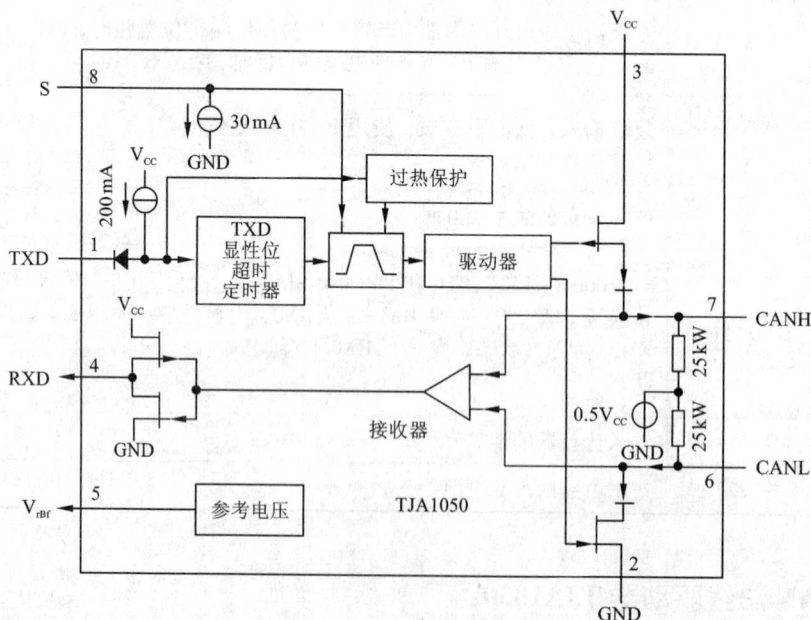

图 8－22　TJA1050 的功能框图

表 8 – 7 TJA1050 的引脚功能表

名称	引脚	功能描述
TXD	1	发送数据输入
GND	2	接地
V_{cc}	3	电源
RXD	4	接收数据输入
V_{ref}	5	参考电压输出
CANL	6	低电平 CAN 总线
CANH	7	高电平 CAN 总线
S	8	选择进入高速模式还是静音模式

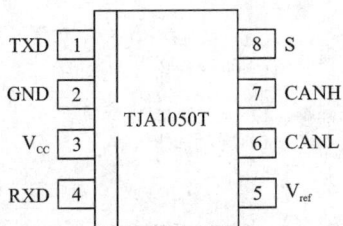

图 8 – 23 TJA1050 的引脚排列与名称

利用 TJA1050 还可以方便地在 CAN 控制器与驱动器之间建立光电隔离，以实现总线上各节点之间的电气隔离。

在控制器局域网中，只要将独立 CAN 控制器和 TJA1050 总线接口作为外围器件与原有的微控制器连接在一起（图 8 – 24），重新设置控制命令参数，即可组成网络节点挂接到总线上。集成了 SJA1000 的网络节点内部逻辑，系统中传输介质选用价格低廉、安装方便的双绞线，也可以选用性能更高的塑料光纤。

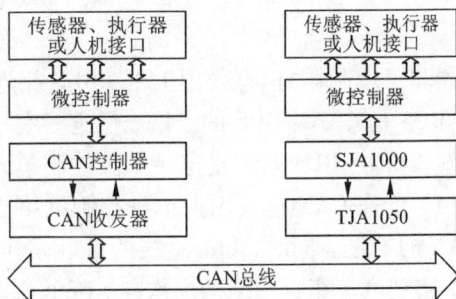

图 8 – 24 CAN 节点与总线互连结构图

第七节 新数据总线系统

一、LIN 总线

1. LIN 总线简介

车身控制系统局部互联网（LIN）是一种低成本的车载局域网。由奥迪、宝马、戴姆勒 – 克莱斯勒、沃尔沃、大众以及半导体厂商（火山通信技术公司）、摩托罗拉组成的协会（称为 LIN 协会）于 1999 年提出的串行通信协议，LIN 为单总线，2003 年投入使用，主要用于开关与操作系统。LIN 代表 local interconnect network （局部互联网络）。局部互联指的是所有控制单元被安装在一个有限的结构空间（例如车顶）内，也被称为"局部子系统"。一辆汽车中各个 LIN 总线系统之间的数据交换是通过 CAN 数据总线进行的，而且每一次只交换一个控制单元的数据。单线总线数据传送 LIN 实例如图 8 – 25 所示。

2. LIN 总线与 CAN 总线的关系

LIN – BUS 是内部网络的缩写。所谓汽车中的内部网络是指所有的控制单元都在一个总成内（如空调等），并且有主控制器和子控制器之分，整个总成内（主控制器和子控制器，子

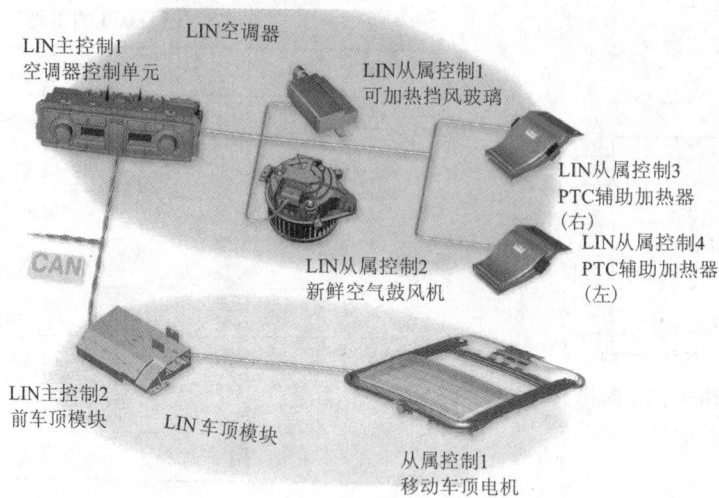

图 8 – 25　单线总线数据传送 LIN 实例

控制器和子控制器)信息都由 LIN – BUS 相连,然后由主控制器通过 CAN – BUS 与外界相连。LIN – BUS 是 CAN – BUS 的子网,但它只有一根数据线,线截面积为 0.35 mm^2,并且没有屏蔽措施。LIN – BUS 系统规定一个主控制单元最多可以连接 16 个子控制单元。

(1)低速 CAN 总线用于车身控制网络成本太高。LIN 作为低成本的车载局域网正好弥补 CAN 的不足。同时,LIN 总线的目标是作为 CAN 的辅助总线,用于车身控制网络的低端场合,实现汽车车身网络的层次化,降低汽车网络的复杂程度和生产成本。

(2)LIN 总线主要应用在汽车车身中的联合装配单元,如车门模块、车顶模块、座椅模块、空调模块、组合仪表盘模块、车灯模块等。模块内部各节点通过 LIN 总线构成一个低端通信网,完成对外围设备的控制。各个模块又作为一个节点,通过网关(智能服务器)连接到低速 CAN 总线上,构成上层主干网,使整个车身电子系统形成一个基于 LIN 总线的层次化网络,实现分布式多路传输,发挥网络连接的优点。LIN 总线与 CAN 总线的连接关系如图 8 –26所示,实例如图 8 – 27 所示。

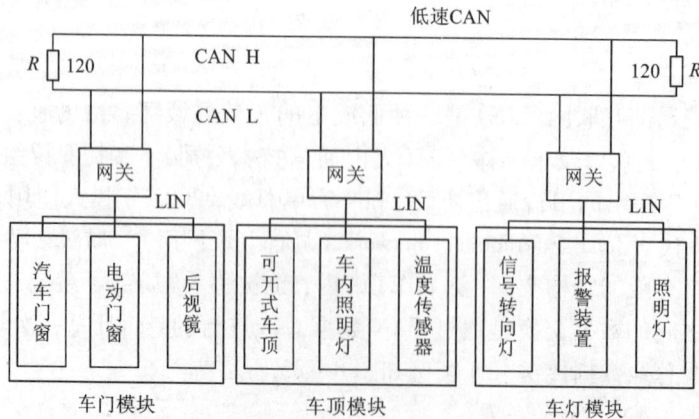

图 8 – 26　LIN 总线与 CAN 总线的连接关系

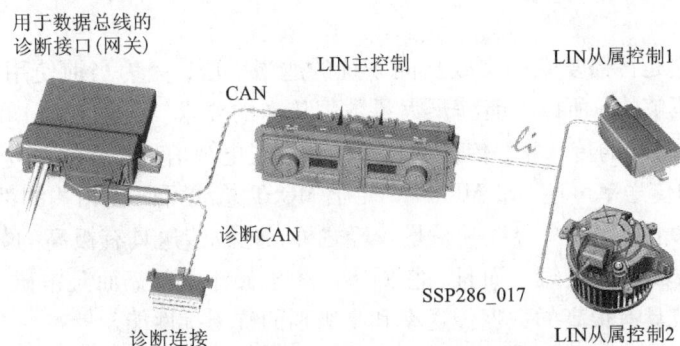

图 8 - 27　LIN 总线与 CAN 总线的连接实例

3. LIN 协议的特点

LIN（local interconnect network）是一种低成本的串行通信网络，用于实现汽车中的分布式电子系统控制。LIN 的目标是为现有汽车网络提供一种低速总线技术标准，它能满足 CAN 总线所要求的带宽和功能，比如传感器和执行器的通信，使用 LIN 总线可大大节省成本。在使用 LIN 总线的网络中，电控单元的集成是将汽车上分布的智能 ECU 连成一个局部网络，如将门上的电动窗、集控门锁、电动后视镜连成一个局部网络，然后再通过网关将这个网络挂接到车辆的主体网络中去，LIN 总线和 CAN 总线可以通过网关来完成信息交换。

LIN 的标准简化了现有的基于多路解决方案的低端 SCI，同时降低了汽车电子装置的开发、生产和服务费用。LIN 的开发应用速度很快，这是由于其开发环境简单，可以利用 C 或者 C + + 进行编程，系统连接也不烦琐，且网络性能优良，稳定性好。

LIN 技术规范中，除定义了基本协议和物理层外，还定义了开发工具和应用软件接口。因此，从硬件、软件以及电磁兼容性方面来看，LIN 保证了网络节点的互换性。提高了开发速度，同时保证了网络的可靠性。LIN 采用低成本的单线连接，传输速度最高可达 20 Kb/s，对于低端的大多数应用对象来说，这个速度是可以接受的。LIN 通信是基于 SCI（DART）数据格式，它的媒体访问采用单主控制器/多从设备的模式，不需要进行仲裁，同时在节点中不需要晶体振荡器而能进行自同步，降低了硬件平台的成本。

4. LIN 接口器件

LIN 协议推出后，Motorola 与 Philips 生产出支持 LIN 协议的芯片：LIN 主节点的微控制器（microcontroller unit，MCU），Motorola 的 MC33399，Philips 的 TJA1020。

二、MOST 总线

1. 简介

除了使用人们熟悉的 CAN 总线之外，AUDI A803 年车中首次使用了光学总线系统。该数据总线系统起源于"面向媒体的系统传送（MOST）合作组织"。这是一个由各种汽车制造厂、它们的供货商和软件公司组成的协会，其目的是要开发出一个标准的高速数据传送系统。术语"面向媒体的系统传送"代表一个以媒体为本的数据传送网络，这意味着与 CAN 数据总线相反，以地址为本的信息被传送到特定的接收机。这一技术被用在 AUDI 汽车上来传送文娱新闻的系统数据。文娱新闻系统提供如下描述的各种各样现代的信息和娱乐媒介(图 8 – 28)。

光学数据传送是传播复杂的文娱新闻系统的适当手段,因为当前使用的 CAN 数据总线发送数据的速度不够快,所以不能满足大量数据传送的要求。传送视频 l 和音频信息需要许多 Mbit/s(兆比特/秒)的传送率,传送立体声的数字式电视信号需要约为 6 Mbit/s 的传送率,MOST 总线允许的传送率可达 212 Mbit/s。光学 MOST 总线可以在相关的部件之间以数字的形式交换数据,除了使用较少导线和重量较轻之外,光波传送具有极高的数据传送率,与无线电波相比,光波的波长很短。而且,它们不产生电磁干扰波,而且电磁干扰波也不敏感,这些因素使得光波具有很高的数据传送率和高级别的抗干扰性能。

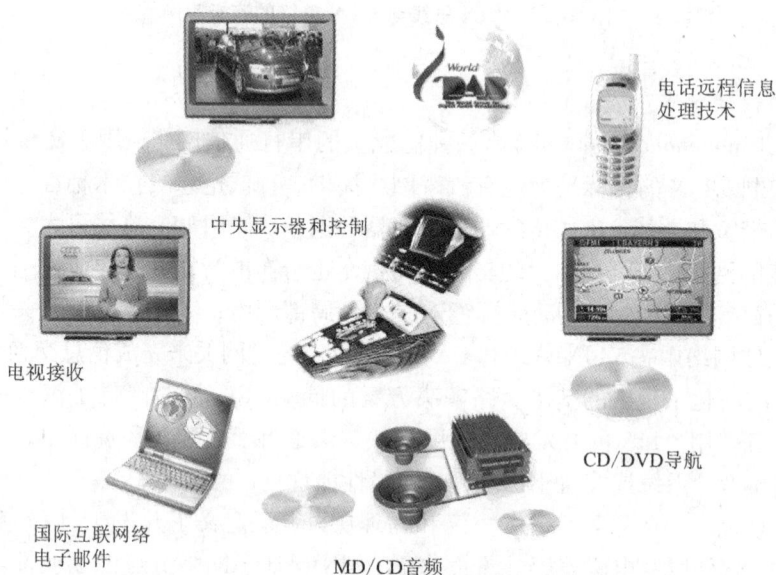

图 8 – 28   MOST 总线在文娱新闻系统中的应用

2. 控制单元的结构

MOST 总线中控制单元的部件如图 8 – 29 所示。

①光导插头:通过这个插头,光信号进入控制单元或产生的光信号被传送到下一个使用方。

②电气插头:这个插头连接电源,环状故障诊断和输入输出信号。

③内部电源:内部电源系统把通过电气插头供给控制单元的电源分配给各个部件。这一方式可以临时断开供给控制单元中个别部件的电源从而减小闭路电流。

④光导纤维发射机(FOT):这由一个光敏二极管和一个发光二极管组成,之后电压信号传送至 MOST 发射接收机,发光二极管的功能是把 MOST 发射接收机的电压信号转换成光信号。所产生兆波的波长为 650 nm 并且是看得见的红色,数据通过光波调制传送,然后,这一已调制的光导纤维至下一个控制单元。

⑤MOST 发射接收机:MOST 发射接收机由两个部件组成,即发射机和接收机,发射机把要被传送的信息以电压信号的形式传送到 FOT(光导纤维发射机),接收机接受来自 FOT 的

电压信号并把所需的数据传送至控制单元的标准型控制器(中央处理器)。来自其他控制单元的无用信息经过发射接收机但不会被传送至中央处理器,信息以未被改变的形式传送至下一个控制单元。

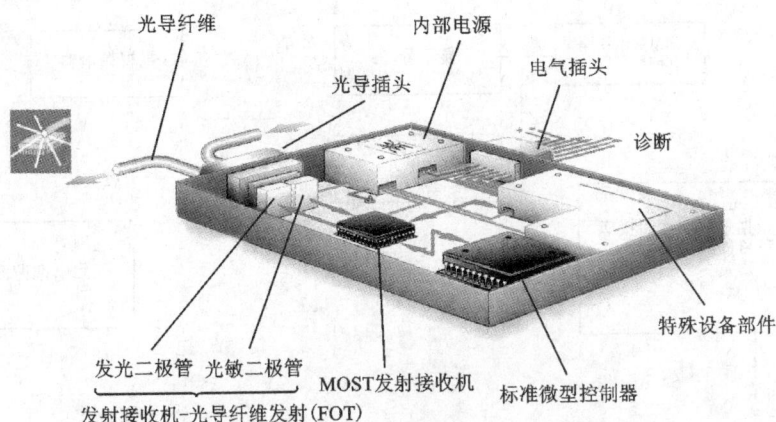

图 8－29　MOST 总线中控制单元的结构

⑥标准型控制器(CPU):标准型控制器(CPU)是控制单元的中央处理器,它包括一个能控制控制单元主要功能的微处理器。

⑦设备专用部件:这些部件执行特定控制单元的功能,例如 CD 驱动器、无线电调谐器。

⑧光敏二极管:把光波转换成为电压信号。

⑨光导纤维:光导纤维能够把一个控制单元发射机产生的光波传送至另一个控制单元的接收机。

⑩插头:使用专门的光学插头来连接光导纤维与控制单元。

3. MOST 总线的环形结构

如图 8－30 所示,MOST 总线系统的显著特点系统就是它的环形结构。控制单元单方向通过一根光导纤维把数据传送至环形结构的下一个控制单元。这个过程一直持续到数据返回至原先传送它们的那个控制单元。MOST 总线系统的诊断是借助于数据总线的诊断接口和诊断 CAN 进行的。

4. MOST 协议的特点

(1)令使用光纤做通信媒质 MOST 是用塑料光纤作为媒质,传输速率可达 24.8 Mbps,可支持最多 15 路未经压缩的 CD 品质的音频信号,或者最多 15 路 MPEG1 音频/视频信号,或几路 MPEG2 音频/视频信号(取决于 MPEG2 的具体实现方式)。除了这些同步源数据外,MOST 还为控制、通信和异步应用保留了部分带宽。

(2)带旁路模式的环形拓扑 MOST 要求在网络中实现一个物理环路和一个逻辑环路。网络上的第 N 个设备通过输入端口从第 N－1 个设备收到信号,并将收到的信号在它的输出端口发送到第 N＋1 个设备。传统的环状结构网络存在一个固有的问题:环上一个节点出问题,就会因为传递中断而导致整个网络无法工作。MOST 通过在每个节点上实现即使掉电时也可工作的"旁路模式"(bypass mode)解决了这一问题。

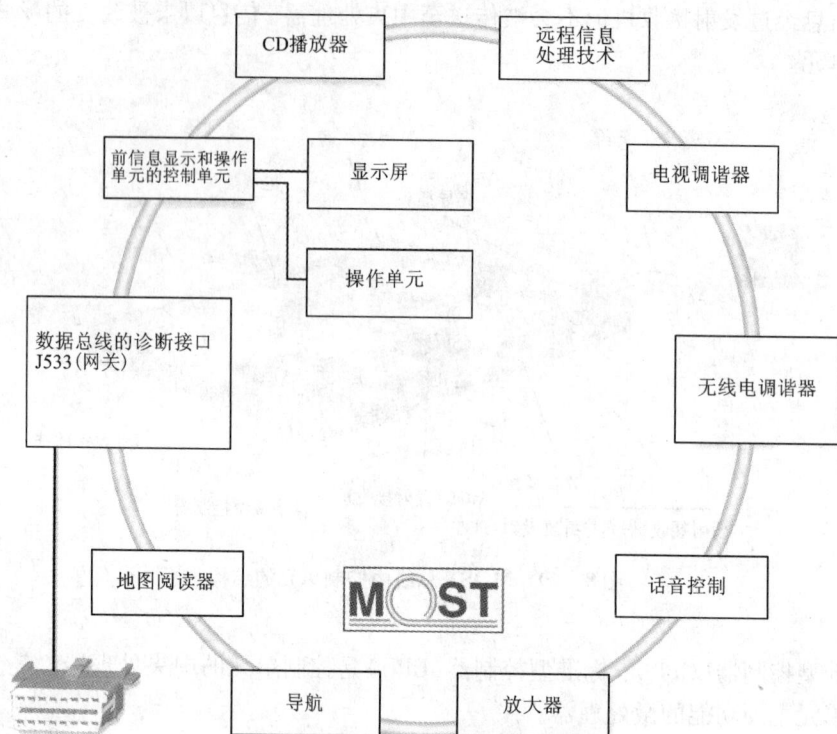

图 8 - 30　MOST 总线的环形结构

（3）使用同步方式，无须缓存在 MOST 网络中，多媒体信号都是同步传输的，这就意味着 MOST 网络支持即使是最简单的多媒体设备。如它支持麦克风之类的模拟/数字转换器和音箱之类的数字/模拟转换器，这类设备内部一般都没有缓存机构。不需要使用缓存机构是 MOST 网络最为重要的一个特性。

（4）电路交换 MOST 使用的是一种电路交换技术，提供了两个部件之间的直接连接，这和早期的电话网比较类似。其优点是整体的数据吞吐效率高，实现简单，而其缺点则是无法提供对数据传输的控制，错误检测、流控制都必须由用户在应用层完成。

第三部分　项目实施

（一）丰田车系多路传输系统

丰田车系多路传输系统（multiplex communication，MPX）使用了 3 种通信电路：CAN、BEAN 和 AVC - LAN。

CAN（controller area network，控制器局域网络）指符合 ISO 标准的串行数据通信网络。BEAN（body electronic area network，车身电子局域网络）是丰田汽车专利的双向通信网络。AVC - LAN（audio visual communication-local area network，音响视听局域网络）主要用于音频和视频设备中的通信网络。

CAN 的传输速率比 BEAN 和 AVC – LAN 的要快,因此底盘控制系统采用 CAN 传输,以达到在加快传输速率的同时,保证高质量的数据传输的目的。CAN、BEAN 与 AVC. LAN 的对比如表 8 – 8 所示。

表 8 – 8 CAN、BEAN 与 AVC. LAN 的对比表

系 统	底盘电控系统	车身电控系统控制	
协议	CAN(ISO 标准)	BEAN(丰田标准)	AVC – LAN(丰田标准)
通信速率	500 kbit/s(最大 1 Mbit/s)	最大 10 kbit/s	最大 17. 8 kbit/s
通信线	双绞线	AV 单线	双绞线
驱动形式	差分电压驱动	单线电压驱动	差分电压驱动
数据长度/字节	1 ~ 8(可变)	1 ~ 11(可变)	0 ~ 32(可变)

(二)凯美瑞轿车的多路通信系统

因为将 CAN 系统引入传动系统、底盘和车身电气系统,以实现流线型接线配置,所以凯美瑞轿车不再使用 BEAN(车身电子区域网)。

根据通信速度,凯美瑞可将 CAN 分为两类:HS – CAN(500kbit)和 MS – CAN(250kbit)。HS(高速) – CAN 用于传动系统、底盘和车身电气系统,MS(中速) – CAN 用于车身电气系统。

HS – CAN 由 2 条总线(1 号 CAN 总线和 2 号 CAN 总线)组成,1 号 CAN 总线的终接电阻器内置于发动机 ECU 和仪表 ECU 中,2 号 CAN 总线的终接电阻器内置于 CAN 网关 ECU 和接线器(前 LH)中。

MS – CAN 由 1 条总线(MS 总线)组成。MS 总线的终接电阻器内置于主体 ECU 和认证 ECU 中。对于无智能进入和起动系统的车型,终接电阻器内置于接线器 RHII 中。

带有网关功能的 ECU(CAN 网关 ECU 和主体 ECU)用于在总线之间传输数据。CAN 网关:ECU 用于 1 号 CAN 总线和 2 号 CAN 总线之间的数据传输,主体 ECU 用于 1 号 CAN 总线和 MS 总线之间的数据传输。

总线之间的数据传输如图 8 – 31 所示。

1. CAN 通信总线的布置

1 号 CAN 通信总线布置如图 8 – 32 所示,2 号 CAN 通信总线布置如图 8 – 33 所示,MS 总线布置如图 8 – 34 所示。

2. CAN 通信总线主要部件分布

CAN 通信总线主要部件分布如图 8 – 35 所示。

3. 诊断方法

(1)如果 CAN 通信线路中出现故障,连接至 CAN 通信线路上的 ECU 将 DTC(故障代码),存储在其记忆中。

(2)可以通过将智能测试仪 Ⅱ 连接到 DLC3 上来读取 5 位 DTC。

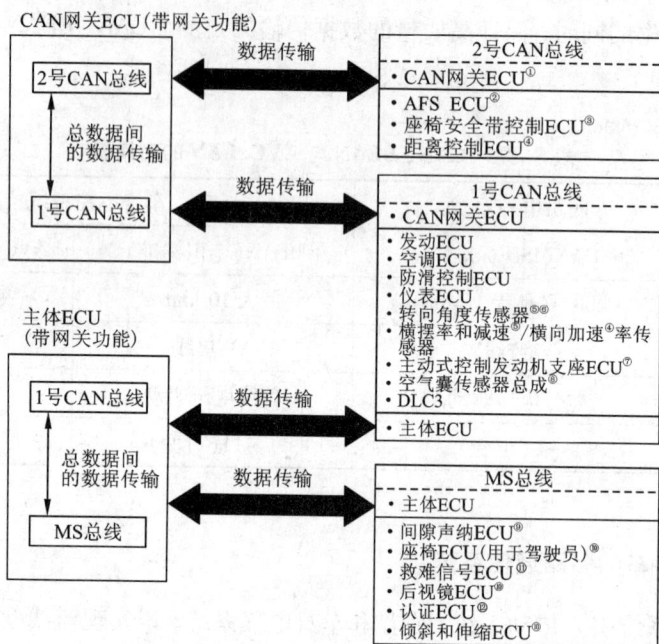

图 8 - 31　总线之间的数据传输

①仅在使用 2 号 CAN 总线时安装；②带智能 AFS 的型号；③带预防碰撞安全系统的型号；④带动态雷达巡航控制系统的型号；⑤澳大利亚和 G. C. C. 国家配备 2AZ - FE 发动机，带车辆稳定性（VSC）系统的型号除外；⑥适用于澳大利亚和 G. C. C 国家配备 2AZ - FE 发动机，带车辆稳定性控制（VSC）系统的型号；⑦带电动倾斜和电动伸缩转向柱的型号；⑧带 SRS 空气囊系统的型号；⑨带丰田驻车辅助系统的型号；⑩带记忆系统的型号；⑪带丰田连杆系统的型号；⑫带智能进入和起动系统的型号

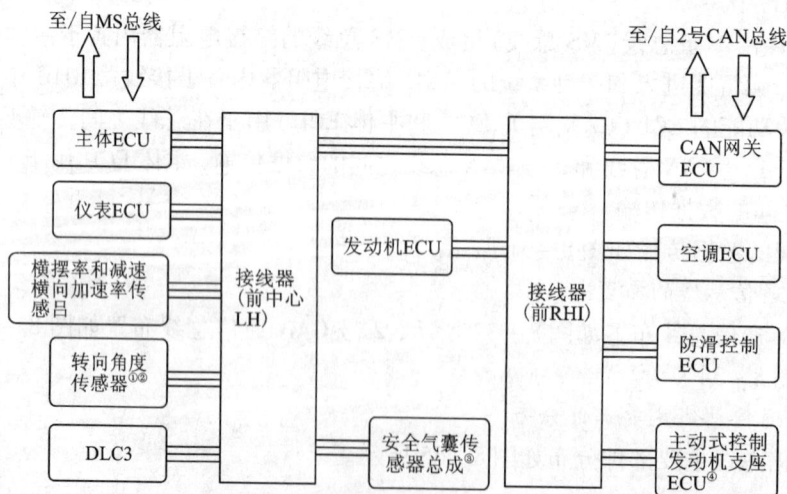

图 8 - 32　1 号 CAN 通信总线布置

①配备 2AZ - FE 发动机、带车辆稳定性控制（VSC）系统的型号除外；②适用配备 2AZ - FE 发动机、带车辆稳定性控制（VSC）系统的型号；③带 SRS 安全气囊系统的型号；④带电动倾斜和电动伸缩转向柱的型号

至/自1号线CAN总线

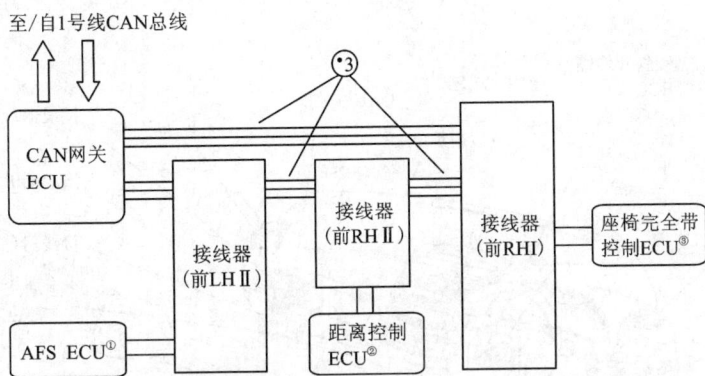

图 8 – 33　2 号 CAN 通信总线布置

①带智能 AFS 的型号；②带动态雷达巡航控制系统的型号；③带预防碰撞安全系统的型号

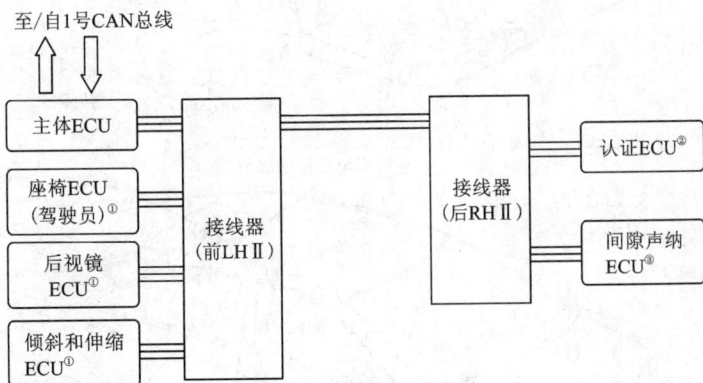

至/自1号CAN总线

图 8 – 34　MS 总线

①带记忆系统的型号；②带智能进人和起动系统的型号；③带丰田驻车辅助系统的型号

（3）DLC3 配备有 CAN – H 和 CAN – L 端子，用于进行 CAN 诊断。通过测量这些端子之间的电阻值可以确定 1 号 CAN 总线的主线上有无开路或短路现象。详细情况如下：

①CAN 主总线开路

当 DLC3 的端子 6（CANH）和 14（CANL）之间的电阻是 69 Ω 或更大时，CAN 1 号总线主线和/或 DLC3 支线中可能存在开路。

②CAN 总线短路

当 DLC3 的 6 号端子（CANH）和 14 号端子（CANL）之间的电阻小于 54 Ω 时，CAN 总线即被视作短路。

③CAN 总线 B + 短路

当 DLC3 的端子 6（CANH）和 16（BAT）或者端子 14（CANL）和 16（BAT）之间的电阻低于 6 kΩ 时，CAN 总线中可能存在 B + 短路。

④CAN 总线接地短路

当 DLC3 的端子 4（CG）和 6（CANH）或者端子 4（CG）和 14（CANL）之间的电阻低于 200 Ω 时，则 CAN 总线中可能存在接地短路。

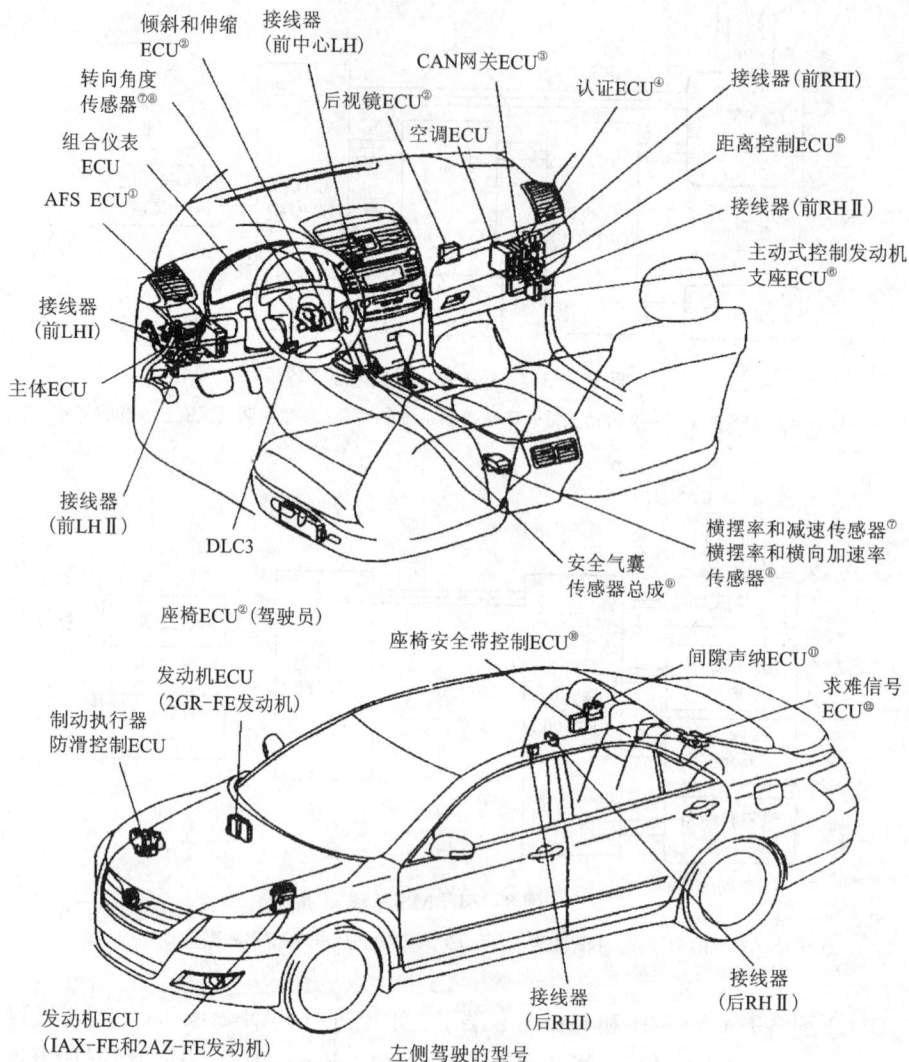

倾斜和伸缩ECU⑥
接线器（前中心LH）
CAN网关ECU③
认证ECU④
接线器（前RHI）
转向角度传感器⑦⑧
后视镜ECU
距离控制ECU⑤
组合仪表ECU
空调ECU
接线器（前RHⅡ）
AFS ECU①
主动式控制发动机支座ECU⑫
接线器（前LHI）
主体ECU
接线器（前LHⅡ）
DLC3
横摆率和减速传感器⑦
横摆率和横向加速率传感器⑧
安全气囊传感器总成⑨
座椅ECU②（驾驶员）
座椅安全带控制ECU⑩
间隙声纳ECU⑪
发动机ECU（2GR-FE发动机）
求难信号ECU⑫
制动执行器防滑控制ECU
接线器（后RHI）
接线器（后RHⅡ）
发动机ECU（IAX-FE和2AZ-FE发动机）
左侧驾驶的型号

图 8-35　CAN 通信总线主要部件分布图

①带智能 AFS 的型号；②带记忆系统的型号；③仅在使用 2 号 CAN 总线时安装；④带智能进入和起动系统的型号；⑤带动态雷达巡航控制系统的型号⑥带电动倾斜和电动伸缩转向柱的型号；⑦配备 2AZ - FE 发动机、带车辆稳定性控制（VSC）系统的型号除外；⑧配备 2AZ - FE 发动机、带车辆稳定性控制（VSC）系统的型号；⑨带 SRS 安全气囊系统的型号；⑩带预防碰撞安全系统的型号；⑪带丰田驻车辅助系统的型号；⑫带丰田连杆系统的型号。

⑤CAN 支线一侧开路

当 CAN 总线正常（即主总线中没有任何开路、短路、B + 短路或接地短路）时，如果某些 ECU 和传感器不显示在智能测试仪的 "BUS CHECK"（总线检查）屏幕上，而某些 ECU 和传感器反复在屏幕上出现和消失，则 CAN 支线中的任意一条可能存在开路。

第四部分　项目拓展

CAN 总线的维修与检测

1. 故障类型

装有 CAN - BUS 多路信息传输系统的车辆出现故障，维修人员应首先检测汽车多路信息传输系统是否正常。因为如果多路信息传输系统有故障，则整个汽车多路信息传输系统中的有些信息将无法传输，接收这些信息的电控模块将无法正常工作，从而为故障诊断带来困难。对于汽车多路信息传输系统故障的维修，应根据多路信息传输系统的具体结构和控制回路具体分析。一般说来，引起汽车多路信息传输系统故障的原因有三种：一是汽车电源系统引起的故障；二是汽车多路信息传输系统的链路故障；三是汽车多路信息传输系统的节点故障。

（1）汽车电源系统故障引起的汽车多路信息传输系统故障

汽车多路信息传输系统的核心部分是含有通信 IC 芯片的电控模块 ECM，电控模块 ECM 的正常工作电压在 10.5 ~ 15.0 V 的范围内。如果汽车电源系统提供的工作电压低于该值，就会造成一些对工作电压要求高的电控模块 ECM 出现短暂的停止工作，从而使整个汽车多路信息传输系统出现短暂的无法通信。这种现象就如同用微机故障诊断仪在未启动发动机时就已经设定好要检测的传感器界面，当发动机启动时，往往微机故障诊断仪又回到初始界面。

（2）节点故障

节点是汽车多路信息传输系统中的电控模块，因此节点故障就是电控模块 ECM 的故障。它包括软件故障即传输协议或软件程序有缺陷或冲突，从而使汽车多路信息传输系统通信出现混乱或无法工作，这种故障一般成批出现，且无法维修。硬件故障一般由于通信芯片或集成电路故障，造成汽车多路信息传输系统无法正常工作。对于采用低版本信息传输协议回点到点信息传输协议的汽车多路信息传输系统，如果有节点故障，将出现整个汽车多路信息传输系统无法工作。

（3）链路故障

当汽车多路信息传输系统的链路（或通信线路）出现故障时，如：通信线路的短路、断路以及线路物理性质引起的通信信号衰减或失真，都会引起多个电控单元无法工作或电控系统错误动作。判断是否为链路故障时，一般采用示波器或汽车专用光纤诊断仪来观察通信数据信号是否与标准通信数据信号相符。

2. 诊断步骤

通过对三种汽车多路信息传输系统故障的分析，可以总结出该系统诊断步骤一般为：

（1）了解该车型的汽车多路传输系统特点（包括传输介质、几种子网及汽车多路信息传输系统的结构形式等）。

（2）汽车多路信息传输系统的功能，如有无唤醒功能和休眠功能等。

（3）检查汽车电源系统是否存在故障，如交流发电机的输出波形是否正常（若不正常将导致信号干扰等故障等）。

（4）检查汽车多路信息传输系统的链路是否存在故障，采用替换法或采用跨线法进行检测。

（5）如果是节点故障，只能采用替换法进行检测。

3．CAN 双线式总线系统的检测方法

CAN 数据总线指用于传递和分配数据的系统。CAN 双线式数据总线系统是一个有两条线的总线系统，通过这两条数据总线，数据便可按顺序传到与系统相连的控制单元。这些控制单元就是通过 CAN 总线彼此相通的（即通 CAN 总线传递数据）。CAN 双线式数据总线系统目前已经广泛应用在电控汽车上，国产一汽宝来（BORA）、一汽奥迪 A6、上海帕萨特 B5 和波罗（POLO）轿车上均不同程度地采用了 CAN 双线式数据总线系统。因此，掌握 CAN 双线式数据总线系统的故障检测方法已经成为当务之急。

在检查数据总线系统前，须保证所有与数据总线相连的控制单元无功能故障。功能故障指不会直接影响数据总线系统，但会影响某一系统的功能流程的故障。例如传感器损坏，其结果就是传感器信号不能通过数据总线传递。这种功能故障对数据总线系统有间接影响。这会影响需要该传感器信号的控制单元的通信。如存在功能故障，先排除该故障。记下该故障并消除所有控制单元的故障代码。

排除所有功能故障后，如果控制单元间数据传递仍不正常，检查数据总线系统。检查数据总线系统故障时，须区分两种可能的情况。

（1）两个控制单元组成的双线式数据总线系统的检测

检测时，关闭点火开关，断开两个控制单元（图 8 - 36）。检查数据总线是否断路、短路或对正极/地短路。如果数据总线无故障，更换较易拆下（或较便宜）的一个控制单元试一下。如果数据总线系统仍不能正常工作，更换另一个控制单元。

（2）三个或更多控制单元组成的双线式数据总线系统的检测

检测时，先读出控制单元内的故障代码（图 8 - 37）。如果控制单元 1 与控制单元 2 和控制单元 3 之间无通讯，关闭点火开关，断开与总线相连的控制单元，检查数据总线是否断路。如果总线无故障，更换控制单元 1。如果所有控制单元均不能发送和接收信号（故障存储器存储"硬件故障"），则关闭点火开关，断开与数据总线相连的控制单元，检测数据总线是否短路，是否对正极/地短路。

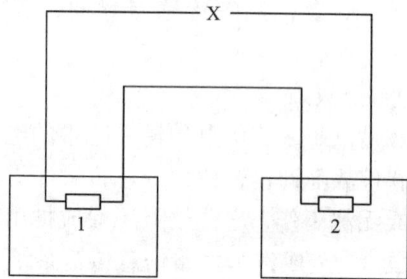

图 8 - 36　两个控制单元组成的双线式数据总线系统

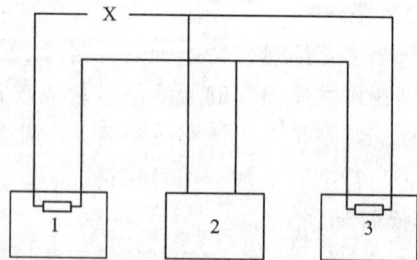

图 8 - 37　三个控制单元组成的双线式总线系统

如果数据总线上查不出引起硬件损坏的原因，检查是否某一控制单元引起该故障。断开所有通过 CAN 数据总线传递数据的控制单元，关闭点火开关，接上其中一个控制单元，连接 VAG 1551 或 VAG 1552，打开点火开关，清除刚接上的控制单元的故障代码。用功能 06 来结束输出,关闭并再打开点火开关,打开点火开关10 s后用故障阅读仪读出刚接上的控制单元故障存储器内的内容。如显示"硬件损坏",则更换刚接上的控制单元;如未显示"硬件损坏",接上下一个控制单元,重复上述过程。

第五部分 项目小结

本项目讲述了汽车单片机局域网的基本概念和参考模型,并结合大众系列车型分析了汽车CAN - BUS结构,了解汽车传感器及ECU在车辆上的分布,以及各ECU在CAN - BUS上的连接方式,数据的交换方法。

本项目讲述了逻辑链路控制(LLC)子层、介质访问控制(MAC)子层的结构、功能和工作原理;介绍了常用的CAN控制器与收发器。

本项目讲述了CAN - BUS总线的维修与检测的步骤与方法,结合实际案例对电源系统故障、节点故障、链路故障这3种基本故障类型进行检测、分析故障机理,排除故障。

本项目讲述了LIN总线与MOST总线的结构与特点。

本项目从丰田汽车总线系统的基本组成和特点入手,介绍了丰田凯美瑞CAN通信总线的特点和检测方法。

习　题

8-1 简述多路传输的原理。

8-2 简述CAN - BUS的结构与特点。

8-3 简述LLC子层和MAC子层的基本结构与工作原理。

8-4 简述典型控制器SJA1000的特点。

8-5 LIN总线与CAN总线有何区别和关系?

8-6 简述MOST总线的结构与特点。

8-7 丰田凯美瑞CAN通信总线的特点和检测方法。

参考文献

[1] 刘晓岩. 汽车电工电子技术[M].北京：化学工业出版社，2008

[2] 吕枚. 汽车电工电子[M].北京：人民邮电出版社，2009

[3] 万捷. 汽车电工电子技术基础[M].北京：机械工业出版社，2009

[4] 吴文民，吴政清. 汽车电工电子技术基础[M].北京：金盾出版社，2009

[5] 任成尧. 汽车电工与电子技术基础[M].北京：人民交通出版社，2005

[6] 赵景波. 电工电子技术[M].北京：人民邮电出版社，2008

[7] 赵英君. 汽车电工电子技术[M].哈尔滨：黑龙江科学技术出版社，2008

[8] 刘皓宇. 汽车电工电子技术[M].北京：高等教育出版社，2007

[9] 赵承荻. 电机及应用[M].北京：高等教育出版社，2007

[10] 秦曾煌. 电工学[M].北京：高等教育出版社，2009

[11] 杨屏. 实用汽车电工电子技术[M].北京：机械工业出版社，2008

[12] 冯渊. 汽车电工与电子技术基础[M].北京：机械工业出版社，2002

[13] 刘冰，潘玉红. 汽车电工电子技术基础[M].北京：人民邮电出版社，2010

[14] 陈昌建，王忠良. 汽车电工电子技术[M].大连：大连理工大学出版社，2009

[15] 王芳荣，王鼎. 汽车电工电子技术[M].北京：清华大学出版社，2009

[16] 刘鸿建. 汽车电工电子技术[M].北京：化学工业出版社，2009